郇庆治 主编

社会主义生态文明论丛
SERIES ON SOCIALIST ECO-CIVILIZATION
THREE

第三卷

中国林业出版社
China Forestry Publishing House

北京大学习近平新时代中国特色社会主义思想研究院资助出版

图书在版编目(CIP)数据

社会主义生态文明论丛. 第三卷 / 郇庆治主编. —北京：中国林业出版社, 2024.5
ISBN 978-7-5219-2734-4

Ⅰ. ①社… Ⅱ. ①郇… Ⅲ. ①中国特色社会主义–生态环境建设–文集 Ⅳ. ①X321.2-53

中国国家版本馆 CIP 数据核字（2024）第 111644 号

责任编辑：何　鹏　李丽菁

出版发行	中国林业出版社
	（100009，北京市西城区刘海胡同 7 号，电话 83223120）
电子邮箱	cfphzbs@163.com
网　　址	http：//www.cfph.net
印　　刷	三河市双升印务有限公司
版　　次	2024 年 6 月第 1 版
印　　次	2024 年 6 月第 1 次印刷
开　　本	710mm×1000mm　1/16
印　　张	24
字　　数	377 千字
定　　价	98.00 元

《社会主义生态文明论丛》
编委会

(按姓氏拼音排序)

Ulrich Brand(University of Vienna)

蔡华杰(福建师范大学)

陈学明(复旦大学)

Phillip Clayton(USA Institute of Ecological Civilization)

Salvatore Engel-Dimauro(SUNY New Paltz)

方世南(苏州大学)

Arran Gare(Swinburne University of Technology)

郇庆治(北京大学)

李宏伟(中共中央党校)

林　震(北京林业大学)

Jan Turowski(Rosa Luxemburg Stiftung)

王雨辰(中南财经政法大学)

解保军(哈尔滨工业大学)

杨开忠(中国社会科学院)

张云飞(中国人民大学)

序 一

自 1997 年《京都议定书》以及随后 2015 年《巴黎气候协定》签署实施以来，国际社会已经浪费了大量本应为控制全球气候危机而努力的时间。特别是在全球北方的较早工业化国家，许多减排目标已经落空，各种政治承诺一再食言。尽管生态危机意识似乎已经深入到当代社会，但具体的气候政策在越来越大的行动压力面前却遭遇着与日俱增的政治阻力，因为向可持续和气候友好型经济秩序进行必要转型的社会和经济成本分摊不均，或可能会造成宏观经济的动荡。虽然人们越来越清楚地认识到，如果不重新设计(再)生产过程，并最终对现存的财产关系进行法律重组，当前的社会生态转型就不可能取得成功，但西方政治辩论的主流却在技术—管理改良主义与道德—个人主义克制之间徒劳地摇摆。任何想要谈论社会生态转型的人，都不能再对资本主义保持沉默。

当西方工业化国家本已模糊不清的气候保护举措越来越多地陷入分配之争和游说团体的围堵之时，中国却几乎在所有类别的可再生能源发电厂扩展中都成为世界冠军。国际能源机构公布的数据显示，中国取得了独一无二的"历史性进步"：在太阳能发电领域，中国将在 2023 年新增 210 千兆瓦发电量，是美国的两倍。中国利用巨额投资和最先进的高科技，加快了太阳能电池、电动汽车和风力涡轮机的研发生产。因此，2023 年 11 月末，世界迎来了一个好消息：中国将在 2024 年达到排放峰值，比原计划整整提前了六年。

尽管中国的生态转型方法不是、也不可能没有矛盾和摩擦，依然是未完成的、试验性的和探索性的，并且有着其局限性，但"生态文明"的发展政策目标在中国之所以如此成功，主要是因为它作为国家治理战略被嵌入到了一个全面的社会发展和现代化框架之中。生态转型是"中国式现代化"

不可分割的组成部分。这其中，减贫与城乡发展、有针对性的高科技产业政策、教育与研究或"数字革命"相互依存、互相促进。在这条中国式现代化道路上，不同的、有时甚至是相互矛盾的发展逻辑，被聚合成为针对性极强的促进社会与经济变革的生态和社会主义动力。

在西方国家，社会生态转型更像是一种对现代性的继发性的、行政性的矫正，或者说一种必要补充，因而不过是嫁接在现有模式上的附加物，然而在中国，向"生态文明"的转型则是"中国式现代化"的核心内容和驱动力，它将涵盖或贯穿所有的社会子系统。因而，这种生态现代化必然是一种自成体系的现代化。没有现成的发展模式可以遵循，没有既定的蓝本可供复制，也没有现成的解决方案可以照抄。

由于生态转型和数字转型不仅会改变经济环境，还会改变社会和文化秩序，因而，中国版本的"生态文明"政策进程至关重要。这一政策进程将体现为一方面是具体政策实施及其改革、各种政治试验与试验区、实践结果与经验的实证评估，另一方面是伴随着这一复杂过程的与理论发展之间的持续互动。生态可持续的和数字经济的生产条件与积累逻辑，将在许多方面显著不同于其工业前身。当然，尽管这些深刻变革的发生是可以预期的，但社会生态转型究竟会如何改变雇佣劳动、市场、价值创造以及所有权形式，目前尚不明确。

在此背景下，北京大学马克思主义学院与罗莎·卢森堡基金会北京代表处于2015年联合组建的"中国社会主义生态文明研究小组"（CRGSE）发挥了核心而重要的促进作用。这个研究小组不仅积极参与到了生态文明的政策构建进程，在方法论上促进对新思路和新方案的开放式探索，开展十分必要的跨学科实证研究，推动对于问题确定、具体政策方案及其实施和行政监管体制的新认识新实践，而且还为这一政策进程提供了一个理论聚焦点，以便我们能够以规范性的政治术语来对话交流这一多层次和复杂的"生态文明"话语体系。因而，"中国社会主义生态文明研究小组"已成为国际性"生态转型"研究的核心组成部分。一方面，它能够及时吸纳国外的相关思想理论和解决方案，为中国的学术讨论与社会实践提供丰富滋养；另一方面，它也可以向世界传递阐释来自中国式生态现代化的经验。

今天，"社会主义生态文明"话语与实践之所以具有如此大的吸引力，尤其是对于全球南方地区而言，当然首先应归功于它迄今所取得的显而易见的切实成果，但也不能忽视这一研究小组所付出的重要译介和阐释努力。

我非常荣幸地祝贺"中国社会主义生态文明研究小组"出版这一系列丛书的"经济卷"，并对课题组及其团队成员的卓越工作和专业性表示感谢。我还要特别感谢郇庆治教授和北京大学马克思主义学院的同事们，他们始终保持着富有成效的、高质量的和创新的精神，在政治上雄心勃勃、战略上高瞻远瞩，而其中最重要的是友好和密切的合作。

罗莎·卢森堡基金会北京代表处期待继续并扩大合作，以实现新的目标和解决方案、新的想法和愿景。

扬·图罗夫斯基博士

罗莎·卢森堡基金会北京代表处　首席代表

2024 年 2 月 28 日

序 二

重视我国社会主义生态文明经济的深入研究

北京大学马克思主义学院郇庆治教授主编的《社会主义生态文明论丛》的"经济卷"一书即将由中国林业出版社出版,首先我热烈祝贺该书出版,并向全国理论工作者和实际工作者郑重推荐这部新作。

本书并不是我国生态文明经济研究领域的第一部著作,早在2010年10月中国林业出版社就出版了廖福林等的《生态文明经济研究》。众所周知,时代是思想创新之母,实践是理论创新之源。经过十多年我国生态文明经济发展与实践探索,本书在习近平新时代中国特色社会主义思想尤其是经济思想指导下,对"社会主义生态文明经济"这一重要议题作了新的阐释、新的拓展。这主要表现为三个新高度:一是把社会主义生态文明经济科学认知提到了新高度,二是把社会主义生态文明经济实践总结升到了新高度,三是把社会主义生态文明经济理论阐释达到了新高度,从而谱写了社会主义生态文明经济研究的新篇章。

总之,本书对社会主义生态文明经济问题的深入研究开了好头,虽然某些观点还需要进一步探索或有待实践检验,但言之有据、说理清晰、理论新颖,深感有一股强烈的创新、开拓、求实精神。作为一家之言,难能可贵、值得倡导,作者深入探究、创造学术精品是一种很好学风。因此,我相信并希望,本书出版能推动理论界、实践界更多学者关注社会主义生态文明经济的深入研究,为新时代新征程中社会主义生态文明经济可持续绿色发展作出新的学术贡献!

特作此文,是为序。

刘思华

2023 年 7 月 28 日

目　录

序　一 ……………………………………………… 扬·图罗夫斯基

序　二　重视我国社会主义生态文明经济的深入研究 ……………… 刘思华

导　论　论社会主义生态文明经济 …………………………… 郇庆治（1）

第一章　新时代政治经济学与社会主义生态文明经济

　　　　………………………………………… 丁晓钦　罗智红（46）

第二章　生态劳动视域下的生态产品价值实现 ………………… 徐海红（69）

第三章　马克思主义生态学视域下的生态产品及其价值实现

　　　　……………………………………………… 海明月　郇庆治（95）

第四章　极简主义经济学：一种新生态经济模式

　　　　………………………………… 阿塔努·萨卡 著　高若云 译（122）

第五章　欧洲激进左翼党的绿色经济政策 ……………………… 王聪聪（142）

第六章　英国绿党的经济政策 …………………………………… 李雪姣（170）

第七章　拉美超越发展理论的绿色经济思想 …………………… 刘　琦（198）

第八章　生态文明经济诠释 …………………………… 郑国诜　廖福霖（236）

第九章　社会主义条件下的生态资本化：一种初步分析 ……… 李　强（250）

第十章　生态银行与生态产品价值实现机制创新 ……………… 孙　巍（276）

第十一章　社会主义生态文明视域下绿色价值实现：以浙江省为例

　　　　　………………………………………………………… 侯子峰（297）

第十二章　国家公园全民公益性：基于公有制实现理路解析 … 蔡华杰(317)

参考文献 …………………………………………………（341）

著作者简介 ………………………………………………（363）

Contents

Preface 1 ··· Jan Turowski

Preface 2 ··· Sihua Liu

Introduction: On the Economy of Socialist Eco-civilization ··· Qingzhi Huan(1)

Chapter 1: Political Economy of New Era and the Economy of Socialist
Eco-civilization ······················ Xiaoqin Ding and Zhihong Luo(46)

Chapter 2: Value Realization of the Eco-products from a Perspective of
Eco-labor ·· Haihong Xu(69)

Chapter 3: The Eco-product and Its Value Realization in a Perspective of
Marxist Ecology ···················· Mingyue Hai and Qingzhi Huan(95)

Chapter 4: Minimalonomics: A Novel Economic Model to Address Environmental
Sustainability and Earth's Carrying Capacity ······ Atanu Sakar(122)

Chapter 5: Green Economy Policy of the European Left Parties
·· Congcong Wang(142)

Chapter 6: Economic Policies of the Green Parties of UK ······ Xuejiao Li(170)

Chapter 7: Green Economy Thoughts of the Beyond Development Theory in
Latin America ······································· Qi Liu(198)

Chapter 8: A Preliminary Discussion on Eco-civilization Economy
······················· Guoshen Zheng and Fulin Liao(236)

Chapter 9: Eco-capitalization in the Context of Socialism: A Primary Analysis ······ Qiang Li(250)

Chapter 10: Eco-banks and the Mechanism Innovation in Value Realization of Eco-products ······ Wei Sun(276)

Chapter 11: Green Value Realization in a Perspective of Socialist Eco-civilization: Taking Zhejiang as a Case ······ Zifeng Hou(297)

Chapter 12: "For the Whole People" Public Benefit Attribute of National Park: An Analysis from an Angle of the Public Ownership Realization ······ Huajie Cai(317)

References ······ (341)

About the Authors ······ (363)

导 论
论社会主义生态文明经济

郇庆治

内容提要：以欧美学者为主体的、广义的生态马克思主义或马克思主义生态学阐述，包含着内容丰富的关于抗拒或替代资本主义反生态经济制度及其国际秩序的生态社会主义选择的理论论证与愿景构想，但迄今为止，现实中依然缺乏欧美资本主义社会条件下的社会主义性质或取向的经济社会绿色变革尝试。相形之下，新时代中国特色社会主义生态文明建设实践提供了创建或走向这样一种"社会—生态经济"或"社会主义生态文明经济"的现实舞台和未来可能性。"经济的生态化"（生态现代化）和"生态的经济化"（绿色发展），是在中国特色社会主义现代化发展背景语境下展开的、逐步创建支撑与适应中国特色社会主义社会更高阶段或形态的经济创新尝试，或者说是这一绿色经济创新的两个主要进路或模式。而由迅速绿化的执政党及其统一领导下的各级政府、逐渐提升的国家生态环境治理制度架构和治理能力、同时受到制度性激励与约束的绿色市场、资本和技术手段、曲线推动的环境社会组织动员与大众性民主参与等四个主要元素所组成的特定构型组合，则构成了一个特色鲜明的促进社会主义生态文明经济的社会支持性动力机制。

关键词：社会主义生态文明，生态经济，政治经济学，生态马克思主义，新时代中国特色社会主义探讨"社会主义生态文明经济"这一概念或论题的主要理论基础,是广义的生态社会主义、生态马克思主义或马克思主义生态学①——同时意指对各种形式的"绿色资本主义"或"生态资本主义"的批判性分析和对合乎生态准则的社会主义未来社会的政治愿景或构想,而它的直接性背景和语境,则是进入21世纪以来重要性不断得以凸显的当代中国的社会主义生态文明理论与实践。必须指出的是,这里的"社会主义生态文明"不同于一般意义上的或政治中性的"生态文明及其建设",对社会主义政治宗旨或传统的考量是它的理论自觉或政治前提,即明确指向生态环境问题挑战或危机应对的社会主义思路与方向,而不是欧美新自由主义版本或一般资本主义的思路与方向。与此同时,生态文明的"社会主义"前缀并不意味着需要新引入一种截然不同的政治意识形态和制度框架,而是聚焦于现存制度架构在执政党统领下的渐进而全面的社会整体转型,即当代中国的"社会主义初级阶段"向更加清晰的生态文明和更加成熟的社会主义社会的自觉趋近或"社会生态转型"。

相对于社会主义生态文明这一伞形术语,"社会主义生态文明经济"更像是一个领域性或构成性的次阶概念,比如我们经常指称的"五位一体"意义上的生态文明的经济、政治、文化、社会与生态环境治理,因为它们之间显然是密切联系和互为支撑的。但必须强调的是,其一,依据马克思主义的唯物史观,经济的基础性决定作用对于社会主义生态文明建设是同样有效的。也就是说,如果不能够逐渐创造出一种新型的符合社会主义生态文明原则的经济,它的政治、文化、社会与生态环境治理将会是昙花一现或空中楼阁,而作为整体的社会主义生态文明也将难以持续存在。这丝毫不意味着否定政府、执政党、社会制度与大众宣传教育等因素的绿色先导或促动作用,然而,当我们强调社会主义政治或文化在这些方面的自主性和能动性时,必须充分考虑到人性私利的或以自我为中心的一面。其二,社会主义生态文明经济也是一个包含理念、制度、政策、落实等要素环节的系统性整体,意味着不充分考虑政策落实效果与所处环境的建设实践和不充分考虑理念与制度构架合理

---

① 郇庆治:《马克思主义生态学导论》,《鄱阳湖学刊》2021年第4期,第5—8页;田兆臣:《戴维·佩珀生态经济思想的生成及其内涵》,《国外理论动态》2020年第2期,第25—32页;蔡华杰:《社会主义生态文明的"社会主义"意涵》,《教学与研究》2014年第1期,第95—101页;郑国诜、廖福霖:《生态文明经济的发展特征》,《内蒙古社会科学(汉文版)》2012年第3期,第102—107页。

性及其改革的建设实践,都是片面的或短视的。相应地,社会主义生态文明经济的孕育成长,应同时包括新经济理念、原则、做法的系统性引入和它们在制度与政策层面上的规范化及其落实。

基于此,笔者认为,"社会主义生态文明经济"的话语体系建构及其实践,不仅需要逐渐设想出并在现实中引入具象化的新型绿色产品产业、技术工艺和生活消费方式,还必须创建并践行一种激进的社会主义生态文明的政治经济学或"社会主义生态政治经济学"①,从而提供整个社会向这些新经济样态或生产生活方式转变("社会生态转型")的现实可能性与进路。

一、生态社会主义视域下的"生态经济":批评与构想

概括地说,对资本主义经济的反生态本质的揭示批判和对社会主义经济的生态表征的阐释构想,是20世纪60年代末、70年代初形成的生态社会主义或生态马克思主义学派所持续关注的主题。但具体而言,生态社会主义理论家的这些批判性阐述,不仅针对着颇为复杂的言说对象,比如侧重于对传统资本主义经济的生态批判、对当代绿色(生态)资本主义经济的批判、对现实社会主义经济的生态批判、对生态自治(无政府)主义经济的批判等,而且呈现为一个不断演进中的动态过程,比如在20世纪70~80年代、20世纪90年代初、2000年前后、2010年以来等不同时期的理论批评②。接下来,笔者将通过一种简略的学术文献史考察,力图阐明生态社会主义社会条件下的"生态经济"的理论与政策意涵是如何得以逐渐走向明晰的(尽管依然存在诸多而深刻的歧见)。

(一)生态社会主义的生态经济批评与构建的三个维度

1. 对传统或典型资本主义经济的生态批判

就主题来说,对传统或典型资本主义经济的生态批判,是生态社会主义

---

① 海明月、郇庆治:《马克思主义生态学视域下的生态产品及其价值实现》,《马克思主义与现实》2022年第3期,第119-127页。
② 姚晓红、郑吉伟:《资本主义社会再生产的生态批判:基于西方生态学马克思主义的阐释》,《当代经济研究》2020年第3期,第1-9页;杨方:《国内生态批判理论研究述评:以生态学马克思主义理论为研究视角》,《学术探索》2018年第8期,第1-9页。

或生态马克思主义理论阐发与构建的起点。对此,约翰·贝拉米·福斯特2002年出版的《生态危机与资本主义》较为详细地阐述了资本主义经济的反生态本性及其生态帝国主义特征。在他看来,"生态和资本主义是相互对立的两个领域,这种对立不是表现在每一个实例之中,而是作为一个整体表现在两者之间的相互作用之中。这种观点与以往将当前全球性生态危机主要归咎于人类固有的本性、现代性、工业主义或经济发展本身的认识不同,它以真凭实据说明人类完全有望在克服最严重的环境问题的同时,继续保持着人类的进步。但条件是,只有我们愿意进行根本性的社会变革,才有可能与环境保持一种更具持续性的关系"①。可以说,这段话构成了生态马克思主义关于资本主义经济必然导致生态危机(衰败)的范例性阐述,即资本主义与生态是根本对立或内在冲突的(这也是该书英文标题的原意),或者说,资本主义在生态、经济、政治和道德等方面都是不可持续的,而只有社会主义性质的根本变革才能够或可能在克服生态危机的同时保持经济社会进步。

对于前者,福斯特认为,在资本主义制度下,无论是经济结构的转型升级(比如增长与资源"脱钩"或"去物质化"),还是经济管理与能源技术水平的改进提高(比如"自然商品化""生态资本"和"绿色技术"),都不会从根本上扭转其工业和资本进行积累的结构或发展模式;这种发展模式将使得自然生态日益屈从于商品交换的需要或资本增值的逻辑,从长远来看则会不可避免地对生态环境产生灾难性的影响。相应地,资本主义与生态的这种内在性对立,决定了人类社会所面临着的生死抉择:"要么摒弃阻挠把自然与社会和谐发展作为建立更公正社会秩序的最基本目标的一切行为,要么面对自然后果,即迅速失控的生态与社会危机及其对人类和众多其他与我们共存物种所造成的无可挽回的毁灭性后果。"②不仅如此,在他看来,当代资本主义经济的重要表征,是它在地理空间上的全球化拓展以及相应的资本逻辑的全球层面呈现。比如,人们固定居所的逐渐消失以及对地球某一区域归属感的渐趋失落,就与资本主义制度及其蕴含着的生态帝国主义倾向的全球化扩展密切相关,而

---

① 约翰·贝拉米·福斯特:《生态危机与资本主义》,耿建新、宋兴无译,上海译文出版社,2006年版,前言第1页。
② 约翰·贝拉米·福斯特:《生态危机与资本主义》,耿建新、宋兴无译,上海译文出版社,2006年版,第17页。

向广大发展中国家实施的公开的废弃物和垃圾倾销所展现的,则是明目张胆的经济与政治霸权。

对于后者,福斯特提出,人类未来在于一场针对并最终取代资本主义制度或生产方式的"社会和生态革命"——即"沿着社会主义方向改造社会生产关系",从而引入资本主义制度本质上不可能提供的对于人类持续干预自然的"理性制约措施",并致力于满足人们的真正需要和社会与生态可持续发展的要求①。在他看来,"我们需要的是一个根据直接生产者的需求民主地组织起来的、强调满足人类整体需求(超越霍布斯的个体概念)的生产体制。这一切必须理解为与自然的可持续性相联系,也就是与我们所了解的生活条件相联系",因而它将更多呈现为超越相互关联的种族、阶级、帝国压迫、环境掠夺等议题的"为环境公正而进行的斗争"②,尽管这场斗争的首要对象依然是日益走向全球化的"踏轮磨坊的生产方式",并且抗拒这种生产方式的主要社会力量仍将来自社会下层民众、来自大众性社会运动,而不是分散行动的个体。此外,他还特别强调,致力于生态转型和创建可持续发展社会的生态社会主义变革,需要用崭新的民主化国家政权和大众权力之间的合作关系,来取代原来的国家与资本之间的庇佑关系,并在此基础上尝试"从正面而不是负面取代资本主义"的各种现实可能性,尤其是找到一条通往更理性的经济社会形态的路径——这种形态将不再建立在以人类和自然为代价的积聚财富的基础上,而是在公正与可持续性的基础上③。

相比之下,萨拉·萨卡1999年出版的《生态社会主义还是生态资本主义》更多基于"增长极限范式"阐述了当代资本主义制度在经济与道德两个层面上的不可持续性,或实现绿色自我革新的不可能性。④ 对于前者,萨卡认为,无论是执迷于"自由市场的典雅与美德"的生态市场原教旨主义者(相信资本主义

---

① 约翰·贝拉米·福斯特:《生态危机与资本主义》,耿建新、宋兴无译,上海译文出版社,2006年版,第72页、第96页、第71页。
② 约翰·贝拉米·福斯特:《生态危机与资本主义》,耿建新、宋兴无译,上海译文出版社,2006年版,第34页。
③ 约翰·贝拉米·福斯特:《生态危机与资本主义》,耿建新、宋兴无译,上海译文出版社,2006年版,第72页、第128-129页。
④ 约翰·贝拉米·福斯特:《生态危机与资本主义》,耿建新、宋兴无译,上海译文出版社,2006年版,第18-24页、第174-223页。

市场经济内部可以利用的经济手段和机制尤其是价格机制是应对生态环境问题的最佳手段),还是迷恋于国家干预的积极作用的生态凯恩斯主义者(相信可以借助国家行政的力量来促进生态环境问题的解决与绿色经济的发展),都无法实质性克服如下一系列难题:资本主义市场经济机制本身的私利性(或短视性)而很难充分考虑他人(或子孙后代)的利益关切、资本主义生产的消费导向及由此所决定的过度竞争特征(比如越来越倾向于技术革新或替换)所造成的资源使用无效与严重浪费(尤其是人力资源)、资本主义经济内在的增长冲动和走向可持续状态所要求采取的经济收缩过程(阶段)之间的矛盾、企业家对狭义经济增长的执着与社会整体公益增加目标之间的不一致性、日益世界一体化经济(市场)对于国家或区域性生态政策的限制以及由此造成的全球层面上不可持续性的增加,如此等等。因而,在现存的资本主义制度框架下,基于可再生资源(能源)的稳态经济不可能真正建立起来。"一个非常普遍的幻想是:科学与技术的进一步发展以及科技的进一步强化应用,将会使人类能够克服生态危机,在拯救工业社会的同时使南方国家得到可持续发展……另一个普遍的幻想是:一些局部性经济革新,如污染许可证、生态税改革等,将会使今天的资本主义转变成生态资本主义……但我认为,这些解决方案(往往被概括为'工业社会的生态重组'或'生态社会的市场经济'))都是幻想。"[1]

对于后者,他强调指出,"如果稳态的或生态的资本主义获得预期成功的基本条件是道德的提高、合乎伦理的行为与合作——我相信,对任何类型的资本主义而言,这些条件都是不可能满足的,因为它们与资本主义的本质相矛盾"[2]。因而,绿色资本主义信奉者或迷恋者的各种善良愿望和主张,比如国家在社会经济转型过程中发挥"既让市场自主发展、又驾驭它"的积极作用,减少(或提高)国内外层面上的资源消耗与物质财富分配上的不平等(或平等),为市场经济提供基于合作而不是竞争的"必需的道德框架"等,由于与资本主义的本质相矛盾,都是无法实现的。换言之,当代资本主义国家的经济不可能自动实现从资本主义增长范式中的有序撤离,或向社会主义稳态经济

---

[1] 约翰·贝拉米·福斯特:《生态危机与资本主义》,耿建新、宋兴无译,上海译文出版社,2006年版,第4页。

[2] 萨拉·萨卡:《生态社会主义还是生态资本主义》,张淑兰译,山东大学出版社,2008年版,第221页。

的渐进转型。

2. 对现实或古典社会主义经济的生态批判

对现实或古典社会主义经济的生态批判，主要是指对以苏联东欧国家为代表的"现实的社会主义"经济模式及其生态环境破坏后果的批评。对此，安德烈·高兹1991年出版的《资本主义、社会主义、生态》做了较为集中的反思性讨论。在他看来，包括现实社会主义和共产主义社会等在内的这种"社群社会"，都建基于一个整体统一性社会的预设，即人们能够凭借自己的切身经验感知并从所有人的需求或利益出发去有意识地掌控整个社会系统的运行，而苏联东欧国家的实践挫败表明，这种设定与日益差异化、复杂化和专业化的现代工业经济发展存在着不一致甚或矛盾。其实际情形是，旨在保障这一社会系统有序运行尤其是次经济领域自主性的苏维埃制度，比如负责经济五年计划的政府官僚机构，其异化程度要比资本主义制度下的市场法则更甚。这是因为，现实社会尚未分化为相对自主并且可以良性互动的领域和机构，使得苏维埃制度中的政治—行政决策无法根据真实的经济环境及实际需求做出调整。结果是，这一制度同时具有前工业社会和工业资本主义社会两者的缺陷，却并没有它们的优点。尽管如此，他坚持认为，始终致力于为超越资本主义而斗争的社会主义运动——如今既不再是一种社会秩序模式也不能理解为一种替代性制度——的目标，"曾经是，并且今天仍然是限制经济理性的辐射范围，换言之，即限制市场和利润逻辑，使经济和技术沿着经过深思熟虑与民主辩论的模式与方向发展，把经济目标和公开并自由表达切身需求结合起来，从而不再创造只以资本扩张和商业发展为目标的需求"，而需要解决的核心问题则在于"保持国家、文化、司法、言论甚至经济的相对独立，同时不放弃对经济和技术发展的重塑，引导其走社会—生态之路"[①]。换言之，在他看来，对当代资本主义经济进行生态重建的政治意涵是，将经济理性（重新）置于生态—社会理性统摄之下，尤其是重构我们的生活世界，比如对需求自我设限，而不只是带有专断和技术官僚色彩的国家干预，并积极探索社会主义性质的多样化劳动及其机会的合理调配。

---

① 安德烈·高兹：《资本主义、社会主义、生态：迷失与方向》，彭姝祎译，商务印书馆，2018年版，第10页、第13页。

不仅如此，高兹还认为，德国社会民主党着力于生态重建或"生态现代化"的1989年《柏林纲领》，虽然提出了关于经济各领域尤其是工农业系统、交通运输系统、技术体系进行生态转型的系列政策主张，从而显示了其经济的生态现代化转型前景的乐观一面——逐渐让以产出与收益最大化为宗旨的经济准则服从于社会生态准则，即实现从资本主义向社会主义的渐进转变，但也凸显了这其中如何协调生态理性与经济理性之间的内在冲突、如何妥善处理生态重建带来的"去劳动（物质）经济"后果等难题。因为，就前者而言，"产出的经济准则和爱惜环境的生态准则有着本质的不同"，二者遵循完全不同或彼此对立的逻辑；就后者来说，"总体而言，工业和经济运行不能指望靠生态重建来改善，而应该想到，若没有生态重建，情况只会更糟"①。总之，在他看来，"生态理性以'生活得更好但劳动更少、消费得更少的社会'为目标。生态现代化要求投资不再服务于经济增长而是经济减速，即缩小现代意义上的经济（译文是生态——笔者注）理性的辐射范围……所以我们应使用性质完全不同的标准，从而减少使用可衡量的生产率标准。当这些新的标准在公共政策和个人行为中战胜资本逻辑、使用非经济目的手段将经济理性置于次要地位时，资本主义便会被超越，从而诞生一种不同的社会甚或文明……即在不取消资本的自主性和逻辑意义的前提下，实现对资本主义的消灭"②。

相形之下，萨拉·萨卡的《生态社会主义还是生态资本主义》则借助于对苏联经济的生态批评与反思，系统阐发了一种"激进的生态社会主义"或"生态主义的社会主义"观点。在他看来，第一，以苏联东欧国家为代表的"现实的社会主义"之所以会挫败，同时是由于如下两方面的原因：一是遭遇了（经济）增长的极限，比如可开采资源的极限、粮食生产增长的极限和相应的技术解决方案的局限，以及日趋沉重的生态环境破坏代价；二是未能创造出一个所允诺的没有阶级的和道德高尚的社会，相反却造成了共产党员中新剥削阶层的出现和党内甚至整个"社会主义社会"的道德沦丧。"如果（前）苏联和东欧国家的共产党的道德信条以及它们的社会的道德信条仍然是社会主义的话，

---

① 安德列·高兹：《资本主义、社会主义、生态：迷失与方向》，彭姝祎译，商务印书馆，2018年版，第51页。

② 安德列·高兹：《资本主义、社会主义、生态：迷失与方向》，彭姝祎译，商务印书馆，2018年版，第52页、第113页。

那么,即使经济停滞,'社会主义'制度也可能继续存在(当然不可能成功);如果经济增长和生活水平的提高能够保持一个令人满意的速度,即使道德水准下降,'社会主义'制度也有可能继续存在。但无论如何,归根到底,这两种情形都没有出现。"① 第二,"一种真正的生态经济只能在社会主义的社会政治环境中运行,而且,只有成为真正的生态社会才能成为真正的社会主义社会"②。也就是说,真正意义上的生态经济或生态经济的真实确立,离不开一种社会主义的制度环境或条件,相应地,这种社会主义已经不再是原初意义上的古典社会主义,而是一种新型的社会主义:它不仅意指有待持续创新的社会主义经济管理形式(比如自然资源和生产资料的公共所有制、计划和配给),而且意味着或代表一种全新的价值观(比如平等、合作和团结)。"我早就认为,我们应该期望一个社会主义社会。在很大程度上,这不是因为社会主义社会现在或过去能够比资本主义的效率高,而是因为社会主义的价值观比资本主义的更胜一筹。仅仅基于这一个原因,人们就可以拒绝任何的资本主义政策。"③

至于生态社会主义条件下的经济的具体样态或内容,萨卡认为,它首先不应是主张将(微观)市场(机制)与(宏观)计划(手段)简单结合的"市场社会主义""社会主义市场经济"或"民主社会主义"。因为,"对我来说,市场社会主义者所设想的经济应该被简单地称作是混合经济……在市场社会主义者的概念里,资本主义的'社会市场经济'中被称作'社会的'一些东西,完全可以被称作是'社会主义的'……而我想表明的观点是,这种或那种类型的混合经济都不是向一个可持续的社会转型的正确框架"④。不仅如此,"激进的生态社会主义"意味着必须更加严肃地对待社会主义的这一"生态"前缀,即生态对社会主义理论与实践的挑战性意蕴,尤其是强调不仅存在着资本主义社会与

---

① 萨拉·萨卡:《生态社会主义还是生态资本主义》,张淑兰译,山东大学出版社,2008年版,第7页。
② 萨拉·萨卡:《生态社会主义还是生态资本主义》,张淑兰译,山东大学出版社,2008年版,第5页。
③ 萨拉·萨卡:《生态社会主义还是生态资本主义》,张淑兰译,山东大学出版社,2008年版,第174页。
④ 萨拉·萨卡:《生态社会主义还是生态资本主义》,张淑兰译,山东大学出版社,2008年版,第240-241页。

生态之间的内在矛盾,还存在着任何工业社会(以及人口增长)与生态之间的内在矛盾;相应地,晚期(发达的、工业的)资本主义社会必须经过一个大规模的经济收缩过程(阶段)——而不是经典马克思主义所设想的生产力高度发展或解放——之后,才有可能转变到"生态的社会主义"。因而,在他看来,这种"激进的生态社会主义"的核心观点应包括:"世界经济与社会都必须变成可持续的""为了实现可持续性,工业经济必须收缩,从而达到一个稳定的状态""这种收缩意味着,人们必须承受比今天还低的生活水平""要让人民接受经济收缩政策,最好的方法是平等""撤退必须是有计划的、有秩序的""在人口日益增长的国家,最重要的、最迫切的任务就是停止人口的增长""道德提高,一个道德的经济和社会,都是实现可持续性所必需的"①。

3. 对生态自治(无政府)主义经济的批判

相对于前两者,即对现代资本主义经济和现实社会主义经济的生态批评,生态社会主义对"生态自治(无政府)主义经济"的批判是一个较为复杂的议题。总体而言,其一,在哲学价值观与政治哲学层面上,生态社会主义或生态马克思主义所信奉的是经典马克思主义的唯物史观及社会结构分析方法,强调生态环境难题或危机的人类社会经济结构成因及相应的解决思路,而不是过分看重社会个体价值观和行为变革的重要性,尤其反对各种形式的生态(生命或生物)中心主义。其二,对于未来社会的构想及其过渡途径,生态社会主义或生态马克思主义更多强调基于人类现代文明发展现状及其趋势的对当代资本主义社会的社会主义改造或替代,并坚持认为这一变革将同时是"红色的"和"绿色的",即将会在解决社会压迫或不平等的同时实现最大程度的生态环境保护与公正,至少会从根本上解决当代资本主义社会条件下所发生着的生态环境破坏问题,因而,"最好的绿色战略是那些设计来推翻资本主义、建立社会主义/共产主义的战略"②。这意味着,生态社会主义的"红绿"哲学与政治,就预设了一种不同于生态自治(无政府)主义的"深绿"哲学与政治统

---

① 萨拉·萨卡:《生态社会主义还是生态资本主义》,张淑兰译,山东大学出版社,2008年版,第248页。

② 戴维·佩珀:《生态社会主义:从深生态学到社会正义》,刘颖译,山东大学出版社,2005年版,第337页。

摄之下的"生态经济",其中包括对资本主义经济制度体系的革命性重建、对集权性国家和计划经济的暂时或较长期需要、对经济与社会分散化的有限赞同、对个人权利(自由)的集体性限制、以城市地域发展为中心、对市场货币和国际贸易的较为宽容或肯定态度,等等。[①]

可以说,大多数生态社会主义者比如安德烈·高兹、詹姆斯·奥康纳和戴维·佩珀,都依此对"生态自治(无政府)主义经济"的分散化、自主性和软技术等特征提出了自己的批评,认为它们很难成为未来生态社会主义经济的结构样态或基础。比如,高兹着重阐发了现代科技及其革新对于生产劳动的社会文化变革意义或解放潜能,认为由于现代科技尤其是信息技术的迅速发展,一方面,"人们所从事的工作已经变化了,相应地,(我们所理解的)'工人'也已经发生改变"——越来越多的劳动者不再依据他们的工作与工作生活来确定其身份认同,或把他们的工作视为其生活的中心,另一方面,整个社会将会呈现为用越来越少的劳动创造出越来越多的财富,因而完全可以实现类似"工作时间减少但工薪报酬不变"的左翼政治目标[②];奥康纳则明确肯定了生态社会主义社会条件下国家等行为体及其计划(或规制)的作用,因为当代社会中"大多数的生态问题以及那些既是生态问题的原因也是其结果的社会经济问题,仅仅在地方性的层面上是不可能得到解决的。区域性的、国家性的和国际性的计划也是必需的。毕竟,生态学的核心就在于各种有特色的地方及问题间的相互依赖性,其核心还在于需要把各种地方性的对策定位于普遍性的、国家性的以及国际性的大前提下……总而言之,我们有完全充分的理由相信,大多数生态问题的原因和后果,甚至它们的解决方法都是国家性的和国际性的(即同国家经济和全球经济有关)"[③]。

因而,长期以来,生态社会主义学派的主流性观点是,生态社会主义社会条件下的经济将会比当代资本主义国家中的经济更加富裕公平,管理上也

[①] 戴维·佩珀:《生态社会主义:从深生态学到社会正义》,刘颖译,山东大学出版社,2005年版,第318-319页。

[②] 安德烈·高兹:《资本主义、社会主义、生态:迷失与方向》,彭姝祎译,商务印书馆,2016年版,第6页、第118页。

[③] 詹姆斯·奥康纳:《自然的理由:生态学马克思主义研究》,唐正东、臧佩洪译,南京大学出版社,2003年版,第433-434页。

更为顺畅有序,至少不会是相反,而其代表性看法是,国家将不会成为反应能力差的、压迫性的和过度官僚化的制度机构,而是会与经济、社会构成一个结构复杂的相互促动的整体。

但也必须看到,几乎所有的生态社会主义者都面临着如何(重新)界定生态社会主义的"生态"前缀的准确意涵这一难题甚或挑战。对此,较为接近于经典马克思主义立场的生态社会主义者像戴维·佩珀所采取的是诉诸挖掘或阐发社会主义的自治传统,而其他人像默里·布克金和萨拉·萨卡则着力于重释或吸纳生态的科学意涵。比如,佩珀的《生态社会主义:从深生态学到社会正义》在谈到马克思主义者和受到马克思影响的社会主义者时,就专门提到应包括威廉·莫里斯,认为他在大量论文和演讲中,概括出了今天可以称之为生态社会的基本原则:致力于与自然和谐相处、简单的生活风格和在小规模工厂中进行的生产既有用又美观商品的劳动——一种清晰的共同体感贯穿于他的地方自治观点①。也就是说,佩珀详尽阐述社会主义与无政府主义之间区别背后的目的,是试图勾勒出二者之间所存在的相通之处,或"某些无政府主义和社会主义具有的某些共同元素"(尤其是在生态无政府主义、绿色工联主义和生态社会主义之间)②,而这构成了他所主张的一种更为强大与有效的生态社会主义运动的思想基础。

再比如,布克金1982年出版了《自由生态学:等级制的出现与消解》所系统阐发的"社会生态学"或"生态无政府主义",尽管就其理论形态来说或者呈现为一种更为抽象思辨的哲学文化理论——人类与自然如何通过人与人之间关系的"和解"而重新实现和谐(新的生态意识与感知基础上的生态社会构建),或者呈现为一种较为具象化的整体主义的、社会激进的和理论上内在一致的生态政治话语——旨在激活或政治化在现实社会中依然占据主导地位的技术主义的、改良主义的和单一议题性的环境社会运动,但它的直接批判与变革对象却始终是明确的,即资本主义的经济社会制度。布克金指出,"对于社会生态学家而言,我们目前面临的环境失衡深深植根于一个非理性的、反

---

① 戴维·佩珀:《生态社会主义:从深生态学到社会正义》,刘颖译,山东大学出版社,2005年版,第93-94页。
② 戴维·佩珀:《生态社会主义:从深生态学到社会正义》,刘颖译,山东大学出版社,2005年版,第315页。

生态的社会，而它面临的基本难题是不可能通过渐进的和单一议题性的改革来解决的。我试图表明，这些难题源于一个等级制的、阶级性的和如今激烈竞争的资本主义制度，而这一制度促成了一种将自然世界仅仅视为人类生产与消费的'资源'聚集地的观点。这种社会制度是尤其贪得无厌的。它已经将人对人的支配扩展成一种'人类'注定要支配'自然'的意识形态"①，"（虽然）今日的资本主义在物质意义上依然发展强劲，这是一个左派必须坦然接受的客观现实，而且，我们依然不知道它在未来岁月中将会拥有哪些新形式和特征，但是，对于我来说相当明确的是——当然我要十分谨慎地表达这一看法，资产阶级社会只有停止对其自身生存的生物与气候基础的破坏，生态环境的衰败状况才会改善。如果这种社会要想生存下去，就必须创造出一种全新的人与自然间的分配。也就是说，我们或者创造一个促进生物进化丰富性和使生命成为更富有意识与创造性的现象的社会，或者创造一个拆毁这些生态要素的世界。而这就从根本上否定了一个听命于'增长抑或死亡原则'的社会：资产阶级出于资本扩张和人类剥削目的的不断强化竞争行为，推动着将有机社会降低为无机社会。资本主义已经使得社会进化与生态进化很难相容"②。可以看出，他分别于1991年和2005年撰写的另外两个导言中的这两段话，都依然清晰展现了对当代资本主义制度尤其是它的反生态本性的严厉的社会生态学批评，虽然后者在政治替代的意义或语气上大为缓和。

由此也就可以理解，布克金晚年更加强调的"自由进步市镇主义"（大致是"生态无政府主义"的另一种表述）话语体系下的"市镇自治经济"，其实是一种与基于差异、整体性和互补性等生态理念或原则而不是任何形式"中心性"的生态社会相一致的新经济。也就是说，在他看来，"市镇自治经济"更多是一种围绕着或集中于地方化参与性民主和邦联主义政治的经济必然性要求或结果，体现为以市镇为主体单位的经济生产与物质生活及其相关决策比如土地、工厂和交通，将会服从于一种新型的大众化民主控制——主要是通过面对面的市民大会，但与此同时，也会以理性和生态的方式来回应社区或市镇

---

① 默里·布克金：《自由生态学：等级制的出现与消解》，郇庆治译，山东大学出版社，2008年版，1991年版，导言第2页。

② 默里·布克金：《自由生态学：等级制的出现与消解》，郇庆治译，山东大学出版社，2008年版，2005年版，前言第5页。

间的合作行动需要,努力避免"自足性社区"很容易产生与自我膨胀的地方狭隘主义。因而,与其他生态无政府主义者或生态自治(区域)主义者不同,他认为,市镇经济本身的分散化(自治公社及其所组成的复合性网络)、适当规模(更加手工艺性而不是工业化的生产劳动)和软技术(适应本土生态环境特点并遵守自然的"循环法则")等要素或特征固然重要,但更具决定性的是统摄与框架化着这些要素或特征的新型生态感知、生态社会和政治实践。"这里有必要指出的是,这种对我们现时代难题的政治与经济解决方案,也是一种生态的方案。如果我们要想从生物世界遭遇的种种痛苦中生存下去——其中围绕着无限增长的经济建构起来的社会对此负有重大责任,精英阶层对地球的所有权必须被终结。在我看来,自由生态学只有在一个彻底摆脱了特权与支配的、完全参与性的社会中才会开始出现。只有到那时,我们才能够使我们自身摆脱支配自然的观念,并使人类成为自然与社会进化中的一种道德的、理性的和创造性的力量。"[①]很显然,在布克金那里,"市镇自治经济"或经济因素本身远不是决定性的。我们也许可以依此批评他对经典马克思主义立场与观点的偏离,但更为直接的质疑却应是,他的确并没有阐明,当代(资本主义)社会(比如欧美社会)究竟如何实现这样一种比经济转型更为艰难的社会重建,而主要基于新英格兰地区历史传统与当代社会政治动员实践的思考似乎也不足以支撑这一点。对此,他所做的回答是:"自由运动向来难以传播其真正目标,更不用说成功地实现它们,除非历史性力量能够改变人们潜意识的等级制价值观与感知……历史可以教给我们的,是我们试图改变客观世界与主观世界的过程中获得的形式、战略和技术,以及失败。"[②]

(二)生态社会主义的生态经济批评与构建的四个阶段

1. 20世纪70~80年代

从动态演进的视角来看,在20世纪70~80年代,安德烈·高兹、威廉·莱斯和默里·布克金等人,最早开启了生态社会主义视域下的关于"生态经

[①] 默里·布克金:《自由生态学:等级制的出现与消解》,郇庆治译,山东大学出版社,2008年版,1991年版导言第51页。

[②] 默里·布克金:《自由生态学:等级制的出现与消解》,郇庆治译,山东大学出版社,2008年版,第410页。

济"的讨论。而这些讨论的突出特点是，对于"生态经济"及其社会的构想阐释明显受到了 20 世纪 70 年代初迅速兴起并盛极一时的生存主义学派（以 1972 年发表的两个研究报告《增长的极限》和《为了生存的蓝图》为代表）的影响。

在 1976 年首次出版的《满足的限度》中，威廉·莱斯从约翰·斯图尔特·密尔在《政治经济学原理》中所提及的"稳定状态"概念出发，探讨了一个"易于生存社会"或"节俭社会"的图景。他认为，"在经历又一个百年'发展'之后，我们能够针对社会变革的决定性方向给出一个比密尔能够给出的更为准确的一般性指导方针。如果一些工业发达国家的目标是降低商品在满足人类需要中的重要性，并最大程度地减少人均能耗与物质需要，则这些国家的社会政策总体效果就是易于生存社会的形成"①。

莱斯还进一步阐释说，其一，未来的大部分科技创新将会着力于促动上述社会转型的实现，并与工业剩余废品在当代环境中积累的影响做斗争；其二，只有当一系列相关政策比如反贫困政策成为上述目标的有机组成部分时，向易于生存社会的转变才会呈现为社会进步的形式，否则，所谓易于生存社会不过是社会弱势群体贫穷状况的另一种形式。他尤其强调指出，一方面，这样一种替代性社会政策的目的或替代性社会追求，既不是要让一大批人口重新回到艰苦的环境中去，也不是要由另一种统一模式来取代目前的垄断性模式，恰恰相反，工业化和复杂科技的积极特点可能会为当代社会提供过去社会从未有过的奢华享受，即能维持多种不同的生活状况，而这些生活状况对个人来说更具有吸引力。换言之，生产与消费活动的当前形势（包括我们对于能源密集型的大型工业技术的依赖）的确压抑了个人的自治精神、创造性和责任，但这并不等于可以说，现存的社会代表了对个人自我实现的某种不可缓和的压抑，或者，任何一套替代性建议都预示着对人类弊病药到病除的完全疗效。另一方面，与长期以来关注于"某种社会转型可能会让一切人的劳动和业余时间都含有丰富的空间"的替代性思想流派的核心关切不同——即新型社会生产与劳动条件下需要的表达和满足方式应发生的变革，从而可以逐步分割工业化经济的庞大制度结构并尽可能减低个人对该结构的依赖，更为重要的也许是尽快制订一套关于需要的替代性定义或预设方向。因为，部分作

---

① 威廉·莱斯：《满足的限度》，李永学译，商务印书馆，2016 年版，第 129 页。

为高强度市场架构的消极方面,"人类需要对自然环境的影响问题现在已经达到了这样一种程度,以至于我们必须把人类需要问题视为生态相互作用这一更大网络中不可分割的一个有机部分",也即必须做到开明自利地考虑"人类以外的自然的需要"①。

可以看出,莱斯所批评的对象是明确的,即被物质生产无节制扩大的理想以及支撑这种物质生产的基础设施(更精密的大型技术、更高水平的能耗物耗、生产与人口的集中化、功能服务的进一步专门化和商品更繁多的花色)所主宰的社会构型及其变革,也就是现实资本主义的经济社会体系,但他的替代性方案却明显是相对温和的或折中性的。尤其是,这一作为从与幸福相脱离的定量标准转向幸福的定性标准的"社会政策"的参考性组织框架,究竟具体何指以及如何依此实现"社会重组",并不十分清晰明确。比如,他不仅拒绝了国家资本主义和国家社会主义之间做出区分的实质性意义,而且提出,"我们的经济与政治制度目前仍旧有灵活性,可以让我们试用可能的替代性选择……富国已经拥有持续积累的大量财富,所以当需要的满足向不同的观念转化时,这些财富可能会在国内经济范畴内缓和转化造成的冲击","在我们的社会活动中,我们能够选择如何培植我们与人类以外的自然之间关系的方式,将把我们带到甚至超越于开明自利主义边界的地方"②,其中散发着浓郁的"生态改良(资本)主义"意味。

2. 20世纪90年代初

1990年代初,安德烈·高兹、莱纳·格伦德曼和戴维·佩珀等以西欧为主的学者,进一步推进了生态社会主义话语体系下的关于"生态经济"的讨论。而这些讨论的明显特点是,"生态经济"被更自觉地置于已经基本成型的生态社会主义理论框架之下,但却在整体上仍然囿于欧美资本主义社会的现实背景和条件。

戴维·佩珀1993年出版的《生态社会主义:从深生态学到社会正义》,旨在"概述一种生态社会主义的分析,它将提供在绿色议题上的一种激进的社会公正的和关爱环境的但从根本上说却是人类中心主义的观点"。也就是说,他

---

① 威廉·莱斯:《满足的限度》,李永学译,商务印书馆,2016年版,第130页、第134页。
② 威廉·莱斯:《满足的限度》,李永学译,商务印书馆,2016年版,第137-138页、第144页。

虽然确实较为详尽地叙述了经典马克思主义关于生态议题的一般性看法,并坚信"对马克思主义观点的某种重视能够使生态主义获得一种内在一致性,这种内在一致性适合于一种向前看而不是向后看的政治",但其主旨则在于促成一种更有力量的、有效的与连贯一致的生态社会主义理论和运动:"绿色分子通过放弃那些更接近于自由主义及后现代政治的无政府主义方面而更好地与红色分子协调;与此同时,红色分子通过复活那些我在本书描写与评论的社会主义传统而与绿色分子协调。"①

佩珀的生态社会主义分析或理论包括如下四个要点②:(弱)人类中心主义的价值观、生态危机成因的以马克思主义为根据的分析、社会变革的冲突性和集体行动的方法、关于绿色社会的社会主义处方与视点。相应地,当代资本主义社会的生态社会主义变革,意味着或指向以经济层面为基础的综合性重构与转型:"一个建立在共同所有制和民主控制基础上的社会,从而提供人类在其中能以生态可接受的方式满足他们需要的框架,生产完全是为了使用而不是为了销售和获利。"③他认为,英国社会主义党所描绘的这一未来社会完全可以是"绿色的",因为它将建立在对每一个人物质需要的自然限制这一准则基础上。具体来说,生产资料的共同所有制可以重新实现对我们与自然关系的集体控制或支配——而不是在试图超越自然限制和规律的意义上统治或剥夺自然,并相应地克服异化生产与劳动;最终意义上的天然限度当然构成了人类社会改造自然活动的边界,但更为重要的不是直接发挥决定性影响的、与历史无关的普遍性资源与生态环境约束,换言之,每一种社会经济形式都有着与它自己的具体历史条件包括非人类环境相关的特定方式与动力;生态社会主义性质的生产方式变革,将意味着重新界定财富和改变人们的需求,并因而确保每一个人都拥有合理的物质富裕生活的"底线",尽管人类需要一般来说在社会主义的发展中将会变得更加复杂和丰富;生产和工业本身将不会被拒绝或弃置,但将呈现为社会主义条件下的无异化的和合理的发展,

---

① 戴维·佩珀:《生态社会主义:从深生态学到社会正义》,刘颖译,山东大学出版社,2005年版,前言第2页、第7页、第4-5页。

② 戴维·佩珀:《生态社会主义:从深生态学到社会正义》,刘颖译,山东大学出版社,2005年版,第83页、第354-357页。

③ 英国社会主义党:《生态与社会主义》(伦敦:1990年),第2页。

其中技术将是适应而不是破坏所有自然的并且会强化生产者的能力和控制力；一个有能力的国家或类似的制度，将会"按需"而不是"按利润"扮演重要的经济管理与资源配置职能；被广义地理解与应对的生态环境问题，首先是一种社会与经济公平问题，而这意味着城市而不是荒野是生态环境保护治理的重点，平等则是最基本的环境原则；作为集体性生产者，工人阶级及其运动是社会经济绿色变革中的关键力量，而与社会化、观念革新和教育或个例性生活风格引领示范相比，经济组织改革和物质性事件对于大众的意识和行为的绿化有着更为重要的影响。① 可见，佩珀所理解的绿色未来社会中的"生态经济"涵盖了如下要素②：真正基层性的广泛民主；生产资料的共同所有（即共同体成员所有，而不一定是国家所有）；面向社会需要的生产，而主要不是为了市场交换和利润；面向本地需要的地方化生产；结果的平等；社会与环境公正；相互促进的社会与自然关系。而在他看来，这些要素或主题不多不少构成了未来生态社会主义社会的基础，尤其是它的经济基础。

　　应该说，佩珀对于上述生态社会主义性质的经济社会变革的预期是相对谨慎的，强调"直到大多数人确实希望它被创造出来并坚持它的时候，一个生态健康的社会主义社会才会到来"③，但他对于生态社会主义社会条件下的"生态经济"的描绘多少还是有些理想化的，并因而遭到了萨拉·萨卡的批评。比如，在他看来，由于每一个社会成员的物质需要都有着天然的限度，并且是在全新的社会制度条件下形成与发展的，因而这些需要完全能够在大自然可以包容的生产力发展的范围之内得到满足。"社会主义发展过程中人们持续地把他们的需要发展到更加复杂的水平，但不一定违反这个准则（即自然的限度）。这是一个在艺术上更丰富的社会，其中，人们吃更加多样化和巧妙精致的食物，使用更加艺术化建构的技术，接受更好的教育，拥有更加多样化的休闲消遣，更多地进行旅游，以及实现性生活的更理想满足，等等。但这将

---

① 戴维·佩珀：《生态社会主义：从深生态学到社会正义》，刘颖译，山东大学出版社，2005年版，第355—357页。
② 戴维·佩珀：《生态社会主义：从深生态学到社会正义》，刘颖译，山东大学出版社，2005年版，中译本前言第3页。
③ 戴维·佩珀：《生态社会主义：从深生态学到社会正义》，刘颖译，山东大学出版社，2005年版，第357页。

3. 2000 年前后

2000 年前后，詹姆斯·奥康纳、保罗·柏克特、乔尔·科威尔和萨拉·萨卡、乔纳森·休斯等人，从不同视角深化了生态社会主义话语体系下的关于"生态经济"的讨论。而这些讨论的主要特点是，以北美学者为主角的地域性特征多少影响到了对"生态经济"阐述的马克思主义理论(文本)偏重。

保罗·柏克特 1999 年出版的《马克思与自然：一种红绿观点》和 2006 年出版的《马克思主义与生态经济学：走向一种红绿政治经济学》，明确地围绕着捍卫和阐释马克思主义的历史(辩证)唯物主义与政治经济学的系统性生态环境观点或"红绿"性质。前者致力于阐明，马克思主义并不是环境主义之外的其他理论，而本身就是一种特定形式的环境主义，即从阶级关系和人类解放需要的立场来看待人与自然关系；后者则着力于表明，聚焦于作为一种物质—社会关系的生产关系的马克思主义政治经济学，可以对主流生态经济学做出实质性贡献，并有助于实现其自我设定的理论目标，因而可称为"红绿政治经济学"。

《马克思与自然》开篇就指出，"贯穿本书的基本设定是，马克思关于自然条件的阐述具有一种内在的逻辑、一致性和分析力量，而这甚至还没有在生态马克思主义的著述中得到充分认可。马克思方法的力量，首先来自它依据其社会形式与物质内容的相互构成来理解人类生产的一贯性看法……其次是关于特定人类生产方式的历史必然性与局限的辩证方法"②。柏克特强调，一方面，马克思不仅认为生产是由历史形成的生产者之间关系和剩余价值的创造者与占有者之间关系所决定的，还认为生产作为一个社会与物质过程受到包括人类身体状况在内的自然条件的影响。也就是说，资本主义的人与自然关系是资本与劳动关系的必要形式，反过来也是一样；二者共同构成了一个贯穿着阶级对立的物质与社会整体。另一方面，马克思不仅承认资本主义提

---

① 戴维·佩珀：《生态社会主义：从深生态学到社会正义》，刘颖译，山东大学出版社，2005 年版，第 337 页。

② Paul Burkett, *Marx and Nature: A Red and Green Perspective* (New York: St. Martin's Press, 1999), pp. 1-2.

供了人类发展的新可能性,而且阐明了这些新可能性如何被不断扩展的资本主义关系所阻断。进而,马克思同时将这一方法应用于阐释劳资关系和资本家之间的竞争关系,以及剖析人与自然之间的关系——强调它也受制于并服务于资本主义的剥削与竞争性,并由此促成了对资本主义环境危机的历史唯物主义分析:资本主义环境危机的根源、生态斗争与阶级斗争之间的关系、人与自然健康而可持续的共同进化的条件。

尽管柏克特确信马克思主义的上述方法与综合性分析,"提供了一种关于当代资本主义以及如今困扰着环境主义者的政治难题的生态社会主义观点的必要基础",但《马克思与自然》的主要目的是重释这一方法与分析本身,而不是它的应用。基于此,在该书的第三部分,他具体讨论了环境议题在马克思对资本主义的历史必然性和局限分析中的地位,以及在未来共产主义过渡中的重要性。柏克特认为,一方面,马克思恰恰是在肯定其提供的人类发展潜能的意义上承认了资本主义的进步性,相应地,他关于共产主义社会条件下的人类发展愿景是一种更加普遍性的和多样化的人与自然关系,而不必然是反生态的,尤其不能简约为延续资本主义生产方式基础上的反生态的大众化消费。另一方面,马克思所设想的共产主义生产是由生产者及其联合体来民主地计划的,而不再是与包括自然条件在内的必要生产条件社会地分离的。而这种生产者与生产条件的统一,将由这些条件中的一种或多种公社所有形式来加以社会地保障。① 总之,这种基于直接联合起来的社会劳动而不是受制于市场关系的共产主义生产,再加上它还会在很大程度上受益于共产主义社会作为一个整体对自然使用的更明智管理,将会是一种真正意义上的"生态经济"和"生态(理性)社会"。

遵循十分近似的叙说思路和理论逻辑,《马克思主义与生态经济学》围绕如下四个核心概念或议题阐述了马克思主义政治经济学的"红绿"特征:(生态)价值、自然资本、熵和可持续发展。而在第四部分中,柏克特认为,马克思恩格斯不仅明确区分了资本主义社会条件下的两种环境危机形式:资本积累的危机(即物资供应的危机)和人类发展的自然条件的危机,而且阐明或预示了这种区分对于未来共产主义变革的生态意蕴:伴随着由工人及其联合体

---

① Paul Burkett, *Marx and Nature: A Red and Green Perspective* (New York: St. Martin's Press, 1999), pp. 13–14.

的革命斗争所建立的新公社体制所实现的，是资本主义制度下发生的生产者与自然条件之间"物质变换断裂（裂缝）"的弥合，从而使这些条件成为促进人类全面自由发展的条件。也就是说，"古典马克思主义意义上的共产主义，由于把生产关系理解为一种人类发展关系，将会实现主流生态经济学家已经以某种方式提及的可持续发展的三个维度的统一：自然资源的公共属性；个体、社会与自然之间的协同进化；自然资源的共同财产管理"①。

因而，在柏克特看来，聚焦于个体、社会与自然之间协同进化的可持续人类发展或人的自由全面发展，是马克思恩格斯所设想的共产主义社会愿景的核心，也理应是关于"社会主义经济"讨论的核心。但令人遗憾的是，这一理论优势或潜能并未被大多数马克思主义者意识到，而后来的争论也大都集中在了资源配置方面的信息、动因和效率等技术性问题（比如关于"社会主义核算"的讨论②）。笔者想强调的是，柏克特的理论论证本身是言之有据、逻辑清晰的，但这也就意味着，他所指称的"生态经济"或"生态社会"是在严格意义上使用的，即马克思恩格斯所意指的狭义的"共产主义社会"——"一个在计划基础上组织起来的协同工作的社会，致力于确保社会所有成员的生活资料和他们的全面发展"③，而这也就更加凸显了其政治哲学意义上的"历史主体"和"过渡机制"难题。

4. 2010 年至今

2010 年以来，以乌尔里希·布兰德等人为代表的欧洲大陆学者的激进"社会生态转型理论"和拉美学者的超越发展理论等，则更多地从全球化与发展中国家视域拓展了生态社会主义话语体系下的关于"生态经济"的讨论。

乌尔里希·布兰德和马尔库斯·威森 2017 年出版的《资本主义自然的限度：帝国式生活方式的理论阐释及其超越》，初步提出并阐发了一种激进的"社会生态转型"观点或"批判性政治生态学理论"，而它的逻辑起点则是对

---

① Paul Burkett, *Marxism and Ecological Economics: Towards a Red and Green Political Economy* (Leiden: Brill, 2006), pp. 1-2.
② 郭冠清、陈健：《社会主义能够解决"核算难题"吗？——"苏联模式"问题和"中国方案"》，《学习与探索》2016 年第 12 期，第 12-21 页。
③ Paul Burkett, *Marxism and Ecological Economics: Towards a Red and Green Political Economy* (Leiden: Brill, 2006), p. 325.

2008年世界金融与经济危机之后兴起的"绿色增长""生态资本(技术)"或"绿色经济"话语及其政策的批判性分析。布兰德等认为,一方面,由联合国环境规划署等国际机构、智库所提出的"绿色新政""绿色经济倡议""绿色增长战略"和"绿色技术转型"等政策报告,其实是欧美资本主义国家"反危机战略"的一部分或"升级版"。这些报告并没有认真讨论所宣称的绿色经济目标或潜能的实现可能会遭遇的结构性阻力与障碍,更没有质疑经济增长本身的必要性和合意性,因而,它们关于"绿色增长"或"绿色经济"不仅可以摆脱当前的经济(发展)危机,还将会引向一种双赢或多赢的绿色未来的声称很可能会最终落空。但另一方面,欧美国家经济确实正在发生一种"选择性"绿化,即所谓的绿色经济战略以其他部门和地区为代价来推进或实现,尽管这种高度部门性与区域选择性的绿化,将很难有效解决全球性环境恶化和贫穷难题,更不会促成全新的富足生活形式及其观念。在他看来,这首先是由于,社会自然关系是资本主义社会整体中不可或缺的并一直处在变化过程之中的一个维度,因而作为对绿色经济或"危机应对战略"的回应,一种"选择性的"绿色资本主义(集中于某些特定议题或政策领域的绿化)是可能的。此外,至少少数欧美资本主义国家之所以能够做到"鱼与熊掌兼得"——既保持远高于世界其他国家和地区的物质生活水平,又能享受到相对较高水准的生态环境质量,是由于一种已经在相当程度上实现全球化的"帝国式(生产)生活方式":"这一概念指的是深深根植于北方发达国家中上层群体的日常生活实践的主导性生产、分配和消费方式,而它们正在南方欠发达国家中迅速扩展……之所以称为'帝国式的',那是因为它基于对北方国家和南方国家的资源和劳动力的无限制的占用以及对全球'污水池'的不成比例索取。这一生活方式向南方国家中新兴经济体的迅速扩张,使得当地政府对生态危机的管理陷入了危机,并促成了强势的民族国家和超国家实体的更加公开的帝国主义战略。"[①]

也就是说,布兰德认为,简单重复许多生态马克思主义者关于资本主义在本质上反生态或不可持续的论点是远远不够的,当代绿色左翼政治还必须认清并立足于新的客观实际,即已然形成并且依托于一种非公正全球制度架

---

① 乌尔里希·布兰德、马尔库斯·威森:《资本主义自然的限度:帝国式生活方式的理论阐释及其超越》,郇庆治等编译,中国环境出版集团,2019年版,第9页、第20页。

构与秩序的绿色资本主义或生态资本主义。当然，他并不是要在政治上辩护或认同这一"浅绿色"现实，而是强调，当代绿色左翼政治所倡导与追求的绿色变革，必须同时是伴随着或基于经济全面绿化的激进的"社会生态转型"——同时考虑其社会与生态后果(要求)的经济绿色转型，而且这种转型必须在全球层面上来推进和发生，尤其是要主动构建一种全球性绿色左翼力量的"转型联盟"："为了实现激进的社会生态转型，创建一个宽泛的'红绿'联盟是必要的，即联合社会运动、工会、政党、企业家、进步的工业协会、非政府组织、地方官员、教师、知识分子、文化工作者、科学家、媒体工作者等社会力量，甚至可以团结相对保守的社会主体，比如教会，加入社会生态转型的学习过程。……因此，绿色左翼应致力于改变当前的政治和经济制度，并推动文化制度朝着解放性的方向发展。"[①]也正因为如此，在笔者看来，他所构想的未来社会的生态经济方案其实是图景尚未勾勒清楚、过渡机制也不够明晰的，而且同时体现在国内与国际层面上——比如如何克服国内层面上的结构性阻力或障碍和实现跨国层面上的不同区域(国家)之间的团结，而 2020 年暴发的全球新冠肺炎疫情大流行以及随后的俄乌战争则进一步暴露了欧盟国家所谓强大经济实力和经济可持续能力的脆弱性与非公正性。

相形之下，米里亚姆·兰和杜尼娅·莫克拉尼 2011 年编辑出版的《超越发展：拉丁美洲的替代性视角》，是 2008 年金融与经济危机之后兴起的对欧美国家所主导的发展(现代化)话语与政策的全球性批评观点的拉美地区版本。它着力于批判性分析拉美各国长期面临着的经济社会发展路径、模式与理念等多重依赖性的困境或悖论，并提出了如何走出这种现实困局的较为新颖而激进的系统性看法，从而构成了一个相对完整的社会生态转型或"红绿"变革理论。在这些学者看来，一方面，同时由于可持续(绿色)发展话语与政策的欧美主导或"私利"性质和可持续(绿色)发展话语与政策本身的生态帝国主义或后殖民主义本质，国际社会过去 20 多年的可持续发展政策讨论与实践并未能够、也不会取得重大的成效，而近年来被寄予厚望的"绿色增长"或"绿色经济"也将会遭遇同样的境遇。另一方面，同时由于其在资本主义世界体系中的

---

① 乌尔里希·布兰德、马尔库斯·威森：《资本主义自然的限度：帝国式生活方式的理论阐释及其超越》，郇庆治等编译，中国环境出版集团，2019 年版，第 145 页。

社会关系上的"边缘性地位"(相对于欧美中心地区和新兴亚太地区而言)和社会自然关系上的"悖论性情形"——"资源榨取主义"或"资源丰富咒语"(即自然资源丰富并持续大规模开发但却导致了经济贫困和生态环境破坏),拉美国家和地区往往是短期内世界经济繁荣的热度参与者和受益者,但这种短暂的快速经济增长或福利增加却无法转化成为一种内生性的持续发展动力。对此,阿尔贝托·阿科斯塔概括指出,"自建国以来,拉美主要出口国就未能建立起一套摆脱贫穷与威权主义困境的发展模式。这似乎是一个很大的悖论:这些国家自然资源富饶,甚至获得了价值不菲的现金收入,却未能因此奠定其独立发展的基础,结果是,国家依然深陷贫困。而它们之所以贫困,是因为它们拥有丰富的自然资源,是因为它们把为世界市场开采自然财富作为发展重点,却忽略了其他形式的基于人力资本的价值创造。"①

也就是说,这些学者认为,拉美经济自现代社会之始就是一种自然资源经济或所谓的"绿色经济",但却不得不屈从于资本主义和后殖民主义的国际经济政治秩序——同时提供着当今世界资本主义生产的主要自然资源供给和地球生态系统的重要自我更新保障,却拥有一种严重不可持续(绿色发展水平低)的经济、社会与文化。不仅如此,在他们看来,尤其是安第斯地区国家中左翼进步政府新世纪初的执政实践表明,"21世纪的社会主义"政治与政策的付诸实施,依然面临着如下难以克服的难题,即如何将一种源自全球化链条或进程的经济繁荣机遇转化成为一个更加民族主义的或自我成长性的现代化进程,与此同时,还几乎无法避免地面临着自然资源的大规模开发带来的生态环境破坏和传统社区衰败难题,而这在靠近亚马孙森林周围的自然生态与原住民保护区则更具挑战性。因此,这一超越发展理论或学派的基本看法是,在传统的发展视野与模式、资本主义的全球化体系笼摄之下,拉美地区不可能实现自主自愿的或社会公正与生态可持续的发展。因而,除了理论层面上的改弦易辙式的方向性调整——从各种形式的"替代性发展"方案转向寻求基于"好生活"理念与追求的"发展替代",尽快走出依然主宰着包括左翼进步政

---

① 阿尔贝托·阿科斯塔:《榨取主义和新榨取主义:同一诅咒的两面》,载米里亚姆·兰和杜尼娅·莫克拉尼(主编):《超越发展:拉丁美洲的替代性视角》,郇庆治、孙巍等编译,中国环境出版集团,2018年版,第60—61页。

府在内的拉美政治的"(资源)榨取主义",应该成为拉美各国发展重构或社会生态转型的"主战场"。至于在这种总体不利环境下的现实变革路径,许多学者都强调要逐渐撤出严重依赖性的和不可持续的新(旧)榨取主义。对此,爱德华多·古迪纳斯指出,"首先,有必要尽快将'掠夺式榨取主义'改变为'温和的榨取主义',而后者作为一种过渡性举措有助于应对目前所面临着的诸多严峻问题;其次,需要转向那些'不可或缺的榨取主义',其中只允许那些为了满足国家和地区真实需求而存在的采掘业继续运营……尽管向后榨取主义转变的目的在于提高人们的生活质量,但毫无疑问,我们的未来生活将会变得节俭"①。

可以看出,"超越发展"作为一个理论学派,更多地呈现为一种新的发展思维方式甚或意识形态,而很难说已经是关于拉美社会未来发展的完整性理想方案及其过渡战略。而作为一种"红绿"变革战略或"转型政治","超越发展"还存在着诸多基础性的难题,尤其是如何使这一地区从(资源)榨取主义的渐进退出或撤离成为一个有组织、有秩序的社会转型过程(类似前文提及的萨拉·萨卡关于这一主题的讨论)。

(三)简要总结

经过上述三个维度和四个不同阶段(或时间节点)的持续性讨论,生态社会主义或生态马克思主义视域下的"生态经济"概念或论题,已经得到内容丰富而系统深入的理论阐述。也可以说,生态社会主义社会的经济基础或物质生产生活方式的原则要求与大致轮廓正在变得渐趋明晰,尤其是在与当代资本主义社会相对照的意义上。

概言之,生态社会主义社会条件下的"生态经济"应该具备如下两个最基本特征:一是社会主义的,二是生态可持续的。就前者来说,所谓"社会主义的",不仅意指新型的自然资源和物质生产资料占用形式(特别是不同于私人所有制的社会公共与共同所有制度)与经济活动组织管理方式(尤其是有别于市场体制的宏观计划与资源配置手段的主动运用),还意味着一种基于平等、

---

① 爱德华多·古迪纳斯:《向后榨取主义过渡:方向、选择和行动领域》,载米里亚姆·兰和杜尼娅·莫克拉尼(主编):《超越发展:拉丁美洲的替代性视角》,郇庆治、孙巍等编译,中国环境出版集团,2018年版,第151页、第159页。

公正与合作理念和原则的具有明确规约性的社会政治制度构架。相应地,这种新型的社会主义社会,不太可能只是资本主义经济社会关系尤其是私人所有制的革命性废除或替代的自然性结果,而必须建立在经济变革、社会政治变革和文化价值观变革的协同推进与长期历史过程的基础之上,甚至如同萨拉·萨卡所多次强调的,社会主义本身就是对一种先进于资本主义的价值观及其道德践行的社会政治追求。因而,大多数生态社会主义者都认为,走向未来绿色社会的关键并不是如何找到具体性的新型经济样态、管理工具和技术手段,而是创建使这些生态化经济样态、工具和手段实现有机衔接并协同发挥效用的社会制度环境与大众文化氛围。就后者而言,所谓"生态的",不仅意指某一个公司企业、产品行业或消费者对自然资源的尽可能少的物质耗费和对生态环境的尽可能小的不利影响,还意味着这种生态可持续性考量成为从家庭到社区单位乃至整个社会的构建与运行准则。相应地,生态社会主义更为关注的,不是未来社会的物质富裕程度及其解放功能,而是它的合乎生态原则或理性特征,而这就要求必须同时生态化重建任何依然基于现代工业体系和城市化的社会主义经济、社会与政治,以及支撑着它们的社会主义现代化(性)愿景和价值文化。这其中尤其具有挑战意义的是,未来的社会主义社会要想成为合乎生态原则的或生态可持续的,似乎就不太可能依然是或持久是物质生产与生活高度富裕的社会,也不太可能允许社会成员进行无节制意义上的自由享受或选择。也就是正如默里·布克金所反复指出的,人类社会必须通过实现人与人之间的和解来重建人与自然之间的和谐,从而使人的进化和自然的进化相向而行、互促共生。因而,对于大多数生态社会主义者来说,走向未来绿色社会的关键,并不在于人类对于自然生态环境本身科学认知的颠覆"三观"意义上的飞跃和自然资源技术经济驾驭能力的脱胎换骨式的提升,而在于新型社会大众共识的民主达成,以及它的不断的制度化展现和转型升级。①

当然,这并不等于说,我们仅仅依据这两大基本特征或上述代表性学者的论述,就可以照猫画虎般地建立起生态社会主义社会或生态社会主义的"生

---

① Victor Wallis, *Red-green Revolution: The Politics and Technology of Ecosocialism* (Toronto: Political Animal Press, 2018), pp. 70-92.

态经济"。在理论层面上，前文所概述的这些生态社会主义学者的分析，从政治哲学的视角来看还依然存在着各自不同的缺憾，或者体现在对资本主义经济的反生态本性及其绿化努力的批判性分析不够全面，或者体现在对未来社会主义经济的生态特征以及社会政治转型战略的理论论证与阐释的不够充分，或者体现在这二者之间缺乏更严谨、自然、令人信服的过渡衔接。总之，它们都很难直接作为绿色左翼社会政治运动的理论纲领或行动指南，也就难以实现他们中的不少人（比如默里·布克金、安德烈·高兹、戴维·佩珀、萨拉·萨卡和乌尔里希·布兰德等）所致力于的改造或赋能这些社会政治运动的目标追求。不仅如此，这些理论分析在总体上还是明显受制于他们所处的欧美发达资本主义国家的经济社会与文化背景和环境。比如，约翰·贝拉米·福斯特、保罗·柏克特、乔尔·科威尔等人①，都有意无意地回避了对苏联东欧国家的"现实的社会主义"的生态经济建设努力及其得失做更全面系统的讨论——往往只是零碎的片言只语式点评，安德烈·高兹和萨拉·萨卡所先后做出的理论评析则显得批评力度充足、但建设性不够，而它对于世界范围内的生态社会主义或绿色左翼运动而言无疑是十分重要、也无法绕过的议题。

在实践层面上，部分是由于其理论自身所存在着的局限性，部分是由于已经在相当程度上全球化的当代资本主义体系的复杂性，这些生态社会主义的社会与经济解决方案或愿景，其实是严重缺乏现实可操作性或指导能力的，并往往呈现出明显的或者政治折中性或者未来乌托邦色彩。比如，威廉·莱斯、安德烈·高兹、乌尔里希·布兰德等人对欧美资本主义经济的生态批判，最后都落脚于对这一经济制度或体系引入更多或更自觉的社会与生态理性规约，也就是对它的和平渐进的"社会生态转型"而不是革命性的社会主义替代，其政治折中性是非常明显的，而戴维·佩珀、乔纳森·休斯和保罗·柏克特等人对未来生态社会主义经济的生态特征或优势的描绘②，则在很大程度上立足于对社会主义的系列应然性品性的信奉或自信，其政治乌托邦性质也是显而易见的。

---

① 乔尔·科威尔：《自然的敌人：资本主义的终结还是世界的毁灭？》，杨燕飞、冯春涌译，中国人民大学出版社，2015年版，第178-185页。

② 乔纳森·休斯：《生态与历史唯物主义》，张晓琼、侯晓滨译，江苏人民出版社，2011年版，第282-283页。

二、当代中国社会主义生态文明建设中的"绿色经济":模式或进路

上述略显冗长的文献分析旨在表明,植根于当代中国现实的社会主义生态文明建设实践,虽然可以从过去半个多世纪的生态社会主义或生态马克思主义理论及其对于生态经济的讨论中受益良多,但却无法获得任何意义上的现成或完整方案。概括地说,"社会主义生态文明"或"社会主义生态文明及其建设"①,是指当代中国进入"新时代"(以2012年党的十八大为主要标志)以来由中国共产党及其领导政府基于不断自我革新的理论认知所倡导推动的、目前依然处在初步阶段的创新性绿色政治与政策探索实践,而这一实践的主要理论成果就是"习近平生态文明思想"或"习近平新时代中国特色社会主义生态文明思想"②。依此,从学术观察与分析的视角来说,一个核心性问题就是,新时代中国特色社会主义现代化建设或发展,是否以及在何种意义将会成为超越生态环境公共治理政策及其成效的社会主义理念制度与整体文化文明层面上的重大跃迁,即引领或走向一种生态的社会主义或社会主义的生态文明。也正是在这一意义上,前文概述的关于生态社会主义或生态马克思主义视域下的"生态经济"的讨论是非常必要的。因为,对于社会主义生态文明建设实践及其经济重构的政治正确性的基本判定或检验,就是要看它是否重复了现实社会主义经济的生态失误或陷入了典型资本主义经济的生态危机。

1. 马克思主义生态学视域下的社会主义生态文明经济

具体而言,对于在本文中所使用的、更多是基于当代中国背景语境的"社

---

① 为了简化否则会变得更加复杂的讨论,在这里"社会主义生态文明"可以大致理解为"社会主义生态文明理论与实践"的简称或"社会主义生态文明及其建设"的代称,而更经常看到或使用的"社会主义生态文明建设"也就是"社会主义生态文明(建设)实践"。

② 习近平:《高举中国特色社会主义伟大旗帜,为全面建设社会主义现代化国家而团结奋斗》,人民出版社,2022年版;习近平:《推动我国生态文明建设迈上新台阶》,《求是》2019年第3期,第4—19页;习近平:《决胜全面建成小康社会,夺取新时代中国特色社会主义伟大胜利》,人民出版社,2017年版;胡锦涛:《坚定不移沿着中国特色社会主义道路前进,为全面建成小康社会而奋斗》,人民出版社,2012年版。

会主义生态文明"这一概念或论题①，笔者认为还需要强调如下四点。一是它的概念意涵上的广义与狭义之分，二是它作为政策话语和学术理论之间的区别，三是它的理论呈现与现实体现之间的差异，四是它的中国与世界两个不同的维度。

"概念意涵上的广义与狭义之分"是指，我们既可以将其从外延宽窄的意义上区分为广义上的"生态文明及其建设"或狭义上的"社会主义生态文明及其建设"，也可以从泛称抑或特指的意义上区分出"社会主义国家中的生态文明"或"社会主义性质的生态文明"。就前一组概念或短语来说，"社会主义"这一前缀所蕴含着的是，"生态文明及其建设"不仅可以存在或发生将自身矮化成为生态环境公共治理政策及其落实的可能性，还可以存在或发生忽视甚或回避现实中理应做出的相关政治选择的可能性；就后者来说，尤其对于当代中国现实语境而言十分重要的是，理所当然地认为社会主义国家中的所有现实做法都是在从事社会主义生态文明建设，或有意无意地回避对现实中生态文明建设政策及其落实的社会主义性质的追问，其实都是存在着可以想见的风险的，而当考虑到当今中国将会长期处于的社会主义初级阶段性质时就更是如此。也就是说，笔者在此所理解或指称的"社会主义生态文明"，是狭义上的、社会主义性质或取向的生态文明及其建设努力。

"作为政策话语和学术理论之间的区别"指的是，像其他绿色社会政治理论或话语比如可持续发展和生态现代化一样，"社会主义生态文明"在当代中国也同时呈现为政策话语和学术理论两种样态，相应地，二者之间也会存在经常可以发现的彼此间差异甚或张力，比如前者更加看重的实践可操作性和后者更多强调的学理逻辑性。而鉴于当代中国话语语境的特殊性，生态文明及其建设主要是一种由党和政府集中构建起来并进行自上而下传播落实的政策话语体系，使得本应与之构成建设性互动的学术话语体系尚未充分建立起来并发挥更积极作用。这就意味着，现实中狭义的、社会主义性质的生态文明及其建设的理论阐释与建构，不仅要与其他学科或政治哲学视角下的学术

---

① 杨英姿：《唯物史观与社会主义生态文明》，《理论与评论》2021年第5期，第22-31页；张云飞：《"生命共同体"：社会主义生态文明的本体论奠基》，《马克思主义与现实》2019年第2期，第30-38页；蔡华杰：《社会主义生态文明的制度构架及其过渡》，《中国生态文明》2018年第5期，第83-85页。

理论阐发(比如各种形态的生态资本主义和生态无政府主义)进行竞争,还要与明显处于强势地位的主导性政策话语体系(内在地蕴含着生态环境问题行政治理或经济技术手段化的倾向)进行竞争。可以设想,笔者所指称的这种狭义的、社会主义性质或取向的生态文明及其建设的学术理论,未必能够拥有天然的研究与传播上的优势,更不用说现实的政治与政策影响力。

"理论呈现与现实体现之间的差异"强调的是,关于社会主义生态文明的理念、原则甚或理论本身,并不等同于社会主义生态文明的客观事实或现实,后者主要体现为各种形式的经济、社会政治与文化制度,以及生活于其中的广大普通民众的生产生活方式与个体行为。这就意味着,一方面,尤其对于像我国这样的社会主义初级阶段大国来说,理念、原则或理论层面上的社会主义生态文明,很可能会存在与社会实际状况的不相符合甚至抵触,而不是必然一致的。也可以说,社会主义初级阶段的生态环境保护与治理,不仅是一个逐渐提高认识和有效应对的过程,而且完全可以采取颇为不同的政治抉择。另一方面,社会主义生态文明的制度体系与社会实践的现实确立,又确实离不开不断自我革新的社会主义生态文明理念、原则或理论,以及在这方面的大众主流文化意识与政治自觉。因而,笔者强调关注这种狭义的、社会主义性质或取向的生态文明理论与实践层面之间的差异,既不是要贬低这一理论的绿色变革规约引领作用,也不是想否定它的未来社会愿景构想功能,尤其是在对当代资本主义的反生态本性和未来生态社会主义的构建原则已经日渐明晰的情势下。

而"中国与世界的两个不同维度"是指,就像广义的生态文明及其建设理论可以找到国际或全球层面上的绿色理论对应物(比如可持续发展或生态现代化)一样,笔者所指称的狭义的、社会主义性质或取向的生态文明及其建设理论,可以大致理解为同属于包括生态马克思主义或生态社会主义、绿色工联主义、社会生态学、生态女性主义、包容性民主理论等在内的"绿色左翼"社会政治理论,其核心议题都是努力将生态可持续性关切与社会主义政治相结合。这意味着,一方面,当今中国的社会主义生态文明及其建设显然是当代国际"绿色左翼"社会政治思潮与运动的有机组成部分,尤其是承担着实质性抗拒并最终替代资本主义经济社会制度体系及其所主导的全球秩序的历史使命,因而有着共同的政治革命对象和未来方向选择。另一方面,与大部分其他国家的左翼政党或政治力量的境遇不同,作为当代中国主要政治领导者的中国共产党,已经组织建立了一整套社会主义性质或趋向的基本经济、社会政治与文化制度,因而不再需要进行现行资本主义制度替代意义上的暴风骤雨式变革。就此而言,当代中国的社会主义生态文明及其建设,既是中华民族性的,但也是世界性的。

基于上述概念性解析,笔者认为,狭义理解的"社会主义生态文明",其实也可以说是一种当代中国的转型话语与政治。这是因为,作为狭义界定或特定构型意义上的"生态文明及其建设","社会主义生态文明"既是当今世界范围内的"绿色左翼"社会政治话语理论与运动的一部分,也同时有着鲜明的中国背景与语境方面的特点,是以马克思主义生态学或中国化时代化马克思主义生态理论为统摄引领的绿色话语理论和政治政策,并致力于促动当代中国"社会主义现代化发展"以及"社会主义初级阶段"的"红绿"取向或自我转型。更具体地说,"社会主义生态文明"的转型话语与政治意蕴体现在如下三个方面[①]:第一,对"生态资本主义"性质的生态环境治理理论与实践的批判性分析和立场;第二,关于生态的社会主义性质的绿色社会制度框架构想或愿景;其三,关于当代中国"社会主义初级阶段"实现其阶段性提升或自我转型的"红绿"战略与践行要求。因而可以认为,相比于各种形态的"生态中心主义"或"生态资本主义","社会主义生态文明"话语与政治更能够(应该)代表当今中国生态文明及其建设的本质或目标追求。

这当然不是说,社会主义生态文明及其建设是一个独立存在进行的或需要另起炉灶的社会经济政治与文化现象或过程。更准确地说,它是在一个更大伞形话语与政策体系或空间(尤其是"生态文明及其建设")之下的竞争性话语、政策倡导和社会政治力量,并指向更好地将生态可持续性考量与社会主义政治相结合的发展方向及其现实可能性。[②] 这其中,笔者认为,如下三个要

---

① Qingzhi Huan, "Socialist eco-civilization as a transformative politics", *Capitalism Nature Socialism* 32/3(2021), pp. 65-83;郇庆治:《作为一种转型政治的社会主义生态文明》,《马克思主义与现实》2019年第2期,第21-29页。

② 郇庆治、王聪聪(主编):《社会主义生态文明:理论与实践》,中国林业出版社,2022年版;解科珍:《中国特色社会主义生态文明体系的理论建构》,《鄱阳湖学刊》2018年第6期,第28-34页;杨英姿:《社会主义生态文明话语体系的构成》,《中国生态文明》2018年第5期,第80-82页;任暟:《关于建构当代中国马克思主义生态文明理论的思考》,《教学与研究》2018年第5期,第5-12页。

素或品性是最为基础性的或至关重要的。第一，作为一种系统性理论话语的正确性、说服力与吸引力；第二，有利于各种政策倡议提出、尝试并不断自我完善的经济社会制度渠道与文化舆论氛围；第三，逐渐扩展的具有理论与政治自觉的社会引领者和支持者群体。

对于第一个要素，必须承认，无论是与欧美生态社会主义或生态马克思主义理论相比较，还是就其自身的实际状况而言，"社会主义生态文明"理论话语的科学体系性与逻辑规范化，都还有很大的改进提升空间。简单重述或引证生态社会主义者的批判性观点与未来社会构想，同基于并针对当代中国现实国情的系统完整的社会主义生态文明理论与实践方案远不是一回事，而只要还未从根本上解决这一问题，就很难指望它拥有足够强大的大众性理论传播力与可信度。在笔者看来，这一理论需要进一步澄明的基础性问题包括：为什么是生态的社会主义而不是绿色的资本主义可以更好地促进或实现生态文明，或者说，生态文明为什么必须（只能）是社会主义的？为什么说中国特色社会主义现代化建设或发展同时是社会主义的和合乎生态的解决方案，或者说蕴含着或指向社会主义生态文明？当代中国的哪些经济社会制度条件和历史文化元素可以促成暂时性适当利用、但却会从根本上抑制或替代资本主义社会现实中发挥决定性作用的资本、市场与智能科技等元素？[①]

对于第二个要素，应该说，当代中国作为社会主义国家的"制度优势"至少从潜能上说是巨大的。[②] 一方面，生态环境保护与善治的社会主义现代化发展的目标地位——即建设人与自然和谐共生的现代化——是毋庸置疑的，而广大人民群众也有明确权利采取各种制度化手段来监督党和政府的管治或诉诸自己的民主政治实践以促进这一目标的实现。也就是说，生态环境保护或生态可持续性的目标性追求是与社会主义制度或政治本身内在一致的。另一方面，尽管改革开放以来整个社会的自然资源和经济活动组织管理逐渐走向多元化所有制结构和以发挥市场机制作用为主体制，但国家以及各种形式集

[①] 刘思华：《生态马克思主义经济学原理》，人民出版社，2014年版；余谋昌：《生态文明论》，中央编译出版社，2010年版；陈学明：《生态文明论》，重庆出版社，2008年版。

[②] 《中共中央关于坚持和完善中国特色社会主义制度、推进国家治理体系和治理能力现代化若干重大问题的决定》，载《中国共产党第十九届中央委员会第四次全体会议文件汇编》，人民出版社，2019年版，第17-68页。

体在其中的主导性地位并没有发生改变,而这就决定了,当代中国的整体经济制度及其运行仍是社会主义性质的,并可以构成对社会主义的政治、社会、文化与生态环境治理目标的根本性支撑。也就是说,现实社会中所有经济活动导致的社会不平等与剥削现象和生态不平等与剥夺现象,虽然有其暂时或局部的合理性,但都是不正当的、需要逐步加以消除的。当然,这些"制度潜能"要转化成为"治理绩效"并不是朝夕之间的事情。笔者认为,除了制度自身的缺陷、现实社会条件的复杂性、并不特别有利的国际环境等外部因素,十分重要的是对这些制度潜能及其转化为治理绩效的渠道机制的系统性理论阐发或彰显,从而唤醒从社会精英到普通民众对于社会主义生态文明的"制度信任(自信)"。

对于第三个要素,就像包括生态社会主义或生态马克思主义在内的其他绿色社会政治理论一样①,变革先驱或"历史主体"也是"社会主义生态文明"理论必须要回答或面对的一个难题。一方面,"社会主义生态文明及其建设"的主体和传统意义上的社会主义变革主体并不能相等同,尽管存在着一定的联系。这其中的核心性问题是,社会主义经济政治制度框架下的、以制造业或城市工人为主的劳动阶层或群体,是否以及在何种意义上仍是社会主义生态文明建设的主体性或领导力量。很显然,对此简单套用欧美生态社会主义或生态马克思主义者的观点并不能做出解答。另一方面,在"社会主义生态文明及其建设"的可能的多元化候选主体中,比如绿色知识分子(包括传媒人士)、生态自觉的党员领导干部(高级公务员)、生态创业者(企业家)、环境非政府组织或社会政治团体、绿色民众(消费者)等,既要做出必要的判别甄选——特别是在不同的具体议题领域中,也要防止任何形式的独断或歧视——尤其是任何一个群体都可以同时是引领者和被改造者、教育者和受教育者。② 而在笔者看来,十分重要而困难的是,如何在社会主义生态文明理论与实践中构建起一个既超越了传统左翼政治局限、同时又能充分团结吸纳多

---

① 安德鲁·多布森:《绿色政治思想》,郇庆治译,山东大学出版社,2005年版,第152-219页;戴维·佩珀:《生态社会主义:从深生态学到社会正义》,刘颖译,山东大学出版社,2005年版,第324-330页、第334-354页。

② 郇庆治:《生态文明建设中的绿色行动主体》,《南京林业大学学报(人文社科版)》2022年第3期,第1-6页。

种绿色社会政治力量的"红绿"统一战线或联盟。

因而，尽管限于篇幅无法再继续讨论其中的细节，但希望上述分析已经阐明，笔者在本文中所指称的"社会主义生态文明"，其实是对同时作为理论话语和政策实践的当代中国"生态文明及其建设"的马克思主义生态学视角下的解读阐释，旨在发现或彰显其中更多是以零散、局部或萌芽形式存在的"红绿"认知与实践可能性，从而使得这种潜在的可能更快更好地成长为一种认可度不断提高、竞争力不断增强、吸引力不断扩大的替代性现实。可以说，这也构成了笔者在本文中探讨社会主义生态文明建设实践中的"绿色经济"的方法论考量或框架。接下来，笔者将集中讨论关于当代中国社会主义生态文明建设实践中的"绿色经济"或"社会主义生态文明经济"的两个基础性问题：一是它所呈现出的主要样态或模式进路，二是它之所以能够形成、演进与运行的政治经济动力机制，其中对第二个问题的分析将构成本文的第三部分。

2. 当代中国社会主义生态文明经济的两大样态或模式

观察当代中国生态文明建设的区域模式尤其是经济表征的"天然之选"，是像浙江安吉这样的全国明星县（区）个例。不难发现，基于包括自然生态禀赋、地理区位优势和经济转型大背景等在内的机会结构条件，再加上当地政府及其领导下的基层民众的创造性努力，安吉县取得了至少如下四个方面的生态文明建设成效[①]：雏形初具的生态经济、保持优良的生态环境、品质大大提升或优化的生态人居、得到初步挖掘与开发的生态文化。依此而言，浙江安吉迄今为止的实践探索确已形成了一个特色鲜明的地方性模式，尽管对于这一模式的特殊性意蕴与普适性价值还需要做出更明确的界定或限定。

在此基础上，我们可以围绕对如下三个问题的方法论界定或阐释，构建起一个生态文明建设区域模式及其学理性探讨的一般分析框架[②]：行政辖区抑

[①] 荀民欣、周建华：《基于生态文明理念的美丽乡村建设"安吉模式"探究》，《林业规划》2017年第3期，第78-83页；郇庆治：《生态文明建设的区域模式：以浙江安吉县为例》，《贵州省党校学报》2016年第4期，第32-39页。

[②] 郇庆治：《生态文明建设区域模式的学理性阐释》，载李韧（主编）：《向新文明进发：人文·生态·发展研讨会论文集》，福建人民出版社，2019年版，第59-74页；王立和：《当前国内外生态文明建设区域实践模式比较及政府主要推动对策研究》，《理论月刊》2016年第1期，第116-121页；王倩：《生态文明建设的区域路径与模式研究：以汶川地震灾区为例》，《四川师范大学学报（社科版）》2012年第4期，第79-83页。

或地理区域为主、目标结果抑或重点突破侧重、绿色发展抑或生态现代化取向。第一个问题所关涉的是,对某一区域案例的考察,是基于通常所指的行政区划还是更充分考虑自然生态系统的完整性及其构成要素,也就是以辖区还是地域考量为主的问题;第二个问题所关涉的是,对某一区域案例的考察,是侧重于作为综合性追求或动态性进程的目标结果还是它所倚重的优势或重点突破的战略性选择,也就是更多关注目标结果还是战略重点的问题;第三个问题所关涉的是,对某一区域案例的考察,看它总体上所采取的是"绿色发展"还是"生态现代化"的新经济社会发展(现代化)取向,也就是使"绿水青山"变为"金山银山"还是用"金山银山"置换"绿水青山"的问题。依据这一分析框架中的第一个和第二个观察点,笔者认为,"省域"是当代中国生态文明建设区域模式观察研究的最佳行政层级(相对于地市、县区和乡镇而言),而基于生态文明目标进程的整体性意涵相对于生态文明建设战略重点的差异化选择所区分出的区域模式更具有科学性。而依据第三个观察点并结合前两者,可以把当代中国的生态文明建设实践划分为如下两大模式或进路①:生态现代化和绿色发展。

就其经济领域或层面而言,"生态现代化"模式或进路主要体现在以江苏、广东、山东等为代表的东部沿海省份(也包括以武汉、西安和成都—重庆等为中心的中西部都市圈区域),其主要特点是拥有相对较为强大的财政金融实力和经济社会现代化水平,因而生态文明建设实践中的矛盾主要方面是如何通过大规模的财政资本投入和工艺技术管理革新来实现区域经济结构及其能源技术体系的生态化重构,从而在实质性解决现代化过程中累积起来的城乡工业污染与生态破坏问题的同时,引领和满足广大市民群众不断提高的美好生活与生态公共产品需要。相比之下,"绿色发展"模式或进路集中体现在像江西、贵州、云南这样的中西部省份(以及局部意义上的福建、浙江),其主要特点是拥有相对较为优厚的生态环境禀赋条件,因而生态文明建设实践中的矛盾主要方面是如何在确保区域生态环境整体质量不受影响的前提下更加明智地开发利用辖区内的自然生态资源,从而实现经济较快发展与生态环境质

---

① 郇庆治:《生态文明创建的绿色发展路径:以江西为例》,《鄱阳湖学刊》2017年第1期,第29-41页;《生态文明示范省建设的生态现代化路径》,《阅江学刊》2016年第6期,第23-35页。

量的兼得共赢，也就是人们经常说的使"绿水青山"真正(转化)成为"金山银山"。

鉴于中国广阔的地理空间范围和复杂多样的经济社会发展境况，这当然只是一种粗线条的分类，比如，致力于将生态安全与修复和绿色高质量发展有机结合的广大西北地区的生态文明建设，就可以在相当程度上称为独立的类型或模式[①]。但上述这种区分已经足以表明，传统现代化(发展)体系构架的生态化重构("经济的生态化")和自然生态资源(禀赋)的可持续开发利用("生态的经济化")，是当代中国社会主义生态文明建设实践中发展"绿色经济"的两大战略选择或进路，或者说，它们构成了本文所讨论的社会主义生态文明经济的两个主要样态。

一方面，社会主义生态文明视域或语境下的生态现代化或"经济的生态化"，虽然其过程与结果的直接性体现或呈现也是以经济技术或行政管理的手段解决经济层面上的问题并带来生态环境质量的不断改善，但社会主义的基本制度框架与环境决定了，左右着这一经济过程的并不是资本主义社会条件下理所当然的价值市场规律和资本增值逻辑，而是需要充分考虑到这一过程有可能导致的对社会普通公众特别是相关弱势群体的不利影响，以及生态环境改善效果(成本)的全社会公平公正分享(分担)。尤其不允许发生的是，自然生态环境元素或系统成为资本实现其价值增值甚或展示其社会霸权的又一个普遍性领域，而社会中下阶层或群体却不得不承受生态环境有限与暂时性改善的主要代价。不仅如此，更为广泛的社会主义民主政治和生态政治参与动员，可以使源源不断的社会主义性质的价值、理念和想法借助多样化的借鉴、试验、示范而不断走向政策层面和制度化，从而逐渐带来包括经济主体(作为生产者、管理者和消费者)在内的实质性革新或重塑。也就是说，社会主义基本制度框架与环境下的生态现代化或"经济的生态化"，从本质上不同于各种形式的绿色资本主义或生态资本主义，而且完全可以成为正确的切入点或基础性环节，即在传统经济绿化过程中制造更少的社会不公与生态非正

---

① 王继创、刘海霞：《社会主义生态文明建设的"西北模式"》，载郇庆治、王聪聪(主编)：《社会主义生态文明：理论与实践》，中国林业出版社，2022年版，第227-245页；郇庆治、张沥元：《习近平生态文明思想与生态文明建设的"西北模式"》，《马克思主义哲学研究》2020年第1期，第16-25页。

义或更多的社会公正与生态正义,并引领或促进向更加生态化的经济与社会的转型过渡。

另一方面,社会主义生态文明视域或语境下的绿色发展或"生态的经济化",尽管其过程与结果的直接性体现或呈现也是在确保生态环境整体质量不受影响的前提下实现对辖区内自然生态资源的更谨慎与明智开发利用,但社会主义的基本制度框架与环境决定了,不仅同样不能让资本主义社会条件下理所当然的价值市场规律和资本增值逻辑来主导这一经济过程,从而在事实上不过是资本主义性质生产关系与生活方式的扩展甚或深化,而且要求努力避免曾经给现实社会主义带来严重困境的"发展主义"。对于前者,由于自然生态环境及其元素的公共公益产品性质和大众基本人权属性,将会使得社会主义社会条件下的生态经济化目标与手段路径选择,更加自觉地充分考虑绝大多数普通民众尤其是社会弱势群体的基本需要和这些领域中资源与产品的公正配置与分配。也就是说,这里的"生态的经济化"决不等同于资本主义经济规律与逻辑向生态环境领域的肆意蔓延或侵蚀。对于后者,由于对自然生态规律包括地球边界约束的认可和对生态环境改善目标地位的确认——比如党的十九大报告所强调的"还自然以宁静、和谐、美丽"和党的二十大报告所强调的"站在人与自然和谐共生的高度谋划发展"①,社会主义生态文明视域下的"发展"已经在很大程度上是基于生态理性的或受约束的目标追求,即便不一定非要经历萨拉·萨卡所主张的明确的主动收缩过程。因而,社会主义生态文明视域下的"绿色发展"的科学意涵,是需要通过作为发展的前缀的"绿色"来界定的,而我们对于"绿色"一词的理解,将是一个社会民主地界定并不断进行革新的过程。换言之,这里的"绿色发展"不(再)是社会主义的"发展主义",而是面向未来的生态的社会主义。

三、走向社会主义生态文明经济:一种新政治经济学

在过去十年左右的社会主义生态文明建设实践中,新时代中国已经涌现

---

① 习近平:《高举中国特色社会主义伟大旗帜,为全面建设社会主义现代化国家而团结奋斗》,人民出版社,2022年版,第51页;习近平:《决胜全面建成小康社会,夺取新时代中国特色社会主义伟大胜利》,人民出版社,2017年版,第50页。

了各种类型和形式的"绿色经济"或"生态经济"①。甚至可以说，世界各国特别是欧美国家中所倡导与流行的绿色的、生态的或环境友好的经济理念或样态，都能够在中国大地上找到它们的存在或对应物。因而，走向或创建笔者所指称的、社会主义性质或趋向的社会主义生态文明经济，固然需要从不同视角——而不限于前文中所讨论的较为笼统抽象的"经济的生态化"和"生态的经济化"——来概括与分析这些具体的绿色经济类型和样态，比如基于特定社会地域划分的县区(省市或乡镇)生态经济、试验区(示范区或先行区)生态经济、国家公园(自然保护区)经济、都市(圈或带)生态经济，基于经济产业结构及其组合划分的生态产业(主导)经济、社会生态经济和城乡一体化或合作经济，基于特定能源以及管理技术划分的低碳经济、循环经济、高新技术经济、大数据经济、智能经济，等等，但更为重要的是，必须能够找到并清晰地勾勒出一种相应构型的社会政治动力机制，特别是它的主要构成元素及其适当组合。也正是在这种类比或借喻的意义上，笔者将其称为走向社会主义生态文明经济的"新政治经济学"②。

基于近年来的个例研究结果，笔者认为，构成当代中国社会主义生态文明经济萌生与成长的支持性因素主要有如下四个，即迅速绿化的执政党及其统一领导下的各级政府；逐渐提升的国家生态环境治理制度架构和治理能力；同时受到制度性鼓励与约束的绿色市场、资本和技术手段；曲线推动的环境社会组织动员与大众性民主参与，并构成了一个成效显著但也长短板分明的动力机制构型。

其一，迅速绿化的执政党及其统一领导下的各级政府。必须看到，作为

---

① 黄渊基、熊曦、郑毅：《生态文明建设背景下的湖南省绿色经济发展战略》，《湖南大学学报(社科版)》2020年第1期，第75-82页；李明：《生态文明视域下的河南省绿色经济发展路径研究》，《当代经济》2018年第17期，第74-76页。

② 国内关于"新政治经济学"研究和学科建设的重新大力倡导与推动，在时间上与社会主义生态文明建设实践基本一致。它在理论形态上对应于新中国建立后至改革开放之初曾经占据绝对主导地位的马克思主义政治经济学，而致力于实现的则是中国共产党领导组织新时代中国特色社会主义现代化建设所面临的新形势、新矛盾与新任务的系统性政治经济学阐释。参见周文：《新时代中国特色社会主义政治经济学理论研究》，《政治经济学评论》2021年第3期，第45-52页；胡家勇、简新华：《新时代中国特色社会主义政治经济学》，《经济学动态》2019年第6期，第43-53页；洪银兴、刘伟、高培勇等："习近平新时代中国特色社会主义经济思想"笔谈，《中国社会科学》2018年第9期，第4-73页；顾海良：《新时代中国特色社会主义政治经济学发展研究》，《求索》2017年第12期，第4-13页。

唯一执政党的中国共产党及其所领导的各级政府,是中国特色社会主义生态文明建设实践的主要领导力量,而且,无论是就新时代、改革开放40年、新中国70年还是建党百年等不同时间段或节点来看,中国共产党及其领导下政府都是在较快地成为"红绿"或"绿色左翼"政治的积极倡导推动者。

单就2012年之后所开启的新时代来说,一方面,以"习近平生态文明思想"或"习近平新时代中国特色社会主义生态文明思想"的确立为标志[①],中国共产党的绿色政治意识形态与环境治国理政方略达到了前所未有的理论与政策体系化水平。尤其是,"五位一体"总体布局和"新三步走"(2017—2049年)中长期规划,构成了一个系统完整的中国特色的社会主义生态文明建设愿景构想与行动纲领。另一方面,随着这一时期旨在全面加强党的全方位统一领导(比如2017年党的十九大报告明确强调"党政军民学,东西南北中,党是领导一切的"[②])的系列制度举措的出台与建设,更接近于"党政合一"而不是"党政分开"的新型党政领导关系体制渐趋形成。其结果是,党中央和各级党委更多承担起社会主义生态文明建设从宏观构设到组织落实的全面领导者角色——比如2012年党的十八大以后中共中央委员会设置的"全面深化改革领导小组"下属的"经济体制和生态文明体制改革专项小组"(自2018年起该领导小组改建为委员会)和2016年初率先在河北省引入实施的"中央环保督察组"(以及"中央生态环境保护督察领导小组")机制,而各级政府即便仅仅从政治纪律角度考虑也更自觉地担负起这些重大而明确战略部署的贯彻落实责任。总之,就像在其他政策议题领域中一样,党政关系由于党的全面领导作用的强化而变得清晰顺畅,各级政府对于习近平生态文明思想和党中央有关重大战略部署的执行力和落实成效都明显增强。除此之外,部分由于社会主义生态文明目标与路径设计上的多样化以及相应的多维绩效考核,部分由于新一代地方主政官员——比如市县主要负责人——迅速提升的绿色政绩理念与意识,许多地方党委和政府开始选择不同于传统经济发展尤其是GDP增长至上的"经济的生态化"或"生态的经济化"策略,并因而成为各种绿色经济模式或

[①] 习近平:《推动我国生态文明建设迈上新台阶》,《求是》2019年第3期,第4-19页;中共中央文献研究室(编):《习近平关于社会主义生态文明建设论述摘编》,中央文献出版社,2017年版。

[②] 习近平:《决胜全面建成小康社会,夺取新时代中国特色社会主义伟大胜利》,人民出版社,2017年版,第20页。

进路的热情践行者或推动者。①

其二，逐渐提升的国家生态环境治理制度架构和治理能力。应该说，当代中国明确意识到并致力于一个现代化的国家环境治理制度体系建设，更多是始于1978年党的十一届三中全会之后的改革开放，尽管议题性或局部性的生态环境保护政策可以追溯到20世纪60年代末、70年代初，比如1973年首次举行的全国环保会议并在次年设立的全国环境保护办公室。

自党的十八大以来，大力推进生态文明制度建设与体制改革语境下的国家环境治理体系与能力建设，至少出现了如下三个积极性变化：一是更加注重环境法治体系建设。如果说将建设社会主义生态文明分别写入修改后的《中国共产党章程》（2012）和《中华人民共和国宪法》（2018）所奠定的是社会主义法治的根本性原则，那么，党的十八届四中全会所通过的《中共中央关于全面推进依法治国若干重大问题的决定》（2014）等系列权威性文件所着力解决的，则是生态环境执法、立法和司法机构内部以及与其他相关机构（制度）之间的协调一致问题。因而可以说，生态文明建设的法治化推进已经成为新时代中国特色社会主义法治建设的目标性主题②（而不再像过去那样经常简单化宣称"法治为经济建设保驾护航"）。二是更加强调全社会环境治理体系建设。党的十九大报告所明确概括的"政府为主导、企业为主体、社会组织和公众共同参与的生态环境治理体系"建设目标，进一步突出了国家生态环境治理的全社会参与（责任）性质与努力目标。这也意味着，除了党和政府的环境执政责任，作为经济活动主体的公司企业和作为社会活动主体的单位组织与个人，都具有义不容辞的环境法律（道德）责任和义务。三是更加强调制度完善与能力建设的协同推进。2019年党的十九届四中全会通过的《中共中央关于坚持和完善中国特色社会主义制度、推进国家治理体系和治理能力现代化若干重大问题的决定》的环境主题或着重点，就是在不断完善中国特色的社会主义生态文明

---

① 比如，无论是在浙江安吉、江西靖安和资溪、福建三明和南平，还是在甘肃康县、山西右玉、云南普洱，我们都多次晤谈了生态文明意识强烈、绿色发展思路清晰的新一代地方官员。

② 陈海嵩：《中国生态文明法治转型中的政策与法律关系》，《吉林大学社会科学学报》2020年第2期，第47-55页；江国华、肖妮娜：《"生态文明"入宪与环境法治新发展》，《南京工业大学学报（社科版）》2019年第2期，第1-10页；孙佑海：《新时代生态文明法治创新若干要点研究》，《中州学刊》2018年第2期，第1-9页。

制度和生态环境治理体系的同时，努力将这一体系所蕴含着的"制度优势"转化成为"治理成效"①，而2022年党的二十大报告则着重阐述了在自然生态保护治理与城乡环境污染防治、生态环境保护治理、生态环境保护与经济发展、绿色发展等四个不同层面上的一体化统筹与协调推进问题②。相应地，所关注的重点将不再是生态环境制度体系的组织完备性和规范化形式，而是它的职业化运行和治理目标有效实现。正是基于这些积极性变化，可以认为，新时代的社会主义生态文明经济建设不仅有着更大的制度性探索空间，还可以获得更为广泛而有力的制度性支持。

其三，同时受到制度性激励与约束的绿色市场、资本和技术手段。严格地说，市场、资本和技术从来就不仅仅是一些社会或价值中立性的工具手段。对此，前文引述的欧美生态马克思主义者以及西方马克思主义的法兰克福学派都已做了深刻论述，无须赘言。但需要指出的是，这些经济工具手段在中国特色社会主义的背景语境下同样也不是中立的，或与政治和价值无关的。可以说，经历过新中国70年尤其是改革开放40年的经济社会现代化实践之后，我国社会精英和普通民众对于这些政策工具手段在社会主义现代化经济发展过程中的积极性作用以及它们的资本主义社会基质甚或"原罪"，都已经有了日益科学的认识。概言之，既不能否定或贬低这些政策工具手段对于依然会长期处在社会主义初级阶段的相对落后经济的巨大促进与发展作用，也不能无视或低估它们很可能会带来的对于整个社会主义制度及其价值文化基础的侵蚀冲击效果。

进入新时代以来，一方面，党和政府始终坚持1992年邓小平南行谈话和党的十四大之后基本形成并在此后不断完善的"社会主义市场经济体制"理论——比如1993年党的十四届三中全会通过的《中共中央关于建立社会主义市场经济体制若干问题的决定》和2003年党的十六届三中全会通过的《中共中央关于完善社会主义市场经济体制若干问题的决定》，尤其是逐步构建充分发

---

① 周宏春、姚震：《构建现代环境治理体系 努力建设美丽中国》，《环境保护》2020年第9期，第12—17页；王华：《国家环境治理现代化制度建设的三个目标》，《环境与可持续发展》2020年第1期，第49—51页。

② 习近平：《高举中国特色社会主义伟大旗帜，为全面建设社会主义现代化国家而团结奋斗》，人民出版社，2022年版，第51—53页。

挥包括资本和技术等各种经济元素活力的、以市场机制为主的社会资源配置体制和适应社会化大生产要求与市场经济规律的现代企业制度体系，比如2013年党的十八届三中全会通过的《中共中央关于全面深化改革若干重大问题的决定》就强调了"使市场在资源配置中起决定性作用"①。但另一方面，《中共中央关于全面深化改革若干重大问题的决定》也明确强调了"两个不可侵犯"（即"公有制经济财产权不可侵犯，非公有制经济财产权同样不可侵犯"②），党的十九大报告则再次重申了"两个毫不动摇"（即"毫不动摇巩固和发展公有制经济，毫不动摇鼓励、支持、引导非公有制经济发展"③）。不仅如此，2021年中央经济工作会议明确提出，要正确认识和把握资本的特性和行为规律，为资本设置"红绿灯"以防止资本野蛮生长。无疑，2021年党的十九届六中全会所通过的《决议》和二十大报告对新时代中国特色社会主义基本经济制度的更加全面与平衡的阐述④，将会有助于发挥市场、资本和技术等因素的积极作用，以及社会主义生态文明经济的萌生与成长。

其四，曲线推动的环境社会组织动员与大众性民主参与。毋庸讳言，无论是从经典马克思主义的唯物史观（比如人民主体或社会主义民主本质）还是从创建生态文明社会或绿色生态社会的客观要求来看，有组织的社会政治动员和大众性民主参与都是非常重要的甚或根本性的。但必须承认，当今中国社会主义生态文明建设实践中这方面的表现尽管是在不断取得进展，总的来说还存在着诸多不尽如人意之处。这其中的原因非常复杂，至少绝非仅仅是政治制度层面的，比如明显存在着的与我国长期的封建历史文化传统的关联，因而必将是一个需要渐进有序推进的自我成长与不断革新过程。

但值得注意的是，新时代以来迅速推开的丰富多彩的社会主义生态文明建设实践，也为我们观察与思考这一经典社会主义政治议题提供了崭新的视

---

① 《中共中央关于全面深化改革若干重大问题的决定》，人民出版社，2013年版，第11页。
② 《中共中央关于全面深化改革若干重大问题的决定》，人民出版社，2013年版，第8页。
③ 习近平：《决胜全面建成小康社会，夺取新时代中国特色社会主义伟大胜利》，人民出版社，2017年版，第21页。
④ 即作为"十个明确"之一的"社会主义基本经济制度"，参见《中共中央关于党的百年奋斗重大成就和历史经验的决议》，人民出版社，2021年版，第25页；习近平：《高举中国特色社会主义伟大旗帜，为全面建设社会主义现代化国家而团结奋斗》，人民出版社，2022年版，第17页。

角,即发展绿色经济所曲线引发或推进的社会组织动员和大众性民主参与。比如,对江西抚州市的四个典型案例(东乡区"润邦农业"、临川区龙鑫生态养殖公司、城市"生态云"大数据信息平台及相关联的"绿宝"碳普惠公共服务平台、凤岗河湿地公园)的考察分析就表明,政府、市场、资本、技术之间构成了一种鲜活生动的建设性互动关系,并带来了绿色经济发展促进大众民主参与的积极效应。[①] 也就是说,与古典意义上发展社会主义民主政治的意象或情景预设不同,绿色产品市场、生态(自然)资本和环境友好技术,扮演了政府和公众之间民主化连接或制度重构的促动者的角色——尤其是促进了基于个体权益实现和保障的对于绿色经济生产与消费活动的民主参与和对于政府生态环境治理的民主监督。因而,可以想象,曲线推进或促动的社会组织动员与大众性民主参与,也会成为社会主义生态文明经济的支持性元素或动力。

在笔者看来,上述四个主要元素及其现实组合,构成了新时代中国特色社会主义生态文明建设实践尤其是发展社会主义生态文明经济的"正向"动力机制,或"社会主义生态文明政治经济学"[②]。也就是说,这其中的政治、经济、社会与生态环境治理等主要制度或政策领域层面上,都明显存在着有利于笔者所指称的、社会主义性质或趋向的社会主义生态文明经济萌生与成长的积极性推动,并且可以为过去十年左右的当代中国社会主义生态文明建设实践所取得的成效所验证。但也必须承认,其一,这一动力机制中主要构成元素的积极推动作用,还更多呈现为有待充分释放与发挥的潜能,比如,在坚持中不断完善与自信的社会主义基本经济制度如何同时制度化地促进与规约现实中难以避免地受到资本主义运行机制裹挟与观念影响的绿色市场、资本、技术等经济元素,依然是需要进一步探索创新的挑战性问题。其二,这一动力机制的现实组合构型,是长短板或优劣势并存的,而且有可能造成一种结构上的"冲抵效应",比如,由党和政府自上而下强势推动的生态文明建

---

① Qingzhi Huan, "China's environmental protection in the new era from the perspective of eco-civilization construction", *Problems of Sustainable Development*, 15/1(2020), pp. 7-14;郇庆治:《生态文明建设视野下的生态资本、绿色技术和公众参与》,《理论与评论》2018 年第 4 期,第 44-48 页。

② 曹顺仙、张劲松:《生态文明视域下社会主义生态政治经济学的创建》,《理论与评论》2020 年第 1 期,第 77-88 页;钟贞山:《中国特色社会主义政治经济学的生态文明观:产生、演进与时代内涵》,《江西财经大学学报》2017 年第 1 期,第 12-19 页。

设进程和生态文明建设过程中相对滞后的社会组织动员与大众性参与之间、包括基层官员在内的社会各阶层或群体对"生态文明经济"的经济收益和权益层面的热情关注与对它的社会主义政治维度的相对淡薄意识之间，这些问题都是值得密切关注的。就此而言，必须明确，发展社会主义生态文明经济的积极性动力，还远不是社会主义生态文明经济的客观现实。甚至可以说，笔者所指称的、狭义的"社会主义生态文明经济"，并不是一种理所当然的或确定的前景。

结 论

以欧美学者为主体的、广义的生态社会主义或马克思主义生态学的阐述，包含着内容丰富的抗拒或替代资本主义反生态经济制度及其国际秩序的生态的社会主义的理论论证与愿景构想，其核心是在新型的社会主义制度框架下努力实现社会公平公正目标原则与生态可持续性目标原则的自觉结合。但迄今为止，现实中依然缺乏欧美发达资本主义社会条件下的社会主义性质或趋向的经济绿色变革尝试，尽管越来越多人开始认识到或承认这样一种激进"红绿"变革的必要性、迫切性。相形之下，进入新时代以来的中国特色社会主义生态文明建设实践，提供了创建或走向这种"生态经济"或"社会主义生态文明经济"的现实舞台和未来可能性。"经济的生态化"（生态现代化）和"生态的经济化"（绿色发展），是在中国特色社会主义现代化发展背景语境下展开的、逐步创建支撑与适应中国特色社会主义社会更高阶段或形态的经济创新尝试，也可以说是这一绿色经济创新的两个主要模式或进路。而由迅速绿化的执政党及其统一领导下的各级政府、逐渐提升的国家生态环境治理制度架构和治理能力、同时受到制度性激励与约束的绿色市场、资本和技术手段、曲线推动的环境社会组织动员与大众性民主参与等四个主要元素所组成的特定构型组合，则构成了一个特色鲜明的发展社会主义生态文明经济的社会支持性动力机制。

最后，须再次指出的是，就像本文所使用的"社会主义生态文明"概念指的是狭义上理解的、社会主义性质或趋向的生态文明及其建设一样，与之相对应的"社会主义生态文明经济"概念也是指狭义上界定的、依托于或指向新型的未来生态社会主义社会的绿色经济或生态经济。这决非是要否认甚或贬低新时代中国特色社会主义生态文明建设实践中丰富多彩的"经济的生态化"和"生态的经济化"的具体样态及其现实重要性,而是想强调,为了最终实现一种契合于更高社会主义理想的"社会主义生态文明经济",要做的工作还有很多,要走的道路还很漫长,对此我们必须有清醒的认识、足够的耐心和战略的定力。

最后需要说明的是,本书的编辑出版最初是作为"中国社会主义生态文明研究小组(CRGSE)"与罗莎·卢森堡基金会北京办事处的合作倡议制定实施的,希望能够对当代中国社会主义生态文明建设中的经济维度进行较为系统的国际比较研究。基于此,一个联合课题组在2019年9月8~10日和2021年4月28~30日在北京大学举办了两次专题研讨会,但后来因为全球新冠疫情等原因使得这一想法无法实现。幸运的是,在北京大学习近平新时代中国特色社会主义思想研究院的财政支持下,这一写作研究计划被纳入北京大学习近平生态文明思想研究中心的"社会主义生态文明研究论丛(五卷本)"项目而得以顺利推进,并将由中国林业出版社陆续出版。此外,收入本文集的论文,部分已经发表在国内外学术期刊,并在此做了观点修正、材料补充和完善或技术性调整。依据在文集中的顺序,它们分别是:导论[《山东大学学报(哲社版)》2021年第4期、第142-151页和《北京大学学报(哲社版)》2021年第3期、第5-14页]、第1章"新时代政治经济学与社会主义生态文明经济"(《政治经济学评论》2023年第1期,第142-151页)、第2章"生态劳动视域下的生态产品价值实现"[《重庆工商大学学报(社科版)》2022年第3期,第38-47页]、第3章"马克思主义生态学视域下的生态产品及其价值实现"(《马克思主义与现实》2022年第3期,第119-127页)、第4章"极简主义经济学:一种新生态经济模式"[*Journal of Cleaner Production* 371(2022)133663和《鄱阳湖学刊》2023年第3期,第20-32页]、第6章"英国绿党的经济政策"(《当代世界与社会主义》2023年第4期,第135-144页)、第8章"生态文明经济诠释"(《邵阳学院学报》2012年第4期,第66-72页)、第12章"国家公园的全民公益性:基于公有制的实现理路解析"[《福建师范大学学报(哲社版)》2022年第1期,第58-70页]。在此,笔者谨向首发上述这些论文的国内外期刊表示诚挚的谢意。

(作者单位:北京大学马克思主义学院)

第一章
新时代政治经济学与社会主义生态文明经济

丁晓钦　罗智红

内容提要：政治经济学总是随着时代变迁和经济社会发展而不断发展的，从资本主义政治经济学到社会主义政治经济学再到中国特色社会主义政治经济学，无不体现了政治经济学的时代性。随着中国特色社会主义进入新时代，世界也在经历百年未遇之大变局，国内国际面临的一系列新问题、新挑战，产生了对新时代政治经济学的理论需要。习近平经济思想不仅是中国特色社会主义政治经济学的最新理论成果，同时也是对当代资本主义政治经济学和人类命运共同体政治经济学做出的重要理论贡献，从而开辟了新时代政治经济学的新境界。新时代政治经济学从研究范围来说，包括当代资本主义经济、当代社会主义经济、经济全球化与国际经济关系等议题层面；从研究对象来说，包含劳动、资本和生态三个核心范畴及其相互关系。社会主义生态文明经济，致力于或指向劳动、资本和生态三重修复的有机统一，是新时代中国特色社会主义的重要经济形态，也是新时代政治经济学的重要研究内容。

关键词：新时代政治经济学，社会主义生态文明经济，劳动、资本和生态三重修复，马克思主义政治经济学，中国特色社会主义政治经济学马克思主义政治经济学作为马克思主义理论的三大组成部分之一，对于人类社会实践尤其是经济活动具有重要的理论引领和现实指导价值。恩格斯在《反杜林论》中将政治经济学定义为"从最广的意义上说，是研究人类社会中支配物质生活资料的生产和交换的规律的科学"①。由于各个时代的生产和交换条件不同，政治经济学研究的内容也会随着时代的变迁而不断发展，因此，"政治经济学本质上是一门历史的科学"②。而在资本主义社会中，马克思主义政治经济学的主要任务是揭示资本主义生产方式背后的经济规律。在《资本论》第一版序言中，马克思写道："我要在本书研究的，是资本主义生产方式以及和它相适应的生产关系和交换关系。"③

20世纪初，俄国十月革命取得胜利，建立了世界上第一个社会主义国家。为了发展社会主义生产力，以列宁为代表的共产党人遵循马克思主义的基本理论方法，开始了对社会主义政治经济学的探索。斯大林在总结苏联社会主义建设实践经验的基础上，提出了很多关于苏联社会主义政治经济学的理论观点。新中国成立后，以毛泽东为主要代表的中国共产党人对中国的社会主义政治经济学进行初步探索，并提出了一系列理论创新和制度构想。1978年党的十一届三中全会以后，在改革开放的伟大实践中，中国特色社会主义经济学逐渐形成并不断得到发展。随着中国特色社会主义进入新时代，习近平经济思想确立了新时代政治经济学这一崭新理论形态，开辟了马克思主义政治经济学的新境界。

"一切历史都是当代史。"一些经济规律是具有普遍性的，比如，价值规律总是在不同时代中发挥着作用；一些经济现象是普遍存在的，比如，剩余价值既在资本主义社会中存在，也在社会主义社会中存在，而区别在于它归谁所有。新时代政治经济学就是要立足于新时代社会生产目的，分析新时代社会生产方式，把握新时代经济运行规律，解决新时代社会主要矛盾。新时代政治经济学要体现出对经济学规律普遍性与特殊性的科学探索，体现为理论逻辑与实践逻辑、历史逻辑与现实逻辑相统一。

---

① 《马克思恩格斯文集》(第九卷)，人民出版社，2009年版，第153页。
② 《马克思恩格斯文集》(第九卷)，人民出版社，2009年版，第153页。
③ 《马克思恩格斯文集》(第五卷)，人民出版社，2009年版，第8页。

当代资本主义经济不断呈现出新特点,但资本主义社会的基本矛盾从未发生根本性改变,而社会主义经济也在经历着重要的阶段性变化,两者处在经济全球化持续深化拓展背景下的共存竞争之中。因此,从研究范围来看,新时代政治经济学包含了当代资本主义经济、当代社会主义经济、经济全球化与国际经济关系等层面领域;从研究对象来看,新时代政治经济学主要包含劳动、资本和生态这三个核心范畴。其中,生态环境关切是这个时代尤为突出的问题,也是人类社会面临的共同性问题。如何在经济发展过程中处理好劳动、资本和生态三者之间的关系,这是既往的资本主义政治经济学所未曾回答也难以回答的,却是社会主义政治经济学尤其是新时代政治经济学要特别关注的问题。习近平同志在系列讲话中关于生态经济问题的重要见解对新时代政治经济学发展的指导引领价值就在于,必须大力构建社会主义生态文明经济,促进经济发展与生态保护相统一以及人与自然的和谐共生,实现劳动、资本和生态三重修复的有机统一。

一、从资本主义政治经济学到社会主义政治经济学

"政治经济学"一词,由法国早期重商主义者蒙克莱田在《献给国王和王后的政治经济学概论》中最早使用。可以认为,现代的经济学都是政治经济学,因为并不存在脱离政治而独立存在的经济。资产阶级的政治经济学发展到古典政治经济学阶段达到了一个高峰,此后便发生了分化,代表资产阶级利益的政治经济学开始不断走向庸俗化的道路,变成了庸俗经济学,而由马克思恩格斯在批判继承古典政治经济学基础上创建的代表无产阶级利益的马克思主义政治经济学不断得到发展,并在世界上第一个社会主义国家即苏俄建立以后,在社会主义经济建设实践中发展出了社会主义政治经济学。从资本主义政治经济学发展到社会主义政治经济学,经历了如下两个阶段:从资产阶级经济学到无产阶级经济学,从资本主义经济学到社会主义经济学。

1. 从资产阶级经济学到无产阶级经济学

经济学作为一门社会科学,具有历史性和阶级性,在人类历史发展的不同阶段,由于占统治地位的阶级不同,经济学也有着不同的理论立场。在西

方经济学公认的源头古希腊时期，最早提出"经济"一词的色诺芬所代表的是奴隶主阶级的利益，因此其经济学说的主要内容就是如何帮助奴隶主阶级进行家庭管理，如何帮助奴隶制城邦国家吸收移民、增加税收、壮大奴隶制国家的经济。

到了资本主义经济发展的初期，重商主义、重农主义开始分别作为商业资本和农业地主阶级或农业资本家的利益代表而出现，提出了反映商业资本家和土地经营者利益的经济学说与主张。资本主义制度确立以后，资本主义生产方式进入它的上升时期，产业资本成为资本主义社会的主导性力量，代表产业资本家利益要求的古典政治经济学应运而生，并随着工业革命的完成不断发展成熟。

工业革命使资本主义社会的生产力获得了巨大提高，而"随着资产阶级即资本的发展，无产阶级即现代工人阶级也在同一程度上得到发展"[1]，无产阶级力量的不断发展壮大以及受到资本家严重剥削和压迫的现状，使得无产阶级经济学呼之欲出。在这种时代背景下，代表无产阶级立场的马克思主义经济学登上历史舞台，《资本论》也因此被称为"工人阶级的圣经"。

马克思主义经济学是实践基础上的阶级性和革命性的统一。通过对资本主义经济的深刻批判分析，马克思提出了剩余价值学说，表明资本家的利润全部来自工人创造的剩余价值，因而是工人养活了资本家，而非资本家养活了工人，并最终揭示了资本主义社会的基本矛盾是生产的社会化和生产资料的资本主义私人占有之间的矛盾，为无产阶级消灭私有制、建立社会主义公有制提供了思想武器。陈岱孙先生在《从古典经济学派到马克思》一书中写道："马克思主义政治经济学的建立标识着经济科学的革命变革。它批判地继承了古典学派的研究成果，创立了和资产阶级经济学相对立的无产阶级经济学。"[2]

2. 从资本主义经济学到社会主义经济学

马克思主义政治经济学不仅对资本主义生产方式的产生和发展做出了全面分析，还通过揭示资本主义产生、发展、灭亡的历史规律，使社会主义理论从空想变成了科学，初步阐述了未来共产主义社会的一般性规定。只不过，

---

[1] 《马克思恩格斯文集》(第二卷)，人民出版社，2009年版，第38页。
[2] 陈岱孙：《从古典经济学派到马克思》，北京大学出版社，1996年版，第4页。

在马克思恩格斯的著述中，政治经济学研究还主要是关于揭示资本主义经济运行规律的经济学，而对于未来社会的展望仅限于描述其一般性特征，因此对于社会主义经济如何建设和发展并未给予太多论述。在《哥达纲领批判》中，马克思区分了共产主义社会的两个阶段，提出了共产主义社会第一阶段即社会主义经济中的按劳分配制度以及它所依赖的生产资料公有制，成为日后社会主义经济建设的一般性理论指南。

十月革命胜利之后，世界上第一个无产阶级专政国家，从苏俄到苏联，开始了社会主义经济建设以及对社会主义政治经济学的探索。从"战时共产主义政策"到"新经济政策"，列宁逐步把社会主义和共产主义区别开来，逐渐认识到社会主义国家也可以有商品货币关系，并提出了把政府行为和市场行为结合起来的观点，从而为社会主义经济学贡献了丰富的关于过渡时期和经济落后国家建设社会主义的经济思想。

列宁逝世后，斯大林带领苏联人民实施大规模的社会主义经济建设，推动了社会主义生产力的大幅度提高，使得苏联迅速实现了由落后的农业国向先进工业国的跨越。在这个实践探索过程中，斯大林也为社会主义政治经济学做出了巨大的贡献。他将苏联经济建设经验上升到理论高度，做了系统总结和论述。比如，在《苏联社会主义经济问题》一书中，斯大林把社会主义基本经济规律概括为"用在高度技术基础上使社会主义生产不断增长和不断完善的办法，来保证最大限度地满足整个社会经常增长的物质和文化的需要"[①]。斯大林推动创立的社会主义政治经济学，使得无产阶级对于经济学的认识实现了从资本主义经济学到社会主义经济学的跨越。

二、社会主义政治经济学在中国的发展

新中国成立后，中国共产党带领全国人民通过对农业、手工业和资本主义工商业的社会主义改造，迅速实现了国民经济的恢复发展，并建立起以公有制为基础的社会主义经济制度。1956年"三大改造"完成后，我国进入大规

[①] 斯大林：《苏联社会主义经济问题》，《斯大林选集》（下），人民出版社，1962年版，第602页。

模社会主义经济建设时期。在此期间，以毛泽东同志为主要代表的中国共产党人开始了结合中国自身国情的社会主义政治经济学的探索，而这也是中国特色社会主义政治经济学的发端。虽然列宁和斯大林对社会主义政治经济学的发展为我国建设社会主义提供了重要的指导和借鉴，但此时苏联模式的弊端已经越发凸显，因而以吸取苏联教训为契机，毛泽东提出了要进行"第二次结合"的历史命题和庄严使命。20 世纪 50 年代末到 60 年代初，毛泽东系统阅读了《苏联社会主义经济问题》和苏联《政治经济学教科书》，认真研究和对比思考了苏联与中国的社会主义经济问题，对中国的社会主义政治经济学进行了初步探索。

1978 年党的十一届三中全会开启了改革开放的社会主义新时期，中国特色社会主义政治经济学逐渐形成并不断丰富发展。2012 年党的十八大以来，中国特色社会主义进入新时代，习近平新时代中国特色社会主义经济思想是 21 世纪马克思主义政治经济学和中国特色社会主义政治经济学的最新发展。

因而，社会主义政治经济学在中国的发展，可以大致分为如下三个阶段：从新中国成立到改革开放之前的萌芽时期，从改革开放到党的十八大之前的形成与发展时期，党的十八大以来的最新发展时期。

1. 中国特色社会主义政治经济学的发端

中国特色社会主义政治经济学发端的重要标志，是毛泽东 1956 年 4 月发表的《论十大关系》和 1957 年 2 月发表的《关于正确处理人民内部矛盾的问题》。在这两篇文章中，毛泽东对于如何开展社会主义建设提出了不同于苏联经济发展模式、符合中国国情的路线方案，包括社会主义经济建设必须重视社会集体福利事业；既反对平均主义，也反对过分悬殊；正确处理重工业、轻工业、农业发展的关系，等等。此后，毛泽东又对中国的社会主义政治经济学发表过一系列论述，集中体现在他 1958 年读斯大林《苏联社会主义经济问题》批注、读斯大林《苏联社会主义经济问题》谈话，1959—1960 年读苏联《政治经济学教科书》的下册谈话等著述中。

这些论述集中体现了毛泽东对中国社会主义政治经济学的思考与探索。对此，吴易风教授将其总结为如下十二个方面：（1）论苏联经济学范式；（2）论政治经济学的研究对象；（3）论经济学家的世界观和方法论；（4）论社会主义政治经济学的纲;(5)论过渡时期;(6)论社会主义生产关系;(7)论社会主义经济规律;(8)论社会主义商品生产和价值规律;(9)论社会主义经济波浪式发展;(10)论社会主义管理;(11)论社会主义经济发展阶段;(12)论共产主义。①

2. 中国特色社会主义政治经济学的形成和发展

党的十一届三中全会以后,我国进入社会主义建设的新时期。这一时期的中国共产党人将马克思主义政治经济学的基本原理同中国改革开放的实践相结合,逐步形成了中国特色社会主义政治经济学的理论体系。1984年,党的十二届三中全会通过的《中共中央关于经济体制改革的决定》,是中国特色社会主义政治经济学形成的重要标志。《决定》提出我国社会主义经济是公有制基础上的有计划的商品经济,邓小平对此评价为"写出一个政治经济学的初稿,是马克思主义基本原理和中国社会主义实践相结合的政治经济学"②。

在此期间,以邓小平、江泽民、胡锦涛为主要代表的中国共产党人不断地将中国特色社会主义政治经济学向前推进,结合时代需要回答了"什么是社会主义,怎样建设社会主义""建设什么样的党,怎样建设党""实现什么样的发展,怎样发展"等一系列重大理论与实践问题,创立了社会主义的本质是解放生产力,发展生产力,消灭剥削,消除两极分化,最终达到共同富裕的理论;社会主义初级阶段理论;社会主义基本经济制度理论;社会主义基本分配制度理论;社会主义市场经济理论;社会主义改革开放理论;社会主义科学发展理论;社会主义新农村建设理论等一系列重要的经济理论观点,形成了中国特色社会主义政治经济学的主要内容。这些理论观点既体现了对马克思主义政治经济学关于公有制和按劳分配制度等构成社会主义经济基本要件的明确坚持,对消灭"三大差别"、实现共同富裕的共产主义远大理想的坚定传承,又结合我国社会主义初级阶段的现实国情,大胆做出了一系列以经济建设为中心的、指导社会主义生产力发展的理论创新,有力推动了马克思主义政治经济学的当代发展。

---

① 吴易风:《毛泽东论中国社会主义政治经济学》,《政治经济学评论》2013年第4期,第3-33页。

② 《邓小平文选》(第三卷),人民出版社,1993年版,第83页。

3. 新时代中国特色社会主义政治经济学的最新成果

2012年党的十八大以来，中国特色社会主义进入新时代。以习近平同志为核心的党中央团结带领全国各族人民继续推进社会主义建设的伟大实践，并实现了大量实践基础上的理论创新，回答了在社会主义新时代"坚持和发展什么样的中国特色社会主义、怎样坚持和发展中国特色社会主义"的时代课题，提出了一系列新思想、新理论、新方法，形成了"习近平新时代中国特色社会主义经济思想"或"习近平经济思想"①。

习近平新时代中国特色社会主义经济思想，不仅为新时代社会主义现代化建设提供了强有力的实践指引，也极大地创新和发展了中国特色社会主义政治经济学。其主要内容包括：创新、协调、绿色、开放、共享的新发展理念；我国社会的主要矛盾已经转变为人民日益增长的美好生活需要同不平衡不充分的发展之间的矛盾这一重要论断；将社会主义基本经济制度的内涵进行了重新概括，具体包括以公有制为主体、多种所有制经济共同发展的所有制，以按劳分配为主体、多种分配方式并存的分配制度，以及注重政府与市场关系的社会主义市场经济体制；结合我国经济发展进入新常态的特点，提出供给侧结构性改革思想以及构建"以国内大循环为主体、国际国内双循环相结合"的新发展格局；为实现全面小康，提出了以"精准扶贫"为基本策略的"脱贫攻坚"思想；提出重新认识和把握资本的特性和行为规律，反垄断和限制资本无序扩张的思想；提出坚持以人民为中心的发展思想，不断促进人的全面发展，实现全体人民共同富裕等。

如上所述，习近平新时代中国特色社会主义经济思想，将中国特色社会主义政治经济学发展到了一个新的高度和境界，是21世纪马克思主义政治经济学和中国特色社会主义政治经济学的最新理论成果。

三、新时代政治经济学：三重修复论

作为系统性的经济理论，习近平经济思想不仅创新发展了中国特色社会

---

① "习近平新时代中国特色社会主义经济思想"或"习近平经济思想"是2017年党的十九大之后作为党的创新理论之一先后提出使用的概念，而就其基本意涵而言，这二者并没有明显的区别。

主义政治经济学，还拓展深化了对当代资本主义经济以及经济全球化、政治多极化等重大议题的认识。任何时代的发展都需要理论创新的引领，当前中国特色社会主义进入新时代，当代资本主义发展呈现出新特征，全球政治经济格局正在发生重大变革，世界面临着百年未有之大变局，所有这些变化给中国未来发展既提供了机遇，同时又带来了挑战。这就需要一种新时代的政治经济学，帮助我国更好地认识世界和改造世界，指引我们在建设社会主义现代化强国和实现中华民族伟大复兴的道路上稳健前行，系统揭示当代资本主义社会的基本矛盾和经济运行机制，同时也为世界上那些既希望加快发展又希望保持自身独立性的国家和民族提供全新选择，以促进全世界人民共同福祉的提高。

习近平经济思想开启了新时代政治经济学的创新发展，实现了21世纪中国化马克思主义政治经济学从狭义政治经济学向广义政治经济学的转化，其中既包括新时代中国特色社会主义政治经济学，又包括当代资本主义政治经济学分析和人类命运共同体政治经济学。[①] 在研究范围上，新时代政治经济学包括当代资本主义经济、当代社会主义经济、经济全球化与国际经济关系等三个部分；在研究对象上，建基于经典马克思主义政治经济学和中国特色社会主义政治经济学的基本理论，新时代政治经济学尤其聚焦于劳动、资本和生态这三个核心范畴，重点研究不同社会生产方式下的劳动修复、资本修复和生态修复及其相互关系，也就是"三重修复论"。

1. 研究范围

当今世界经济仍处在资本主义和社会主义两种不同所有制与经济运行模式之下，以及各种经济模式紧密联系的全球化网络之中。因此，新时代政治经济学的研究范围主要包括以资本为中心的当代资本主义经济、以劳动为中心的当代社会主义经济、资本主导的经济全球化与国际经济关系这三个部分或层面。

对于资本主义经济，马克思主义者从来就没有停止过研究。从马克思的《资本论》到希法亭的《金融资本》、再到列宁的《帝国主义是资本主义的最高

---

① 顾海良：《中国特色"系统化的经济学说"的新时代开创》，《中国经济评论》2022年Z1期，第28-34页。

阶段》，以及后来的国外马克思主义经济学不同流派，都在持续致力于对不同时期、不同阶段的资本主义经济发展的研究。国内的马克思主义经济学者，一方面致力于对当代资本主义经济的认识和批判，另一方面致力于对社会主义建设经验教训的思考和总结，以避免在社会主义经济建设过程中走上传统计划经济的老路和改旗易帜的资本主义邪路，不断深化对社会主义经济规律的认识。资本主义经济并非一成不变，而是处在不断地变化发展之中。当代资本主义经济出现了新自由主义意识形态，数字经济、平台经济等新经济形态，以及区块链、加密货币、元宇宙等新的传输介质和虚拟经济形式，但这些都没有改变资本主义经济的本质以及固有矛盾，资本主义必然被更高的社会形态即社会主义所取代。

当代社会主义经济主要是以中国为代表的社会主义国家对于社会主义市场经济的不断探索和实践。当前，中国经济发展已经进入新常态，经济由高速度增长转变为高质量发展，这一时期我们将更加注重创新发展、协调发展、绿色发展、开放发展，努力在发展中实现共同富裕。当然，我国也正面临着许多新的问题，包括如何做强做大做优国有企业，科学认识和把握资本的特性与行为规律，反垄断和限制资本无序扩张，如何更好地发挥政府与市场作用，加强自主创新能力建设，在"卡脖子"技术上取得更大突破，等等。这些都是新时代政治经济学关于社会主义经济探讨的重要议题。

当前的世界格局正在发生重大变化，全球政治经济关系架构面临着百年未有之大变局。资本主义世界所主导的全球经济政治旧秩序，不断受到来自社会主义国家和新兴发展中国家的挑战，霸权主义国家则为此采取保护主义政策，"逆全球化""反全球化"趋势与战略日盛。但是，在世界各国相互联系和彼此依存比过去任何时候都更频繁、更紧密的大背景下，这种逆历史潮流而动的做法终将以失败告终。但在此过程中，人类的共同发展总是会遇到各种挑战，如何团结世界大多数国家尤其是发展中国家一起，推动改变旧的国际经济政治秩序，打破国际垄断资本的统治，构建以人类命运共同体为核心理念的国际经济政治新秩序，是摆在所有渴望独立和平发展的国家面前的共同话题。因此，新时代政治经济学需要深入剖析全球经济问题，研究发达国家之间、发展中国家之间以及发达国家与发展中国家之间错综复杂的经济关系，为全球经济发展和世界人民福祉提供理论支持。

2. 核心范畴及其相互关系

从研究对象来看，无论是资本主义经济学还是社会主义经济学，其研究的核心范畴都是劳动、资本和生态这三个要素，而资本主义经济与社会主义经济的根本区别在于对这些要素的不同占有关系。在古典政治经济学发展早期，威廉·配第所提出的"劳动是财富之父，土地是财富之母"，就辩证地指出了土地和劳动在物质财富创造中的作用。庸俗经济学的代表萨伊所提出的"三位一体"公式，所指向的也是资本、劳动和土地这三种要素。在社会生产力高度发达的今天，自然界所提供的资源已不再仅仅局限于狭义的土地，而是整个生态系统。自然生态系统一方面提供着人类生产活动所需要的物质资源和能源，另一方面提供着人类生活离不开的自然条件和环境，良好的生活环境又会正向地促进人类生产活动的开展。因此，新时代政治经济学将主要围绕资本、劳动与生态这三个核心范畴及其相互关系来展开。

在人类社会实践过程中，劳动、资本和生态这三者无时无刻不在运动变化之中，进行着循环往复和此消彼长的劳动修复、资本修复和生态修复过程。"资本修复"的概念最早由西方新马克思主义地理学家大卫·哈维针对资本积累内部矛盾的危机而提出，所谓"时间—空间'修复'喻指一种通过时间延迟和地理扩张解决资本主义危机的特殊方法"①。在此基础上，近年来有国内学者进一步提出了"劳动修复"的概念，并对劳动修复的层次进行细分，研究了资本主义和社会主义不同条件下劳动修复的根本性差异②。围绕生态这一核心范畴，本文将进一步提出阐释"生态修复"的概念，以便深入探讨经济发展与人的发展的关系以及人与自然的和谐共生问题。

劳动、资本和生态三重修复，要求在社会经济活动中保持资本的正常周转和运动，避免发生资本运动受阻从而造成经济停滞或衰退；保证劳动力的生产和再生产，努力促进人的自由全面发展；保护自然资源和改善生态环境，积极促进人与自然和谐共生。资本主义以资本为中心的发展理念和社会主义以人民为中心的发展理念，决定了不同社会制度和生产方式下劳动修复、资

---

① 大卫·哈维：《新帝国主义》，初立忠、沈晓雷译，社会科学文献出版社，2009年版，第94页。
② 丁晓钦、郭艳青：《马克思主义视阈下的劳动修复及其当代意义》，《马克思主义研究》2014年第10期，第81-88页。

本修复和生态修复的显著不同。在资本主义生产方式下，劳动修复和生态修复只是用以实现资本修复的手段，劳动、资本和生态的修复处于非统一的关系之中。三重修复的非统一性突出表现为资本修复对劳动修复的挤压和对生态修复的破坏。因此，资本主义生产方式表现出财富分配的两极分化和人与自然之间的尖锐矛盾。与通过压榨劳动力、掠夺自然资源、破坏生态环境以实现剩余价值最大化的资本主义生产方式下的三重修复不同，社会主义生产方式下的三重修复旨在实现人与自然和谐共生的经济发展方式，遵循的是以劳动修复为目的、生态修复为前提、资本修复为手段的三重修复逻辑，最终使三者实现有机统一。

尽管社会主义国家和资本主义国家都存在资本、都在利用资本，但二者在内涵和外延上都存在着重大差别。资本主义国家中的资本是一种支配性权力，体现了对劳动的剥削关系。社会主义国家中的资本分为公有资本和私人资本，公有资本代表的是全体人民的意志和利益，不存在剥削关系；私人资本虽然存在对劳动的剥削，但也是社会主义市场经济的重要组成部分，受到社会主义基本经济制度框架的规约，在党和政府的鼓励、支持和引导下有序发展。因而，在社会主义国家中，不管是公有资本还是私人资本，都要服从和服务于以人民为中心的发展目的，而且，私人资本不可能在整个社会中占据支配性地位，这使得社会主义社会能够实现对于资本的掌控驾驭，从根本上摆脱资本主义生产方式的劳动危机和生态危机。

四、新时代政治经济学视域下的社会主义生态文明经济

在我国，生态文明的概念最早于1984年由农业经济学家叶谦吉提出，从生态学和生态哲学的视角来界定生态文明。[①] 刘思华则从生态马克思主义经济学的角度，将生态文明定义为"联合劳动者遵循自然、人、社会有机整体和谐协调发展的客观规律，在生态经济社会实践中取得的以人与自然、人与人、人与社会、人与自身和谐共生共荣为根本宗旨的伦理、规范、原则和方式及途径等成果的总和，是以实现生态经济社会有机整体全面和谐协调发展为基

---

① 潘家华：《生态文明：一种新的发展范式》，*China Economist* 2015年第4期，第44-71页。

本内容的社会经济形态"①，这一定义已经有了生态文明经济的意涵。而社会主义生态文明经济的概念则是近几年才出现，目前国内学界对此还没有提出过明确定义，郇庆治在《论社会主义生态文明经济》一文中讨论了"社会主义生态文明经济"话语体系建构的问题，提出要创建并践行一种社会主义生态文明政治经济学，主要内容涵盖了党和政府、企业、社会民众等主体，以及市场、资本、技术等机制手段。②

鉴于上述新时代政治经济学的研究范围及核心范畴，可以认为，社会主义生态文明经济是遵循自然界和人类社会发展的客观规律，充分发挥社会主义的制度优势和治理效能，以实现劳动、资本和生态三重修复有机统一为目标，最终实现全球层面上的三重修复的社会主义经济形态。"社会主义"意味着以人民为中心，这要求实现好劳动修复，保障劳动者的合法权益，保障人民群众对生态环境资源和生态产品的集体享有；"生态文明"意味着人与自然的和谐共生，这要求不断保护和改善生态环境，实现好生态修复；"生态文明经济"则旨在表明，我们不能离开社会生产力发展去空谈人的发展和生态环境保护，而是要坚持发展才是硬道理，必须首先实现好资本修复，充分利用好资本在创造社会财富和推动技术进步上的重要作用。资本主义工业文明无法从根本上实现三重修复，而只有在社会主义条件下才能实现，因此，生态文明只能是社会主义性质的，社会主义生态文明是对资本主义工业文明的"扬弃"；而作为次阶概念的社会主义生态文明经济，则强调了我国的社会主义经济不断朝着生态文明方向上的自我完善和发展，以实现好社会主义条件下的三重修复；最后，经济的全球化和生态问题的全球性，也必然关乎人类命运共同体建设，因而，社会主义生态文明经济也是构建人类命运共同体的必然要求和结果，最终目标则是实现全球三重修复。

1. 社会主义生态文明是对资本主义工业文明的扬弃

资本主义，从生产方式来看，具有盲目扩大生产的冲动，所导致的直接后果便是自然资源的疯狂掠夺和污染物的大量排放；从消费方式来看，使得消费主义、享乐主义盛行，而这不仅会刺激生产规模的盲目扩大，也将导致

---

① 刘思华：《生态马克思主义经济学原理（修订版）》，人民出版社，2014年版，第9页。
② 郇庆治：《论社会主义生态文明经济》，《北京大学学报（哲社版）》2021年第3期，第5-14页。

为了满足一些奢靡需求而造成的生态环境破坏;从分配方式来看,使得收入分配极为不均,社会贫富分化严重;从交换方式来看,使得充斥着发达资本主义国家与发展中国家之间的不平等交换。因而,在资本逻辑宰制下,资本主义生产和再生产的整个过程中所展现的是劳动修复和生态修复得不到根本保障。这是由资本主义的基本矛盾所决定的,资本主义社会的主要矛盾表现为个别企业中生产的有组织性和整个社会生产的无政府状态、生产的无限扩大和劳动人民实际的购买能力之间的矛盾,最终表现为无产阶级与资产阶级两大阶级之间的矛盾对立,资本修复与劳动修复和生态修复之间从根本上处于对立状态。第二次世界大战前后,欧美国家广泛推行凯恩斯主义政策,曾借助国家力量实施资本管控,调节收入分配,使得劳资关系经历了相对平和的一段时期。但随着以私有化、市场化、金融化、全球化为主要特点的新自由主义时代的来临,政府对资本的管制放松,资本再度变得强势起来,并在全球范围内疯狂掠夺剩余价值,造成了资本主义国家国内劳资矛盾激化,社会严重撕裂,政治走向极端化、荒诞化,全球层面上的民族矛盾突出,战争、饥饿、环境等问题难以解决,三重修复无法真正实现统一。

工业文明自身的弊端和缺陷要求转向一种新的文明形态,资本主义国家进入后工业时代以后,出现了经济金融化、产业空心化等产业或经济问题,但制造业向海外的大规模转移使得国内的生态环境问题有所减缓,于是西方国家学者将其解读为"资本主义的生态文明",甚至还被一些社会主义国家的学者所热捧,进而用西方话语体系来解读中国的生态文明建设,罔顾发达资本主义国家的生态环境改善是以发展中国家的生态环境破坏为代价实现的这一事实。不可否认,资本主义国家在资源利用和环境保护方面确实做出了许多技术创新,生态文明经济的实现也离不开绿色清洁技术的支撑,但现在还没有任何一个方案既能在整体上解决全球生态环境危机,又与资本主义的社会关系相容,单纯的全球性技术解决方案只会导致精英政治和精英管理。[①] 因此,更为重要的是经济生产方式和社会制度的根本性变革,只有建立起社会主义公有制,才能够将技术真正用于人民。针对资本主义工业文明社会中的诸多问题,欧美国家虽然产生了以"绿色和平"为代表的社会运动组织,爆红

---

① 约翰·贝拉米·福斯特:《漫长的生态革命》,《国外理论动态》2018年第8期,第63—74页。

了以瑞典"环保少女"为代表的环保斗士,高声呼吁关注生态环境问题,但这种极端的"环保主义"并不被民众广泛接受;在政治上虽然出现了信奉"绿色改良主义"主张的绿党,并在一些国家中产生了较大的现实政治影响,但却无法从根本上解决资本主义生态危机,并且大多数绿党最初时具有的红色元素,在这些年的发展过程中已经变得越来越淡了,而且在经济社会政策上变得越来越自由主义化或"灰色"了①,因而欧美国家的环境政治实践也表明,生态文明只能是社会主义性质的。

正如刘思华所指出的,生态文明是继原始文明、农业文明、工业文明(包括后工业文明)之后的全新的人类文明形态,不仅延续了它们的历史血脉,而且创新发展了它们尤其是超越了工业文明形态,生态文明、建设生态文明、生态文明建设必然是社会主义的,也只能是社会主义的,而不是别的什么主义的②。因而,社会主义生态文明经济是对资本主义工业文明的扬弃。

2. 社会主义生态文明经济是社会主义经济的自我完善和发展

社会主义生态文明对资本主义工业文明的超越,表明或凸显了生态文明的社会主义性质,只有坚持以人民为中心才能真正发展起生态文明经济,才能实现劳动、资本和生态三重修复的有机统一。

社会主义生产的目的是为了不断满足人民日益增长的多方面、多层次、多样化的需要,促进人的全面发展和实现全体人民共同富裕。在这一目的的指引下,我国不断坚持完善和发展社会主义经济,使其朝着社会主义生态文明经济的方向前行。改革开放之后的很长一段时间内,我国为了发展社会主义的生产力,允许一部分人先富起来,贫富差距有所扩大,经济发展模式比较粗放,给自然资源和环境造成了较大压力,但随着我国经济整体实力的增强,人民对美好生活环境要求的提高,党和政府更加强调以人民为中心,致力于实现共同富裕;更加注重自然资源节约和生态环境保护,努力走绿色低碳循环的可持续发展道路。2007年,党的十七大明确提出了建设生态文明的

---

① 郇庆治:《生态主义及其对现实世界政治的影响》,《世界政治研究》2022年第1期,第26—32页。

② 刘思华:《生态文明"价值中立"的神话应击碎》,《毛泽东邓小平理论研究》2016年第9期,第57—64页。

目标任务，体现了对生态修复问题的初步理论思考；2012年，党的十八大确立了社会主义生态文明建设的系统科学理论，进一步明确生态文明的社会主义质性特征[①]，强调了实现劳动修复基础上的生态修复；2015年，习近平同志在党的十八届五中全会第二次全体会议上的讲话鲜明提出了创新、协调、绿色、开放、共享的发展理念（即新发展理念），其中，绿色发展理念主张将生态文明建设与经济发展方式变革相结合，将资本修复进一步纳入进来，体现了对于社会主义生态文明经济的更深入探索；2017年，党的十九大报告明确坚持和发展中国特色社会主义的总任务是实现社会主义现代化和中华民族伟大复兴，在全面建成小康社会的基础上分两步走，到21世纪中叶把我国建设成为富强民主文明和谐美丽的社会主义现代化强国，勾勒了对资本修复、劳动修复和生态修复的目标要求，形成了三重修复的完整框架。

中国特色社会主义进入新时代，社会主要矛盾已经转化为人民日益增长的美好生活需要和不平衡不充分的发展之间的矛盾，而解决这一社会主要矛盾就要立足新发展阶段，贯彻新发展理念，构建新发展格局，加快转变经济发展方式，加快建设现代经济体系，推动经济发展质量变革、效率变革、动力变革，促进高质量发展和高水平开放。为了实现高质量发展，党和政府大力推进社会主义生态文明经济建设战略与实践，集中体现了对社会主义经济的自我完善和发展。在经济运行目标上，主动给经济增长降速提质，由追求高速增长转向高质量发展，推动经济结构绿色转型。在发展生态经济的具体实践中，以生态经济效率和生态经济公平为着力点。生态经济效率主要指促进技术创新、发展清洁能源和加强对资源的循环利用，制定和实施新能源发展战略，大力促进与之相关的绿色产业发展，体现了资本修复和生态修复的统一；生态经济公平主要指生态产品由全体人民共享，生态资源开发过程中保护好人民利益，通过区域间的生态补偿以及生态扶贫等政策举措使生态环境保护的正外部性得以实现和回报，体现了劳动修复与生态修复的统一。

3. 社会主义生态文明经济是构建人类命运共同体的必然要求和结果

从人类命运共同体构建的政治经济学来看，社会主义生态文明经济旨在

---

① 刘思华：《关于生态文明制度与跨越工业文明"卡夫丁峡谷"理论的几个问题》，《毛泽东邓小平理论研究》2015年第1期，第42—46页。

为实现全人类的共同福祉追求贡献中国经验和智慧。习近平同志提出的人类命运共同体理念，其重要意旨就是共同构建地球生命共同体，因而生态文明建设是构建人类命运共同体的重要内容和战略追求。① 因此，社会主义生态文明经济是构建人类命运共同体的必然要求和结果。当今世界，经济全球化趋势不可逆转，地球自然生态系统也同样是一个不可分割的整体，社会主义生态文明经济必然要通过全球合作才能真正实现，因而，建设社会主义生态文明经济终需实现全球层面上的三重修复。

资本主义制度体系是全球三重修复矛盾问题的始作俑者。资本主宰或统治之下的全球化，在经济上是剥削全世界劳动人民，全球范围内掠夺剩余价值，因而本质上是经济帝国主义；在生态上通过掠夺其他国家自然资源，破坏全球生态环境来提高本国资源储备，实现本国生态修复，因而本质上是生态帝国主义。生产和消费的全球化服务于跨国垄断资本在全球追逐剩余价值最大化的目的，这是由生产的全球化与生产资料的全球垄断之间的基本矛盾所决定的，经济全球化的主要矛盾则表现为广大发展中国家对独立平等发展的追求和世界各国人民对美好生活的向往与全球经济政治秩序不公正不合理和全球经济发展不平衡不充分之间的矛盾，而全球垄断资本及其代言人通过经济、科技、军事等手段对全球劳动者的剥削和全球资源的掠夺正在不断加深这一矛盾，导致劳动修复、资本修复和生态修复之间的全球性对立。所以，欧美生态社会主义者强调指出，要想从根本上解决这一问题，就必须建立共识；要建立共识，就必须实现公平；要实现公平，就必须改变现存的不公正的、由少数资本主义发达国家操纵的国际秩序；要改变现行国际秩序，就只能发展社会主义，因为社会主义的本质正是公平。②

资本主义生产方式对于全球劳动和生态环境的开发利用是掠夺性的，而社会主义生产方式在全球范围内对两者的使用与开发是保护性的。社会主义生产方式下的三重修复将劳动修复作为最终目的，在跨国垄断资本已实现广泛联合的时代背景下，积极倡导人类命运共同体的价值观，主张世界各国在

---

① 张云飞：《试论习近平生态文明思想的原创性贡献》，《思想理论教育导刊》2022 年第 2 期，第 41-49 页。
② 潘家华：《生态文明：一种新的发展范式》，*China Economist* 2015 年第 4 期，第 44-71 页。

劳工权益保障和生态文明建设中通力合作,尽力帮助其他国家和地区尤其是广大发展中国家正确处理劳动修复、资本修复和生态修复三者的关系,促进实现全球劳动修复、资本修复和生态修复的有机统一。实现从资本主义工业文明向社会主义生态文明的跨越,并将其逐渐推广到整个世界,不仅符合生态文明经济自身的演进过程,也是时代赋予当代中国的历史使命。中国作为世界最大的社会主义国家,不仅要实现自身的可持续发展,还要能够为全球可持续发展做出贡献。2020年9月,在第七十五届联合国大会一般性辩论会议上,习近平同志向世界首次宣布了中国的"碳达峰"目标与"碳中和"愿景。此后,他又在联合国生物多样性峰会、二十国集团领导人利雅得峰会"守护地球"主题边会、气候雄心峰会、"领导人气候峰会"等国际重要场合,多次阐述了这一宏伟目标和愿景,充分展现了中国的世界大国责任和担当。未来,在推动人类(生态)命运共同体建设的过程中,我国要进一步推进以联合国平台为中枢的国际生态环境保护治理合作①;团结广大发展中国家,努力改变当前发达资本主义国家所主导的国际秩序,推动建立以劳动保护为核心的社会公平公正秩序;联合发达国家,积极参与全球生态环境保护治理标准制定,共同履行建设全球生态文明经济的责任和义务。

五、新时代社会主义生态文明经济的重要原则

新时代政治经济学视域下的社会主义生态文明经济,要求充分发挥社会主义制度的规约与促动作用,通过制度规约和价值观引领,推动全社会形成绿色低碳的生产生活方式,促进人与自然和谐共生。因此,新时代政治经济学的核心主张是,建设社会主义生态文明经济需要以马克思主义生态经济思想为基础,以习近平生态文明思想为指引,以实现劳动修复、资本修复和生态修复的有机统一为目标。

1. 以马克思主义生态经济思想为基础

在马克思恩格斯的著作中,虽然没有直接出现过"生态经济"这一概念,

---

① 郇庆治:《论习近平生态文明思想的世界意义与贡献》,《国外社会科学》2022年第2期,第4-15页。

却也蕴含着丰富的生态学或生态经济思想,包括马克思主义哲学视域下的人与自然辩证关系思想、马克思主义政治经济学视域下的生态政治经济学"红绿"分析、科学社会主义理论视域下的生态文明社会与文化愿景等①。而且,欧美马克思主义者还以此为基础,发展出了生态马克思主义这一重要理论支派。马克思恩格斯所生活的19世纪,是资本主义工业化的大发展时期,人类生产活动与自然生态之间的对立问题变得日益突出,工业废气的大量排放使得伦敦等城市成为"雾都"。基于此,马克思恩格斯深刻认识到了工业化对生态环境所造成的严重破坏。比如,在《自然辩证法》中,恩格斯就指出,"文明是一个对抗的过程,这个过程以其至今为止的形式使土地贫瘠,使森林荒芜,使土壤不能产生其最初的产品,并使气候恶化"②。在生态环境问题上,马克思始终主张尊重自然生态规律的唯物主义立场,而唯物史观所确立坚持的价值标准,绝不是"唯生产力论",而是内在蕴含着自然界的发展和人的发展相一致的价值取向,这就要求我们学会认清人类活动对自然界较近的或较远的后果,认识到人类自身与自然界的一体性。③

马克思恩格斯生态经济思想的核心之点是,在资本主义生产方式下,资本必然要陷入对利润无休止地追逐当中,因而只能以破坏生态环境为代价,而不可能实现经济发展和生态环境保护的内在统一,这种人与自然的对立实际上是资本剥削劳动过程中人与人之间对立的扩展或延伸。④ 只有在社会主义生产方式下,随着劳动与资本之间对立关系的消除,才能够遏制资本逐利行为对于生态环境的破坏冲动,在限制和发挥资本作用之间保持合理的张力⑤,把经济发展和公开并自由表达切身需求结合起来,从而不再创造只以资本扩张和商业发展为目标的需求⑥,最终实现人与自然的和谐统一或"和解"。需要指出的是,以上述马克思主义生态经济观点为基础,欧美生态社会主义学

---

① 郇庆治:《论习近平生态文明思想的马克思主义生态学基础》,《武汉大学学报(哲社版)》2022年第4期,第18-26页。
② 恩格斯:《自然辩证法》,人民出版社,1984年版,第311页。
③ 《马克思恩格斯文集》(第九卷),人民出版社,2009年版,第560页。
④ 侯惠勤:《论人类文明新形态》,《陕西师范大学学报(哲社版)》2022年第2期,第5-18页。
⑤ 陈学明:《资本逻辑与生态危机》,《中国社会科学》2012年第11期,第4-23页。
⑥ 安德列·高兹:《资本主义、社会主义、生态:迷失与方向》,彭姝祎译,商务印书馆,2018年版,第13页。

者进一步展开了对资本主义经济的反生态本质的揭示批判和对社会主义经济的生态特征的阐释构想①,可以为我国今天的社会主义生态文明经济理论与实践提供有益启思。

2. 以习近平生态文明思想为指引

2012年党的十八大以来,习近平同志发表了一系列有关社会主义生态文明建设的重要论述。这些重要论述,继承和发展了马克思主义生态经济思想,对于在新时代背景下与时俱进地探索社会主义生态文明经济理论与实践提供了重要指引。

在发展理念革新上,他提出并阐发了绿色发展是发展观的重要革命的论断②,强调不能再走过去的粗放型发展老路,而必须坚持与推动高质量发展。而要实现绿色高质量发展,就要不断推进社会创新能力的提升,加快经济发展动力的转型升级,加快绿色能源的开发和利用,从而减轻经济发展对生态环境可能造成的压力。在对地方政府的绩效考核上,则要更加重视绿色GDP或生态文明建设目标绩效的考核,推动绿色产业发展。

在对自然生态资源的明智利用上,他系统阐述了"两(座)山论"的生态经济思想③,强调既要坚持生态优先,让祖国的天更蓝、山更绿、水更清,又高度肯定了自然生态资源的巨大经济财富价值,要求不断探索将"绿水青山"转化为"金山银山"的新经济形式或路径。

在正确对待人与自然关系上,他一再强调"自然是生命之母,人与自然是生命共同体"④,坚持(促进)人与自然和谐共生的观点,不仅继承拓展了马克思主义的自然辩证法思想,而且彰显强调了新时代背景下人与自然之间休戚与共的生命共同体关系,要求尊重自然、顺应自然、保护自然,并切实推动现代生产生活方式和经济社会发展的全面绿色转型。

在改进人与人关系上,他多次呼吁构建"人类命运共同体"⑤,强调生态

---

① 郇庆治:《欧美生态社会主义学派视域下的生态经济:学术文献史的视角》,《山东大学学报(哲社版)》2021年第4期,第142-151页。
② 习近平:《论坚持人与自然和谐共生》,中央文献出版社,2022年版,第167页。
③ 习近平:《论坚持人与自然和谐共生》,中央文献出版社,2022年版,第40页。
④ 习近平:《论坚持人与自然和谐共生》,中央文献出版社,2022年版,第225页。
⑤ 习近平:《论坚持人与自然和谐共生》,中央文献出版社,2022年版,第13-14页。

环境问题是全人类面临的共同问题，保护和改善生态环境关乎全人类的生死存亡与未来发展，因而国际社会要不分地域、国别、种族和制度差异共同应对日渐突出的全球性生态挑战。①

在处理好保护与发展的辩证关系上，他阐释论证了"保护生态环境就是保护生产力，改善生态环境就是发展生产力"的理论命题②，指出保护生态环境与发展生产力之间是同向促进关系，而不是互相对立或冲突，因而不能把它们对立起来。

3. 以劳动修复、资本修复和生态修复的有机统一为目标

马克思主义生态经济思想和习近平生态文明思想，都强调经济发展、人的发展与生态环境保护之间的统一关系。在劳动、资本、生态这三个范畴中，资本具有历史性，而劳动和生态则是永恒的，也就是说，人与自然的关系是人类社会（文明）永恒的主题。因此，新时代政治经济学所构想的社会主义生产方式下的三重修复，主张以生态修复为前提、以劳动修复为目的、以资本修复为手段的三者的有机统一，资本修复只是手段而非目的。可以说，这种三重修复认知体现的是对马克思主义生态经济思想的继承弘扬和对欧美生态马克思主义经济学的借鉴创新，是对习近平生态经济思想在理论研究上的自觉运用。社会主义制度条件下的资本修复，能够为劳动者的生存发展和生态环境保护提供物质基础，而生态修复一方面可以为劳动者提供生存和发展所需要的生态环境保障，另一方面可以通过自然生态资源的保护性开发利用来发展生态产业，实现生态产品的经济价值，提高社会的生态文明水平，促进生态经济发展。必须明确，人是整个劳动活动中最为活跃的因素，劳动者的自由全面发展既可以为生产力发展提供长期动力，也有利于促进人与自然的和谐共生。

把生态修复作为前提，表明我们不再重复欧美发达国家"先污染，后治理"的老路，而是将从根本上转变发展理念和发展方式，努力实现在保护中发

---

① 郇庆治、余欢欢：《习近平生态文明思想及其对全球环境治理的中国贡献》，《学习论坛》2022年第1期，第22—28页。

② 郇庆治、余欢欢：《习近平生态文明思想及其对全球环境治理的中国贡献》，《学习论坛》2022年第1期，第10页。

展,在发展中保护。保护生态环境就是保护生产力,生态环境是生产力发展的天然屏障,生态破坏、环境污染无论是对劳动修复还是资本修复都会造成不利影响;改善生态环境就是发展生产力,生态资源本身也蕴含着巨大的生产力,当代中国生态文明实践中所逐步形成的"生态现代化"和"绿色发展"两种主要模式①,就为劳动修复和资本修复提供着重要的物质生态基础。建基于社会主义生产方式,已有一些学者主张从劳动价值论出发,将其延展到自然生态系统,明确建立生态(劳动)价值论,从而更深刻地认识和把握生态价值②。在此基础上,本文提出的三重修复观点进一步强调生态价值与劳动价值和社会生产之间的互动。劳动力的价值首先表现为劳动者生存和繁衍所需的生活资料的价值,人们对美好生态的需要又进一步提高了劳动力的价值,而生产过程中所产生的环境污染实际上是一种负价值,需要社会追加资本和劳动进行价值补偿,由此可以将生态价值、人的价值和价值创造活动统一起来。在生态修复方式的选择上,人类命运共同体的价值观决定了我国不可能再像发达资本主义国家那样向广大发展中国家进行生态环境问题的空间转移,而是要在党的全面领导下,在社会主义制度的激励与约束下,通过合理民主利用资本、技术等手段进行生态修复,努力实现生产、生活和生态的良性互动的内循环,并致力于通过实现"碳达峰""碳中和"等目标助力全球生态修复,践行人类生态命运共同体理念。

以劳动修复为目的,体现了社会主义生产方式下以人民为中心的发展思想和习近平生态文明思想人民性的价值取向,坚持一切发展成果和生态产品由全体人民共建共享。在以资本为中心的资本主义经济条件下,劳动修复从属于资本修复,只有在资本主义发展过程中客观上产生了对劳动修复的需要,或者劳动者的激烈斗争迫使资本家不得不考虑劳动修复时,才会被动地进行劳动修复。相形之下,社会主义条件下的劳动修复是真正以劳动者为中心,充分尊重劳动者主体地位,致力于实现劳动者的自由全面发展。劳动修复的成功实现,离不开空间、时间和技术修复三种形式。劳动的空间修复,指的

---

① 郇庆治:《论社会主义生态文明经济》,《北京大学学报(哲社版)》2021年第3期,第5-14页。
② 刘思华:《生态经济价值问题初探》,《学术月刊》1987年第11期,第1-7页;李萍、王伟:《生态价值:基于马克思劳动价值论的一个引申分析》,《学术月刊》2012年第4期,第90-95页。

是为劳动力的空间自由流动提供保障,而不是像资本主义社会中那样劳动者只有名义上的自由,事实上已成为机器的附庸;劳动的时间修复,一方面是指帮助失业工人再就业,缩短失业劳动者的失业时间,另一方面是指对于在岗工人来说,要充分保障劳动者的休息和闲暇时间,正如马克思所说的"时间是人类发展的空间"[①];劳动的技术修复,指的是加强对劳动力的技术培训,提高劳动力技能,使得劳动者能够从事更多形式的复杂劳动,而不像资本主义社会中那样对劳动者去技能化以便控制其劳动过程。总之,以劳动修复为切入点,要切实解决好社会主义条件下的收入分配和生态分配问题,建立起更加公平公正的收入分配体系,不断缩小贫富差距,逐步实现全体人民共同富裕;在生态资源的分配上,要更加明确生态资源由国家代表全体人民所有,坚决反对破坏性的资源开发和污染排放,为劳动修复筑好生态屏障。

以资本修复为手段,表明我们坚持以经济建设为中心,坚持解放生产力、发展生产力、保护生产力,通过经济发展为人的发展和生态环境保护提供坚实的物质基础,以满足人民不断增长的美好生活需要和促进人的自由全面发展。1989年党的十三届四中全会通过的《关于建立社会主义市场经济体制若干问题的决定》,在论述社会主义市场经济时就正式提出了"资本"范畴。社会主义生产方式下的资本,既体现了它在物质生产过程中的生产性质,发挥着资本在社会财富创造中的重要作用,同时也体现着其服务于人的发展的根本目的。社会主义条件下的资本修复,要求通过空间修复和时间修复的方式,将资本进行空间转移和投资于长周期发展项目,通过技术修复打破资本主义的技术壁垒,实现创新、协调、绿色发展,从而促进社会的长期均衡可持续发展,满足广大人民群众的美好生活需要和优美生态环境需要。坚持以资本修复为手段,符合当前我国社会主义初级阶段生产力发展水平仍然不够发达的现状,以经济建设为中心仍将是未来相当长一段时间内党和政府的工作重心,经济增长、生态修复、共同富裕这三方面都要抓、都要硬,从而促进实现劳动、资本和生态三重修复的有机统一。

(作者单位:上海财经大学马克思主义学院)

---

① 《马克思恩格斯文集》(第三卷),人民出版社,2009年版,第70页。

第二章
生态劳动视域下的生态产品价值实现

徐海红

内容提要：生态产品是自然生态系统和人类劳动共同作用所形成的维护生态安全、保障生态系统调节功能、满足人们优美生态环境需要的产品和服务。生态产品及其价值实现离不开人类的生态（化）劳动，即人与自然之间的良性（合生态）物质变换过程。在资本主义社会条件下，人与自然之间的物质变换出现裂缝，使得自然财富生产和人类财富生产走向分裂或对立，大自然和人类劳动无法为社会提供充裕优质的生态产品。在社会主义生态文明建设背景语境下，人类劳动的性质发生着生态（化）转向，致力于由联合起来的生产者共同控制人与自然之间的物质变换，重建自然财富生产和人类财富生产的统一，并不断提升面向整个社会的生态产品供给能力。基于生态劳动的生态产品，与一般的自然物品、传统的农产品和工业品相比，具有生产性、合生态性和大众性等显著特征。而这种生态产品及其特征的现实充分展现或形塑，还需要一个渐趋完善的促进生态产品价值实现体制机制，其中包括将人与自然视为共同主体、以生态（化）劳动为实践基础、坚持中国共产党政治领导为核心、坚持以人民为中心的价值立场、政府调控和市场机制的协同推进、不断加强对资本的规范和引导、完善生态产品价值实现的政策机制保障等要素。

关键词：生态产品，生态劳动，物质变换，价值实现，生态文明经济为全社会提供更多优质生态产品，促进生态产品价值实现，是新时代中国生态文明建设尤其是生态文明经济发展的核心性内容。相应地，关于生态产品的内涵外延、价值构成、价值核算、价值实现机制等议题的探讨已成为当前学界讨论的热点。概括地说，既有研究遵循从生态资源资本化到生态资本产品化、生态产品货币化的经济(产品)价值实现思路或逻辑，聚焦于市场机制及其相关政策手段的引入运用。应该说，这一思路有助于促进"两(座)山"的直接或高效转化，但也多少存在着"见物不见人"的缺憾，对生态产品价值实现与人的劳动活动之间联系的关注不够，也就难以充分发挥或凸显生态文明建设过程中的社会主义制度特点与优势。必须明确，社会主义生态文明建设追求的是经济发展、环境保护和社会公正的内在统一，因而，经济发展和环境保护协同推进，是社会主义生态文明经济发展的题中应有之义，理应充分发挥生态产品价值实现过程中的社会主义制度优势。也就是说，现实中如果不能够从社会主义生态文明整体来考虑推进生态产品的价值实现，我们仍有可能面临经济发展、环境保护和社会公正失衡的风险与挑战，在(部分)实现经济增长和环境改善目标的同时，造成新的社会或生态不公正，从而背离社会主义制度条件下生态产品开发或生态经济发展的初衷。基于此，笔者在本文中将从历史唯物主义视角依次探讨生态产品与生态劳动的一般理论关系、有利于生态产品价值实现的生态(化)劳动的经济社会条件、生态劳动视域下生态产品的主要质性特征、现实中生态产品价值实现面临着的难题与挑战、如何以生态劳动为基础来促进生态产品价值实现等五个议题，以便拓展与深化学界关于社会主义生态文明经济理论的研究。

一、理解生态产品概念的三重维度

在具体讨论生态产品价值实现问题之前，我们需要先对"生态产品"概念做些澄清。目前，学界关于生态产品及其价值实现机制路径的研究成果已经有许多，但对于生态产品这一伞形概念的认识却并未达成一致。概言之，对于生态产品概念的内涵，学界存在着自然要素论、生态系统服务论、共同作用论等三种代表性观点，而争议焦点则在于是否承认生态产品与人类劳动活动的关联。笔者在本文中将基于"共同作用论"来界定阐发生态产品概念，强调生态产品与人类的劳动活动密切关联,生态产品的价值实现离不开人类的生态劳动。

1. 资源维度:自然要素论

在现实政治与政策话语中,一个影响广泛的界定是,生态产品是一种与人类劳动无关的自然要素或结果。2011年6月8日,在国务院《关于印发全国主体功能区规划的通知》中,向全社会提供更多生态产品成为优化国土空间开发的重要支撑性理念,而《全国主体功能区规划》的注释将生态产品定义为"维系生态安全、保障生态调节功能、提供良好人居环境的自然要素,包括清新的空气、清洁的水源和宜人的气候等"①。依据这一界定,生态产品不过是一种自然要素或结果,而不是人类劳动创造出来的产物。很显然,这是狭义上定义的生态产品概念,强调了生态产品的自然属性。这一观点主张在学界具有较大的认同度,比如,黎祖交、潘家华等都曾在这一意义上使用生态产品概念②。在他们看来,生态产品与传统劳动产品的不同在于,生态产品是自然要素,"由自然生态系统生产、提供",而传统产品则是由"农业、工业、服务业等社会生产系统生产、提供"③,是人的劳动成果。简言之,狭义上理解的生态产品,被认为是自然生态系统所提供或"馈赠"的产物,是大自然本身所拥有的、满足人们对优美生态环境需要的自然要素,因而与人类的劳动活动无关。"自然要素论"基于资源维度,把生态产品看作是自然而然的产物,从而与从生产角度界定的传统劳动产品(农产品、工业品和服务用品)区分开来,凸显了自然生态本身也是一种资源,为对自然生态进行核算和定价、促进生态产品价值实现奠定了基础。

2. 需要维度:生态系统服务论

基于生态学科学知识或语境,另一种重要的理解是,生态产品是生态系统为人类生存发展所提供的环境服务。国外学界几乎没有生态产品这一概念,与之相对应的是"生态系统服务"(ecosystem services)或"环境服务"(environ-

---

① 国务院:《全国主体功能区规划》,《资源与环境》2011年第7期,第27页。
② 黎祖交:《生态文明关键词》,中国林业出版社,2018年版,第281页;潘家华:《生态产品的属性及其价值溯源》,《环境与可持续发展》2020年第6期,第72-73页。
③ 黎祖交:《关于探索生态产品价值实现路径的几点建议》,《绿色中国》2021年第1期,第48-55页。

mental services)①。比如,罗伯特·科斯坦萨等将生态系统服务定义为"人类直接或间接从生态系统中获得的利益,主要包括向经济社会系统输入有用物质和能量,接受和转化来自经济社会系统的废弃物,以及直接向人类提供服务等"②。根据这一观点,人与自然之间的新陈代谢,是生态系统为人类提供环境服务的重要表现。格雷琴·戴利则提出,生态系统服务是"生态系统与生态过程所形成的、维持人类生存的自然环境条件及其效用"③。欧阳志云进一步提出,"生态产品是自然生态系统为人类生存与发展提供的物质资源和生态环境服务,不仅包括粮食、肉、鱼等食物,水资源、木材、生态能源等物质产品,更重要的是提供了水源涵养、气候调节、洪水调蓄、污染物净化等生态调节服务产品,以及景观美学价值、生态旅游、精神健康与生态文化产品"④。由此可见,生态系统服务论从人类需求维度来界定生态产品,把自然生态系统为人类直接或间接提供的、满足人们生产生活需要的产品和服务,都纳入生态产品的范围。与自然要素论相比,生态系统服务论明确地把自然生态系统为人类生存发展所提供的各种环境服务视为生态产品,是对自然要素论的重要拓展。

3. 劳动维度:共同作用论

从环境经济学或生态政治经济学的视野来看,还有一种不容忽视的理解是,生态产品是生态系统新陈代谢与人类劳动共同作用而形成的产品或服务。⑤ 生态环境部环境规划院和中国科学院生态环境研究中心联合编制的《陆地生态系统生产总值核算技术指南》指出,生态产品是生态系统通过生物生产和人类生产共同作用为人类福祉提供的最终产品或服务,具有生物生产性、

---

① 高晓龙、林亦晴、徐卫华等:《生态产品价值实现研究进展》,《生态学报》2020年第1期,第24-33页。

② R. Costanza, R. d'Arge, R. de Groot, et al., "The value of the world's ecosystem services and natural capital", *Nature* 387(1997), pp. 253-260.

③ G. Daily (ed.), *Nature's Services: Societal Dependence on Natural Ecosystems* (Washington, D.C.: Island Press, 1997), pp. 220-221.

④ 欧阳志云:《建立生态产品价值核算制度,促进深圳人与自然和谐发展》,《中国环境报》2020年12月17日,第3版。

⑤ 张林波、虞惠怡、郝超至等:《生态产品概念再定义及其内涵辨析》,《环境科学研究》2021第3期,第655-660页。

人类受益性和经济稀缺性的特征。① 浙江省《生态系统生态产品（GEP）核算技术规范——陆域生态系统》则指出，生态产品是"在维系生态安全、保障生态调节功能的条件下，生态系统通过生物生产及其与人类劳动共同作用下为人类福祉提供的，用以满足人类美好生活需求的最终产品或服务"②。上述表述尽管略有差异，但基本意涵是一致的，即在"共同作用论"意义上来界定生态产品。它与自然要素论的共同之处在于，都强调生态产品的前提条件是能够维系生态安全、保障生态调节功能、满足人类美好生活需求。它们的不同之处在于，自然要素论所理解的生态产品，完全是由自然生态系统制造和提供的，没有人类劳动的参与，而共同作用论所理解的生态产品，则是由生态系统的"生物生产"与"人类劳动"共同作用形成的产品和服务。与此同时，共同作用论认可生态产品概念将人类的劳动活动涵盖其中，从而与生态系统服务论区分开来。也就是说，生物生产与人类劳动共同作用所形成的产品或服务，只要有益于生态环境延续和人类自身发展需要，都属于生态产品的范畴。这一界定从劳动概念出发，强调生态产品的生产离不开人类的劳动活动，从而表明生态产品不仅具有自然属性，还具有社会属性。

如上所述，自然要素论、生态系统服务论、共同作用论分别从资源、人类需要和劳动三个维度来展开讨论，对于我们理解生态产品概念及其价值实现有着各自的特色或贡献。自然要素论认为，生态产品是"维系生态安全、保障生态调节功能、提供良好人居环境"的自然要素；生态系统服务论则强调，凡是自然生态系统所提供的、能够满足人们生存生活环境需要的产品和服务都是生态产品。这两者都非常重视生态产品的自然属性，但却对生态产品的社会属性关注较弱，未能注意到生态产品与人类劳动之间的内在关联。相比之下，共同作用论综合了自然生产和人类生产这两个维度，既承认自然生态系统为人类提供的产品和服务是生态产品，也把在自然生产和人类劳动共同作用下形成的产品与服务视为生态产品。因而，它既体现了对自然资源价值论的认可，也是对传统劳动产品概念的拓展，同时也是笔者在本文中对于生态产品概念的基础性理解。

在笔者看来，所谓生态产品，是指自然生态系统和人类生产或管护劳动

---

①② 谭荣：《生态产品的价值实现与治理机制创新》，《中国土地》2021年第1期，第4-11页。

共同作用所形成的维护生态安全、发挥生态调节功能、提供良好人居环境的产品和服务。可以说,绝大部分生态产品都离不开人类的生产、看护、修复和管理劳动。"生态产品既包括从自然系统中生产出来的具有生态功能的产品,因而是大自然的力量和人类管护性劳动投入共同作用的结果;同时也包括人类对自然生态系统进行产业化开发而衍生出来的具有经济功能的产品。"①也就是说,拥有生态功能的生态产品凝结了人类的管护修复劳动,拥有经济功能的生态产品凝结了人类的生产劳动。而凝聚在生态产品中的劳动,无论是管护劳动还是生产劳动,都具有促进人与自然和谐共生的生态品性。"生态产品既可来自原始的生态系统,也可来自经过投入人类劳动和相应的社会物质资源后恢复了服务功能的生态系统,其共同特点是都具有环境友好和绿色特征。"②尽管生态产品中的自然要素是自然界所提供的,但这些自然要素要做到源源不断地向人类提供产品和服务,还是离不开人类具有生态品性的劳动。生态产品的生产"是一种专业性的社会生产活动,为了增强生态生产能力,增加生态产品产出,以推动生态系统恢复、增值生态资源、改善生态环境、维持生态平衡,也需要投入人类劳动和相应的社会物质资源"③。由此而论,绝大部分生态产品不仅具有自然属性,也具有社会属性,从而以不同形式凝聚了人类的劳动,而依此就可以把生态产品与纯粹的自然物品区分开来。相应地,生态产品价值评估和实现应该充分考量蕴含其中的人类劳动,尤其是那些管护修复性劳动对于生态产品价值创造与实现的意义,从而促进当代社会人类劳动活动的全面(彻底)生态转型。在社会主义生态文明经济(社会)中,投入或凝结在生态产品中的人类劳动,将会不同于既往以征服自然、改造自然为目标手段,从大自然中无限制攫取物质财富的剥夺性、反生态的异化劳动,而是致力于实现人与自然之间和谐共生的生态劳动。

当然,生态产品与生态劳动是辩证互动的关系。一方面,劳动和需要是相伴而生的,人们对某种生态产品的需要会引发人类的生态劳动,而自然生态系统和人类劳动共同作用所生产出的生态产品,则会满足人民群众对美好

---

① 李建波:《让生态产品价值尽快实现》,《学习时报》2021年1月6日,第7版。
② 丁瑶瑶:《专访国务院发展研究中心研究员、中国发展研究基金会副秘书长程会强:以线串点、以面汇点,激活生态产品机制实现新动能》,《环境经济》2021年第1期,第31-37页。
③ 曾贤刚:《生态产品价值实现机制》,《环境与可持续发展》2020年第6期,第89-93页。

生活和优美生态环境的需要，促进生态产品价值的实现。另一方面，生态劳动是自然生态系统和人类社会共同作用以便提供日渐丰富的生态产品的基础性活动，因而，生产生态产品的生态劳动同时具有自然属性和社会属性，它在提供直接满足人们的现实生态产品需要的同时，也在不断改造或重塑着人们对于生态产品的新的价值认识与产品需要。因而，无论是生态产品还是生态劳动，都具有它的社会历史性质，也正是在这样一个社会历史发展过程中，生态产品或生态劳动的社会主义生态文明（经济）属性才会逐渐得到形塑或彰显。

二、生态劳动的不同样态及其历史演进

依据马克思主义的唯物史观，每一种人类文明形态都有与之相对应的劳动样态。迄今为止，人类文明发展已经先后经历了采集狩猎文明、农业文明、工业文明和生态文明等四个主要形态或阶段，相应地，人类基本劳动样态也就可以划分为采猎劳动、农业劳动、工业劳动和生态劳动等。生态劳动是与人类生态文明形态或阶段相对应的劳动样态，是不同于工业文明时代的新型绿色劳动。简言之，生态劳动是指"人与自然之间进行的合乎自然生态规律的或生态环境友好的物质变换活动"[①]。如果以马克思恩格斯所着重批判的资本主义社会为参照点，那么可以认为，生态劳动的历史发展大致经过了此前古代社会中的人与自然之间的良性物质变换阶段、资本逻辑主导下的自然财富生产和人类财富生产的分裂对立阶段、生态文明目标追求下的自然财富生产和人类财富生产的重新统一阶段。为了便于讨论，我们也可以把这三个阶段分别称为生态劳动的本然样态、异化样态和应然样态。

1. 本然样态：人与自然之间的良性物质变换

马克思在《资本论》中指出，"劳动首先是人和自然之间的过程，是人以自身的活动来中介、调整和控制人和自然之间的物质变换的过程"[②]。这段论述

[①] 徐海红：《生态劳动的困境、逻辑及实现路径——基于马克思主义政治经济学视角的分析》，《上海师范大学学报（哲社版）》2021年第1期，第70-80页。

[②] 《马克思恩格斯文集》（第五卷），人民出版社，2009年版，第207-208页。

强调，劳动"首先"是人与自然之间的关系和动态性过程，因而从最根本的意义上来说，它是人与自然之间不断进行着的物质变换或新陈代谢。相应地，人类生产劳动产品的过程，就是人与自然之间进行物质、信息和能量交换的过程。此外，马克思在《资本论》第一卷讨论"体现在商品中的劳动的二重性"时还指出，任何一种商品都同时具有使用价值和交换价值，而且作为劳动产品，它首先具有使用价值。"上衣、麻布以及任何一种不是天然存在的物质财富要素，总是必须通过某种专门的、使特殊的自然物质适合于特殊的人类需要的、有目的的生产活动创造出来。因此，劳动作为使用价值的创造者，作为有用劳动，是不以一切社会形式为转移的人类生存条件，是人和自然之间的物质变换即人类生活得以实现的永恒的自然必然性"①。这一论断表明，在其原初或最广泛的意义上，劳动是生产使用价值以满足人们生存生活需要的物质变换活动。可以说，在直到资本主义社会兴起之前的漫长古代社会中，这种物质变换都是交换环节较少也更具可持续性质性的生态劳动。然而，随着资本主义社会的到来，资本逻辑的统治地位使得人与自然之间的物质变换过程出现裂缝，造成了严重的生态环境危机。

对于马克思使用的物质变换概念，生态马克思主义者约翰·福斯特从生态和社会两个层面做了概括："一是指自然和社会之间通过劳动而进行的实际的新陈代谢相互作用；二是在广义上使用这个词汇，用来描述一系列已经形成的但是在资本主义条件下总是被异化地再生产出来的复杂的、动态的、相互依赖的需求和关系，以及由此而引起的人类自由问题——所有这一切都可以被看作与人类和自然之间的新陈代谢相联系，而这种新陈代谢是通过人类具体的劳动组织形式而表现出来的。这样，新陈代谢概念既有特定的生态意义，也有广泛的社会意义。"②

应该说，福斯特的上述诠释对于我们深入探究生态劳动概念的理论意涵具有重要启迪价值。生态劳动不仅可以在它最广泛或最朴素形态的意义上来理解，尤其是在古代（偏远）社会的经济生产生活中，还可以在社会历史条件

---

① 《马克思恩格斯文集》(第五卷)，人民出版社，2009年版，第56页。
② 约翰·贝拉米·福斯特：《马克思的生态学：唯物主义与自然》，刘仁胜、肖峰译，高等教育出版社，2006年版，第175-176页。

变化带来的动态演进的意义上来理解。也就是说，未来理想社会中的人与自然之间的物质变换，可以呈现为随着社会历史条件改变而实现的生态劳动的本然状态的回归或飞跃。

2. 异化样态：自然财富生产和人类财富生产的分裂对立

资本主义社会条件下的人类劳动发生了异化，人类财富的积累开始以自然财富的减少甚至耗竭为条件或代价，自然财富生产和人类财富生产走向分裂甚或对立。现代工业劳动，既是人类从自然界获取物质、信息和能量以满足自身需要的过程，也是人类将生产生活中产生的废弃物排向自然界并由后者吸纳消解的过程。然而，工业生产生活的大规模消耗排放特征和资本主义社会中的资本霸权地位，使得人与自然之间的物质变换不再是健康可持续的，而是呈现为日益尖锐的对立。

在《1844年经济学哲学手稿》中，马克思对异化劳动及其经济社会后果做了系统而深入的分析。在他看来，异化劳动不仅带来了劳动者与劳动产品之间的对立，还带来了劳动者与自己类本质的对立、人和人的对立、人和自然的对立；资本主义制度是造成异化劳动的制度根源，正是由于资本逻辑占据统治地位，人类的劳动活动才发生了异化，表现为自然财富生产和人类财富生产的分裂对立。而且，人类财富的生产往往以牺牲自然财富的生产能力为条件，人类财富生产得越多，自然财富的生产能力就变得越弱。结果是，一方面，自然生态系统提供生态产品的能力渐趋减弱，另一方面，异化劳动导致人与自然物质变换出现裂缝，无法为人类创造更多优质的生态产品。

"特别是从第二次世界大战开始，为私人利润服务的生产力和科学的巨大发展，制造了人类生产与自然财富生产之间的根本性分裂。"① 这方面的突出表现是，规模与数量持续扩大的工业（城市）化生产排放到大自然的废弃物无法被自然所消解和吸纳，继而严重破坏了自然系统原有的生态服务功能，并成为生态产品可持续供给的障碍。走出这一困境的出路只有一条，那就是通过基本经济社会制度的彻底变革扬弃劳动的异化样态，从自然财富生产与人类财富生产的分裂对立走向重新统一，积极促进生态产品的价值实现，也就是

---

① 彭学农：《伯克特论劳动和资本斗争的超工业主义视域及其环境生态向度》，《广西社会科学》2021年第6期，第26-32页。

努力建设社会主义生态文明。

3. 应然样态：自然财富生产和人类财富生产的重新统一

生态劳动的本质是自然财富生产和人类财富生产相统一的再现或真正实现。对此，马克思在《资本论》第三卷中做了如下描绘："社会化的人，联合起来的生产者，将合理地调节他们和自然之间的物质变换，把它置于他们的共同控制之下，而不让它作为一种盲目的力量来统治自己；靠消耗最小的力量，在最无愧于和最适合于他们的人类本性的条件下来进行这种物质变换。"①可以看出，马克思的未来理想社会愿景，明确包含了生产者联合起来，共同控制人与自然之间的物质变换，从而实现自然财富生产和人类财富生产的内在统一的思想与想象。届时，人类从事劳动的目的不再是为了追逐利润，而是为了满足人们对美好生活包括优美生态环境的需要；不再是为了创造交换价值，而是为了满足对于使用价值的日常需要，即使用价值优先于交换价值。相应地，那时的劳动才真正(重新)呈现为生态劳动。

具体地说，通过人与自然之间的良性物质变换，一方面，生态劳动可以促进自然生态系统的修复，提升自然生态系统供给生态产品的能力，已有的或新发生的生态环境污染和破坏将会得到有效治理，生态环境质量将会得到显著改善，因而大自然能够为人类生存生活提供更加洁净的空气、清澈的水源和肥沃的土壤，或者说为人类提供或馈赠更为丰富的优质生态产品，也就是更加顺畅有效的自然财富生产的过程。另一方面，生态劳动还呈现为人类与自然共同作用创造生态产品的过程，也就是人类以自己的合生态劳动生产物质财富，满足人们生产生活需要的过程，由此，生态劳动体现了自然财富生产和人类财富生产的真正(再次)统一，也就是生态劳动的应然状态。

沿着马克思的分析思路，保罗·柏克特进一步阐述了"自然和社会财富的自我管理型的共同生产"的观点。他在《马克思和自然：一种红绿视角》中指出，"通过保护和滋养自然的多样性与内在联系，社会不仅再生产了自然生态系统的丰富性和韧性，也扩展了人的发展的机会。这一发展路径意味着社会对新生产范式的广泛接受：这种范式揭示了热力学、生态学和社会生产的规律。这种新兴的生产理性将整合自然生态系统的初级生产力、生产过程的技

---

① 《资本论》(第三卷)，人民出版社，2004年版，第928-929页。

术生产力和劳动过程的社会生产力的条件,并得到实现社会控制的科技进步的支持"①。柏克特所强调的"自我管理型的共同生产",其实就是自然生态友好的劳动或生态劳动,因为正是这种共同生产塑造或促进了自然财富生产和人类财富生产的统一。换言之,自然生态系统和人类劳动共同作用来提供生态产品,本质上就是这种自我管理型的生产。

三、基于生态劳动的生态产品的基本特征

如上所述,在笔者看来,生态产品是指由自然生态系统和人类生产性劳动、管护修复性劳动共同作用形成的产品和服务,是自然生态要素和人类劳动相结合的产物,因而具有生产性、合生态性和大众性等基本特征,而正是这些特征将生态产品与天然的自然物品和非(反)自然的人工物品区分开来。不仅如此,当代中国社会主义生态文明建设的特定背景和语境,又使得这些特征呈现出其独特的表现。

1. 生产性:以生态劳动为基础

从其自然条件或基础来看,生态产品的可持续提供及其价值实现,离不开人类的生态劳动。生态产品可以大致划分为两类:其一,人类通过生态劳动创造的人工物品。这种产品在自然界中本来并不存在,而是由人类通过生态劳动创造出来的。与天然物品相比,人类劳动创造的生态产品兼具经济属性和生态属性,既能为人类社会发展带来经济效益,也能为人类社会发展带来生态效益,从而体现为经济效益、社会效益和生态效益的有机统一。与此同时,人工创造的生态产品也具有合生态性,能够满足人们对于优美生态环境的需要,促进人与自然的和谐共生。其二,大自然中能够提供生态系统服务功能的自然要素。这些自然要素若要成为生态产品,在多数情况下还需要人类的生态劳动予以看护和管理,而对于那些生态系统服务功能遭到损害的自然要素,则还需要人类的生态劳动予以修复或补偿。这类自然要素原本就存在于大自然之中,比如蓝天、碧水、净土,为了满足人类自身的生存发展

---

① Paul Burkett: *Marx and Nature: A Red and Green Perspective* (New York: St. Martin's Press, 1999), pp. 251-252.

需要，人与自然不断地进行物质、信息和能量的交换，而要使这些自然要素持续成为生态产品并做到生态产品价值的实现，也需要人类对这些自然要素承担起看护、管理和修复的职责。总之，无论是人类通过生态劳动创造的生态产品还是人类予以看护、管理和修复的自然要素类生态产品，都凝聚着人类的生态劳动。正是在这一意义上，笔者认为，生态劳动助推生态产品的可持续生产及其价值实现，并把生态产品与一般自然存在物区别开来。

2. 合生态性：可循环、可降解、可再生

生态产品不只是一种"劳动的产品"，凝聚了人类的生态劳动在其中，还是一种"生态的产品"，即它本身还是合乎自然生态的，能够促进大自然的美丽、稳定与和谐，有助于实现人与自然的共处共生。生态产品的合生态性或环境友好性，主要表现为它具有可循环、可降解、可再生的特点。生态劳动的本质特征就在于，人类从大自然获取自己所需要的物质、信息和能量以满足自身的生产生活需要之后，排放给大自然的废弃物能够被自然界所消解和吸纳，而作为生态劳动的产物或结果，基于生态劳动的生态产品具有可循环、可降解、可再生的质性。具体地说，基于生态劳动的生态产品，在满足人们的生产生活需要之后，能够继续作为原材料而进入下一个生产环节，从而表明其可循环性；能够直接被大自然所降解和吸收，而不是成为大自然中的"异物"，从而表明其可降解性；能够在人类的看护、修复和管理劳动下继续生成新的生态产品，而不是成为难以处置的废弃物，从而表明其可再生性。总之，生态产品的可循环、可降解、可再生的合生态特性，使之与反（非）自然的人工创造物区别开来。

3. 大众性：满足人们包括优美生态环境在内的美好生活需要

从生态产品的价值属性来看，尤其是在我国社会主义社会（制度）条件下，无论是生态劳动创造的生态产品，还是通过管护性劳动来促进生态产品的持续供给，其根本目标指向都是满足人们对于美好生活和优美生态环境的需要。对此，习近平同志指出，"人民对美好生活的向往是我们党的奋斗目标，解决人民最关心最直接最现实的利益问题是执政党使命所在。人心是最大的政治。我们要积极回应人民群众所想、所盼、所急，大力推进生态文明建设，提供更多优质生态产品，不断满足人民日益增长的优美生态环境需要"①。这里所强调的是，在建设中国特色社会主义现代化进程中，中国共产党作为马克思主义执政党不仅要持续改善广大人民群众衣食住行等方面的美好生活需要，还要通过提供不断增加的合生态、亲自然的生态产品，来满足广大人民群众对于优美生态环境的需要。可以说，社会主义生态文明建设的目的或初衷，就是不断促进经济、社会和生态的可持续发展，逐步为人民群众创造优美宜居的生产生活环境。因而，生态产品开发及其价值实现的大众性特征，既是必须坚持的生产经营原则，也是社会主义生态文明建设的本质要求。反之，一旦忽视或失去了它的大众性，生态产品及其价值实现就可能背离社会主义生态文明建设的初衷，也就难以真正践行或实现合作共享、人与自然和谐共生等相关性理念或原则。因而，在社会主义初级阶段条件下的生态产品及其价值实现过程中，党和政府需要特别重视生态产品的生产、分配与管理过程中的大众性或人民性，既要充分考虑并尽量满足广大人民群众的利益、愿望和要求，也要高度重视在这一过程中不断实现广大人民群众的美好生活需要和优美生态环境需要的提质升级。

四、现实中生态产品价值实现所面临的主要挑战

在新时代中国背景和语境下，生态产品价值实现是践行"绿水青山就是金山银山"重要理念和促进生态优先、绿色发展的重要进路，也是推进社会主义生态文明经济建设的关键性环节。一般而论，生态产品及其价值实现至少包含着如下三个要素：主体要素、过程要素、政府与市场要素，分别对应着生态产品"由谁生产和消费、通过什么方式来生产和消费、以什么样的机制手段来推动生产和消费"等三个基本问题。相应地，笔者认为，也可以从它所关涉的生产消费主体、过程和促动机制这三个方面，来分析我国生态产品及其价值实现所面临着的现实挑战，以便采取更具针对性的应对举措。

1. 生态产品价值实现所面临的主体挑战

自然生态和人是生态产品及其价值实现的缺一不可的主体要素。就此而

---

① 习近平：《习近平谈治国理政》（第三卷），外文出版社，2020年版，第359-360页。

论，我国生态产品价值实现面临着的生产与消费主体挑战，可以概括为如下三个方面。其一，自然生态系统遭受到的污染和损害影响着生态产品的生产供给能力。现代工业文明不可持续的发展方式及其大规模持续扩展，已经造成了对全国自然生态系统的不同程度的污染和破坏，使得大自然难以像过去那样为人类提供丰富的、高质量的生态产品。对此，党的二十大报告指出，改革开放以来我国社会主义现代化建设取得了举世瞩目的巨大成就，但也存在着"一系列长期积累及新出现的突出矛盾和问题"，其中在生态环境领域主要表现为"资源环境约束趋紧、环境污染等问题突出"①；党的十八大之后，长期存在的大气污染、水污染、土壤污染等问题得到了较为有效的治理，但生态环境保护任务依然艰巨。总之，长期性且持续加重的环境污染破坏与自然生态系统本身的脆弱性，使得大自然为人类提供生态产品和服务的能力受到了很大影响，尤其是在那些经济开发程度较高和人口密集的都市化区域，这是我们必须看到的客观事实。

其二，不同地区经济社会发展水平的差异以及生活风格、历史文化传统上的不同，导致人们对于生态产品的需求乃至认知存在着明显不同。对于那些经济较发达地区尤其是东南沿海地区来说，由于其地理位置和发展基础优势，这些地区的经济社会发展水平较高，但资源禀赋相对欠缺，也就是有"金山银山"却无"绿水青山"，因而人们对生态产品的需求相对较高，而这有利于引入促进生态产品价值实现的举措。相形之下，我国中西部地区的经济发展水平略低，但它们的资源环境禀赋较好，尤其是西南地区，因而人们对于"金山银山"的需求更为迫切，对生态产品的需求则相对较低。这具体表现在，在消费环节上，不同区域间的居民消费意愿差异较大，人均收入较高地区的居民对于生态产品的支付意愿较高，表明生态产品正在成为"必需品"，而欠发达地区居民的基本物质生活条件尚未得到满足，生态产品对于他们来说如同"奢侈品"，因而本地市场潜力较小，还需要通过需求引导和监管、区际联动和帮扶等形式来扩大市场。② 总之，不同区域间的主体差异性——同时在消费

---

① 习近平：《高举中国特色社会主义伟大旗帜 为全面建设社会主义现代化国家而团结奋斗》，人民出版社，2022年版，第5页。

② 李宏伟、薄凡、崔莉：《生态产品价值实现机制的理论创新与实践探索》，《治理研究》2020年第4期，第34-42页。

领域和生产领域,是制约着我国生态产品及其价值实现的重要因素,尤其是在全国性政策目标的制定与实施方面。

第三,从人与自然交互作用的角度来说,我国的生态文明经济制度比如自然资源资产产权制度尚处于探索构建阶段,从而影响和制约着生态产品价值的实现。具体而言,自然资源资产产权制度,是指"依照法律制定的关于自然资源资产产权的主体及其行为、权力和利益方面的制度规定和安排"[1]。应该说,进入新时代以来,我国的自然资源资产产权制度得到了较大程度的健全和完善,但也还存在着自然资源确权和定价等方面的诸多问题。这就使得,作为自然资源和人类劳动共同作用结果的生态产品,其价值实现依然面临着"生态产品底数不清、价值核算不规范、价值实现渠道不顺畅、价值转化不充分等问题"[2]。相应地,健全和完善生态产品价值实现的制度体系,尤其是明确规范其中的行为主体及其权责,仍是一项基础性的工作。

2. 生态产品价值实现所面临的过程挑战

从生态产品的生产过程来看,它是人类劳动与自然生态系统共同作用的结果或产物,因而,其价值形成或实现既依赖于人类的生态劳动,也离不开良好的自然生态条件。这里特别需要强调的,是非(反)生态的劳动方式可能会带来的不良影响。

一方面,资本主义社会中的工业(城市)化劳动本质上是一种异化劳动,不仅会造成人与劳动产品的异化、人与人的类本质的异化、人与人关系的异化,还会造成人与自然关系的异化,而这种反生态的社会劳动方式难免会导致人类对自然生态系统的污染和破坏,衰败的自然生态系统则无法为人类社会提供足量、优质的生态产品。必须承认,社会主义初级阶段的劳动仍然无法完全消除资本主义社会条件下的某些质性特征,而任何以牺牲"绿水青山"为代价来换取"金山银山"的发展方式都是不可持续的,都会导致自然生态系统为人类提供生态产品能力的渐趋衰弱。因而,如果我们不加区别地引入或模仿资本主义社会条件下的生态产品生产与消费方式,就会从根本上影响和制约着生态产品的价值实现。

---

[1] 黎祖交(主编):《生态文明关键词》,中国林业出版社,2018年版,第513页。
[2] 丘水林:《持续推进完善生态产品价值实现机制》,《学习时报》2022年11月9日。

另一方面,对生态产品生产过程中的劳动生态化转型重视不够,也会影响和制约着生态产品价值的实现。与传统劳动产品相比,生态产品劳动发生了生态转型或转向,生产性劳动、管护修复性劳动和自然生态系统共同作用而形成生态产品。但在现实实践中,人们往往更重视自然生态系统对生态产品生成及其价值实现的重要性,却对其中的人类劳动要素考虑不足,尤其是对于人类劳动的生态转型或转向的重要性认识不充分,从而对生态产品及其价值的真正形成或实现产生不利影响。比如,绿水青山、蓝天白云、湿地草原都是人们需要或向往的生态产品,但如何通过生产性与管护性劳动来促进和保障自然生态系统源源不断地为人类社会提供这些生态产品,就需要深入研究生态管理、生态保护、生态修复等方面劳动的新型特点,以及使这类生态劳动得以健康顺利实施并得到不断扩展的经济制度框架和社会文化条件,尤其是与之相适应的价值观、技术系统、制度体系。换言之,没有传统或现代劳动的生态化,也就不会有生态产品及其价值的真正实现。

总之,生态产品价值实现在其生产环节所面临的主要挑战,是目前仍被人们相对忽视的劳动活动。由于生态产品本身的要求,它的生产过程也需要一种新型的生态劳动,而不是传统劳动的简单延续与扩展。这其中,最为重要的是劳动意涵的实质性扩展,尤其是将管护修复性劳动包括其中,同时还要努力克服资本主义社会条件下造成的劳动的生态异化表现和努力发挥社会主义条件下可以实现的劳动的生态化潜能。当然,这并不是一个可以自然而然实现的转折,而是需要我们去深入思考、积极探索。

3. 生态产品价值实现所面临的促动机制挑战

生态产品价值实现过程中十分重要的,是处理好政府和市场之间的关系。从生态产品的基本属性来看,它是由自然生态系统和人类生产性劳动、管护修复性劳动共同发挥作用的结果或产物。一方面,自然资源归属国家所有,因而生态产品在价值实现过程中离不开政府的规制管控。另一方面,鉴于其经济产品或商品的属性,生态产品在价值实现过程中也需要较为完善的市场机制,只有借助于有效的市场流通,生态产品的使用价值才能得到真正实现。概括地说,生态产品价值实现的机制分为如下三种类型:政府主导型、市场主导型、多元主体参与型。①

政府主导型是指由政府全部或部分购买生态产品,从而达到生态产品价值实现的目的。鉴于自然资源的国家和集体所有性质,政府可以代表国家和人民主持承担相关的生态补偿、生态修复等工作,而这意味着,"政府根据人民的委托,对提供资产保值增值管理的对象购买服务成为生态产品价值实现不可或缺的途径之一"②。这也就是笔者指称的政府主导型生态产品价值实现方式。政府主导型的生态产品价值实现方式,过程非常直接,也很有效率,但也存在着十分突出的问题。除了政府购买生态产品所需资金的来源即财政资金的充裕程度问题,更为重要的是,这种情况下生态产品价值实现的购买人和受益人都是国家,是由国家代表人民来购买生态产品和促进生态产品价值实现,通过国家的投资让当地的人民群众享受美好生活。很显然,这种方式的有效实施范围和力度都是有限的,因为从根本上说来,投资人和受益人都是国家与广大人民群众,由政府来购买公共服务,就相当于政府将资金从一个口袋放到另一个口袋,生态产品价值并没有得到经济性的或充分的体现。"长期依靠单方政府投入,无法全面激励社会树立保护生态环境、积极维护生态系统安全的普遍意识和行为方式,保障生态产品价值实现机制的可持续性。"③可以说,这是政府主导型生态产品价值实现方式所面临的突出困难与挑战。

市场主导型是指通过市场机制的调节作用来促成生态产品价值的实现。引入有效运行的市场机制,是弥补政府主导型生态产品价值实现难题的切实举措。从市场行为主体的角度来说,政府、企业和个人都有参与生态产品价值实现的需要。如果说政府主导型主要是从以政府为主角的角度而言的,那么市场主导型则是从以企业和个人为主角的角度而言的。在借助市场机制完成的生态产品价值实现过程中,企业和个人发挥着主力军的作用。生产企业或个体要自觉遵循商品价值和市场交换规律,通过自由公平买卖等市场交易方式来实现生态产品的价值,让"绿水青山"变成真正的"金山银山",而个人作为消费者也要通过市场交易方式来满足自己对生态产品的消费需求。市场

---

①②③ 张丽佳、周妍:《建立健全生态产品价值实现机制的路径探索》,《生态学报》2021 年第 19 期,第 7893—7899 页。

机制的灵活性高效率是毋庸置疑的，但这种市场主导型生态产品价值实现方式也有着自身的弱点或缺陷。除了传统意义上的市场机制扭曲现象，比如经营者的唯利是图、目光短浅、市场垄断、恶意竞争，更值得关注的是，如何对生态产品进行合理评估和定价，特别是大量公共性生态产品的评估和定价问题仍处在初步探索阶段；尤其是，"大多数生态产品具有投资收益周期长、高风险的特点，导致要素流入门槛较高，资本、人才支撑不足，难以形成有效的交易市场"①。可以说，这是市场主导型生态产品价值实现所面临的突出问题与挑战。

多元主体参与型是指通过政府、企业和社会公众的共同参与，来促成生态产品价值实现的方式。政府的合理规制、市场机制的不断完善、社会公众的绿色生活方式转型以及三者的有机结合，共同推进促成生态产品价值的实现。政府的规制管控主要是借助于日趋完善的法律和制度，不断完善的市场机制可以有效约束企业参与生态产品价值实现的生产经营行为，而社会公众生活方式的绿化既有助于党和政府相关政策的制定与改革完善，保障生态产品的可持续供给，也有利于企业不断革新自己的生态产品生产与供应，促进生态产品价值的健康实现。很显然，多元主体参与型更符合我国生态产品价值实现的客观实际和宏观管理需要。但客观而言，这其中的三个层面或要素都还存在着十分明显的短板。我国生态产品价值实现的法律法规和体制机制还不够健全完善，企业参与生态产品生产经营的市场机制和社会资本介入生态产品价值实现的规章制度还有待进一步完善，而社会公众通过自己的消费行为与民主参与来引领推动生态产品价值实现还较为薄弱。因而，不断健全和完善社会主义基本经济制度条件下的生态产品生产经营体制机制，让生态产品价值实现更多更好地惠及广大人民群众，彰显社会公平和环境正义，同时充分发挥市场机制在生态产品价值实现中的主渠道作用，合理引导和规范社会资本的有序介入，并且大力推动全社会向绿色低碳生产生活方式的转型，是多元主体参与型生态产品价值实现方式需要着重解决和应对的问题。

总之，在笔者看来，政府主导型、市场主导型和多元主体参与型生态产

---

① 李宏伟、薄凡、崔莉：《生态产品价值实现机制的理论创新与实践探索》，《治理研究》2020年第4期，第34-42页。

品价值实现方式各有特点,也都面临着自身的缺陷或挑战。一方面,总体上要充分发挥好政府和市场的各自优势,将政府的规制管控职能和市场的灵活高效特点有机结合,尤其是不断完善社会公众广泛参与和监督生态产品价值实现的渠道手段,使生态产品价值实现更完整地体现为一个社会生态过程,并促进整个社会现代化发展的绿色转型,另一方面,要更加明确政府主导型、市场主导型和多元主体参与型等三种具体实现方式的重要性、针对性,对于不同的生态产品需求和生产经营,采用与之相对应的价值实现方式,从而促进生态产品供给和价值实现的可持续性。

五、生态产品价值实现体制机制的实践建构

如上所述,在笔者看来,生态产品及其价值实现离不开生态劳动,而生态劳动至少包括生产性劳动和管护修复性劳动。生产性劳动是人类利用自然生态资源创造生态产品的劳动,而管护修复性劳动是人类对自然生态系统所进行的保护、治理、修复等活动。而从生态产品价值实现的完整过程所关涉的要素来看,它们包括生产消费主体、过程环节和促动机制等层面,所针对或对应的分别是生态产品价值实现为了谁、经由哪些过程环节、借助什么体制机制来促进实现等问题。这其中,人与自然都是生态产品价值实现的重要主体,生态劳动是生态产品价值实现的物质活动中介,政府规制与市场机制协同是生态产品价值实现的基本路径。当然,即便在社会主义生态文明建设的背景语境下,这样一种适当体制机制的形成也将是一个长期性的实践建构过程。

1. 生态产品价值实现的(新)主体建构

生态产品及其价值实现所关涉的主体要素,包括生产主体和消费主体。广义的生产主体是指所有生态产品的生产劳动者、管护修复者,同时包括了为人类提供生态产品和服务的自然生态系统与生态劳动者。自然生态系统由于能够为人类(直接)提供其生存发展所需要的产品与服务,是生态产品的生产主体;而人类以自然生态系统为基础,通过自己的生产性劳动和管护修复性劳动创造出生态产品,也是生态产品的生产主体。同时将人和自然作为生

态产品的生产主体，对于人类确立正确的生态价值观和生态伦理观具有重要意义。因为，既然人与自然都是生态产品的主体，那么人类不仅要以合乎道德的方式对待自然生态，还要以生态化的劳动或生态劳动来创造生态产品，并在创造生态产品的过程中承担起自己的生态责任。换言之，生态产品及其价值实现不仅仅是一个经济问题，还包括它的社会与文化伦理维度，因而需要经济学、哲学伦理学、政治学、生态学等不同学科下的理论审视与规约。

相应地，广义的消费主体是指通过消耗生态产品来满足自身生产生活需要的自然界和个人。马克思在《1857—1858年经济学手稿摘选》中讨论生产与消费关系时指出，"生产直接是消费，消费直接是生产"①。生产和消费之间相互依存，互为条件和中介，"生产中介着消费，它创造出消费的材料，没有生产，消费就没有对象。但是消费也中介着生产，因为正是消费替产品创造了主体，产品对这个主体才是产品。产品在消费中才得到最后完成"②。依据马克思的上述阐释，生产主体本身也就是消费主体，而正是在这一意义上，人与自然都构成了生态产品的消费主体。人和自然所生产提供的生态产品，既是在满足人们对优美生态环境的需要，也是在满足大自然自身存在的需要。换言之，不仅人类自身需要（消费）生态产品，大自然本身也需要（消费）生态产品。因而，人类在享受大自然所提供的生态产品馈赠的同时，也应该以生态劳动来促进人与自然的和谐共生，从而使大自然能够更加可持续地提供更多优质生态产品。

笔者认为，把人与自然同时作为生态产品价值实现的生产、消费主体，是实现生态环境保护治理，促进生态产品价值转化的（新）主体基础。人与自然既是生产主体、也是消费主体，不仅可以促进生态产品价值实现过程中人类主体力量的觉醒，使之意识到自身在生态产品可持续生产和价值实现中的权利与责任，也可以为我们深入推进环境污染防治、提升生态系统多样性、稳定性和持续性提供主体依据，对于自然生态资源的评估和定价、生态产品的价值核算和价值转化等问题也具有重要支撑作用。

---

① 《马克思恩格斯文集》（第八卷），人民出版社，2009年版，第15页。
② 《马克思恩格斯文集》（第八卷），人民出版社，2009年版，第15页。

2. 生态产品价值实现的生态(化)劳动建构

生态产品价值实现的基础条件，同时包括其自然层面和社会层面。目前，学界对它的自然层面讨论较多，但对它的社会层面关注相对不足，而事实上，人类劳动作为其社会基础条件的核心内容具有根本性意义。所谓生态产品的自然基础条件，是指生态产品源自大自然，系大自然为人类直接或间接提供的产品或生态系统服务。"生态产品是自然生态系统为人类生存与发展提供的物质资源和生态环境服务，不仅包括粮食、肉、鱼等食物，水资源、木材、生态能源等物质产品，更重要的是提供了水源涵养、气候调节、洪水调蓄、污染物净化等生态调节服务产品，以及景观美学价值、生态旅游、精神健康与生态文化产品。"①概言之，生态产品是"(一定区域的)自然生态系统为人类生产生活所提供的各种服务(也称"产品和服务")的总称"②。上述对生态产品概念的界定，都明确承认了生态产品的自然属性，即生态产品源自大自然，是自然生态系统为人类所提供的产品和服务，这是生态产品与传统劳动产品的不同之处。

生态劳动是生态产品及其价值实现的物质活动中介。生态产品不仅具有自然属性，还具有社会属性，因为它总是在特定的社会制度条件下具体展开的。从宽泛的意义上来说，生态产品及其价值实现的社会基础条件是多方面的，既包括特定的经济社会制度和社会文化条件，也包含特定社会中所结成的各种社会关系，以及尤其是将人与人、人与自然联系起来的劳动活动。生态产品首先体现为自然生态系统直接提供的一些产品和服务，但这些生态产品并不是取之不尽用之不竭的或可以无条件满足人类社会的需要的，要想自然生态系统源源不断地提供优质生态产品，做到生态产品价值实现的可持续性和最大化，就离不开人类的劳动实践。人类劳动实践既是人的最终形成、人类社会发展和人类文明演进的基础，也是生态产品及其价值实现的基础。在生态产品生产与价值实现所关涉的自然和社会基础条件中，生态(化)劳动

---

① 欧阳志云：《建立生态产品价值核算制度，促进深圳人与自然和谐发展》，《中国环境报》，2020年12月17日，第3版。
② 黎祖交：《关于探索生态产品价值实现路径的几点建议》，《绿色中国》2021年第1期，第48-55页。

具有根本性、决定性意义。人类对自然生态系统所付出的看护、养护、修复性劳动，能够促进实现人与自然之间的良性物质变换，也就是具有生态意义或影响的劳动。因而，在生态产品的社会基础条件中，最根本性的仍是生态(化)的物质劳动活动。如果生态产品及其价值实现中没有或未能凝聚人类的生态(化)劳动，生态产品的生产及其价值实现将是不可持续的。

以生态(化)劳动来促进生态产品及其价值实现，主要聚焦于保护和修复生态环境，提升生态系统的多样性、稳定性和持续性，提高自然生态系统永续供给生态产品的能力。众所周知，现代劳动的反(非)生态性导致了人与自然之间物质变换的断裂，人类生态环境遭到污染和破坏，地球生态系统变得十分脆弱。因而，开启人类劳动的生态转向，从现代劳动转向生态劳动，弥合人与自然之间的物质变换裂缝，对于全面推进污染防治和有效保护生态系统至关重要。具体地说，在现实实践中，我国已经初步形成了生态产品及其价值实现的如下五种典型模式：生态修复和环境综合整治模式；生态保护补偿模式；生态私人产品交易和生态产业化模式；生态资源资本化和生态权益交易模式；产业生态化模式。[1] 而这五种典型模式的共同思路是，首先借助于生产性劳动和管护性劳动，尤其是管护性劳动，实现区域生态环境的综合整治和生态修复，然后通过市场交易、生态补偿、发展生态产业等方式来建立促进生态产品实现的完整机制。比如，福建省厦门市五缘湾片区陆海生态环境综合整治和生态修复，浙江省余姚市梁弄镇全域土地综合整治和水域、湿地生态修复，江苏省徐州市贾汪区潘安湖采煤塌陷区修复，江西省赣州市寻乌县统筹推进水域保护、矿山治理、土地整治、植被恢复等生态修复治理等行动[2]，都明显属于生态劳动的范围或性质。总之，只有通过意涵不断扩展丰富的生态劳动实践，我们才能留下"绿水青山"、再现"绿水青山"，并将"绿水青山"转化为"金山银山"，促进生态产品价值的优质永续实现。

3. 生态产品价值实现的促动机制建构

构建生态产品及其价值实现的适当体制机制，需要在不断拓展深化其主

---

[1] 孙博文：《建立健全生态产品价值实现机制的瓶颈制约与策略选择》，《改革》2022年第5期，第34-51页。

[2] 孙博文：《建立健全生态产品价值实现机制的瓶颈制约与策略选择》，《改革》2022年第5期，第34-51页。

体构成认知和形塑提升劳动实践特征的基础上，回答好"由谁领导""为谁实现""如何处理好政府和市场的关系""怎样对待资本""如何建立政策体系保障"等五个具体性问题。也就是说，我们要逐步形成以中国共产党政治领导为核心、坚持以人民为中心的价值立场、政府规制和市场机制协同推进、不断强化对资本的规范和引导、渐趋完善的生态产品价值实现政策体系保障为主要内容的机制路径。

其一，坚持中国共产党的政治领导，是促进生态产品价值实现的首要原则。这一原则回答了我国生态产品价值实现"由谁领导"的问题。党的二十大报告指出，"坚决维护党中央权威和集中统一领导，把党的领导落实到党和国家事业各领域各方面各环节，使党成为风雨来袭时全体人民最可靠的主心骨，确保我国社会主义现代化建设正确方向，确保拥有团结奋斗的强大政治凝聚力、发展自信心，集聚起万众一心、共克时艰的磅礴力量"[①]。这一重要论述所表明的是，推动绿色发展，促进生态产品价值实现，需要有强有力的政治领导，而坚持中国共产党的领导，既能够为促进生态产品价值实现提供坚定明确的政治指引，走好中国特色社会主义发展道路，又能够做好顶层设计和整体规划，为生态产品价值实现提供强有力的制度与政策保障。尤其需要强调的是，作为自然生态系统和人类劳动活动共同作用的结果，生态产品往往具有更多的社会或公共属性，因而无论是对于政府主导型、市场主导型还是多元主体参与型实现模式而言，坚持中国共产党的全面领导，充分发挥政府的宏观调控作用，都具有极其重要的意义。

其二，坚持以人民为中心，是促进生态产品价值实现的根本立场。这一立场回答了生态产品价值实现"为了谁""依靠谁""成果由谁共享"的基本问题。生态产品及其价值实现，从根本上来说，是为了满足广大人民群众日益增长的美好生活需要和优美生态环境需要。我国幅员辽阔，各地生态环境与资源禀赋差异较大，而对于那些有"绿水青山"而无"金山银山"的欠发达地区来说，促进生态产品价值实现，既是帮助当地人民群众走向共同富裕的重要抓手，也是将"绿水青山就是金山银山"重要理念落到实处的基本途径。当然，

---

① 习近平：《高举中国特色社会主义伟大旗帜，为全面建设社会主义现代化国家而团结奋斗》，人民出版社，2022年版，第26—27页。

全面坚持以人民为中心来促进生态产品价值实现，还意味着要把公平正义理念纳入生态产品价值实现的考量之中，尤其是要警惕在生态产品价值实现过程中出现生态环境遭到破坏、人民群众根本利益受损的不良现象。总之，要让人民群众在生态产品价值不断实现过程中产生获得感幸福感，并彰显出社会主义制度的生态环境保护治理优势和特色。

其三，坚持政府调控和市场机制协同推进，是促进生态产品价值实现的基本手段。促进生态产品价值实现的根本在于处理好政府和市场的关系，努力做到政府宏观调控和市场机制的协同推进。政府宏观调控和市场机制调节，都是促进生态产品价值实现的重要手段，无论是政府主导型、市场主导型还是多元主体参与型的生态产品价值实现类型，都离不开这二者作用的有效发挥。对于如何做到政府规制调控与市场机制相结合，郑新立根据生态产品的不同质性提出了四条路径，"第一，对于不能通过市场交换实现其价值的生态产品，应由政府制定统一的排放标准和环境标准，严密监测、严格监管；第二，对已经形成的存量污染物的治理，应运用政府与企业合作的模式加以解决；第三，围绕实现碳中和目标，通过实施功能性产业政策，鼓励供给侧结构性改革；第四，围绕鼓励资源节约型消费方式，开展绿色生活创建活动，在需求端形成对经济社会发展全面绿色转型的强大拉动力"[①]。坚持政府规制调控和市场机制相结合，对促进生态产品的价值实现具有重要意义。

其四，不断加强对资本的规范和引导，是促进生态产品价值实现的关键所在。资本是市场经济的核心要素，只要发展现代市场经济，就离不开资本。中国也不例外。但是，由于社会主义市场经济和资本主义市场经济的社会属性不同，在对待资本问题上也有着本质不同的态度立场。在社会主义市场经济条件下，我们可以做到以正确的态度对待资本，既充分发挥资本的激励作用，又对资本进行必要的规范和引导，"为资本设立'红绿灯'"[②]，引导资本为社会主义市场经济服务，为促进生态产品价值实现服务。换言之，我们既要充分利用资本的经济组织与激励功能，又要防止资本的无序运动与扩张，从而影响实现以人民为中心的生态产品价值立场。郁庆治概括指出，社会主

[①] 郑新立：《促进生态产品价值实现的四个路径》，《经济日报》2020年12月22日，第11版。

[②] 习近平：《正确认识和把握我国发展重大理论和实践问题》，《求是》2022年第10期，第6页。

义生态文明的内涵至少包括如下两个方面[①]：第一，生态文明建设必须是社会主义的，因而在生态产品价值实现过程中，要努力实现社会的公平正义，从而彰显社会主义制度的优越性；第二，社会主义也必须是绿色的，走中国特色社会主义道路，必须建设生态文明，因而在生态产品价值实现过程中，要不断加强对资本的规范和引导，避免追逐利润与资本增值成为最高目标，警惕生态环境正义的缺席，防止人类对自然环境造成新的破坏，重新引发(加剧)人与自然之间的冲突。

其五，完善相关政策机制，是促进生态产品价值实现的必要保障。2021年由中共中央办公厅、国务院办公厅印发的《关于建立健全生态产品价值实现机制的意见》[②]，是党和政府推进生态产品价值实现的主要权威性文件。该《意见》从生态产品的调查监测、价值核算、经营开发、保护补偿、重要保障、全面推进等六个方面详细阐述了促进生态产品价值实现的实施举措，即建立生态产品调查监测机制、建立生态产品价值评价机制、健全生态产品经营开发机制、健全生态产品保护补偿机制、健全生态产品价值实现保障机制、建立生态产品价值实现推进机制。可以说，这六大机制相互联系、相互支持，为我国全面推进生态产品价值实现提供了政策保障。

结　论

如上所述，生态产品是自然生态系统和人类劳动共同作用所形成的维护生态安全、保障生态系统调节功能、满足人们优美生态环境需要的产品和服务。生态产品及其价值实现离不开人类的生态(化)劳动，即人与自然之间的良性(合生态)物质变换过程。在资本主义社会条件下，人与自然之间的物质变换出现裂缝，自然财富生产和人类财富生产走向分裂或对立，大自然和人类劳动无法为社会提供充裕优质的生态产品。在社会主义生态文明建设背景语境下，人类劳动的性质发生着生态(化)转向，致力于由联合起来的生产者

---

① 郇庆治：《论社会主义生态文明经济》，《北京大学学报(哲社版)》2021年第3期，第5—14页。
② 中共中央办公厅、国务院办公厅：《关于建立健全生态产品价值实现机制的意见》，《中华人民共和国国务院公报》2021年第14期，第11—15页。

共同控制人与自然之间的物质变换，重建自然财富生产和人类财富生产的统一，并不断提升面向整个社会的生态产品供给能力。基于生态劳动的生态产品，与一般的自然物品、传统的农产品和工业品相比，具有生产性、合生态性和大众性等三大特征。而这种生态产品及其特征的充分展现或形塑，还需要一个渐趋完善的促进生态产品价值实现体制机制，其中包括将人与自然视为共同主体、以生态(化)劳动为实践基础、坚持中国共产党政治领导为核心、坚持以人民为中心的价值立场、政府调控和市场机制的协同推进、不断加强对资本的规范和引导、完善生态产品价值实现的政策机制保障等要素。

（作者单位：南京信息工程大学马克思主义学院）

第三章

马克思主义生态学视域下的生态产品及其价值实现

海明月　郇庆治

内容提要：我国学界关于生态产品及其价值实现的讨论迄今主要围绕着"深绿"或"浅绿"话语视角之下的生态经济或绿色经济而展开，并明显忽视了对于它的社会整体架构、经济政治制度条件和社会文化支持性机制等元素的分析。这种广义或主流生态经济学视野下的理论阐释或画像主要由如下四个相互关联的要素组成，即规模逐渐扩大的生态产品生产和绿色技术的日益广泛应用、不断健全与拓展创新的市场化体制机制、有序介入与规范化管理的社会化资本、兼具保障与补充功能的生态补偿机制。而从马克思主义生态学或生态政治经济学的"红绿"视角来看，我国生态产品及其价值实现还存在着由至少如下四个要素构成的"社会主义动力机制"所支撑起来的另一个面相，即中国共产党及其领导政府的绿色政治转向和统一组织管理、对市场机制和资本介入的体制化经济社会制度规约、以生态经济民主原则为根本导向的大众性民主参与、以共享共富为本质要求的生态收益公平分配。

关键词：马克思主义生态理论，生态产品，价值实现路径，生态系统服务功能核算，生态文明经济

2021年4月由中共中央办公厅、国务院办公厅印发的《关于建立健全生态产品价值实现机制的意见》（以下简称《意见》）明确提出，通过逐渐完善生态产品价值实现机制破解"绿水青山"向"金山银山"转化过程中的现实难题，从而推动形成"具有中国特色的生态文明建设新模式"①。该《意见》是2012年十八大以来党和政府对于生态产品及其价值实现这一重要议题所做的最为集中明确也最具权威性的政治政策阐释，表明了它在我国绿色高质量发展新阶段和生态文明制度体系建设中的战略地位及其现实变革潜能。党的二十大报告进一步强调生态产品及其价值实现的重要意义，从人与自然和谐共生的中国式现代化的高度规定了不断"建立生态产品价值实现机制"②的发展走向。但就其理论层面而言，近年来我国关于生态产品及其价值实现的讨论尽管呈现出蓬勃发展之势，却明显集中于"浅绿"意义上的环境经济学或"深绿"意义上的生态经济学，也就是围绕着狭义上的绿色经济或生态经济话语而展开③，即如何从局部范围和具体路径手段上提高生态产品——即显著依赖于自然生态条件或禀赋开发利用的劳动或经济产品——的价值实现或贴现效率。相形之下，现有讨论明显忽视了对于生态产品及其价值实现的社会整体架构、经济政治制度条件和社会文化支持性机制等元素的分析，也就是缺乏一种马克思主义生态理论或生态政治经济学的"红绿"观察视角④。基于此，本文将首先概括马克思主义生态学对于生态产品及其价值实现的一般性认知或理论化——其核心是一种生态政治经济学观点，然后归纳总结当代中国社会主义生态文明建设过程中生态产品及其价值实现的具体实践以及对于这些实践所做的主流性理论阐述，最后尝试性提出对于当代中国生态产品及其价值实现

---

① 中共中央办公厅、国务院办公厅：《关于建立健全生态产品价值实现机制的意见》，http：//www.gov.cn/zhengce/2021-04/26/content_5602763.htm（2022年5月15日）。
② 习近平：《高举中国特色社会主义伟大旗帜 为全面建设社会主义现代化国家而团结奋斗——在中国共产党第二十次全国代表大会上的报告》，人民出版社，2022年版，第57页。
③ 张颖、杨桂红：《生态价值评价和生态产品价值实现的经济理论、方法探析》，《生态经济》2021年第12期，第152-157页；沈辉、李宁：《生态产品的内涵阐释及其价值实现》，《改革》2021年第9期，第145-155页；蒋金荷、马露露、张建红：《我国生态产品价值实现路径的选择》，《价格理论与实践》2021年第7期，第24-27页；刘江宜、牟德刚：《生态产品价值及实现机制研究进展》，《生态经济》2020年第10期，第207-212页。
④ 郇庆治：《绿色变革视角下的生态文化理论研究》，《鄱阳湖学刊》2014年第1期，第21-34页。

的一种"红绿"阐释思路并简要讨论其实践意蕴。

一、生态产品及其价值实现的马克思主义生态学视角

首先需要说明的是，这里的马克思主义生态学是一个泛称意义上的概念，意指由马克思恩格斯生态思想、欧美生态马克思主义和当代中国马克思主义生态理论等所组成的理论谱系，其核心表征是强调以物质（经济）生产过程为基础的人与人的社会关系和人（社会）与自然关系的社会历史性，从而为我们理解现实社会中的生态环境问题及其应对提供了一个独特而科学的理论分析框架与实践变革进路。[1] 对此，阿尔弗雷德·施密特强调，马克思分析人与自然关系的首要特征，是"突破被强化为物的经济现实的外观，深入到隐藏在它后面的本质、即人的社会关系中去"[2]。乌尔里希·布兰德则对"社会的自然关系"这一概念做了更具体性的解析。在他看来，自然作为一种物质性实存的生存生活环境，始终都在被现实社会所形塑，结果是，社会的和政治的统治共同组成一个社会的自然关系。[3] 因而，正如保罗·柏克特所分析指出的[4]，马克思主义不是有没有自己的生态观点的问题，而是这一理论尤其是它的政治经济学本身就构成了一种完整的生态学。

当然，如此理解的马克思主义生态学，还没有得到当代环境人文社会科学比如主流生态经济学或环境经济学的足够重视，尽管也已有学者从不同角度反思西方主流经济学的霸权如何影响到了从社会（关系）层面分析生态环境与经济之间的关系，并提出应充分关注社会结构性元素（权力、社会运动、社会正义等）的作用[5]。简言之，"生态经济学作为一个领域还没有接受这样一个概念，即在分析经济活动所产生的环境后果时把社会关系和社会冲突作为

---

[1] 郇庆治：《马克思主义生态学导论》，《鄱阳湖学刊》2021年第4期，第5—8页。
[2] A. 施密特：《马克思的自然概念》，欧力同、吴仲昉译，商务印书馆，1988年版，第66页。
[3] 乌尔里希·布兰德、马尔库斯·威森：《资本主义自然的限度：帝国式生活方式的理论阐释及其超越》，郇庆治等编译，中国环境出版集团，2019年版，第26页。
[4] Paul Burkett, *Marxism and Ecological Economics: Toward a Red and Green Political Economy* (Leiden: Brill, 2006).
[5] Clive Spash and Adrien Guisan, "A future social-ecological economics", *Real World Economics Review* 6(2021), pp. 220-223.

核心"①。因而，在详尽讨论当代中国生态文明建设过程中丰富多彩的生态产品及其价值实现实践之前，笔者将首先对马克思主义生态学或生态政治经济学的主要理论观点做系统梳理归纳，从而表明它如何构成了对资本主义社会反（非）生态性的内源性理论批判，以及对生态社会主义的人（社会）与自然关系构建原则的初步揭示，也就是我们今天正确审视和阐释生态产品及其价值实现活动的一般性理论框架。

其一，就其最一般意义而言，以生产劳动为核心的人（社会）与自然关系是一种使用价值取向的关系。马克思强调，全部人类历史的第一个前提无疑是有生命的个人的存在，即人类为了生存必须以实践（生产）劳动为中介与自然发生联系并由此创造出自己的物质生活。依此而论，在生产一般的意义上，人（社会）与自然之间是一种使用价值关系，也就是通过生产劳动来满足人们的基本物质文化需要。对此，马克思分析指出，"劳动作为使用价值的创造者，作为有用劳动，是不以一切社会形式为转移的人类生存条件，是人和自然之间的物质变换即人类生活得以实现的永恒的自然必然性"②。当然，"生产一般是一个抽象，但是只要它真正把共同点提出来，定下来，免得我们重复，它就是一个合理的抽象。不过，这个一般，或者说，经过比较而抽象出来的共同点，本身就是有许多组成部分的、分为不同规定的东西。其中有些属于一切时代，另一些是几个时代共有的，[有些]规定是最新时代和最古时代共有的。没有它们，任何生产都无从设想"③。这些论述的现实相关性在于，当代资本主义社会制度条件或世界主导秩序之下的交换价值取向的生产，并不是绝对性的或永恒的，而我国社会主义生态文明建设语境下的生态产品及其价值实现，比如对生态系统服务（ecosystem services）价值核算及其管理的制

---

① Elke Pirgmaier and Julia Steinberger, "Roots, riots and radical change——A road less travelled for ecological economics", *Sustainability* 11/7(2019), p. 2001.
② 马克思：《资本论》（第一卷），人民出版社，2004年版，第56页。
③ 《马克思恩格斯文集》（第八卷），人民出版社，2009年版，第7页。

度框架设计①,都完全可以做到最终基于使用价值(甚或生态价值)取向,而不再是交换价值取向。换言之,它昭示我们,另一种截然不同的未来或致力于实现使用价值的生产关系是现实可能的。

其二,资本主义社会的制度框架和条件(尤其是生产关系)将生产劳动形塑为屈从于财富积累或资本增值的异化形态,并决定了人(社会)与自然关系的破坏性(反生态性)。需要强调的是,马克思认为,这种特定形态的资本主义生产劳动不过是生产一般在具体社会历史条件下的现实呈现。也就是说,它既是一种历史性结果,同时本身也是历史性的,是迈向下一个更高历史阶段的必要准备或过渡。概括地说,随着古代社会中生产剩余的扩大,原本为了使用价值的生产逐步让位于为了交换价值而进行的生产,直至形成资本主义社会中利润追逐对生产本身的主宰,相应地,人(社会)与自然关系的构型和性质就发生了巨大变化。在马克思看来,一方面,作为未来共产主义社会产生的前提条件,社会生产力的大幅度提高和物质财富的丰富是必要的,"生产力的这种发展之所以是绝对必需的实际前提,还因为如果没有这种发展,那就只会有贫穷、极端贫困的普遍化;而在极端贫困的情况下,必须重新开始争取必需品的斗争,全部陈腐污浊的东西又要死灰复燃"②。在这个意义上,资本主义生产关系客观上促进了生产力的发展,"资产阶级在它的不到一百年的阶级统治中所创造的生产力,比过去一切世代创造的全部生产力还要多,还要大"③。

但另一方面,资本主义生产必然因其内在逻辑而走向它的反面,或一般生产的对立面,"资本主义生产的动机就是赚钱,生产过程只是为了赚钱而不可缺少的中间环节,只是为了赚钱而必须干的倒霉的事"④。究其根源,是资本原始积累瓦解了人与自然之间的天然联系,资本家占据了生产资料巩固了

---

① 国内学界在追溯"生态产品"概念演进时普遍将其等同于欧美国家的"生态系统服务"概念。参见陈清、张文明:《生态产品价值实现路径与对策研究》,《宏观经济研究》2020 第 12 期,第 133-141 页;王斌:《生态产品价值实现的理论基础与一般途径》,《太平洋学报》2019 年第 10 期,第 78-91 页;曾贤刚、虞慧怡、谢芳:《生态产品的概念、分类及其市场化供给机制》,《中国人口·资源与环境》2014 年第 7 期,第 12-17 页。

② 《马克思恩格斯文集》(第一卷),人民出版社,2009 年版,第 538 页。

③ 《马克思恩格斯文集》(第二卷),人民出版社,2009 年版,第 36 页。

④ 《马克思恩格斯文集》(第六卷),人民出版社,2009 年版,第 67 页。

私有制基础，劳动者不得不依赖资本主义而得以存活。一方面是生产资料集中在少数人手中，另一方面是劳动力的商品化，使得两者的结合天然带着扩张的欲望，"资本一旦合并了形成财富的两个原始要素——劳动力和土地，它便获得了一种扩张的能力，这种能力使资本能把它的积累的要素扩展到超出似乎是由它本身的大小所确定的范围，即超出由体现资本存在的、已经生产的生产资料的价值和数量所确定的范围"①。由于资本主义生产的目的是追求尽可能多的剩余价值，整个社会的生产呈现为过度竞争的无政府状态，恩格斯强调："利益被升格为人类的纽带——只要利益仍然正好是主体的和纯粹利己的——就必然会造成普遍的分散状态，必然会使人们只管自己，使人类彼此隔绝，变成一堆互相排斥的原子……只要外在化的主要形式即私有制仍然存在，利益就必然是单个利益，利益的统治必然表现为财产的统治。"②而这种单个利益的追逐过程，是以对自然界和工人的掠夺为必要条件的。无论从劳动的强度还是劳动的条件看，资本家对工人的压迫都是残酷的。工人劳动的过程是以必备的自然消耗为基础的，以此类推，资本家对劳动力的无情剥削过程，也是对自然产品和自然资源的挥霍践踏过程。马克思对这个过程有着深刻的描述，"工人生产得越多，他能够消费得越少；他创造的价值越多，他自己越没有价值、越低贱；……越成为自然界的奴隶"③。

一部人类史也是人类与自然界协同演进的历史，资本的成长历程记录了它对人的无机身体即自然的残忍掠夺过程。也就是说，在资本主义的制度框架和社会条件下，经济生产将不可避免地把人类生产劳动与自然环境之间的结合变成一种既反社会也反生态的现象或结果，即无处不在的社会非正义性和生态不可持续性。

对此，乔尔·科威尔进一步指出，"在经济中阔步向前的价值也正是将我们与自然的分化转变成一种分裂机制(也就是为了使自身永久存在而使生态系统不断遭受破坏)的通道"④。换言之，现实中以使用价值为物质载体的交换

---

① 《马克思恩格斯文集》(第五卷)，人民出版社，2009年版，第697页。
② 《马克思恩格斯文集》(第一卷)，人民出版社，2009年版，第94页。
③ 《马克思恩格斯文集》(第一卷)，人民出版社，2009年版，第158页。
④ 乔尔·科威尔:《自然的敌人：资本主义的终结还是世界的毁灭?》，杨燕飞、冯春涌译，中国人民大学出版社，2015年版，第112页。

价值将自然与人相分离,并对自然进行单独价值量化,其结果是自然终将被无止境的资本增值追求所吞噬。约翰·贝拉米·福斯特则分析指出,在资本主义私有制条件下,私人财富的积累建立在交换价值的实现和资源的稀缺性基础上,而自然作为"免费的礼物"和一种公共财富主要体现的是使用价值,若要追求交换价值,就必然会侵蚀公共财富的空间,反而致使原本丰裕的公共财富遭到威胁,结果则是私人财富和公共财富之间的矛盾即"罗德戴尔悖论"[1]。也就是说,资本主义私有制的狭隘性使生产力的发展以及财富积累的意义逐渐走向了其对立面,原本服务人的发展而积累物质财富的具体手段反而成为一种历史动力,演变成了只见物不见人的历史,"在交换价值上,人的社会关系转化为物的社会关系"[2]。这种对资本主义制度框架和社会条件的本质主义批评,并不意味着我们可以无视现实资本主义社会中的各种绿色经济技术应对举措,但它也确实在提醒我们,任何具体性或技艺性的绿色经济技术开发应用都有一个合适的整体制度构架或社会文化基础的问题。

其三,自觉致力于社会公正与生态可持续性相结合的社会主义变革,是走出资本主义社会生态困境、实现人(社会)与自然和解统一的根本之道。在对资本主义生产方式进行深刻批判的基础上,马克思提出了关于未来(生态)社会的愿景构想和变革进路。在马克思看来,一方面,"随着基础即随着私有制的消灭,随着对生产实行共产主义的调节以及这种调节所带来的人们对自己产品的异己关系的消灭,供求关系的威力也将消失。人们将使交换、生产以及他们发生相互关系的方式重新受自己的支配"[3]。对此,恩格斯在《反杜林论》里写道:"生产资料由社会占有,不仅会消除生产的现存的人为障碍,而且还会消除生产力和产品的有形的浪费和破坏,这种浪费和破坏在目前是生产的无法摆脱的伴侣,并且在危机时期达到顶点。此外,这种占有还由于消除了现在的统治阶级及其政治代表的穷奢极欲地挥霍而为全社会节省出大量的生产资料和产品。通过社会化生产,不仅可能保证一切社会成员有富足的和一天比一天充裕的物质生活,而且还可能保证他们的体力和智力获得充

---

[1] 约翰·贝米拉·福斯特、布莱特·克拉克:《财富的悖论:资本主义与生态破坏》,《马克思主义与现实》2011第2期,第90页。
[2] 《马克思恩格斯文集》(第八卷),人民出版社,2009年版,第51页。
[3] 《马克思恩格斯文集》(第一卷),人民出版社,2009年版,第539页。

分的自由的发展和运用。"①也就是说，在未来社会中，私有制和雇佣劳动制度的废除，将为每个人的自由全面发展提供最基本的制度保证，从而使得生产致力于满足所有人的需要，而财富衡量的尺度将是人自由支配的时间。

另一方面，"社会化的人，联合起来的生产者，将合理地调节他们和自然之间的物质变换，把它置于他们的共同控制之下，而不让它作为盲目的力量来统治自己；靠消耗最小的力量，在最无愧于和最适合他们的人类本性的条件下来进行这种物质变换"②。也就是说，在未来的共产主义社会中，人们的生产是全社会成员联合起来有计划地有节制地符合自然规律地进行物质生产，摒弃资本主义制度下为了私人利益盲目地破坏生态环境的生产。共产主义的这种有计划地生产能够避免对自然界进行无节制的开发和利用，可以根据自然资源的可承受能力和自我更新的周期律有计划地合理地利用自然资源，实现人与自然的可持续发展。换言之，在共产主义社会条件下，与制度的根本性变革相伴随的是整个社会层面上的一系列重大变化，其中标志性的则是作为社会化的人的生产者之间的自由联合，从而可以高度民主的监督与掌控新时代的人（社会）与自然关系，确保生产劳动的使用价值取向对于交换价值取向的绝对主导地位或完全替代。

对此，正如乔尔·科威尔所言，"生态社会主义是为了使用价值，或者通过已经实现的使用价值，来为内在价值而斗争的存在"③。当然，现实中共产主义的生态社会或生态社会主义的替代愿景的实现，仍有很长的路要走，还需要在实践中进行艰辛探索，"社会主义既不是乌托邦也不是保证书。它是自然的统一获得真正可能性的某个时间和地点，是为实现对自然生产的真正社会性控制而斗争的舞台"④。

其四，中国特色社会主义现代化建设尤其是生态文明建设实践，为创建一种全新的生态经济基础以及生态化的社会主义社会提供了现实舞台。除了

---

① 《马克思恩格斯文集》（第九卷），人民出版社，2009年版，第299页。
② 《马克思恩格斯文集》（第七卷），人民出版社，2009年版，第928页。
③ 乔尔·科威尔：《自然的敌人：资本主义的终结还是世界的毁灭？》，杨燕飞、冯春涌译，中国人民大学出版社，2015年版，第177页。
④ 尼尔·史密斯：《不平衡发展：自然、资本和空间的生产》，刘怀玉、付清松译，商务印书馆，2021年版，第117页。

新中国成立 70 多年来所逐渐确立与巩固的中国特色社会主义经济政治制度体系和不断提升的总体经济实力,同样重要的是在马克思主义生态学视域下所逐步形成的、支撑未来生态的社会主义社会的系统性理论原则和制度战略构想。其中包括,欧美生态马克思主义学者比如威廉·莱斯、本·阿格尔、安德烈·高兹等在构想未来社会变革及其路径时提出的"节俭社会""去物质化"模式①。这些观点或思路一直影响欧美绿色左翼学界今天关于"去增长"(degrowth)或"后增长"(post growth)经济模式的讨论②。再比如,作为对欧美"绿色经济"主流方案的激进批评和替代,拉美绿色左翼学界提出了一种基于"好生活"理念的"超越发展理论",主张突破主导当今社会的线性"发展"和"进步"概念的禁锢,逐渐转向一种基于社会真实需要和社区共同体利益的经济及其联合③。

需要强调的是,这些几年前看起来也许还有些陌生或突兀的术语,已经变得与当代中国的社会主义生态文明建设实践密切相关。党的十九大报告关于美好生活需要和优质生态产品需要及其满足的系统论述,十九届五中全会通过《建议》关于推进经济社会发展的全面绿色转型的明确要求,以及党的二十大报告关于人与自然和谐共生是中国式现代化的独特特征之一的清晰表述,这都在使我们不断更新对于已经拥有的和需要进一步梳理彰显的社会主义生态文明理论资源的认识,而这也将反过来持续推动我国生态文明建设实践的各方面和全过程,这当然也包括对于生态文明经济、生态生产劳动及其产品价值等诸多方面的认知与实践。

依据上述分析,可以认为,中国特色社会主义生态文明建设视域下的"生态产品及其价值实现",不仅涉及遵循现代社会中商品生产与经济的一般规律或法则,包括借助市场机制等工具手段实现生态产品的交换价值,从而为迈

---

① 威廉·莱斯:《满足的限度》,李永学译,商务印书馆,2016 年版;本·阿格尔:《西方马克思主义概论》,慎之等译,中国人民大学出版社,1991 年版;安德烈·高兹:《资本主义、社会主义、生态:迷失与方向》,彭姝祎译,商务印书馆,2016 年版。

② 蒂姆·杰克逊:《后增长:人类社会未来发展的新模式》,张美霞、陆远、李煦平译,中国出版集团,2022 年版;Giorgos Kallis, S. Paulson, Giacomo D'Alisa, et al., *The Case for Degrowth* (Cambridge: Polity, 2020).

③ 米里亚姆·兰、杜尼娅·莫克拉尼(主编):《超越发展:拉丁美洲的替代性视角》,郇庆治、孙巍等编译,中国环境出版集团,2018 年版,第 127 页。

向更高的社会形态积累物质财富和生产力基础,还关涉到体现和彰显其背后所依托或服务的社会主义经济政治制度框架以及相应的动力机制或社会文化基础,从而不断推动我国社会主义初级阶段的自我超越与提升。这是在新时代中国特色社会主义生态文明建设语境下思考生态产品及其价值实现时理应预想到也不应回避的。基于此,笔者接下来将集中讨论如下两个问题:其一,国内学界对于我国生态产品及其价值实现所作的"深绿"或"浅绿"的生态经济学理论阐释或"肖象刻画";其二,马克思主义生态学视域下对此可以作出的另一种阐释思路及其政治与政策意涵。

二、我国生态产品及其价值实现的主流生态经济学理论阐释

基于经济生产管理实践和思想理论认知上的原因,我国的生态产品及其价值实现在很大程度上是被一种"泛绿"的主流生态经济学话语体系和方式加以概念化或理论化的。[①] 生态环境议题在新中国建立以后的很长时间内并未进入到主导性的古典社会主义政治经济学的视野,而自改革开放之后,更多受到欧美(新)自由主义经济理念和研究方法形塑的宏观(微观)经济学理论逐渐成为事实上的王者,并对各级政府的经济决策与公共经济管理产生了不容忽视的影响,相应地,生态环境恶化或破坏被框定为一种需要通过有效的公共管理来进行抑制的"负外部性"。因而,与其他环境人文社会科学一样,广义上的生态经济学或"绿色经济学"从一开始就存在着"深绿"和"浅绿"意义上的价值取向或视野区分,前者更加强调人类经济生产管理过程中对于自然生态本身规律以及边界容限的顺应遵从,而后者更多强调对于自然生态损益的符合现行经济法则与秩序利用所带来的人类福祉惠益。相应地,后者更接近于人们通常所指称的"环境经济学"——尤其是在把自然生态系统视为人类生存

---

① Herman Daly and Joshua Farley, *Ecological Economics: Principles and Applications* (Washington D. C.: Island Press, 2011); Mick Common and Sigrid Stagl, *Ecological Economics: An Introduction* (Cambridge: Cambridge University Press, 2005).

生活环境或条件的"人类中心主义"意义上;① 而且不难理解的是,这种"浅绿"的或"环境经济学"意义上的生态经济学,以及它对生态产品及其价值实现的阐释,成为一种社会主流化的学术认知或大众共识。

具体地说,作为一种新型经济生产与管理议题领域的生态产品及其价值实现,其理论面相或画像是由如下四个相互关联的支撑性要素构成的:规模逐渐扩大的生态产品生产和绿色技术的日益广泛应用、不断健全与拓展创新的市场化体制机制、有序介入与规范化管理的社会化资本、兼具保障与补充功能的生态补偿机制。

其一,规模逐渐扩大的生态产品生产和绿色技术的日益广泛应用。从主流生态经济学的视域来看,作为一种公共政策的生态产品及其价值实现,其直接性目标就是促进不断增加的优质生态产品的持续供给,从而满足人民群众日益增长的对于美好生活和优美生态环境的需要,也就是把越来越多的"绿水青山"更加快捷有效地转化成为"金山银山"。② 具体来说,所谓生态产品及其价值实现,就是在遵循现行的经济生产、管理与交换体制及其法则的前提下,将某一地区的广义上的自然生态资源优势尤其是生态环境禀赋进行产品化、产业化、资产化(资本化)、全国(球)化的开发利用,从而取得与传统经济开发形式(形态)相匹配的经济效益并改善住区民众的生活福祉。毫无疑问,生态产品及其价值实现还有另一个前提性要求,即不能因此造成对当地或其他区域的生态环境本身质量的破坏,但作为一种"常态化"的经济生产管理与消费活动,它的基本性构成要素显然是相同的,至少包括资产(资源)、劳动力、产品、产业、规模化、技术、市场和资本等。相应地,生态产品的生产和交换与其他产品或产业相比,就其经济呈现和管理形式(方式)而言并没有本质性的区别。因而,主流生态经济学视域下的"生态产品及其价值实现"的

---

① 这里更多强调的是通常所指的"生态经济学"这一学科内部的一种激进抑或温和意义上的区分,而"环境经济学"往往会在更加人类中心主义的视角或尺度上加以使用。比如,查尔斯·科尔斯塔德:《环境经济学》,彭超、王秀芳译,中国人民大学出版社,2016年版;彼得·伯克和格洛丽亚·赫尔方:《环境经济学》,吴江、贾蕾译,中国人民大学出版社,2013年版。

② 蒋凡、秦涛:《"生态产品"概念的界定、价值形成的机制与价值实现的逻辑研究》,《环境科学与管理》2022年第1期,第5-10页;张林波等:《生态产品概念再定义及内涵辨析》,《环境科学研究》2021年第3期,第655-660页;范丹、孙晓婷:《环境规制、绿色技术创新与绿色经济增长》,《中国人口·资源与环境》2020年第6期,第105-115页。

第一个政策(公共)形象或愿景,就是建立在适当选择而日渐扩大应用的绿色技术支撑基础上的规模不断扩大的生态产品生产,尤其是产业化和全国(球)化的生产。

从一种回顾的立场来看,当今中国的生态产品及其价值实现的"政策化"大致经历了这一理论下的演进过程。2015年4月中共中央、国务院印发的《关于推进生态文明建设的意见》,在党的十八大所提出的"新四化"基础上增加了"绿色化",强调协同推进新型工业化、城镇化、信息化、农业现代化和绿色化。不久之后,《中共中央关于制定国民经济和社会发展第十三个五年规划的建议》明确提出,创新、协调、绿色、开放、共享的新发展理念是指导我国新时代科学发展尤其是经济建设实践的核心性原则,而这意味着生态产品的生产与消费将会成为促进我国现代化或发展从理念到模式的全面绿色转型的重要维度。2017年10月,党的十九大报告把"优质生态产品"的生产与供给进一步提升到适应社会主要矛盾阶段性变化、建设人与自然和谐共生现代化新格局的时代高度。

其二,不断健全与创新的市场化机制。对于主流生态经济学而言,完善的市场或市场化体制机制在生态产品生产及其价值实现中扮演着不可或缺的作用。① 一方面,尽管对于市场或市场化体制机制存在着程度不一的疑虑或审慎,但在它看来,必须承认,离开了市场交换的价值实现是很难真正做到的——除非局限在地方性共同体的范围或层面上,生态产品也不例外,尤其是当它发展到一定规模或有着较大数量的赢利目标追求时,比如对于一个乡村生态旅游户和一个全域性生态旅游县来说,其情形是迥然不同的。因而可以设想,一旦某一类(种)生态产品及其生产具有了超出同类的经济(市场)竞争力,它就会更加倾向于公开化或单向度的市场或市场化体制机制管理,甚至也会走向产品或行业意义上的集中与垄断。说到底,这都是市场经济规律和价值交换规律的体现与反映,是不能消除或悖逆的。

另一方面,它也承认,广义上的市场化体制机制的不断健全与创新是至

---

① 方印、李杰:《生态产品价格形成机制及其法律规则探思:基于生态产品市场化改革背景》,《价格月刊》2021年第6期,第1-10页;宋猛、薛亚洲:《生态产品价值实现机制创新探析:基于我国市场经济与生态空间的二元特性》,《改革与战略》2020年第5期,第65-74页;唐潜宁:《生态产品的市场供给制度研究》,《学术前沿》2019年第19期,第112-115页。

关重要的。其中既包括为了促进其更加顺畅与普遍化运行的市场化体制机制健全和创新，也包括为了限制其负面作用影响而进行的市场化体制机制健全和创新。也就是说，随着生态产品生产及其价值实现的范围与重要性的扩展，会需要一个越来越充分与完善的市场化体制机制，但与此同时，如何避免自由放任市场的生态环境副效果也将是一个不容回避的问题。因而，主流生态经济学视域下的"生态产品及其价值实现"的另一个政策（公共）形象或愿景，是建立一种不断健全与创新的市场化体制机制，而且总的来说是"亲市场（化）的"，尽管也想同时成为"亲生态的"。

应该说，当今中国的生态产品及其价值实现的"政策化"，也总体上遵循了这一"市场（化）"认知与实践取向。这突出表现在，第一，不断构建和完善生态产品（权益）交易市场。比如，基于对生态产品（权益）交易市场重要性和必要性的认识，2021年《意见》第十三条着重强调了通过"推动生态资源权益交易"来健全生态产品经营开发制度，尤其是2015年《生态文明制度改革总体方案》、2016年《关于构建绿色金融体系的指导意见》等党和政府文件中所提到的用能权、碳排放权、排污权、水权等交易体制机制，旨在借助市场机制实现自然生态资源的优化配置。目前，我国已经开展了排污权、碳排放权、用能权、用水权、节能量交易和绿色电力证书等六类交易[1]，其中碳排放权交易已于2021年7月在全国市场正式启动上线。第二，积极推进自然资源确权工作，为生态产品市场交易奠定基础或划定界限。近年来，作为推进生态文明建设的重大战略部署，各级党委政府大力推进关涉生态产品市场交易的自然资源资产产权确权工作，尤其是明晰"自然资源资产的所有权、占有权、支配权、使用权、收益权和处置权等"[2]。比如，2019年中共中央办公厅颁布的《关于统筹推进自然资源资产产权制度改革的指导意见》、2019年自然资源部等联合印发的《自然资源统一确权登记暂行办法》、2020年自然资源部办公厅印发的《自然资源确权登记操作指南（试行）》等重要文件，正在指导着我国自然资源资产确权工作的稳步推进，从而为包括生态产品在内的公共产品市场

---

[1] 刘航、温宗国：《环境权益交易制度体系构建研究》，《中国特色社会主义研究》2018年第2期，第84-89页。
[2] 张卉：《生态文明视角下的自然资源管理制度改革研究》，中国经济出版社，2017年版，第96页。

准入提供前提条件。

其三，有序介入与规范管理的社会化资本。在主流生态经济学看来，与完善的市场化体制机制相类似，生态产品及其价值实现的另一个必需的工具条件是所谓的"资本化"①。其中包括两个层面或步骤，一是自然生态资源的资产化或资本化，二是第三方或社会资本的参与经营管理。前者当然可以或应在虚拟的意义上来理解，因为现实中的自然生态的价值是很难真正做到量化评估或进行量化的，但一旦被量化，无论是山谷溪流还是林中美景，就会成为生态产品及其价值实现过程中的一个必要环节，或者说，以量化资本(产)的形式参与某个产品(企业)的生产经营与管理过程之中；后者之所以能够实现的一个重要前提就是前者，因为只有做到自然生态资源本身的资产化、资本化，外来的流动或社会资本才可以成功地完成对接，也才可以有效参与生态产品交换所带来的价值增值的分配。当然，这里有一个很重要的假定，即大多数自然生态资源富集地区至少在最初缺乏开发经营所需资金或资本，而一旦实现了初步发展或积累起必要经济基础之后，这种对外来资本的绝对需求也许会减弱，那将是一种更为复杂的境况。此外，出于对流动资本无序参与后果的警惕或谨慎，主流生态经济学也认为，需要对流动或社会资本的介入和参与设置一些必要的制度篱笆或界限，从而使其既有助于整合全社会零散资源、促进生态产品的供给和交易，又达到保持改善生态环境的结果。因而，主流生态经济学视域下的"生态产品及其价值实现"的第三个政策(公共)形象或愿景，是建立一种流动或社会资本有序介入并得到规范化管理的体制机制，而且总的来说是"资本(化)友好的"，尽管也明确要求给予制度化的规约。

可以说，当今中国的生态产品及其价值实现的"政策化"，也大致采取了这种慎重推进"资本(化)"的认知与实践探索。比如，2015年《生态文明制度改革总体方案》强调，要"树立自然价值和自然资本的理念，自然生态是有价值的，保护自然就是增值自然价值和自然资本的过程""能由政府和社会资本

---

① 张雪溪、董玮、秦国伟：《生态资本、生态产品的形态转换与价值实现：基于马克思资本循环理论的扩展分析》，《生态经济》2020年第10期，第213-218页；张文明、张孝德：《生态资源资本化：一个框架性阐述》，《改革》2019年第1期，第122-131页。

合作开展的环境治理和生态保护事务,都可以吸引社会资本参与建设和运营"①。再比如,2021年11月国务院办公厅印发的《关于鼓励和支持社会资本参与生态保护修复的意见》,从总体要求、参与机制、重点领域、支持政策、保障机制等方面明确阐述了相关政策要求,鼓励利用社会资本的投资参与各类生态修复工程,并促进生态产品的长期供给及其价值实现。

这方面的一个典型实例,是福建省南平市最早尝试的"森林生态银行"②。其基本做法是,为了解决当地森林资源丰富但长期面临林权碎片化和资源难以整合变现的难题,借鉴运用现行商业银行的分散化输入和整体化输出的运营方式,在政府引导下建立一个区域统一的自然资源运营管理平台,并由这一平台运营商负责前期的森林资源数据信息管理、资产评估收储的技术处理和后期的林木经营、托管与金融服务等,而林农在不改变林地所有权的前提下自愿将森林的经营权和使用权流转到森林银行,并通过入股、托管、租赁和赎买等流转方式参与生态产品的运营进而获得收益。

其四,兼具保障与补充功能的生态补偿机制。主流生态经济学认为,总体上是在市场经济体制中运行的生态产品及其价值实现,还离不开一种在某种程度上"逆市场化"运作的制度设置,那就是"生态补偿机制"③。现实中的生态补偿机制,其实是一种基于生态环境保护或治理理由的特定人群利益补偿。换言之,由于为了保证生态环境质量或安全而牺牲其经济开发权利(比如生活在国家重点生态功能区之内的居民)或为了保护修复生态环境提供不同类型的具体服务(比如国家公园巡护队员),政府将通过直接或间接的财政转移支付手段向这些特定人群提供必要的经济补偿。因此,这一体制机制既可以从环境(社会)正义的角度来理解,体现为政府对相关利益群体所做出牺牲的合法权益的制度化认可与生活基本保障,也可以理解为新时代政府的一种扩展的生态文明经济(财政)政策,体现为政府代表广大生态受益者对于那些为

---

① 中共中央、国务院:《生态文明体制改革总体方案》,人民出版社,2015年版,第3页、第21—22页。

② 崔莉:《生态银行研究与实践:以福建南平市为例》,中国林业出版社,2019年版。

③ 周静:《生态补偿推进生态产品价值实现的几点思考》,《中国国土资源经济》2021年第5期,第19—23页、第9页;王前进等:《生态补偿的经济学理论基础及中国的实践》,《林业经济》2019年第1期,第3—23页。

公共生态产品(服务)做出特殊贡献者劳动的集体购买。因而，主流生态经济学视域下的"生态产品及其价值实现"的第四个政策(公共)形象或愿景，是逐步创建一种兼具保障与补充功能的生态补偿机制，"保障"是为了确保生态环境质量保护改善目标的实现，尤其是要满足那些特定贡献或牺牲人群的基本生活需要，而"补充"则是为了给市场体制机制提供一种必要的协助。

大致说来，我国的生态补偿机制构架也是基于上述理念逐步构建起来的，并且经历了一个与国际社会相一致的演进历程，即逐渐从早期的生态环境损害赔偿发展到如今对生态系统服务价值的系统评估核算，相应地，关注焦点也逐渐从"生态赔偿"(ecological compensation)转到"生态系统服务付费"(PES)"①。比如，改革开放之后的20世纪80年代末90年代初，云南、内蒙古等地政府开始要求涉事企业为生态环境的破坏支付赔偿金；1997年，原国家环保总局发布的《关于加强生态保护工作的意见》正式提出了"生态补偿"的概念，而2005年《国务院关于落实科学发展观加强环境保护的决定》则提出开展全国范围内的生态补偿试点。党的十八大以来，在2015年《生态文明体制改革总体方案》、2016年国务院办公厅印发的《关于健全生态保护补偿机制的意见》、2021年中共中央办公厅和国务院办公厅印发的《关于深化生态保护补偿制度改革的意见》等重要文件的指导下，我国的生态补偿机制逐渐成为一种日益体制化嵌入的制度设计，基本形成了由纵向生态补偿方式和横向生态补偿方式组成的体系。前者主要是指中央政府对重点领域和生态功能区的财政转移支付，比如目前已在森林、草原、湿地、荒漠、海洋、水流、耕地等领域中实施的生态补偿政策；后者主要是指地区(区域)间设立的生态补偿机制举措，致力于促进跨省、跨区域间的合作共治，其典型代表是在长江流域和黄河流域所支持建立的横向生态保护补偿机制。

综上所述，这四个要素及其组合构成了主流生态经济学视域下对我国生态产品及其价值实现的系统性阐释，而且是一种在很大程度上符合我们经验观察与理解的肖象勾勒或描绘。但问题是，一旦超出这种主流生态经济学的

---

① 靳乐山、朱凯宁：《从生态环境损害赔偿到生态补偿再到生态产品价值实现》，《环境保护》2020年第17期，第15-18页；李干杰：《加快推进生态补偿机制建设 共享发展成果和优质生态产品》，《环境保护》2016年第10期，第10-13页。

理论视野或"地平线",我们就会发现,上述肖象刻画其实存在着严重的疏漏或缺陷。或者说,它只是一个特定视角或光谱之下的理论映射,而不是真实的"大象"本身。进一步说,这种描绘阐释并未揭示或彰显我国生态产品及其价值实现背后的更具特色的社会主义动力机制,而正是这一特定的动力机制决定了它明显不同的诸多外观特征和巨大的历史变革潜能,即它表征或代表既不是"浅绿"的生态资本主义,也"不(再)是古典社会主义的'发展主义',而是面向未来的生态的社会主义"①。接下来,笔者将对此进行简要论述。

三、我国生态产品及其价值实现的另一个面相:对社会主义动力机制的阐释

对我国生态产品及其价值实现的上述主流生态经济学阐释,其正确性一面是毋庸置疑的,即在很大程度上是一种"写实式"的现象描述,或者说,现实中生态产品的生产、管理与交换确实呈现出了这样一些中微观甚至是宏观意义上的特点。但这种叙事存在着的最大缺陷或偏差,并不是生态哲学伦理立场态度上的不够激进彻底,而是缺乏对中国特色社会主义经济社会制度条件以及由此形塑的动力机制的科学分析,也就是缺乏一种生态政治经济学视角下的理论分析。而在笔者看来,正是对其社会主义动力机制的分析,才可以科学阐明我国生态产品及其价值实现的现实发展中的某些"浅绿"的或温和保守的表征,以及这些表征会随着中国特色社会主义现代化建设不断推进而发生的重构或改变。不仅如此,即便是在当前阶段,我国的生态产品及其价值实现也已呈现出了中国特色社会主义现代化建设尤其是大力推进生态文明建设背景语境下的诸多突出特点。比如,我国的生态补偿机制创建与完善从一开始就在致力于保持和修复生态系统之外,还承担了促进区域性扶贫开发的社会公正职能。再比如,尽管在社会主义市场经济框架下,我国仍强调自然资源作为一种生产要素参与市场竞争的属性,但是在自然资源的根本所有权上,我们始终坚持自然资源的国家所有权,更强调自然资源的全民公益性。也就是说,中国特色社会主义的经济社会制度条件,不仅提供了一个从根本

---

① 郇庆治:《论社会主义生态文明经济》,《北京大学学报(哲社版)》2021年第3期,第10页。

上不同于欧美资本主义社会的制度框架，从而使得我国的生态产品及其价值实现具有一些显而易见的社会主义特征，而且由此构筑起了一种生态经济发展与社会主义政治之间辩证互动的"历史合力"，从而使得生态产品及其价值实现有着不断推进我国社会主义初级阶段逐渐向它的中高级形式跃迁的潜能，即"向更加清晰的生态文明和更加成熟的社会主义社会的自觉趋近或社会生态文明转型"①。

概括地说，从马克思主义生态学或生态政治经济学的"红绿"视角来看，生态产品及其价值实现在新时代中国特色社会主义建设尤其是生态文明经济建设的背景语境下，还存在着一个由至少如下四个要素构成的社会主义动力机制，即中国共产党及其领导政府的绿色政治转向和统一组织管理、对市场机制和资本介入的体制化经济社会制度规约、以生态经济民主原则为根本导向的大众性民主参与、以共享共富为本质要求的生态收益公平分配。换言之，这一动力机制及其作用构成了我国生态产品及其实现的另一个面相。

其一，中国共产党及其领导政府的绿色政治转向和统一组织管理。新中国成立以来，中国共产党及其领导政府经历了一个不断拓展丰富对于生态环境问题性质及其应对的认知与实践的历史过程，尤其是党的十八大以来，中国共产党的政治意识形态和治国理政方略迅速走向"绿化"，特别是确立了习近平生态文明思想这一"拥有明确的理论议题回应、理论知识架构和理论构建逻辑的系统性政策话语和理论话语体系"②，从而为我国的生态产品及其价值实现奠定了一个坚实的社会主义制度与文化基础。比较来说，一方面，在欧美国家中，资本主义私有制决定了各种形式（业态）的绿色经济尝试或创新最终只能服务于少数群体的利润最大化目的，因而生态产品的生产、管理与交换都只能是选择性的，或以资本增值目的为转移。但是，我国的社会主义生态文明建设目标则决定了生态产品及其价值实现的各个环节都必须是致力于（契合）满足广大人民群众的美好生活需要和优美生态环境需要。比如，习近平同志多次强调，生态文明建设关系民生福祉、人民生活质量，"良好生态环

---

① 郇庆治：《论社会主义生态文明经济》，《北京大学学报（哲社版）》2021年第3期，第5页。
② 郇庆治：《习近平生态文明思想的体系样态、核心概念和基本命题》，《学术月刊》2021年第9期，第5—16页。

境是最公平的公共产品,是最普惠的民生福祉"①。

另一方面,社会主义生态文明及其建设取向的政府体制改革与制度创新,为现实中的生态产品及其价值实现提供了制度保障。比如,截至 2018 年,我国已经完成了以自然资源部和生态环境部为中心的全国性行政管理体制改革,从而形成了生态文明建设理念原则大大强化的从中央到省、市、县、乡多个层级的统一性组织管理架构。再比如,对于有序推进全国范围内的生态产品价值实现的试点示范,2016 年中共中央办公厅、国务院办公厅印发的《国家生态文明试验区(福建)实施方案》就提出了建设"生态产品价值实现的先行区"目标,而 2017 年环境保护部办公厅发布的《关于命名浙江省安吉县等 13 个地区为第一批"绿水青山就是金山银山"实践创新基地的通知》也明确提到,"提升生态产品供给水平和保障能力,创新生态价值实现的体制机制"是"两山"理论实践创新基地需要探索的重要内容。而从这些国家试验区、示范区的探索实践来看,生态产品及其价值实现也的确成为它们的政策创新要点或突破口,并且取得了许多方面的显著成效。②

其二,对市场机制和资本介入的体制化经济社会制度规约。对于市场体制机制和资本作用的消极一面的批评,一直是生态马克思主义的重点,而且是不容忽视的。比如,美国学者大卫·施韦卡特就指出,资本主义的扩张性、源于雇佣劳动的资本主义特有的危机趋势和资本具有不受约束的流动性的特性这三个特征共同造成了制度性的生态破坏,而资本自身扩张增值的本性及其无序蔓延是造成生态破坏的直接性原因。③ 但更多的学者则认为,现实条件下要想发挥市场与资本的某些积极作用,就必须施加以更高形式的社会关系框架的规约,在生态产品及其价值实现问题上就是要既能更好地利用资本又不至于陷入绿色资本主义的陷阱。

不难发现,我国生态产品及其价值实现探索过程中对于市场和资本的利用就十分注重社会主义制度框架的规约作用。比如,2019 年党的十九届四中

---

① 中共中央文献研究室(编):《习近平关于社会主义生态文明建设论述摘编》,中央文献出版社,2017 年版,第 4 页。

② 李忠、刘峥延:《推动生态产品价值实现机制落地见效》,https://www.ndrc.gov.cn/xwdt/ztzl/jljqstcpjzsxjz/zjjd/(2021 年 4 月 28 日)。

③ 大卫·施韦卡特:《超越资本主义》,黄瑾译,社会科学文献出版社,2015 年版,第 154 页。

全会再次强调，中国特色社会主义制度体系的优越性之一，就是"坚持公有制为主体、多种所有制经济共同发展和按劳分配为主体、多种分配方式并存，把社会主义制度和市场经济有机结合起来，不断解放和发展社会生产力的显著优势"①。近年来，党和政府多次强调，在经济组织领导过程中要正确认识和把握资本的特性和行为规律，防止资本无序扩张与野蛮生长。在2020年年底召开的中共中央政治局会议上，习近平同志明确提出"防止资本无序扩张"。同年年底举行的中央经济工作会议，进一步将"强化反垄断和防止资本无序扩张"作为2021年八项重点任务之一。2021年中央经济工作会议明确强调，要"正确认识和把握资本的特性和行为规律""要为资本设置'红绿灯'，依法加强对资本的有效监管，防止资本野蛮生长""发挥资本作为生产要素的积极作用，同时有效控制其消极作用"②。2022年4月29日，中共中央政治局就依法规范和引导我国资本健康发展进行第三十八次集体学习，习近平同志强调指出，"在社会主义市场经济条件下规范和引导资本发展，既是一个重大经济问题，也是一个重大政治问题；既是一个重大实践问题，也是一个重大理论问题，关系坚持社会主义基本经济制度，关系改革开放基本国策，关系高质量发展和共同富裕，关系国家安全和社会稳定。必须深化对新的时代条件下我国各类资本及其作用的认识，规范和引导资本健康发展，发挥其作为重要生产要素的积极作用"③。可以说，上述系列重要表述所表明的经济原则和所传递的政治信息是十分明确的，那就是既要接受适应市场和资本的竞争属性与交换规律，也要充分发挥社会主义制度优势来约束限制资本逻辑和市场自发性。这也说明了相比于为资本设置的"绿灯"，社会主义市场经济运行更应该关注"红灯"的设置，始终保持社会主义大方向。

这方面值得关注的一个议题领域，是新型农村集体经济引领下的生态产品价值实现。所谓新型农村集体经济，指的是"集体成员利用集体所有的资源

---

① 《中共中央关于坚持和完善中国特色社会主义制度、推进国家治理体系和治理能力现代化若干重大问题的决定》，人民出版社，2019年版，第53页。
② 《中央经济工作会议在北京举行》，《人民日报》2021年12月11日。
③ 《习近平在中共中央政治局第三十八次集体学习时强调：依法规范和引导我国资本健康发展 发挥资本作为重要生产要素的积极作用》，《人民日报》2021年12月11日，第1版。

要素,通过合作与联合实现共同发展的一种经济形态"①。集体经济是我国社会主义公有制经济的形式之一,在其发展过程中大致经历了农业生产合作社的构建期(1949—1978年)、引入市场化改革的调整期(1979—2000年)、适应市场化竞争与冲击的转型期(2001—2011年)、推进农村集体化产权制度改革的激活期(2012年至今),②而新型农村集体经济的探索,大致是在产权制度改革的激活期提出实施的。2016年12月,中共中央、国务院印发的《关于稳步推进农村集体产权制度改革的意见》明确提出,"科学确认农村集体经济组织成员身份,明晰集体所有产权关系,发展新型集体经济"。这是在党中央文件层面上首次提出"新型集体经济"的概念。2018年,习近平同志在中共中央政治局第八次集体学习时提出,要"坚持农村土地集体所有制性质,发展新型集体经济,走共同富裕道路"。2019年,习近平同志参加"两会"河南代表团审议时再次强调,要"发展壮大新型集体经济,赋予双层经营体制新的内涵"。此后,2021—2022年的中央一号文件和"十四五"发展规划都明确指出,要继续发展新型农村集体经济。

与传统的集体经济不同,新型农村集体经济主动适应社会主义市场经济发展的环境条件,改变集体统一劳动的方式,在明晰个人产权和权责边界的前提下,创造出更加多样化的生产经营方式,并形成了村集体统一经营、土地股份合作社、股份合作公司和联合社会资本的混合所有制等基本模式。③ 比如,近年来浙江湖州作为"两山"理念诞生地,着力于探索集体经济市场化运作新模式,形成了打破村域行政界限实行村股份经济合作联合的长兴模式、集体经济完全企业化运营的天子湖模式等④,而重庆市城口县则致力于探索打造"村社内部市场+开发利用市场+资本增值市场"的逐层扩展与深化的生态资源价值实现市场制度体系。

---

① 习近平:《中共中央国务院关于稳步推进农村集体产权制度改革的意见》,人民出版社,2017年版,第3页。
② 高鸣、芦千文:《中国农村集体经济:70年发展历程与启示》,《中国农村经济》2019年第10期,第19-39页。
③ 苑鹏、刘同山:《发展农村新型集体经济的路径和政策建议——基于我国部分村庄的调查》,《毛泽东邓小平理论研究》2016年第10期,第23-28页。
④ 胡彩娟:《打开"两山"转化通道的浙江实践、现实困境与破解策略》,《农村经济》2020年第5期,第83-90页。

总之，我国社会主义生态文明建设背景语境下的生态产品及其价值实现，当然离不开市场和资本等经济政策工具的灵活运用——在社会主义初级阶段尤为如此，但它们作用的发挥又是明确地、制度化地受到社会主义制度框架与各项政策的规约的，目的是有效阻隔与切断资本增值逻辑和自然界之间的资本主义性质联系①，从而确保真正满足最广大人民群众的真实生态需要，进而不断推动社会主义的生态文明经济建设与社会建设。

其三，以生态经济民主原则为根本导向的大众性民主参与。与科学社会主义的理论原则和制度构想相一致，包括生态产品及其价值实现在内的中国特色社会主义经济建设的最基本政治准则应是生态经济民主，而不是欧美生态经济学所信奉宣传的本质上自由放任的市场或市场化，当然也不应是任何形式的环境威权主义。这其中包括两个不可分割的理论要点，一是要让最广大人民群众成为生态产品及其价值实现以及更大范围内的绿色经济或生态文明经济发展的受益者，为此，就必须充分考虑并满足广大人民群众参与这一经济进程之中的民主政治要求，必须明确，失去了对经济成果的分配和生产过程的民主控制的生态产品及其价值实现或生态文明经济，将会很难确保是民主的或社会公正的；二是要让最广大人民群众成为生态产品及其价值实现以及更大范围内的绿色经济或生态文明经济的建设主体，这其中不只是基于政治民主上的理由，更是基于生态民主上的理由，也就是说，广义上的生态学经济智慧像其他生态智慧一样并不仅仅存在于既存的精英群体，而且也未必一定会得到这些精英群体的最有力推进，因而，必须充分考虑并发挥当前情境下的普通民众甚至边缘弱势群体的生态变革潜能。

对此，生态社会主义理论家反复强调，包括生态产品及其价值实现在内的生态文明经济建设，同时有着社会经济制度变革和大众经济民主政治解放的需要与成效。也就是说，经济民主不仅意味着根本性经济基础的绿色变革，使得企业不再以利润最大化为追求目标和决策动力，并尽可能地实现财富分配和生态的公平正义②，还意味着生产资料公有制前提下的广大劳动者能够自

---

① 陈学明：《资本逻辑与生态危机》，《中国社会科学》2012年第11期，第4-23页。
② Bengi Akbulut and Fikret Adaman, "The ecological economics of economic democracy", *Ecological Economics* 3 (2020), p. 176；李锦峰：《经济民主：文献述评及其理论重构》，《学术月刊》2015年第10期，第96-108页。

觉自由地参与生态经济生产的制度设计、企业决策、经营管理等方面。正如迈克尔·洛维所指出的,生态社会主义的核心是民主的生态规划,即由广大民众对经济进行掌控,所追求实现的是"生态民主"和"经济民主"的双向互动与融合①。

客观而言,无论是一般意义上的生态经济民主还是生态产品及其价值实现过程中的民主参与,我国目前尚处在一个相对初级的阶段——社会政治动员构型上还在相当程度上呈现为一种自上而下的特征,需要做的工作还有很多,因为这毕竟并非只是经济管理层面或单纯的政治体制层面上的问题,还关涉十分复杂的社会文化因素。但是,一方面,不断有序扩大我国社会主义生态文明(经济)建设中的大众性民主参与始终是党和政府所明确坚持的政治目标和原则,正如习近平同志多次指出的,"生态文明是人民群众共同参与共同建设共同享有的事业,要把建设美丽中国转化为全体人民自觉行动"②,要主动构建起政府为主导、企业为主体、社会组织和公众共同参与的环境治理体系,相应地,生态经济组织管理或生态产品及其价值实现也应逐渐转向一种以"自下而上"为主的构型特征;另一方面,全国各地生态产品及其价值实现的政策创新实践,也在提供着大量的丰富与拓展生态经济民主理念或制度的鲜活实例。比如,江西抚州市近年来一直在通过低碳积分公共平台("绿宝碳汇")来激励民众参与低碳和节能减排活动之中。其基本做法是,个人的绿色生活行为可以赢得碳积分,并获得绿色产业提供的生态产品或服务的兑换,由此,公众不仅可以享受某些生态产品的消费优惠,还会因而更积极地参与生态产品生产及其管理的民主监督。③ 也就是说,这种通过消费(生产)组织方式的"绿化"得以实现的经济民主发展路径,不断拓展着我们理解与践行生态经济民主或生态产品及其价值实现民主的想象空间。因而可以相信,理念与实践两个方面的辩证互动,将会使得来自普通民众和基层社群的自觉主动

---

① Michael Löwy, "Why ecosocialism: For a red-green future", https://greattransition.org/publication/why-ecosocialism-red-green-future(October 2018).
② 习近平:《推动我国生态文明建设迈上新台阶》,《求是》2019 年第 3 期,第 12 页。
③ 蔡华杰:《资本生态化的市场机制审视》,《鄱阳湖学刊》2018 年第 5 期,第 58-62 页;郇庆治:《生态文明建设视野下的生态资本、绿色技术与公众参与》,《理论与评论》2018 年第 4 期,第 44-48 页。

参与日益成为我国生态产品及其价值实现的强有力推动。

其四，以共享共富为本质要求的生态收益公平分配。在生态产品价值实现基础之上实现共享共富的分配目标，是我国生态经济建设走向社会主义的重要标志之一。实现共同富裕是中国共产党一以贯之的长期性的奋斗目标，也是社会主义的本质要求。正如党的二十大报告所明确指出的，"中国式现代化是全体人民共同富裕的现代化。共同富裕是中国特色社会主义的本质要求，也是一个长期的历史过程。我们坚持把实现人民对美好生活的向往作为现代化建设的出发点和落脚点，着力维护和促进社会公平正义，着力促进全体人民共同富裕，坚决防止两极分化"①。这也表明，中国特色社会主义现代化建设，或者说人与自然的和谐共生的中国式现代化，其中必然蕴含着共同富裕的生成或耦合逻辑。也就是说，生态产品及其价值实现就其最终结果而言，内在包含着实现优美生态环境的"共享"与生态（经济）价值的"共富"的双重目标。当然，这并不是一种先验性的理想愿景，与主流生态经济学更注重浅表意义上的分配公正不同，我国生态产品及其价值实现所遵循的自然资源的公有属性和生态经济民主原则，共同决定了生态收益分配体制机制必然趋向于共享共富的更公平分配。具体来说，我国的生态产品价值实现，除了要满足人民日益增长的优美生态环境需要，还要推动实现经济社会高质量、可持续的发展，保证社会财富分配的公平正义，真正走出一条生产发展、生活富裕、生态良好的文明发展道路，真正实现社会主义"共同富裕"的本质要求。尽管这一长期性目标仍面临着许多现实性挑战，但就目前的制度创新实践来看，我国生态产品及其价值实现所呈现出的分配方式和分配格局的渐趋完善提供了对于这一未来愿景的基础性支撑。

在分配方式方面，这主要体现为按劳分配和生态要素分配相互结合补充的、助力共享共富目标的收益分配机制。就按劳分配而言，它体现在我国生态经济发展的各个环节和方面。为了保障生态产品的持续供给，我国的生态产品价值实现非常重视修复、保护"绿水青山"即保存自然生态系统的完整性，而这意味着大量的社会劳动投入。如今，即便是最原始的自然生态系统，并

---

① 习近平：《高举中国特色社会主义伟大旗帜　为全面建设社会主义现代化国家而团结奋斗——在中国共产党第二十次全国代表大会上的报告》，人民出版社，2022年版，第23页。

没有任何生产开发性的经济活动,也吸引或耗用了许多劳动者的生态管护性劳动。当然,数量和类型更多的是实体生态经济中的生产性劳动,比如第一产业、第二产业中的生态化生产与经营。除此之外,还有大量围绕着生态服务业比如生态旅游休闲的非生产性劳动。可以说,上述各个产业提供的不同类型的生态产品,都离不开劳动者的直接劳动,而生态劳动者的劳动都会获得相应的报酬或回报。就按生态要素分配而言,这主要指的是将集体共有的生态(自然)资源作为一种投资要素参与市场竞争并获得要素报酬,而集体中的个人从其中索取相应收入。简单地讲,就是通过整合盘活集体性的生态资源进入市场实施产业化运作,并为资产拥有者带来部分经济收入。目前,我国的生态系统服务价值评估、绿色GDP、AEEA核算体系就是用来评估生态资源及其开发的市场价值。在整个过程中,劳动者既是直接平等的参与者,也是直接公平的受益者,既可以通过参与集体性的生态经济产业获得工资性收入,也可以通过个人股权等形式索取集体性的生态要素报酬。其中,正是集体性的生产资料共有以及由此决定的平等参与生产决策的地位,确保了劳动者大致平等的收入途径。在这样的分配结果预期之下,劳动者更有动力去做大"生态蛋糕"和"经济蛋糕",从而形成生态与经济发展间的良性循环,并最终达致优美生态环境共享和生态财富分配共富的愿景。

在分配格局方面,这主要通过注重效率的初次分配、注重公平的二次分配和发挥补充作用的三次分配来促进实现共享共富。注重效率的初次分配,指的是生态要素参与竞争性的市场机制。初次分配注重效率,结果往往会更有利于那些资源禀赋较好的地区和省域。相应地,像浙江、福建等具有天然资源环境优势的省域和地区,更容易做到提供更为丰富的生态产品,而对于那些资源禀赋相对较差的省域和地区来说,首先需要做好生态保护和修复工作才能真正缩小自己的差距。注重公平的二次分配,主要针对的就是上述生态存量差异、生态资质不同的这一实际。在这个过程中,需要政府更多发挥"调节者"和"再分配者"的作用进行矫正,尤其表现为政府的税收调节和财政转移支付。例如,政府可以利用税收的调节职能,通过设计征税范围、征税对象和税率等举措来抑制破坏性的生产活动,从"产品税征税"向"对公害品征税"转型;再比如,政府可以利用税收的财政职能,在西北地区实施有偏向性的生态转移支付和生态政策支持。注重补充作用的三次分配或"绿色慈善",

主要指的是高收入人群在自愿自主的基础上，通过募集、捐赠等手段参与生态经济活动，"为社会上饱受生态环境问题困扰的生态弱势群体在财物和劳务上提供的无偿帮扶活动"①。

总之，在笔者看来，上述四个要素及其组合构成了新时代中国特色社会主义建设背景语境下促进生态产品及其价值实现的"社会主义动力机制"，相应地，我国生态产品及其价值实现在马克思主义生态学或生态政治经济学视域下展示出了一个不同于主流生态经济学所描绘的另一种形象或"面相"②：它本来就拥有由于社会主义基本制度框架所决定的在生产、管理与交换环节上的诸多实质性不同，而且会随着中国特色社会主义现代化进程的不断推进和社会主义制度优势的日益充分发挥而逐渐增添更加明显的或更高比重的社会主义元素或表征，从而为一种渐趋成熟的和形神具备的社会主义生态文明经济与社会奠定崭新的经济基础、制度条件和大众文化环境。

结 论

生态产品及其价值实现已经成为表征着我国社会主义生态文明经济建设甚至生态文明建设本身不断推进的一个前沿议题领域，同时也提出了一系列值得我们深入理论总结与反思的重要问题。基于主流或广义生态经济学视角对我国生态产品及其价值实现所做的肖象勾勒或刻画，并不是没有根据的，也有其必要性，尤其是当从一种中微观经济管理或公共政策管理的角度来观察思考时。然而，从马克思主义生态学或生态政治经济学的视角来看，我国的生态价值及其实现还是在中国特色社会主义制度体系基本确立和新时代中国特色社会主义现代化建设全面推进的整体环境之下现实展开的，也就是说，它应该也必然不同于欧美资本主义国家所开展的各种形式的、哪怕是激进样态的生态产品或绿色经济创新实践。也正因为如此，我们才有底气设想或相信，我国的生态产品及其价值实现，不仅可以实现它所承诺的满足最广大人

---

① 方世南：《绿色慈善助力共同富裕研究》，《学术探索》2022年第2期，第13-19页。
② 马晓妍、何仁伟、洪军：《生态产品价值实现路径探析：基于马克思主义价值论的新时代拓展》，《学习与实践》2020年第3期，第28-35页。

民群众的美好生活需要和优美生态环境需要的目标，而且可以真正实现最大限度地推进生态环境保护治理的目标。当然，最后须再次强调的是，本文所阐述的生态产品及其价值实现的经济社会"红绿"变革潜能的显现，就像它的促进生态环境保护与治理潜能的显现一样，都将是一个长期性的历史过程，而且不会在自然而然的意义上发生。这既是由于我国依然处于并将长期处于社会主义初级阶段的客观现实，也是由于社会主义生态文明经济建设以及更具体的生态产品及其价值实现所关涉的太多理论问题仍有待于我们去科学理性地认识、太多制度政策抉择有待于我们去民主地做出与切实推进。对此，我们必须保持足够的审慎耐心，并准备好付出艰巨的努力。

（作者单位：华南师范大学马克思主义学院/
北京大学马克思主义学院）

第四章

极简主义经济学：一种新生态经济模式

阿塔努·萨卡 著　高若云 译

内容提要：过度消费是造成当今世界经济、社会和生态综合性危机的主导性因素。现存的全球环境治理体系未能有效应对当前基于过度消费的经济发展模式。目前的全球发展模式不仅缺乏对过度消费行为的有效干预，也未能建构一种基于社会公平理念的生态危机时代的经济战略。本文基于对行为经济学、循环经济以及生态经济学这三个概念学科的反思性文献回顾，阐述了一种不同于当今流行于西方世界新古典经济学的新经济分析模式，认为通过构建"极简主义经济学"（Minimalonomics）这一概念理论，可以在当今经济学领域中有效整合生态经济学和行为经济学的主要原则，并在生态优先的价值观基础上推动生产者、消费者与政府等社会主体投入到应对生态危机的集体行动。与当前西方社会中的主流经济学不同，极简主义经济学重申了本土化的价值，并主张在消费和环境保护等方面纳入社会文化因素考量。极简主义经济学对构建应对全球生态危机的新型环境治理体系具有参考价值。

关键词：极简主义经济学，环境经济学，选择性经济模式，循环经济，可持续发展

第四章　极简主义经济学：一种新生态经济模式

　　由于全球性气候异常变化、生物多样性减少和环境污染，我们的星球正在遭遇前所未有的生存挑战。地球上已经不存在能够躲避人造化学物质污染的原生之地了。目前，我们已经在海洋最深处发现了微型纳米塑料，在亚马孙森林的蚂蚁和南极的磷虾身上发现了邻苯二甲酸盐等化学合成物质[1]。"生物多样性和生态系统服务政府间科学政策平台"（IPBES）在2019年发布的报告指出[2]，已有100万种动物和植物物种面临着灭绝的威胁[3]。

　　大规模生产和廉价商品所导致的过度消费，已经使当代西方社会陷入了一个"开采——生产——使用——废弃"（take-make-use-waste）的线性消费模式。浪费已成为一种生产生活的常态。这种发展趋势造成了日益显著的碳足迹（carbon footprint）和水足迹（water footprint）。2015年，联合国大会制定了需要在2030年之前实现的17个可持续发展目标（SDGs），其中第八个目标致力于使最不发达国家的国内生产总值（GDP）每年至少增长7%，在生产和消费中保障全球资源利用效率，并将经济增长与环境退化问题脱钩（decouple）；第十二个目标则力图在2020年实施可持续消费与生产的"十年框架"，从而实现对废弃物的无害化环境管理，并通过预防、减少、回收和再利用等全流程方式，大幅减少废弃物排放量。[4] 然而，目前的资源开采和废弃物管理模式表明，环境治理政策还未能充分注意到过度消费是当代生态危机的根源之一。在发展政策中，占主导地位的主流经济思想导致了可持续发展目标与现实实践之间的脱节。一个不可否认的事实是，我们对物质享受的贪婪和无节制的消费已经威胁到生态系统。而一种更简单的、按需消费的极简主义生活方式可以作为一种催化剂，促进降低温室气体排放和个人碳足迹的努力。然而，在环境

---

[1] S. Gibbens, "Plastic bag found at the bottom of world's deepest ocean trench", *National Geographic*, 3 July 2019; A. Lenoir, R. Boulay and A. Dejean, et al., "Phthalate pollution in an Amazonian rainforest", *Environ. Sci. Pollut. Res. Int.* 23/16(2016), pp. 16865-16872; X. Han and D. Liu, "Detection of the toxic substance Dibutylphthalate in Antarctic Krill", *Antarct. Sci.* 29/6(2017), pp. 511-516.

[2] "生物多样性和生态系统服务政府间科学政策平台"（IPBES）是联合国环境规划署（UNEP）设立的旨在促进生物多样性保护和生态系统服务的政府间组织。该组织于2012年4月在巴拿马正式成立，其秘书处设在德国波恩。

[3] UN, *UN Report：Nature's Dangerous Decline 'Unprecedented'；Species Extinction Rates 'Accelerating'* (United Nations：2019).

[4] UN, *United Nations, Sustainable Development Goals：17 Goals to Transform Our World* (United Nations：2022).

保护方面，极简主义目前尚未能够在政策讨论中占据一席之地。据联合国预测，如果维持目前的生活方式，那么到2050年时，这种生活水平大约将需要三个地球所能提供的自然资源总量。[1] 目前的个人消费模式破坏着致力于温室气体减排、生物多样性保护和有毒化学品管控的全球发展规划。换句话说，如果我们不对消费模式进行一种根本性变革，那么，我们势必会无法长期维持当前享受的生活水平。然而，我们目前还未能制定出解决高消费所带来的诸多问题的系统性方案；相反，巨大的消耗浪费、对自然资源的过度开发，以及对生物多样性的破坏仍在继续。因而，生态、社会和经济危机的风暴即将来临。目前，人类社会尚未构建出一种能够有效干预过度消费行为的政策模式，而这一模式的主要目标应当包括：能够对废弃物加以充分再利用的技术革新，以及从社会公平的角度解决生态灾难的经济战略。因此，问题的关键在于是否有可能将经济学、心理学、物质循环技术和生态学等相关领域结合起来。笔者在本章中强调消费行为对生态环境的影响，并提出了一个新的经济模型理论框架，其中包括：(1)行为经济学层面，即与个人和机构的经济决策过程有关的人类行为，并将消费和废弃物处理作为主要考量因素；(2)循环经济层面，即涉及全面循环和回收的经济体系；(3)生态经济学层面，即结合经济学和生态学，包括价值观、行为、公平、文化习俗、制度结构和社会发展等要素。基于对上述三个核心概念研究的文献回顾[2]，笔者探讨了经济学在环境友好型决策中的重要性，循环经济作为技术解决方案的适应性和局限性，以及生态经济学与当前主流的新古典经济学之间的张力冲突。本文将从一个简短的案例分析开始，以时尚和服装、电子设备和家用电器为例，探讨行业发展、公众态度，以及关于消费、企业责任、环境影响、公平等问题。

---

[1] UN, *United Nations*, *Sustainable Development Goals*: 17 *Goals to Transform Our World* (United Nations: 2022).

[2] M. J. Grant and A. Booth, "A typology of reviews: An analysis of 14 review types and associated methodologies", *Health Inf. Libr. J.* 26(2009), pp. 91-108; T. Greenhalgh, S. Thorne and K. Malterud, "Time to challenge the spurious hierarchy of systematic over narrative reviews?" *Eur. J. Clin. Invest.* 48 (2018), e12981; M. N. K. Saunders and C. Rojon, "On the attributes of a critical literature review", *Coaching* 4(2011), pp. 156-162; F. Schneider, G. Kallis and J. Martinez-Alier, "Crisis or opportunity? Economic degrowth for social equity and ecological sustainability—Introduction to this special issue", *J. Clean. Prod.* 18/6(2010), pp. 511-518.

随后，本章依据既有研究成果探讨了三个关键性概念，并提出了解决当前消费主义困境的极简主义生活方式这一新理念。最后，笔者提出了一个新的概念(理论)化模式，即"极简主义经济学"。

一、关于消费行为的个案研究

1. 时尚与服装

现代时尚行业(也称"快时尚行业")已经转向生产廉价、流行的服装。其设计灵感多来源于时装秀。大规模流水线、涤纶和尼龙的广泛使用，为其提供了低成本的生产条件，同时，电子商务的发展促进了"快时尚行业"的广泛销售。[1] "快时尚"在世界各地被迅速接受，特别是在那些所谓的富裕和中等收入国家。这一消费模式的扩展导致了对服装需求的急剧上升，从而使得该行业成为一些中低收入国家的重要经济支柱。全球时尚产业的规模已经扩张到 1.3 万亿美元，在全球范围内，有超过 3 亿人受雇于这一产业。[2] 据统计，每年有近 800 亿件新衣服被人们选购，其中 90% 生产自中低收入国家。[3] 如果这一趋势持续，2050 年的服装销售总量将达到 1.6 亿吨——是今天的三倍还多。因此，这一产业可能会耗费超过 26% 的国家碳预算。必须看到，快时尚行业的出现带来了可怕的生态环境问题。例如，快时尚行业广泛依赖石油生产纺织品，使用大量的水和杀虫剂来生产棉花，将纺织品染料排放到生态环境之中，在运输过程中消耗大量化石燃料。[4]

廉价但质量较差的衣服以及频繁的更新换代，已经严重扭曲了消费者对真正价值的理解，导致衣物被快速淘汰和利用不足。据估计，超过一半的快时尚产品在一年之内就被丢弃。在过去的 15 年里，一件衣服在废弃前的平均

---

[1] WEF, *These Facts Show How Unsustainable the Fashion Industry Is* (World Economic Forum: 2020).

[2] P. Gazzola, E. Pavione and R. Pezzetti, et al., "Trends in the fashion industry: The perception of sustainability and circular economy—A gender/generation quantitative approach", *Sustainability* 12/7(2020), 2809; EMF, *A New Textiles Economy: Redesigning Fashion's Future* (Ellen MacArthur Foundation: 2017).

[3] The True Cost, *Environmental Impact* (2022), https://truecostmovie.com/learn-more/environmental-impact.

[4] A. Maheshwari, "Why is there an urgent need for a new textile economy?" (2020), https://aif.org/Why-is-there-an-urgent-need-for-a-new-textile-economy-part-1.

穿着次数减少了三分之一。在中国，这一利用率减少了三分之二；而在美国，其利用率只是全球平均水平的四分之一。① 2014年人们购买的服装比2000年多60%②。在美国，平均每个人每周购买一件衣服，每年扔掉大约80磅的衣服。③ 由于利用率低，全球每年在丢弃衣物方面就足足浪费了4600亿美元，其中85%的衣服被直接丢弃（即相当于每秒钟有一辆装满衣服的垃圾车被烧毁或被倾倒在垃圾场）。④

据统计，纺织业的发展依赖于大量的不可再生资源，包括生产合成纤维所需要的石油、种植棉花所需要的化肥，以及生产染料和纺织品所需要的各类化学品。⑤ 人类的碳排放有十分之一是由时装制造业所产生的，这比所有国际航班和国际海运排放量的总和还要多。如果一切照旧的话，那么纺织品生产的发展将消耗越来越多的不可再生资源，到2050年将达到每年3亿吨（即四分之一的国家碳预算）。⑥ 与此同时，全球时装产业也已成为第二大的水资源消费部门。⑦ 比如，一条牛仔裤的生产需要消耗大量的水，其中包括棉花的种植和加工成织物与染色。据统计，每年全球有近56亿条牛仔裤被消费，而从2021年到2031年，这个市场预计每年将会增长4%。气候变化和不可持续的工业与家庭用水模式已经导致全球范围内严重的水危机。很难想象，仅仅是普通的牛仔裤就会对我们有限的自然资源产生如此大的影响。与此同时，纺织染料中含有能够污染河流、湖泊和海洋生态系统的有毒有机化合物，以

---

① O. Rudenko, "The 2018 apparel industry overproduction report and infographic" (2018), https: // sharecloth. com/blog/reports/apparel-overproduction; A. Assoune, "The small number of times: The average piece of clothing is worn" (2022), https: //www. panaprium. com/blogs/i/times-clothing-worn.

② M. McFall-Johnsen, "The fashion industry emits more carbon than international flights and maritime shipping combined: Here are the biggest ways it impacts the planet " (2019), https: // www. businessinsider. com/fast-fashion-environmental-impact-polluti on-emissions-waste-water-2019-10.

③ R. Brown, "The environmental crisis caused by textile waste" (2021), https: // www. roadrunnerwm. com/blog/textile-waste-environmental-crisis.

④ C. Magnin and S. Hedrich, "Refashioning clothing's environmental Impact" (2019), https: // www. mekinsey. com/business-functions/sustainability/our-insights/sustainability-blog; EMF, *A New Textiles Economy: Redesigning Fashion's Future* (Ellen MacArthur Foundation: 2017).

⑤ A. Maheshwari, "Why is there an urgent need for a new textile economy?" (2020).

⑥ A. Maheshwari, "Why is there an urgent need for a new textile economy?" (2020); WEF, *These Facts Show How Unsustainable the Fashion Industry Is* (World Economic Forum: 2020).

⑦ A. Maheshwari, "Why is there an urgent need for a new textile economy?" (2020).

及镉、铬、汞、铅和铜等金属离子,成为导致当地居民和工人罹患癌症和其他严重疾病的重要原因。① 在牛仔裤的染色过程中需要使用大量的水,每年的消耗量几乎可以注满两百万个奥运会场馆标准规模的游泳池。② 另一方面,衣物洗涤则每年向海洋排放 50 万吨的微纤维(microfibers),相当于近 500 亿个塑料瓶;③ 而没有能够成功售出的服装产品则成为固体垃圾,这些固体废弃物堵塞河流、侵占土地,造成额外的环境危害。④

2. 电子设备和家用电器

与服装业相似,在当代,我们对个人电子设备和家用电器的消费也增加了数倍。由于制造商的产品淘汰战略以及消费者购买全新产品的欲望,电子设备和家用电器的平均使用寿命也大幅下降。这里存在一个复杂且相互影响的消费者和制造商之间的互动关系:电器制造商在较短的时间内向市场频繁地推出具有新功能的型号,使现有的版本显得过时,即便它们仍然运行良好;而消费者也更青睐较新的版本,认为它们性能更高,省时省力,并且可以作为一种身份的象征。作为恶性循环的一部分,消费者"喜新厌旧"的行为偏好,也鼓励制造商比过去更频繁地推出新型号。据 2018 年在加拿大所进行的一项调查显示,86%的人认为,电子设备和家用电器已被刻意设计为具有较短的使用寿命。五分之四的加拿大人倾向于购买全新的电子设备,而不是购买回收或循环利用的二手设备。⑤ 而一项来自欧洲的研究也表明,大型家用电器在购买之后五年内的更换比例,已经从 2004 年占总更换量的 7%增加到 2013 年

---

① D. T. Parkes, "Metals in reactive dyes for cellulose" (2008), https://www.fibre2fashion.com/industry-article/3539/metals-in-reactive-dyes-for-cellulose.

② WEF, *These Facts Show How Unsustainable the Fashion Industry Is* (World Economic Forum: 2020), https://www.weforum.org/agenda/2020/01/fashion-industry-carbon-unsustainable-environment-pollution/.

③ WEF, *These Facts Show How Unsustainable the Fashion Industry Is* (World Economic Forum: 2020), https://www.weforum.org/agenda/2020/01/fashion-industry-carbon-unsustainable-environment-pollution/.

④ R. Bick, E. Halsey and C. C. Ekenga, "The global environmental injustice of fast fashion", *Environ. Health* 17(2018), p. 92.

⑤ A. Girard, C. Thorpe and F. Durif, et al., "Obsolescence of home appliances and electronics" (2018), http://www.ic.gc.ca/app/oca/crd/dcmnt.do?Open=1&id=5061&lang=eng&wbdisable=true.

的13%。① 这项研究还显示，为更换有缺陷的设备而购买新电器的比例，已经从2004年的3.5%增加到2012年的8.3%。当遇到产品故障时，很少有受访者（尤其是家用电器的使用者）试图维修他们的设备。这种更高的产品更换率，除了技术和功能方面的因素之外，也包括经济方面的因素（例如，产品的性价比、维修成本高等因素）以及心理因素。这些因素都在驱使消费者提前更换自己所使用的电子设备。②

在法国，88%仍能使用的智能手机被丢弃。在美国，消费者在新机型上市后便立即对自己的智能电话设备丧失兴趣，并且每隔一两年就升级一次设备，而只有十分之一的被淘汰的设备被回收再利用。消费者往往倾向于低估电子设备的预期寿命，例如笔记本电脑实际上可以使用将近十年，而消费者普遍认为其使用寿命只有五年左右。③ 过早地更换产品会造成巨大的生态环境代价。据统计，全球人均电子垃圾总量从2010年的5千克增加到2019年的7.3千克（增加了46%）。④ 从人均水平来看，欧洲（16.2千克）、大洋洲（16.1千克）和美洲（13.3千克）产生的电子废弃物，比亚洲和非洲（分别为5.6千克和2.5千克）显然要更多。⑤ 这些电子废弃物以废物回收的名义被转移到全球南方的发展中国家。但由于缺乏必要的条件来回收这些电子废弃物中的所有部件，其中的大部分电子组件被丢弃。而需要注意的是，电子设备的循环和回收也需要消耗大量的水和能源。⑥

3. 公平与脆弱性

很显然，我们这个时代的消费模式已经对生态环境产生了深刻影响。这一点尚未在任何国家或全球层面上的政策讨论中得到充分承认。全球经济的发展被认为是建立在消费升级的基础之上的，这对资源开采业、制造业以及

---

① S. Ala-Kurikka, "Lifespan of consumer electronics is getting shorter", *Study Finds* (2015).
② S. Ala-Kurikka, "Lifespan of consumer electronics is getting shorter", *Study Finds* (2015).
③ J. Beaulé, "The durability of electronics" (2018), https://www.uottawa.ca/environment/blog/durability-electronics.
④ Statista, "Per capita electronic waste generation worldwide from 2010 to 2019 (In kilograms per capita)", 26 July 2021, https://www.statista.com/statistics/499904/projection-ewaste-generation-per-capita-worldwide.
⑤⑥ UNU, "Global e-waste surging: up 21% in 5 years" (2020).

零售业起到了拉动作用。正如汇丰银行全球首席经济学家珍妮特·亨利(Janet Henry)所说,"消费承载着全球经济""全球增长取决于个人消费"①。因此,消费的减少被认为会对就业率、经济增长以及国家发展带来不利影响。然而,以消费为主要驱动力的经济发展模式的根本缺陷在于其无视可持续性价值。②在这一经济逻辑中,资源开采、生产、制造、零售和服务行业被认为是国家经济增长的引擎,而经济繁荣也是由国内生产总值(GDP)、就业率和人均收入的水平来衡量的。③然而,对这种经济繁荣的描述,往往忽略了其环境成本以及对社会边缘群体的现实影响。比如,大量开采稀土以获得电子设备的原材料,抽取地下水用于棉花种植,释放未经处理的织物染料并污染河流和海洋,以及将有害的垃圾转移到贫穷国家。上述这些只是目前全球普遍发生的污染现象中的几个例子,但它们正在导致数百万农民和渔民永久丧失生计,被迫流离失所和大规模迁移,并带来了疾病、种族冲突和社会失序。④令人遗憾的是,这些弱势群体并没有相应的平台来表达他们的困境以及他们对公平正义的诉求。此外,在传统的经济学指标中,也缺乏对于生态环境破坏以及对其所带来的损失加以衡量的相应机制。事实上,用货币价值来衡量环境损害始终具有某种误导性。⑤比如,我们可以用货币来衡量金枪鱼、野生鲑鱼或鳕鱼种群减少的经济损失,这是因为存在着与这些资源相关的独立产业。⑥但如果使用同样的方法,我们是否能够衡量由于野生昆虫种群的消失而造成的

---

① J. Henry, "Consumers carry the global economy" (2020), https://www.hsbc.com/insight/topics/consumers-carry-the-global-economy.

② J. K. Steinberger, F. Krausmann and M. Getzner, et al., "Development and dematerialization: An international study", *PLoS One* 8/10 (2013).

③ USDC, *Engines of Growth: Manufacturing Industries in the US Economy* (U.S. Department of Commerce, Economics and Statistics Administration, Office of Business and Industrial Analysis, 1995).

④ S. H. Ali, "Social and environmental impact of the rare earth industries", *Resources* 3 (2014), pp. 123-134; R. Bick, E. Halsey and C. C. Ekenga, "The global environmental injustice of fast fashion", *Environ. Health* 17 (2018), p. 92; I. Okafor-Yarwood and I. J. Adewumi, "Toxic waste dumping in the Gulf of Guinea amounts to environmental racism", *The Conversation*, 2 December 2020.

⑤ F. Guijarro and P. Tsinaslanidis, "Analysis of the academic literature on environmental valuation", *Int. J. Environ. Res. Publ. Health* 17/7 (2020), p. 2386; N. E. Bockstael, A. M. Freeman and R. J. Kopp, et al., "On measuring economic values for nature", *Environ. Sci. Technol.* 34/8 (2020), pp. 1384-1389.

⑥ WWF, *Overfishing* (World Wildlife Fund Inc.: 2022).

经济损失呢？特别是考虑到这些昆虫是授粉者和害虫捕食者，并在农业生产中发挥着极其重要的作用。如此一来，传统经济学的衡量模式就呈现出了尤为明显的局限性。①此外，由人类活动所引起的环境灾难，并不仅仅局限于全球南方的贫穷国家。最近，在北美、欧洲和澳大利亚发生的规模空前的山火、洪水、旱灾以及龙卷风，带来了数千亿美元的经济损失。这些自然灾害也清楚地表明，即使在全球北方发达国家，目前的生态系统也表现出高度的脆弱性②。

二、环境决策中的行为经济学

1. "行为经济学"概念

经验事实表明，人类并不总是能够做出理性的决策，人类社会中存在着大量的决策异常（decision anomalies）行为。行为经济学是一个结合经济学和心理学的经济学分支。这一学科的目的是探讨人们在现实世界中的经济行为方式及其背后的原因。③行为经济学采用了社会科学特别是心理学的概念或理论。④目前，行为经济学研究已经被广泛运用于指导企业以及政府部门的相关决策，以了解消费者行为、社会规范、决策中的"羊群本能"（herd instincts），以及公众对社会政策的接受度。

决策异常的原因可以归咎于"错误感知"（misperceptions）和"心理捷径"（heuristics/mental shortcuts）。其中，"错误感知"通常发生在不须过度考量的情形之下；而"心理捷径"则是行为经济学中的一个概念，指的是在没有耗费太多认知精力的背景下快速做出决策，这一机制可以降低决策任务时的认知负荷。

---

① D. L. Wagner, E. M. Grames, M. L. Forister, et al., "Insect decline in the Anthropocene: Death by a thousand cuts", 2 *Proc. Natl. Acad. Sci. USA* 118/2(2021), e2023989118.

② D. Pierson, A. Su and M. Hennessy-Fiske, "Summer of disaster: Extreme weather wreaks havoc worldwide as climate change bears down", *LA Times*, 21 July 2021.

③ M. Witynski, *Behavioral Economics Explained* (University of Chicago, 2022).

④ P. Corr and A. Plagnol, *Behavioral Economics: The Basics* (Oxon: Routledge, 2018), pp. 1-212.

2. 环境友好型决策视域下的行为经济学

过度消费使人们在获得享乐式满足的同时也付出了相应的代价。对塑料制品的广泛使用(尽管消费者知道它的环境成本)已经清晰地表明,在监管机构、大众传媒和社会公众之间存在着巨大的认知和行为鸿沟。来自行为经济学的经验研究表明,普通民众更偏向于短期利益,而不是长期利益。[①] 因此,消费者是否愿意为环保事业支付额外费用,不仅取决于节能行为的环保收益,更取决于其经济效用。只有在节能行为的经济效用很高的情况下,低收入人群才会选择接纳节能倡议。[②] 例如,为了促进节能灯的发展,一些消费者可能会因为使用节能灯而获得一定的经济激励,在退回旧灯泡后立即得到一些现金返还,这可能会鼓励人们的节能实践。该策略也有助于增进生产者在废弃产品回收方面的责任。

然而,经济层面上的激励,未必能够促成一种集体责任意识的形成。因此,环境政策的制定同样应当考虑人性中合作性的、非物质化的层面。即使拥有相应的信息和经济激励,有些人可能仍然不会去选择更加环保的技术,这是因为人总是存在着惯性倾向和舒适区偏见(familiarity bias)。对环境问题的冷漠态度,可能是因为人们所接收到的信息似乎并不与他们的生活直接相关。例如,尽管媒体报道了塑料垃圾在偏远岛屿上泛滥成灾,鸟类体内发现各种塑料碎片,以及海洋生物被鱼线缠绕等情形,但大部分人并不会因此而在现实生活中减少使用塑料制品。相反,本地垃圾填埋场展示的堆积如山的废弃物以及各类塑料污染的场景,也许会对当地居民的观念产生更大影响。

[①] M. Wittmann and M. P. Paulus, "How the experience of time shapes decision-making", in M. Reuter and C. Montag (eds.), *Neuroeconomics - Series: Studies in Neuroscience, Psychology and Behavioral Economics* (Springer-Verlag Berlin Heidelberg, 2016), pp. 133-144.

[②] L. Panzone and D. Talmi, "The influence of costs, benefits and their interaction on the economic behaviour of consumers", in M. Reuter and C. Montag (eds.), *Neuroeconomics - Series: Studies in Neuroscience, Psychology and Behavioral Economics* (Springer-Verlag Berlin Heidelberg, 2016), pp. 167-190.

三、作为技术解决方案的循环经济

1. 循环经济概念

循环经济致力于在封闭的循环系统内重复使用资源，并减少环境污染，避免自然资源浪费。① 在理想情况下，循环经济可以延长产品寿命和自然资源的循环利用时间。循环经济力图避免诸如垃圾焚烧和废弃物倾倒之类的对生态环境具有破坏性的废弃物处置方法。研究显示，全球范围内目前仅有很少量(9%)的塑料被回收，而大约80%的塑料被堆积到垃圾填埋场。② 而填埋场会污染周围的生态系统，包括河流、湖泊和海洋，并最终通过在食物链中流动使附近居民暴露于有毒污染物的危害之下。③ 总体而言，循环经济强调关注社会整体利益，重新定义经济增长。为了促进循环经济的可持续实践，可行的政策路径包括对某些材料和一次性产品征税、按使用量付费的垃圾收集方案、向将旧产品回收给零售商的顾客给予现金奖励、降低回收循环产业的税率、推广可重复使用或可修复的产品，以及强化制造商责任并向消费者提供相关信息。④ 循环经济与传统的垃圾管理模式不同，后者由废弃物管理公司和低收入国家的相关部门运作，而循环经济则需要纳入更多的利益相关者，并需要共同承担责任和绩效。此外，循环经济也涉及物质循环的整个生命周期。⑤ 循环经济主要依据三个原则来避免废弃物进入生态系统：通过设计减少废弃物数量(design out waste)；提高产品和材料的使用率(keep products and

---

① O. Fitch-Roy, D. Benson and D. Monciardini, "All around the world: Assessing optimality in comparative circular economy policy packages", *J. Clean. Prod.* 286 (2021); M. V. Barros, R. Salvador and G. F. do Prado, et al., "Circular economy as a driver to sustainable businesses", *Clean. Environ. Syst.* 2 (2021), https://doi.org/10.1016/j.cesys.2020.100006.

② R. Geyer, J. R. Jambeck and K. L. Law, "Production, use and fate of all plastics ever made", *July Sci. Adv.* 3(2017), e1700782, https://www.science.org/doi/epdf/10.1126/sciadv.1700782.

③ B. Li, M. N. Danon-Schaffer and L. Y. Li, et al., "Occurrence of PFCs and PBDEs in landfill leachates from across Canada", *Water Air Soil Pollut.* 223/6 (2012).

④ D. Lazarevic and H. Valve, "Narrating expectations for the circular economy: Towards a common and contested European transition", *Energy Res. Social Sci.* 31 (September 2017), pp. 60–69.

⑤ M. V. Barros, R. Salvador and G. F. do Prado, et al., "Circular economy as a driver to sustainable businesses", *Clean. Environ. Syst.* 2(2021), https://doi.org/10.1016/j.cesys.2020.100006.

materials in use）；促进自然系统再生（regenerate natural systems）。① 循环经济需要对成本、供应链、质量、流程、物流、逆向物流（reverse logistics）、服务、研发等环节进行战略规划和管理。

2. 循环经济的局限性与范围

循环经济因其概念基础的局限性，以及在构建可持续经济方面缺乏连贯性而备受批评。② 具体来说，如果没有被整合进可持续发展理念的话，那么循环经济实际上是支持了基于无限生产与无限消费的经济增长信条，而并未质疑新自由主义的经济增长理念。③ 诸如塑料或纸张等某些可供回收的材料在被回收为低价值产品之前，也存在着某些限制。④ 而如果在所有资源输入都来自回收物或可再生材料这一理想情形下，为了可持续性，就有必要将低价值产品转化为高价值产品，并考虑其中的经济周转量。"周转量"（throughput）这一概念指的是从生产的第一阶段到消费的最后阶段的过程中物质和能量的流动。⑤ 努力实现零碳循环经济可能会增加对诸如木材、生物燃料、生物聚合物和天然纤维等生物降解性产品的需求。因此，这一转变可能会对地球本身的生物多样性和生态系统服务（ecosystem services）造成压力。⑥ 通过降低产品成本或运用循环经济服务所带来的"生态效率"（eco-efficiency），可能会因为对它需求的增加而产生反弹效应。⑦ 缺乏政治意愿、专业知识和资源、废物管理政策不充分以及无效法规等因素，都会对在全球南方发展中国家实施循环经

---

① O. Fitch-Roy, D. Benson and D. Monciardini, "All around the world: Assessing optimality in comparative circular economy policy packages", *J. Clean. Prod.* 286 (2021), https://doi.org/10.1016/j.jclepro.2020.125493.

② A. P. M. Velenturf and P. Purnell, "Principles for a sustainable circular economy", *Sustainable Production and Consumption* 27 (2021), pp. 1437-1457.

③ J. Korhonen, A. Honkasalo and J. Seppälä, "Circular economy: The concept and its limitations", *Ecol. Econ.* 143 (2012), pp. 37-46.

④ M. Sinai, "How many times can recyclables be recycled?" *Recycle Nation*, 27 June 2017.

⑤ M. Koch, H. Buch-Hansen and M. Fritz, "Shifting priorities in degrowth research: An argument for the centrality of human needs", *Ecol. Econ.* 138 (August 2017), pp. 74-81.

⑥ M. C. Friant, W. J. V. Vermeulen and R. Salomone, "A typology of circular economy discourses: Navigating the diverse visions of a contested paradigm", *Resour. Conserv. Recycl.* 161 (2020), 104917.

⑦ T. Zink and R. Geyer, "Circular economy rebound", *J. Ind. Ecol.* 21 (2017), pp. 593-602.

济提出挑战。①

与全球北方的发达国家相比，南方发展中国家以及原住民社区内部存在着更多关于生态修复和再利用方面的文化资源。② 然而，由于淘汰过时产品理念的推行、缺乏与消费者分享产品详情的监管机制等原因，这种文化正在迅速消失。现在，即使在南方发展中国家，也普遍存在"一次性使用"的文化。像印度这样的新兴经济体最近一直在考虑设置"修理回收使用权"（right to repair）理念以促进可持续消费，并减少资源浪费。③

经过近几十年来对"一次性材料"的普遍采用，现有的公众观念以及循环再利用方面的技术和经济限制是循环经济发展所面临的重大挑战。回收、修复和翻新也同样会消耗能源，因此发展循环经济可能会导致能源使用量的增加④。除此之外，围绕循环经济所牵涉的伦理问题也不容忽视，因为限制全球资源的使用和仅依靠回收和可再生资源来发展国家经济，可能会严重影响到全球大约一半生活在贫困状态，并仍在努力满足他们自身的基本需求的弱势群体。⑤ 最后，过度消费行为也可能会阻碍那些经过良好设计的循环经济系统在现实中的落实。⑥ 因此，循环经济的有效实施要求在包括生态设计与强制要求产品可循环利用等"绿色默认规则"方面进行更多创新，这些创新包括维修和服务手册的免费获取，材料效率与能源效率的平衡，延长产品保修期，以及将责任从消费者转移到生产者等。⑦

---

① L. F. Diaz, "Waste management in developing countries and the circular economy", *Waste Manag. Res.* 35/1（2017）, pp. 1-2.

② A. Crosby and J. A. Stein, "Repair", *Environ. Humanit.* 12/1（2020）, pp. 179-185.

③ L. Dobberstein, "Indian government starts work on right to repair rules"（2022）.

④ D. Lazarevic and H. Valve, "Narrating expectations for the circular economy: Towards a common and contested European transition", *Energy Res. Social Sci.* 31（September 2017）, pp. 60-69.

⑤ M. C. Friant, W. J. V. Vermeulen and R. Salomone, "A typology of circular economy discourses: Navigating the diverse visions of a contested paradigm", *Resour. Conserv. Recycl.* 161（2020）, 104917.

⑥⑦ D. Lazarevic and H. Valve, "Narrating expectations for the circular economy: Towards a common and contested European transition", *Energy Res. Social Sci.* 31（September 2017）, pp. 60-69.

四、致力于可持续增长的生态经济学

根据生态经济学概念的主要倡导者之一赫尔曼·戴利(Herman Daly)的说法,经济体系是生态系统之下的开放性子系统。这一系统具有有限性、非扩增性,并且在物质层面上是封闭的。按照物质和能量守恒法则(热力学第一定律),经济增长通过整合生态系统中的物质和能量来侵占生态系统,转移之前循环于自然界中的物质,从而在经济增长与环境保护之间产生一种物质层面上的张力。① 在主流经济学中,生态系统与生产和消费等经济活动之间并不存在联系。但生态经济学这一学科概念的引入,已经对资源配置的概念及其运作方式产生了深刻的重塑,同时也修正了对经济增长的动力机制的理解。② 生态经济学承认社会生活中丰富而复杂的行为动机,这些动机不仅源于经济需求,还源自文化和精神因素。相比之下,环境与资源经济学(environmental and resource economics)采纳了目前在经济学界占据支配地位的新古典经济学范式。该范式认为,自由市场体系可以通过自身利益最大化的个人选择实现资源的最佳配置,而无须政府干预和监管。因而在它看来,我们对待自然环境的方式应该与我们对待劳动力和资本的方式相同,因为生态环境中的任何商品都可以买卖、交易、储存和投资。③

生态经济学则是将经济学和生态学连接起来的一种新经济学范式④,并寻求在经济和生态系统以及维持人类福祉的社会结构之间建立联系⑤。生态经济学家考虑到经济层面的代际内部以及代际之间的公平问题以及社会和文化情

---

① H. Daly, *Economics for a Full World* (Great Transition Initiative: 2015).

② C. Cavalcanti, "Conceptions of ecological economics: Its relationship with mainstream and environmental economics" (2010), https://www.hsbc.com/insight/topics/consumers-carry-the-global-economy.

③ R. Nadeau, "Environmental and ecological economics", in *Encyclopedia of Earth* (2008), http://www.eoearth.org/article/Environmental_and_ecological_economics? topic = 49536; D. J. Thampapillai, *Environmental Economics* (Melbourne: Oxford University Press, 1991).

④ C. L. Spash, "The development of environmental thinking in economics", *Environ. Val.* 8(1999), pp. 413-435.

⑤ S. Baumgärtner, C. Becker and K. Frank, et al., "Relating the philosophy and practice of ecological economics: The role of concepts, models and case studies in inter and transdisciplinary sustainability research", *Ecol. Econ.* 67(2008), pp. 384-393.

景,并明确承认社会和社区价值以及生态价值(例如授粉、平衡食物链、气候调节和病虫害防治)。① 在它看来,全球南北方国家之间通过不平等的资金和资源流动以及不平衡的权力关系错综复杂地联系在一起。即使在全球南方国家内部,富裕群体与中产阶级数量的增加也导致了社会—环境条件的不对称性(socio-environmental asymmetries)。除此之外,富裕国家中贫困人口比例的上升所造成的社会分化,也加剧了与阶级、种族和性别相关的不平等问题。生态经济学被认为具有如下三个相互关联的目标:可持续的规模、(对社会财富的)公平分配、(对土地和自然资源的)有效配置,而这三个目标都以人类福祉和可持续发展为价值导向。②

五、走向极简主义经济学

当代社会对物质消费有一种虚妄的渴望,对消费的不知满足也正在成为一种社会嗜好。幸福是用物质享受来衡量的(房子的大小、汽车的数量或衣服的数量),商业宣传和社会价值观的变化正在鼓励人们想要在物质上占有更多。③

极简主义生活方式被"非正式地"定义为一套思维方式,即要求只将注意力聚焦于那些值得关注的事物。这种生活方式的价值理念或艺术感强调减少杂物、降低浪费以及避免购买自己并不需要的物品。极简主义生活方式的追随者自觉控制他们的购买欲望,根据他们当下的需求来进行消费,强调一物多用,并注重美感与艺术价值。极简主义者提倡购买经久耐用的物品,比如高质量的家具、衣服和其他家用电器。近年来,那些遵循极简主义生活方式并具有环保意识的消费者,也注意到了极简主义的可持续性意蕴,例如减少

---

① I. Ropke, "Trends in the development of ecological economics from the late 1980s to the early 2000s", *Ecol. Econ.* 55(2005), pp. 262-290; R. Costanza, J. Cumberland and H. Daly, et al., "An introduction to ecological economics", in *Encyclopedia of Earth* (2007), chapter 2.

② R. Costanza, "What is ecological economics?" *Yale Insights* (2010), https://insights.som.yale.edu/insights/what-is-ecological-economics.

③ M. Kondo, *The Life-Changing Magic of Tidying up: The Japanese Art of Decluttering and Organizing* (Potter/Ten Speed/Harmony/Rodale, 2014), p. 224.

资源浪费和降低碳足迹。①

极简主义生活在欧美发达国家中广泛存在，比如日本、瑞典和美国等。这一趋势要么是由某种价值观（比如日本的禅宗）来推动的，要么是由个体层面的信念来推动的。② 某些本土化的传统价值观也强烈倡导极简主义的生活方式。③ 目前，学界已有研究探讨了"去增长"以及极简主义生活方式作为促进可持续发展途径的可能性，认为这可能有利于建构与地球承载能力相适应的可再生的社会经济结构。④

到目前为止，极简主义的重要性在公共政策领域中还没有被充分承认。这是因为，极简主义既没有被认为是解决全球气候变化和环境污染问题的潜在方案，也不被视为实现联合国可持续发展目标的一种有效工具。

个人满足感和幸福感是推动极简主义生活方式的关键。研究表明，在既定的国内生产总值（GDP）水平上，收入水平并不会影响人们的幸福感，但社会平等程度却会对幸福感产生较大影响。⑤ 在任何国家中，更富裕的群体要比其他群体拥有更高的幸福感。但从长期来看，一个国家民众的收入水平上升并没有随之带来该国民众整体幸福感的提高。⑥ 收入水平定义了人们的社会地位，而社会地位反过来又会影响个人对其生活水平和满意度的评估。因此，如果经济增长并没有改变相对社会地位以及对"地位性商品"（positional goods）的社会占有权⑦，那么物质欲望的膨胀与物价的上涨就会给这个社会中的成员

---

① A. Phillips, "How minimalism can help the environment", *The Environmental Magazine*, 6 November 2018, https://emagazine.com/minimalism/.

② K. Harveston, "Can the rising trend of minimalism help the environment? Maybe less really is more", *The Environmental Magazine*, 15 February 2018, https://emagazine.com/minimalism/.

③ R. Weyler, "Minimalism", *Greenpeace*, 19 October 2018, https://www.greenpeace.org/international/story/18987/minimalism/.

④ M. C. Friant, W. J. V. Vermeulen and R. Salomone, "A typology of circular economy discourses: Navigating the diverse visions of a contested paradigm", *Resour. Conserv. Recycl.* 161(2020), 104917.

⑤ G. Kallis, V. Kostakis and S. Lange, et al., "Research on degrowth", *Annu. Rev. Environ. Resour.* 43(2018), pp. 291-316.

⑥ R. A. Easterlin, L. A. McVey and M. Switek, et al., "The happiness-income paradox revisited", *Proc. Natl. Acad. Sci. USA* 107/52(2020), pp. 22463-22468.

⑦ "地位性商品"（positional goods）是一个经济学概念，指的是由于供应有限因而对其占有能表明较高社会地位的商品与服务，比如黄金、钻石和奢侈品。

带来一种挫败感①。也就是说，收入水平方面的社会平等可以带来幸福感与社会福祉，并推动社会中的环保友好行为以及共享行为。

无疑，社会个体对客观生活条件的满意度，与他的社会幸福感的程度有着十分密切的关系。尽管存在这样的对应关系，但如果认为主观满意度和幸福感是心理和社会适应过程的结果，则是不准确的。主观幸福感与心理和社会适应过程相关，并可以通过以人均国内生产总值衡量的经济增长来实现。② 就此而论，富裕国家的生活满意度高于低收入国家。因此可以说，提高人均国内生产总值可以改善客观和主观的生活质量指标，尽管这可能会同时带来较高的碳足迹和生态足迹。研究还表明，主观幸福感的提高并不一定会与经济的增长完全同步。③ 与某些更富裕国家相比，北欧国家被认为是世界上最幸福的国家，由于这些国家广泛而可靠的福利待遇、较低的社会政治腐败、运作良好的民主与国家制度、较小的人口规模，以及用于支持高福利所要求的高税收。④

丹尼尔·奥尼尔（Daniel O'Neill）等人⑤评估了在不超出环境极限的条件下150多个国家中关于高质量生活的社会性指标。该研究认为，目前还没有哪个国家完全满足了全球可持续发展要求。为了提高生活水平，社会对自然资源的消耗已经超出地球可持续水平的2~6倍。进一步的研究则表明，那些所谓发达国家往往在尚未达到普遍性幸福指标之前，就已超越了自然承载力的极限。⑥ 这一研究为人类敲响了警钟，并要求在自然和社会层面上对经济发展模式进行深刻变革，以便使所有人都能够在生态环境承载力所允许的范围

---

① G. Kallis, V. Kostakis and S. Lange, et al., "Research on degrowth", *Annu. Rev. Environ. Resour.* 43(2018), pp. 291-316.

② R. A. Easterlin, L. A. McVey and M. Switek, et al., "The happiness-income paradox revisited", *Proc. Natl. Acad. Sci. USA* 107/52(2020), pp. 22463-22468.

③ M. Koch, H. Buch-Hansen and M. Fritz, "Shifting priorities in degrowth research: An argument for the centrality of human needs", *Ecol. Econ.* 138 (August 2017), pp. 74-81.

④ M. Sadeghi, "Fact check: Denmark is among world's happiest countries, but it's not No. 1", *USA Today*, 2 Jan. 2021.

⑤ D. W. O'Neill, A. L. Fanning and W. F. Lamb, et al., "A good life for all within planetary boundaries", *Nat. Sustain.* 1(2018), pp. 88-95.

⑥ A. L. Fanning, D. W. O'Neill and J. Hickel, et al., "The social shortfall and ecological overshoot of nations", *Nat. Sustain.* 5(2022), pp. 26-36.

内过上较高质量的生活。①

鉴于当前严峻的生态环境危机的事实，采纳一种极简主义生活方式对我们的日常生活来说是十分必要的。这包括将物品用到它们的寿命终止之时，重拾对个人用品的维修选项从而延缓废弃的消费习惯，并且使消费聚焦于满足个人的基本需求。然而，倡导完全自发性的极简主义生活方式可能不会获得成功，除非能够在没有影响到国家经济、繁荣和生活品质的前提下，将促进极简主义行为方式制度化，并将其纳入一种新的经济政策框架之中（这种框架也就是"极简主义经济学"）。这种行为方式可以应用于餐饮、服装、住房、能源、消费品以及交通等领域，但它不应仅限于个人的自主选择，而是应该拓展到企业战略和治理等层面。该模型不应局限于个人层面上减少消费，而是要努力拓展到社会层面上，并强调在更高的政策层面上进行干预，以促进并整合：行为经济学和生态经济学的理论与原则；循环经济的有效应用。

在零售环节，行为经济学可以应用于推广绿色产品（包括本地生产的产品），比如降低或免除绿色产品税收和对高碳足迹产品征收高额税费。根据"绿色默认选择"，产品标签上应强制注明水足迹和碳足迹。然后，消费者就可以通过采取极简主义的生活方式来控制消费并倾向于选择绿色产品。在回收环节，环境友好型行为有助于更好地处理废弃物，比如垃圾分类、减少垃圾产生、适当处置垃圾等。行为经济学可以通过修理或翻新、重复使用产品，以及购买由回收材料制成的产品来减少废弃物的产生，从而促进循环经济，以及通过促进公平贸易产品（对劳动权益的保障、生态环境保护）、素食主义等方式来促进生态经济学。

结 论

人类正在面临生态灾难所造成的严重后果，而继续下去的无作为或低效行动将使地球走向不可挽回之境。在这种危急情形下，我们必须在未来数十年内采取集体行动来保护地球。极简主义经济学是一种先驱性的方法，因为

---

① A. L. Fanning, D. W. O'Neill and J. Hickel, et al., "The social shortfall and ecological overshoot of nations", *Nat. Sustain.* 5(2022), pp. 26-36.

它将在一个纳入多方利益相关者(监管机构、行业、公众和学术界)参与的综合经济框架下落实环境保护方面的决策和实践。目前,提倡极简主义生活方式,主要基于自愿、个人选择和非针对性的方法,而并没有正式的法律方面的约束。因此,在社区、地方或国家层面上,对物质消费的控制几乎没有任何明显可感知的改变。行为经济学对公司来说并不新鲜;相反,一个众所周知的事实是,企业已经成功运用行为经济学来系统地把握客户的心理倾向以便对客户的决策施加影响,从而引导人们对它们产品的过度消费。[①] 与此不同,极简主义经济学可以利用行为经济学的原理推动人们采纳更为环保的生活方式,比如倾向于修复产品并继续使用,而不是购买全新的产品,减少家庭垃圾,采买本地农产品而非进口农产品等。极简主义经济学的概念独特性,正在建立起行为经济学、循环经济与生态经济学的联系,从而推动当代的环保事业。

本研究中所提出的极简主义经济学模型旨在:(1)基于行为经济学的原则,促进对极简主义生活方式的实践;(2)基于生态经济学的原则,促进生态系统评估以及对自然资源的平等获取;(3)通过循环经济的原则,促进生态系统恢复,并使自然环境在当今的危机时代得到"解毒"。可以理解的是,也许有人会对极简主义经济学的实用性感到担忧,并认为这是一个基于空想的学术命题,而难以兑现该概念框架所许诺的现实益处;也有人可能认为这一概念并不适合现代生活而选择直接拒绝它。然而,无可辩驳的是,我们目前的消费模式是当前全球危机的根源。现有的全球环境治理模式、公众的态度与实践,以及来自企业界的应对措施,都未能为扭转目前的形势带来任何希望。科学家已经警告说,当前是我们将人类从灾难性后果中拯救出来,并挽救地球上数百万生命物种的最后机会。因此,我们已经别无选择,只能携手为我们的生存而战,而极简主义经济学可以为实现这些目标提供某种现实希望。

极简主义似乎存在着不切实际的局限性,并且在现实中面临如何落实的挑战;一些人认为,它不适合当前快节奏、高度商业化的现代生活。然而,

---

① E. Barclay, "Scientists are building a case for how food ads make us overeat", *NPR*, 29 Jan. 2016; A. Hadhazy, "Here's the truth about the 'planned obsolescence' of tech", 12 June 2016, https://www.bbc.com/future/article/2160612-heres-the-truth-about-the-planned-obsolescence-of-tech.

无可争议的是,目前的消费模式是不可持续的,是当前全球环境污染、生物多样性丧失和气候变化危机的根源。采纳极简主义的生活方式是一种切实可行的应对方案,可以解决生态系统中垃圾数量激增、生物圈污染、生物多样性丧失、自然资源过度开发以及碳足迹上升等问题。然而,这还会引出如下一个问题,即借助极简主义经济学概念来发展一种基于社会干预的综合模型,从而实现环境保护。这一模式的运用会涉及社会干预的合理性问题,以及这一路径与传统的社会实验(social experiments)之间的异同。调控社会行为以促进环境可持续性,是极简主义经济学的主要目标之一,而研究经济和环境行为中的社会因素,是极简主义经济学概念的核心所在。极简主义经济学将有助于发展一种"选择架构"(choice architecture)从而以一种可预测的方式塑造社会行为,却并不禁止任何其他社会选择,或急剧改变现行的经济激励模式与生活方式。但必须强调,这种"选择架构"强调"选择的可获得性"(availability of choices),并且这种对人们判断、决定和行为选择所进行的改变,并不会以强加给他人时间成本或社会负担为代价,特别是这种改变并不会增加人们的经济负担。

作为一个新概念,极简主义经济学还需要进一步的理论建构、衡量指标开发,并且在现实中进行实地测试。极简主义经济学的一个重要旨归,是消除社会中现有的不公正与不平等。如果有人认为,贫困群体便是过着近乎极简主义的生活方式,那么这将是一个肤浅的妄断。恰恰相反,贫困群体更可能迫于条件限制而过着一种更加不环保的生活方式。他们通常生活在能源效率低下的住宅中,使用能源效率较低的工具,驾驶高油耗的陈旧车辆(如果他们有车的话),食用半加工或加工的廉价食品,居住在拥挤的、市政配套设施较差的低收入社区之中。因此,在制定政策之前,极简主义经济学应当将社会中的贫困群体纳入考量。在设计以及制定监督和反馈指标之前,必须对每个社区运用行为经济学的方法加以专门评估,而不是采取"一刀切"的方法来进行衡量。

(作者单位:加拿大纽芬兰纪念大学社区健康与人文中心/
北京大学马克思主义学院)

第五章

欧洲激进左翼党的绿色经济政策

王聪聪

内容提要：欧洲激进左翼党因对社会基本经济议题的长期共同立场而形塑了其核心政治认同和政党形象。苏联解体、中东欧剧变之后，大部分激进左翼党经历了不同程度的去激进化过程，体现为基本经济立场缓和，但总体上仍坚持了对资本主义经济制度的反对态度和对社会主义公正理念原则的捍卫立场，因而在相当程度上仍是一个传统意义上的社会主义左翼党。另一方面，大部分激进左翼党还经历了不同程度的"绿化"过程，体现为政治议事日程中对生态环境议题的逐渐吸纳和地位提升，尤其是强调工业化经济的社会生态化转型，但总体上显然并未根本改变或重塑激进左翼党的传统政治身份与政治形象。相应地，激进左翼党的"红绿"意识形态与战略转向，既不是一个短期内可以完成的历史过程，也很难对它的现实政治影响尤其是选举政治效果做出简单化的判断。

关键词：激进左翼党，欧债危机，新自由主义，绿色经济政策，社会生态转型现代政党通常具有两大功能,一是以利益表达、整合和政策制定为主的代表性功能,二是以政治招募、政治动员、组织政府为主的程序性或制度性功能。① 作为社会和政府的"中介"组织,政党担负着构建政治议题,代表并整合所代表群体利益的重要功能。群众性政党都普遍拥有泾渭分明的政治意识形态,它是政党核心政治理念和价值体系的集中体现,也是区分不同类型政党的重要标志。相对稳定和统一的意识形态与政治纲领,不仅是政党制定政策的重要指引,同时也是吸引选民或支持者的重要参照。例如,在经济议题上的不同政治偏好形塑了左翼和右翼政党,两类政党具有显著不同的纲领性政策和社会基础。欧美政党的基本纲领和选举纲领,是我们观察政党政治定位和政策立场的重要依据,前者体现了政党的长期目标与基本价值观,后者更加聚焦于短期的、迫切政治议题的解决方案。

学界已有研究表明,包括政党在内的政治机构对经济增长有着直接或间接的影响,政党的强弱关乎经济表现。费尔南多·比萨罗(Fernando Bizzarro)等学者认为,实力强大的政党在促进经济发展方面发挥着关键性作用。② 另一方面,经济议题也是欧洲大部分政党政策议程中的核心议题和政治关切。受意识形态、社会文化等因素影响,欧洲不同政党在经济领域的议题立场存在着显著区别,这同样体现在它们执政时的政策偏好和政治选择。尽管欧洲政坛不断涌现出新的政治冲突和议题,但"左""右"政治分野依然被认为是最主要的政治区别。通常而言,左翼党追求社会平等,主张计划经济和集体所有权,而右翼党则认为不平等是自然的,强调自由市场和私有产权制度。

作为左翼党家族的重要组成部分,欧洲共产党受到20世纪80年代末90年代初的"共产主义危机"的严重冲击。虽然一些政党消失、一些政党转型成为社会民主党,但以葡萄牙共产党、希腊共产党、法国共产党等为代表的西欧共产党以及其他国家共产党的后继政党、民主左翼党,在冷战结束之后顽强生存下来,并展现出日益强大的生命力,逐渐形成了"欧洲激进左翼党"群体。20世纪90年代后,欧洲大部分激进左翼党都放弃了暴力推翻资本主义的

---

① 斯特凡诺·巴尔托利尼、彼得·梅尔:《当代政党面临的挑战》,载拉里·戴蒙德、查理德·冈瑟等:《政党与民主》,徐琳译,上海人民出版社,2017年版,第354页。

② Fernando Bizzarro, John Gerring and Carl Henrik Knutsen, et al., "Party strength and economic growth", *World Politics* 70/2(2018), pp. 275-320.

策略,转而支持民主议会制度,希望以议会民主的方法或竞选方式,实施激进的甚至是革命性的变革。① 尽管存在着政党类型、革命策略上的差异,欧洲激进左翼党在许多政策领域拥有较为一致的政治立场,比如反对资本主义制度和新自由主义,主张经济规制与管控等。尤其是,激进左翼党家族基于对主要经济议题的共同立场而构建起其独特的政治认同。2010年之后,越来越多的激进左翼党成为国家层面上的执政党或参与联合政府。随着欧洲激进左翼党选举支持率和影响力的整体提升,对这一政党家族经济立场的系统考察和分析,无论从理论层面还是实践层面上都变得更加重要。与20世纪90年代之前相比,激进左翼党的经济理念和政策是否有较大调整与变化?它们的演变趋势以及对主流经济政治政策的影响如何?本章旨在通过对欧洲激进左翼党尤其是绿色议题领域的经济立场政策的分析,对上述问题做出尝试性回答。

一、欧洲激进左翼党的经济政策及其绿化

如何从内部根本变革资本主义制度,一直是当代欧洲激进左翼党的一个关键性战略困境,而在去激进化的欧洲政治环境中,绝大多数激进左翼党都承认了"议会道路变革"的必要性,经历了不同程度的去激进化,并将制度转型视为一项长期性任务。② 欧洲激进左翼党的政治纲领中大都保留了长期内实现向社会主义社会过渡的模糊概念。尽管有些政党的意识形态是马克思主义,另一些则定位于民主社会主义、生态社会主义等,但这些政党都有着明确的反对资本主义政治诉求。激进左翼党的政治方案更多聚焦于中短期意义上的反新自由主义目标,其核心是捍卫福利国家、代表工人阶级和普通民众的利益,以及发展左翼自由主义的价值观,具体政治经济倡议则通常侧重于就业、社会保障、再分配政策、加强监管等结构性措施。③

---

① Philippe Marliere, "The radical left in Europe: An outline", *Transform* 13 (2013), pp. 68-73.
② 卢克·马奇:《欧洲激进左翼政党》,于海青、王静译,社会科学文献出版社,2014年版,第162-163页。
③ Paolo Chiocchetti, *The Radical Left Party Family in Western Europe. 1989-2015* (Abingdon & New York: Routledge, 2017), p. 72.

1. 苏联解体对激进左翼党经济政策的影响

研究表明，西方国家政党政策取向的改变主要是为了回应外部环境的刺激，比如普通选民与政党选民政治偏好的变化、重大的选举挫败、国内外经济形势的变化等。对于欧洲激进左翼党而言，20世纪80年代末90年代初的苏联解体、中东欧剧变、柏林墙倒塌等重大事件，无疑是它们进行政党革新和政策调整的重要"外部刺激"或"冲击"。这次外部危机使得欧洲各国共产党陷入直接的合法性危机和生存危机，而它们传统追求的政策目标比如国有化、中央计划经济和国际主义团结也受到主流政治的质疑。因而，这些重大事变也成为欧洲激进左翼党的"关键性节点"，迫使这些政党进行不同程度的政策或战略调整，比如采纳福利国家主义和新凯恩斯主义经济议程。[①] 20世纪90年代之后，许多西欧共产党修改了它们的党纲，不再坚持计划经济，转向支持各种不同类型的市场经济，但仍坚持反对资本主义的政治定位，尤其是"新自由主义"的资本主义，比如以自由贸易、市场化等为主要标志的"华盛顿共识"。

以德国为例，面对苏联、中东欧的政治剧变以及民主德国新的政治形势，社会统一党在1989年12月召开的特别会议上更改了政党名称，并转型成为一个左翼的社会主义政党。作为社会统一党的后继者，德国民社党于1990年通过了新的纲领与章程，希冀与此前的政治纲领、斯大林模式以及"真正的社会主义"彻底划清界限。1990年纲领奠定了民社党（即后来的"左翼党"）在许多重大政治问题上的主基调和基本原则，比如更宽泛意义上的社会主义意识形态定位和改革主义转型战略的确立、对"现代资本主义社会"文明成就的承认等。[②] 德国民社党放弃了共产主义意识形态，同时也在纲领中放弃了计划经济、社会主义公有制，主张民主社会主义的经济和政治制度，但党内的"现代社会主义者"和"正统马克思主义者"在纲领问题上的分歧一直存在，比如关于

---

① Andreas Fagerholm, "What is left for the radical left? A comparative examination of the policies of radical left parties in Western Europe before and after 1989", *Journal of Contemporary European Studies* 25/1 (2017), pp. 16-40.

② Franz Oswald, *The Party that Came out of the Cold War: The Party of Democratic Socialism in United Germany* (Westport & Connecticut: Praeger, 2002), pp. 9-10.

当前社会的性质和资本主义的看法、财产问题以及实现变革的途径等。① 在经济和财产问题上，虽然党内一致同意关键性公共部门比如基础设施、能源发电、信息网络以及金融系统的国有化，但在公有制的范围或扩展方面，仍然存在着分歧。例如，是否所有的企业都应该国有化，社会主义的财产制度是否意味着所有生产方式的国有化，抑或是民主控制下以公有制为主体的多种所有制经济？② 2011 年通过的基本纲领指出，"社会变化的一个决定性问题是财产问题""经济民主是民主社会主义的基石"，并呼吁所有权结构的改变，建立更多各种形式的公共所有权，以及一个将生产和分配的市场规则置于民主、社会和生态框架之下的经济秩序。③ 整体而言，德国左翼党坚持其一贯的对德国社会市场经济的批判立场，希望通过经济民主以及社会经济体制的转型来实现对当前资本主义的社会经济道路的超越。

瑞典左翼党在 20 世纪 90 年代初的政治转型中，同样对党纲的经济立场做了重大调整。1990 年，瑞典"左翼党——共产党"放弃了"共产党"的名称，更名为"左翼党"，但党的领导集体和纲领并没有太大改变。在 1993 年党代会前夕，党内的 38 名议员联名倡议修改党纲中关于计划经济的部分，倡导发展个人自由和实施规制的市场经济，将纲领转向左翼社会主义。1993 年，在党主席古德伦·施曼（Gudrun Schyman）领导下，瑞典左翼党开启了新一轮以更新党纲为起点的政治变革，在更大程度上接纳女性主义等新社会运动政治诉求，并在 1996 年党代会上将女性主义与社会主义一起确立为左翼党的重要基础。④ 与芬兰左翼联盟的发展进路相似，瑞典左翼党向后共产主义"新左翼"政党的转型也经历了社会民主化的过程，旨在利用主流社会民主党新自由主

---

① Ralph P. Guentzel, "Modernity socialism versus orthodox Marxism: ideological strife in the party of democratic socialism (PDS), 1993-1999", *The Historian*, 2012, Vol. 74, No. 4, pp. 705-720.

② Cornelia Hildebrandt, "The Left Party in Germany", in Birgit Daiber, Cornelia Hildebrandt and Anna Striethorst (eds.), *From Revolution to Coalition--Radical Left Parties in Europe* (Berlin: Rosa-Luxemburg-Foundation, 2012), pp. 108-109.

③ The Left(Germany), *Programme of the Die Linke Party*, Resolution of the Party Congress (Erfurt, 21-23 October 2011), https://www.dielinke.de/fileadmin/download/grundsatzdokumente/programm_englisch/englisch_die_linke_programm_erfurt.pdf.

④ Barbara Steiner, "'Communists we are no longer, Social Democrats we can never be': The Swedish Left Party", in Birgit Daiber, Cornelia Hildebrandt and Anna Striethorst (eds.), *From Revolution to Coalition—Radical Left Parties in Europe* (Berlin: Rosa-Luxemburg-Foundation, 2012), p. 62.

义化和向政治光谱右移留下的政治空间来动员对社民党失望的前选民与新中产阶级，增加选举的大众支持。① 在2004年通过、2012年更新的政党基本纲领中，瑞典左翼党将自己定位于一个基于生态考量的社会主义和女性主义政党，并强调实现共同所有权和经济民主。2016年再次更新后的党纲，如此阐述了瑞典左翼党的新社会愿景："我们的目标是实现一个基于民主、平等和团结的社会，一个没有阶级、性别和种族压迫的社会，一个公平和生态可持续的社会。"②在经济议题领域，瑞典左翼党强调，社会主义经济是一种与今天根本不同的制度，社会主义社会可以包括各种形式的共同所有制，比如国家所有制、合作社、直接劳动治理等。

除"新左翼党"之外，一些国家的共产党也调整了自己的经济政策与立场。例如，过去20多年来葡萄牙共产党的经济政策立场侧重点发生了变化，目前，该党支持混合所有制经济体系，并强调关键性能源部门以及公共服务由国家控制。③ 冷战结束后，大部分激进左翼党都缓和了此前较为激进的经济立场，支持混合所有制经济，倡议推动经济民主，更多以凯恩斯主义经济学为基础，强调完全就业和公共所有权，捍卫社会民主国家。与此同时，它们表现出对非经济议题日益浓厚的兴趣，在政治纲领中吸纳了更多的"新政治"议题。整体而言，正如一些学者所指出的，1989年之后的欧洲激进左翼党依然主要是通过"旧的"或"传统的"左翼政治议题而与其他政党家族相区别，尽管它们都或多或少地增加了对诸如环境保护等"新左翼"政治议题的关注，其核心关切依然是聚焦于国有化、经济管制等社会主义经济议题、工人阶级权益

---

① David Arter, "'Communists we no longer are, Social Democrats we can never be': The evolution of the leftist parties in Finland and Sweden", *Journal of Communist Studies and Transition Politics* 18/3(2000), pp. 1-28.

② Left Party (Sweden), *Left Party Program*, adopted by the Left Party's 35th congress, 19-22 February 2004, and last revised by the 41st congress of the Left Party, 5-8 May 2016, https://www.vansterpartiet.se/resursbank/partiprogram/.

③ Dominic Heilig, "The Portuguese Left: The story of a separation", in Birgit Daiber, Cornelia Hildebrandt and Anna Striethorst (eds.), *From Revolution to Coalition--Radical Left Parties in Europe* (Berlin: Rosa Luxemburg Foundation, 2012), p. 245.

保护以及马克思主义理论分析方法等。①

2. 欧债危机对激进左翼党经济政策的影响

从2008年开始，一场主权债务危机席卷欧洲各国，连经济实力较强的法国、德国都受到冲击，而南欧地区则是重灾区。解决大规模失业、探寻摆脱经济危机的方案，成为摆在各国政党包括激进左翼党面前的首要任务。欧债危机和经济大衰退使得经济议题的重要性再次凸显，并成为社会公众和政党关注的焦点。债务危机成为许多欧洲国家的"关键性时刻"，尤其是建制派政党严苛的紧缩政策招致普通民众的强烈不满，削弱了它们的民意基础，也促成了民粹主义政党的崛起。希腊激进左翼联盟、西班牙"我们可以"党、葡萄牙共产党等，都利用民众对紧缩政策的不满，来抨击欧盟精英和国际机构、国内主流政党和利益集团在应对债务危机过程中所带来的经济政治后果。同时，经济危机和大衰退也成为激进左翼党家族自苏联解体、中东欧剧变以来的最大"外部冲击"。危机期间，经济议题备受全社会关注，成为选举政治中的核心性议题，也是各政党竞选纲领中重点强调的议题，而这也为激进左翼党以及其他左翼党将经济议题重新政治化提供了机遇。

在此背景下，许多国家的激进左翼党，尤其是南欧激进左翼党在竞选纲领中增加了经济社会议题的比重，采取了更为激进的政策立场，强烈反对公共服务支出的削减和福利国家的缩水，反对各国政府普遍实施的紧缩政策，并提出了更加偏向福利主义和聚焦于就业与工人权利的经济纲领。② 例如，葡萄牙共产党在2011年的竞选纲领中就多次提到"人民"一词，较多使用了民粹主义话语和"人民"与"精英"的二元对立宣传策略，来谴责"人民的敌人"即欧盟"三驾马车"以及国内政府所实施的财政紧缩政策，表现出明显的经济社会立场的"左倾"化。③ 在这次大选过程中，葡萄牙共产党及其左翼联盟都呼吁

---

① Andreas Fagerholm, "What is left for the radical left? A comparative examination of the policies of radical left parties in Western Europe before and after 1989", *Journal of Contemporary European Studies* 25/1 (2017), pp. 16-40.

② Pedro Lourenço, "Programmatic change in Southern European radical left parties: The impact of a decade of crises(2010-2019)", *Mediterranean Politics* 2022 (DOI: 10.1080/13629395.2022.2129191).

③ Marco Lisi and Enrico Borghetto, "Populism, blame shifting and the crisis: Discourse strategies in Portuguese political parties", *South European Society and Politics* 23/4(2018), pp. 405-427.

停止公共服务的私有化和社会支出的削减，呼吁创造新的就业机会以及实现关键工业部门的重新国有化。

二、欧洲激进左翼党的绿色经济政策：以德国左翼党为中心

当代欧洲各国的激进左翼党都明确反对新自由主义，反对资本主义的经济社会制度框架，希望能够加强国家对经济生产的干预和财富的再分配，增强经济民主，促进各个领域的公共所有制。欧洲激进左翼党严厉批判新自由主义信条和紧缩政策所引发的多重危机，希望能够通过实施基于民主和团结的政治替代方案来重塑欧洲或欧盟。正如"欧洲左翼党"第二次代表大会所指出的，"我们替代性战略的基本特征是一种基于和平、社会与民主权利和尊重环境的经济"①。

1. 对新自由主义政策的严厉批判

在激进左翼党看来，欧洲条约、欧盟政治和经济精英以及欧洲各国政府主张实行的新自由主义政策导致了严重的经济政治后果，比如民众物质生活条件的侵蚀、欧洲一体化的困境、长期大规模失业、福利国家的肢解、妇女权利的减少等。欧洲的经济、生态、父权制和社会模式的不可持续性导致了多重危机，造成了难以承受的不平等、环境灾难、工作和生活的不稳定。例如，"欧洲左翼党"第一次代表大会通过的文件指出，"通过其面向全球的市场激进主义，新自由主义政策正在消除越来越多国家的福利制度差异，削弱国内需求，巩固和提高失业率，增加不稳定的工作岗位数量，组织社会财富从社会底层向社会顶层的再分配，强化削弱团结的趋势，阻碍社会和生态可持续增长"②。

2008年全球金融危机和欧债危机爆发后，欧洲激进左翼党在批判新自由主义的同时，更多聚焦于对欧洲范围内紧缩政策的批评和谴责。在它们看来，

---

① The European Left: *Building Alternatives*, adopted by the 2nd Congress of the European Left at Prague on 23-25 November 2007（https：//www.european-left.org/wp-content/uploads/2018/12/political_ theses _ final_ version_ 04.12.07_ 0-12. pdf）.

② The European Left, *Yes, We Can Change Europe*, political theses of the 1st European Left Congress at Athens in 2005（https：//www.european-left.org/congress/1st-congress/）.

欧洲正经历着一场严重的危机，金融危机是极端自由主义的进一步扩展，强权正落入金融寡头之手，紧缩政策的实施让欧洲陷入社会和民主衰退，并危及欧洲"联盟"的最基本概念。例如，2010年召开的"欧洲左翼党"第三次代表大会的主题，就是"继续动员停止紧缩政策、改变经济政策，并在欧洲实施消除贫困行动计划"。该大会指出，欧洲各地的人们都反对欧盟、各国政府和国际货币基金组织所施加的紧缩措施，但欧盟领导人和各国政府并不关心这些声音与大多数人的要求，继续削减公共开支、就业、工资和社会福利安全与公共服务。① 在2013年举行的第四次代表大会上，"欧洲左翼党"进一步强调，"全球性的资本主义危机，在经历了数十年利润积累以及有利于资本的大规模财富与权力的重新分配后，已影响着每个国家与社会生活的方方面面。极端的紧缩政策、收缩与不稳定的就业、公共物品与企业的私有化、生产力的破坏，福利国家的大规模缩水、民主体制的削弱、镇压与紧急权力的强化，这些都被用来维持资本的统治地位以及全球的营利能力"②。

整体而言，欧洲激进左翼党认为，人类正处在深刻的社会和政治动荡期，面对经济和金融危机、气候与生态危机、和平与安全新威胁等一系列巨大挑战，全球资本主义体系陷入了历史性僵局，正处于过度积累的危机之中。尤其是，欧盟一直在为新自由主义竞争和紧缩政策服务，并将这种逻辑推到了极限。③ 而当前，欧盟已经处于这一深刻的经济危机、社会危机和体制危机的中心地带。因而，激进左翼党反对欧洲一体化建设的非民主化、新自由主义、

---

① The European Left, *Continuing Mobilisations to Stop Austerity, to Change Economic Policies and to Impose an Action Plan against Poverty in Europe*, adopted by the 3rd Congress of European Left at Paris on 3-5 December 2010, https：//www.european-left.org/congress/3rd-congress-2010-in-paris/f.

② The European Left, *United for a Left Alternative in Europe*, adopted by the 4th Congress at Madrid on 13-15 December 2013（https：//www.european-left.org/wp-content/uploads/2018/11/political_doc_en.pdf）.

③ The European Left, *Reset Europe, Go Left! Overcoming Capitalism to Build a Europe of Peoples, Save the Planet and Guarantee Peace*, adopted by the 6th Congress of European Left at Malaga on 13-15 December 2019（https：//www.european-left.org/wp-content/uploads/2019/12/Political-Document-Final-version-EL-Congress-2019.pdf）.

父权制和军国主义模式,希望能够实现欧洲的民主重建。①

在 2004 年的成立宣言中,"欧洲左翼党"就提出了建立一个新欧洲的愿景:"独立于美国霸权,向南方国家开放,实现对资本主义社会和政治模式的替代,积极反对日益增长的军事化和战争,支持自然环境保护和尊重人权,包括社会和经济权利。"②这一替代性的欧洲构想旨在超越资本主义社会和父权制社会,最终实现人类的解放。在 2007 年举行的第二次代表大会上,"欧洲左翼党"提出了一种基于可持续性和团结原则的欧洲一体化战略,即通过经济、社会文化、生态和制度四个维度的战略来实现社会与生态可持续的、和平的欧洲。这其中,经济可持续性的目标是维持现有的社会"资本存量"及其社会财富,社会文化可持续性包括消除贫困以及社会排斥、实现两性平等、公平分配财富和收入、加强基本社会权利和提供更好的社会保障与公共福利等,生态可持续性旨在保护生物多样性、大幅减少能源和材料消耗,可持续性的制度层面意味着更多的大众参与权和政治机会。③ 在 2019 年举行的第六次代表大会上,"欧洲左翼党"进一步将替代性欧洲方案的核心明确为"社会生态转型"(social-ecological transformation),而这是一种全新的发展模式,其目标是彻底改变资本主义经济结构。④ 在它看来,左翼政治的宗旨是实现多种形式的所有权,因而社会生态转型本质上是一场阶级斗争,这也是左翼思考的核心。在 2022 年举行的第七次代表大会上,"欧洲左翼党"再次强调,致力于建立一个超越父权制的民主的、社会的、生态的与和平的欧洲,而这一替代性方案的核心与关键是"社会生态转型"。"我们必须放弃新自由主义紧缩政

---

① The European Left, *Building Alternatives*, adopted by the 2nd Congress of the European Left at Prague on 23-25 November 2007 (https://www.european-left.org/wp-content/uploads/2018/12/political_theses_final_version_04.12.07_0-12.pdf).

② The European Left, *European Left Manifesto*, adopted by the founding Congress at Rome on 8-9 May 2004 (https://www.european-left.org/manifesto/).

③ The European Left, *Building Alternatives*, adopted by the 2nd Congress of the European Left at Prague on 23-25 November 2007 (https://www.european-left.org/wp-content/uploads/2018/12/political_theses_final_version_04.12.07_0-12.pdf).

④ The European Left, *Reset Europe, Go Left! Overcoming Capitalism to Build a Europe of Peoples, Save the Planet and Guarantee Peace*, adopted by the 6th Congress of European Left at Malaga on 13-15 December 2019 (https://www.european-left.org/wp-content/uploads/2019/12/Political-Document-Final-version-EL-Congress-2019.pdf).

策,并进行根本性和系统性的转型,将社会生产力的控制权转变为民主的公有制,从而实现有计划的生产,满足人民和地球的需要,而不是为了营利。"①

2. 完全就业与实现工人权利

欧洲激进左翼党将工作视为人们的一项基本权利,并致力于实现所有人的充分和体面的就业。在它们看来,一个能够阻止社会衰退的经济政治体系必将成为真正的发展助推器,这意味着对欧盟的替代经济体系必须着力于提出切实方案来避免不确定、不稳定的就业,从而避免经济危机。激进左翼党希望能够通过实现充分就业来对抗就业不稳定现象。例如,"欧洲左翼党"在2007年举行的第二次代表大会上指出,"欧洲左翼党正在为消除失业,为创造新的充分就业和高质量就业,为实现一个没有不稳定性的欧洲而奋斗。我们正在致力于一项新的欧洲工作标准,旨在缩短每个人的工作时间,从而使妇女和男性能够更好地协调就业和个人生活,并大幅降低失业率"②。它认为,欧洲经济的重建必须为一种基于公共投资和更多就业机会、符合社会和生态标准的新的发展模式创造条件。

在欧洲激进左翼党看来,尽管欧洲每个国家的贫富差距不同,但都面临着巨大的工资问题和贫富差距加大问题。对于左翼党而言,工资问题不仅是一个经济问题,还是一个战略性的政治议题。欧洲激进左翼党希望能够逐步保障所有工人在工资、福利和工作条件方面的平等待遇。"无论男女,人人享有体面收入的权利意味着确保工资方面的真正性别平等以及职业发展。"③例如,德国左翼党一直在为争取财富从利润到工资的再分配而斗争,并认为,德国低收入和正常收入者的工资必须大幅度上涨。整体而言,欧洲激进左翼党一方面希望通过经济增长来创造新的就业机会,加强对中小型企业和自由

① The European Left, *There Is a Left Alternative*, political document adopted by the 7th European Left Congress at Vienna on 9-11 December 2022 (https://www.european-left.org/wp-content/uploads/2022/12/Adopted-Documents-EL-Congress-2022.pdf).

② The European Left, *Building Alternatives*, adopted by the 2nd Congress of the European Left at Prague on 23-25 November 2007 (https://www.european-left.org/wp-content/uploads/2018/12/political_ theses _ final_ version_ 04.12.07_ 0-12. pdf).

③ The European Left, *Refound Europe*, *Create New Progressive Convergence*, political document adopted by the 5th Congress of European Left at Berlin in 2016 (https://www.european-left.org/wp-content/uploads/2018/10/1_ -_ en_ -_ political_ document_ el_ -_ congress_ final.pdf).

职业者的支持力度；另一方面，也主张将工作与培训相结合，通过向工人提供就业培训来提高他们的技能，同时保障劳动关系的民主化和民主决策权。例如，在德国左翼党看来，生态重组和数字化正在引领公司新的活动领域，公司正利用数字化、新技术和产品引入的机会对员工进行重组、裁员或勒索，因而德国左翼党呼吁，所有员工都有权接受进一步培训，公司不得将教育和培训的责任推卸给员工和公众，所有员工在继续培训期间必须有合法暂时减少或暂停工作时间的权利。① 丹麦"红绿"联盟、西班牙联合左翼、芬兰左翼联盟、葡萄牙左翼联盟等政党，还将绿色就业视为解决失业问题的一个重要方案。② 在这些激进左翼党看来，生态与社会维度的结合是必要的，即需要进行绿色工业革命，但在这些变化中工人的权益也必须得到保障。

此外，捍卫工人阶级的权利是激进左翼党政策纲领的核心主张之一。它们呼吁变更劳动法的消极方面，使工人获得培训以及在劳动力市场、公平工作条件上的平等机会，恢复有效的集体谈判权，严格执行工人罢工的权利，反对降低工资和侵犯工人权利。同时，也要保障妇女在工资、工作条件、职业发展和各级社会参与方面的平等权利。例如，为了应对工作条件的不稳定，"欧洲左翼党"积极支持各国为创造和提高最低工资而进行的社会斗争或工人运动。在更广泛意义上，"欧洲左翼党"支持所有国家争取工资、集体协议、在不降低工资的前提下减少工作时间以及改善工作条件的斗争。③ 欧洲激进左翼党反对任何工作条件的恶化、反对新自由主义劳动力市场改革，希望加强工会与社会运动、非政府组织、公民倡议以及左翼政党的合作，共同推动集体协议。欧洲激进左翼党还强调，经济自由和竞争规则均不应优先于基本社会权利。例如，德国左翼党宣称，要为实现劳动力市场、社会和经济政策的根本性变革以及新的正常就业关系而奋斗，致力于建立一种新的正常工作关

---

① The Left (Germany), *Wahlprogramm der Partei DIE LINKE zur Bundestagswahl* 2021, adotped by the Congress on 19-20 July 2021 (https：//btw2021. die-linke. de/wahlprogramm-2021/).

② Inger V. Johansen, "The Left and Radical Left in Denmark", in Birgit Daiber, Cornelia Hildebrandt and Anna Striethorst (eds.), *From Revolution to Coalition--Radical Left Parties in Europe* (Berlin: Rosa Luxemburg Foundation, 2012), p. 21.

③ The European Left, *There is a Left Alternative*, political document adopted by the 7th European Left Congress at Vienna on 9-11 December 2022 (https：//www. european-left. org/wp-content/uploads/2022/12/Adopted-Documents-EL-Congress-2022. pdf).

系，为所有人提供安全的、由民主所督导的工作。"德国左翼党希望所有劳动人民在工作中过得好且安全，工作条件必须以人们及其家庭为导向，而不是以企业家的利益为导向。"①

在工作时间和工资报酬方面，各国激进左翼党呼吁禁止临时性和短期工作，主张制定全国的最低工资标准，为企业设定最高工资标准，实现青年和妇女的同工同酬，并通过立法保障每周工作最多 35 小时的制度。例如，德国左翼党在 2013 年大选的竞选纲领中强调，"我们希望在全国范围内实施法定最低工资每小时 10 欧元；我们希望结束低报酬、临时性工作，以及劳动合同的滥用、随意性支付等不合理的雇佣关系"②。在 2017 年大选中，德国左翼党将"每个人拥有好的工作"作为选举纲领中的首要倡议，其具体主张包括：将法定最低工资提高至每小时 12 欧元，终止无限期延长的代理工作和滥用定期合同现象，创造更多的全职工作，克服对妇女的工资歧视、实现同工同酬，为自营职业者提供更好的社会保障，防止老年人贫困、加强集体谈判和工会的权利等。③ 在 2021 年大选中，德国左翼党主张将最低工资提高到每小时 13 欧元，将每周工作时间减少至 30 小时，并呼吁将临时工作转为常规性工作，强化所有就业关系中的社会保障，确保继续接受社会保障培训的权利。另一方面，无论是德国左翼党还是其他国家激进左翼党，都特别强调捍卫女性的权利，消除对女性的工资歧视，呼吁对劳动力市场、社会和经济政策进行根本性变革。例如，德国左翼党呼吁，所有性别都必须有平等的机会从事有报酬的工作，希望废除大多数女性工作中的低工资部门。

3. 公共控制和战略性部门的国有化

欧洲激进左翼党反对欧盟层面以及国内政府施行的新自由主义经济政策，反对公共服务的私有化、能源供应的私有化和市场的放松管制，强调应实现

---

① The Left(Germany), *Wahlprogramm der Partei DIE LINKE zur Bundestagswahl* 2021, adotped by the Congress on 19-20 July 2021(https：//btw2021. die-linke. de/wahlprogramm-2021/).

② The Left(Germany), *100% sozial. Entwurf des Wahlprogramms Bundestagswahl* 2013, September 2013.

③ The Left(Germany), *Wahlprogramm der Partei DIE LINKE zur Bundestagswahl* 2017, adotped by the Congress at Hannover on 9-11 June 2017 (https：//btw2017. die-linke. de/wahlprogramm/i-gute-arbeit-fuer-alle-statt-niedriglohn-dauerstress-und-abstiegsangst-1/).

战略性部门的国有化和公共控制,捍卫福利国家制度。"'欧洲左翼党'捍卫社会化和民主化的所有目标。我们的长期目标是实现关键经济部门(比如能源)的社会化所有。"①激进左翼党质疑将市场、竞争力和增长置于首要地位的发展逻辑,认为应将公众利益和政治参与放在首位,以便更好地塑造欧洲的公共空间,尤其是国家机构、地方政府和广泛形式的公民直接参与等不同层面民主的结合,从而更好地促进公共利益的实现。

一方面,欧洲激进左翼党强调,公共机构、员工、社区和其他社团必须直接控制生产,深化经济民主。激进左翼党倡议减少股东权力和赋予员工更多对公司的控制权,使得员工对投资和薪酬拥有更多影响并公平地分享利润。"欧洲左翼党"在2019年举行的第六次代表大会上强调,"大型公共投资计划应在民主的公共控制下实施,以避免简单、不平等和几乎非绿色的资本主义现代化"②。基于此,"欧洲左翼党"呼吁重新调整投资和研发政策,以便创造就业机会和保护生态环境。着眼于更好地创造高质量就业的新任务和满足新的社会生态标准,欧洲央行必须置于民主控制之下,并承担对这种新型经济发展模式的融资任务。

德国左翼党也反复呼吁,促进实现所有层面和所有领域的更多民主参与,无论是欧洲层面、国家层面和地方州层面,特别是联邦层面上的公民大会、全面投票。例如,在2017年联邦大选中,德国左翼党强调继续捍卫和扩大公民权利,将民主凌驾于经济权力之上,加强日常生活中的民主,比如通过公民预算、经济民主化等途径。德国左翼党将公众视为民主的核心组成部分,认为社会的财富必须反映在公共财富和所有人的生活机会之中,呼吁促进国家、社会和经济的民主化,保障公民政治、社会和文化等方面的普遍权利,并实施一种高效、民主、公共、人人可及、普惠性的生态可持续服务和基础

---

① The European Left, *Reset Europe, Go Left! Overcoming Capitalism to Build a Europe of Peoples, Save the Planet and Guarantee Peace*, adopted by the 6th Congress of European Left at Malaga on 13-15 December 2019 (https://www.european-left.org/wp-content/uploads/2019/12/Political-Document-Final-version-EL-Congress-2019.pdf).

② The European Left, *Reset Europe, Go Left! Overcoming Capitalism to Build a Europe of Peoples, Save the Planet and Guarantee Peace*, adopted by the 6th Congress of European Left at Malaga on 13-15 December 2019 (https://www.european-left.org/wp-content/uploads/2019/12/Political-Document-Final-version-EL-Congress-2019.pdf).

设施的新模式。① 在德国左翼党看来，公共服务和设施必须对所有人开放，也必须回应社会需求，只有公共企业、民间社会非营利组织和公共财产才能提供公民和员工民主控制与共同决定的机会。

另一方面，欧洲激进左翼党特别强调，能源、水供应、通信、住房、教育、医疗卫生等关乎民众生计的公共服务，必须实行民主控制，防止它们被商业化和私有化。这其中的一项重要倡议就是创建国有化的公共能源部门，实现电力、燃气、公共供水等服务的国有化。在激进左翼党看来，公共服务的私有化对民众和国家来说都将是毁灭性的，只能导致各种歧视与不平等的日益增多。从成立大会到第七次代表大会，"欧洲左翼党"一直都在强调为捍卫欧洲的公共福利而斗争，聚焦点则是反对水资源和能源供应的商业化与私有化。"欧洲左翼党"认为，左翼政治行动的一个主要任务就是捍卫公共服务，为实现对生活和环境保护至关重要部门的社会化与民主化控制创造条件。例如，"欧洲左翼党"2016年举行的第五次代表大会通过的文件指出，要确保能源的公共控制，私有化进程必须停止，已经私有化的部门必须重新回到公共所有；在国家和欧洲两个层面上捍卫与扩大公共服务是实施一种超越自由主义逻辑的新发展模式的工具，它应该以透明、民主的监督为基础。② "欧洲左翼党"2022年举行的第七次代表大会也指出，"为了防止几乎很少绿色化的、纯粹的资本主义现代化，民主控制是至关重要的。我们需要公共投资于基础设施、社会服务，比如医疗保健、负担得起的优质住房、可持续交通、教育和文化，以及诸如水、空气、气候、森林等环境保护公域"③。同时，欧洲激进左翼党希望强化对教育、科技领域的公共投资，建立每个人都可以享有的良好的、公共的和免费的教育，以及重建公共医疗保障体系。

---

① The Left(Germany), *Wahlprogramm der Partei DIE LINKE zur Bundestagswahl* 2017, adotped by the Congress at Hannover on 9-11 June 2017 (https：//btw2017.die-linke.de/wahlprogramm/i-gute-arbeit-fuer-alle-statt-niedriglohn-dauerstress-und-abstiegsangst-1/).

② The European Left, *Refound Europe*, *Create New Progressive Convergence*, political document adopted by the 5th Congress of European Left at Berlin in 2016 (https：//www.european-left.org/wp-content/uploads/2018/10/1_-_en_-_political_document_el_-_congress_final.pdf).

③ The European Left, *There Is a Left Alternative*, political document adopted by the 7th European Left Congress at Vienna on 9-11 December (https：//www.european-left.org/wp-content/uploads/2022/12/Adopted-Documents-EL-Congress-2022.pdf).

德国左翼党也呼吁停止公共服务的私有化，倡议所有私有化计划都必须由公民直接投票来决定。在它看来，新自由主义的扩展导致对社会基础设施必要投资的受阻，社会住房、学校、医院、公路、铁路等公共基础设施都缺乏充分投资，德国大多数人反对公共服务重要领域的私有化。与基于市场私有化和利润逻辑不同，德国左翼党希望以财富惠及所有人的方式重塑投资形象，比如更多投资于良好的教育、非营利住房建设、能源转型、公共交通设施的改善、弱势地区、无障碍交通等。① 德国左翼党支持德国近年来已经形成的住房、能源、水供应和废物管理的重新社区化，希望通过重新社区化来强化公众利益。例如，在 2019 年欧洲大选中，它强调，"我们的健康和住房不能归属于股市，德国左翼党希望将财富从金融市场转移出去并用于发展优质公共服务"②。

4. 公平的税收制度

税收政策或财富的再分配政策，是包括激进左翼党、社会民主党等在内的欧洲左翼政党的核心性政策。激进左翼党的基本理念就是通过财富的再分配，消除贫富差距，促进实现社会平等与社会财富的共享。基于此，激进左翼党认为，必须制止以工资为代价的财富和利润的爆炸性增长，主张对大资本家或高收入者征收较高税收，降低中低收入者的税收，减轻工人、退休者以及中小型规模企业的压力。比如，"欧洲左翼党"强调，"税收政策必须变得更加公平，对最富有的人群的收入和财富、大公司和银行的利润应该征收更高的税，同时减轻中低收入(者)的税负"③。在它看来，建立符合多数人利益和共同利益的税收制度是一项基础工程与斗争，而一个将税负从中下阶层转移到上层阶级的税制可以服务于最脆弱的社会阶层，缓解现有的不平等现象，

---

① The Left(Germany), *Wahlprogramm der Partei DIE LINKE zur Bundestagswahl* 2017, adotped by the Congress at Hannover on 9-11 June 2017 (https：//btw2017. die-linke. de/wahlprogramm/i-gute-arbeit-fuer-alle-statt-niedriglohn-dauerstress-und-abstiegsangst-1/).

② The Left(Germany), 10 *Punkte*：*So machen wir Europa sociazl*. Europawahl 2019 Wahlprogram (https：//ep2019. die-linke. de/positionen/).

③ The European Left, *Reset Europe*, *Go Left*！*Overcoming Capitalism to Build a Europe of Peoples*, *Save the Planet and Guarantee Peace*, adopted by the 6th Congress of European Left at Malaga on 13-15 December 2019 (https：//www. european-left. org/wp-content/uploads/2019/12/Political-Document-Final-version-EL-Congress-2019. pdf).

并促进公共利益的增长。在此意义上,"人民的利益必须优先于跨国公司的既得利益"①也体现了激进左翼党的基本价值立场。

德国左翼党也希望建立一个公平的税收制度,主张重新分配财富使其惠及所有人,公平改革所得税以此减轻中低收入人群的负担。在它看来,德国从未像现在这样收入和财富分配不均等。德国是拥有百万富翁最多的四个国家之一,但自1997年以来德国并没有提高财富税,其结果是公共服务的不断削减或私有化。因而,德国左翼党主张对高财富、高收入和资本、利润等征收更高的税。这些额外税收收入可以为建设一个以团结为基础的社会和福利国家提供基础,比如更好的社会保障、更多的教育、卫生和护理人员,以及非营利住房建设、无障碍设施、社会生态转型等。② 无论是2013年德国大选还是2017年、2021年大选,它都呼吁征收百万富翁的财产税,譬如对100万欧元以上的资产(减去债务)征税1%、遗产税、公司税、金融交易税、市政营业税等,并将这部分税收投资于教育、卫生、交通转型、社会住房和气候保护。此外,德国左翼党还是德国政坛唯一主张降低中低收入者税收的政党。③ 例如,在2017年大选中,它呼吁减轻中低收入群体的负担,而对更高的收入人群征税,希望将每年的个人免税额提高到12600欧元,这意味着每月总收入低于7100欧元的人都将受益于这个税收计划。

欧洲激进左翼党还主张在欧盟和国际层面上关闭避税天堂,严格监控资本流动,坚决打击逃税和各种形式的金融犯罪。面对欧债危机,激进左翼党倡议停止紧缩政策,以避免人道主义灾难,通过重构欧元体系,改造现有的金融政策工具使其真正服务于人民,服务于以满足社会需求为导向的经济发展。例如,"欧洲左翼党"呼吁"从金融寡头中夺回权力",对欧洲央行进行民主控制、对银行信贷的重新定位,阻止欧盟与欧盟以外的避税天堂之间的资

---

① The European Left, *Refound Europe, Create New Progressive Convergence*, political document adopted by the 5th Congress of European Left at Berlin in 2016 (https://www.european-left.org/wp-content/uploads/2018/10/1_-_en_-_political_document_el_-_congress_final.pdf).

② The Left(Germany), *Wahlprogramm der Partei DIE LINKE zur Bundestagswahl 2017*, adotped by the Congress at Hannover on 9-11 June 2017 (https://btw2017.die-linke.de/wahlprogramm/i-gute-arbeit-fuer-alle-statt-niedriglohn-dauerstress-und-abstiegsangst-1/).

③ The Left(Germany), 100% *sozial. Entwurf des Wahlprogramms Bundestagswahl* 2013 (September 2013).

本流动,消除欧盟内部的避税天堂,结束保护大资本和避税的银行保密制度等。① 与此同时,"欧洲左翼党"还主张实现"财政正义"(fiscal justice),提议在联合国主持下召开全球财政缔约方会议,对金融交易征收全球税,并支持所有国家和欧盟在这方面的措施。

另一方面,欧洲激进左翼党还强调,必须禁止对能源、水供应、住房、卫生、教育和土地的金融投机,将金融市场置于民主控制之下,以打击经济的金融化,加强在医疗、住房、教育和文化等领域的公共投资。对此,"欧洲左翼党"在2022年举行的第七次代表大会上倡议,由欧洲央行以零利率甚至负利率来资助欧洲生态和社会发展基金,用于公共服务和就业。在2017年联邦大选中,德国左翼党也强调,"利润、私有化和价格压力损害了民主的社会基础。公共交通、公共住房协会的住房不应该营利"②。为此,德国左翼党呼吁,不断加强国内公共服务,通过更一致的税收执法来有效地打击逃税、洗钱和补贴欺诈,从而消除避税天堂;在欧洲层面上,它呼吁为整个欧洲的公司和高财富个人引入最低税率,加大对银行和公司逃税的惩罚力度。此外,德国左翼党还主张进行公平的财政预算,将更多联邦预算投入到教育、卫生和气候保护,而不是军备开支方面。

5. 经济的生态化

欧洲激进左翼党认为,在资本主义制度下生态可持续性与经济增长之间存在不可避免的矛盾,并呼吁通过"社会生态转型"来实现一个更加绿色和公正的社会。各国激进左翼党普遍将生态环境危机、气候危机视为资本主义系统性危机的重要表现之一,因而其替代性方案中都包含着生态关切维度。比如,无论是2004年的成立宣言、历次代表大会的官方文件,还是关于气候变化、生态环境保护治理的专题性文件,"欧洲左翼党"都包含着激进左翼的"红绿"政治愿景。概言之,它呼吁对欧洲政策框架进行激进变革,实施以捍卫人

---

① The European Left, *Change Europe: For A Europe of Work*, adopted by the 4th Congress of the European Left at Madrid on 13-15 December 2013 (https://www.european-left.org/wp-content/uploads/2018/11/political_doc_en.pdf).

② The Left (Germany), *Wahlprogramm der Partei DIE LINKE zur Bundestagswahl* 2017, adopted by the Congress at Hannover on 9-11 June 2017 (https://btw2017.die-linke.de/wahlprogramm/i-gute-arbeit-fuer-alle-statt-niedriglohn-dauerstress-und-abstiegsangst-1/).

民福利为导向、结合生态和社会需求的全面社会生态转型,摒弃以化石能源为基础的生产模式和消费模式,制定包括能源政策、交通政策等在内的新的工业政策。

一方面,欧洲激进左翼党深刻揭示和批判了资本主义生产方式所导致的全球生态危机和气候危机。在激进左翼党看来,生态危机是资本主义生产方式不断扩张的后果,它不仅导致了损害自然生态的无节制的生产主义,还产生了大众异化的消费主义。因而,"对生态转型、对转变生产方式以满足社会和保护环境的需要而言,社会主义观点是不可或缺的"[1]。比如,"欧洲左翼党"指出,资本主义基于在尽可能短的时间内以最低的社会和环境成本追求最大利润的和排他性的发展模式,只能逐渐摧毁我们的星球。这种发展模式的灾难性后果对生态环境造成了日益严重的威胁,全球化的资本主义性质加剧了生态危机。[2] "欧洲左翼党"还指出了"绿色资本主义"战略与举措的内在局限性,特别是追逐短期利润的内在逻辑与生态系统保护的内在矛盾,因而,对资本主义的"绿色漂白"(greenwash)不可能真正奏效。

与此同时,稳定获取日益稀缺的自然资源(比如水、农业用地和化石燃料)问题正在成为一个突出的地缘政治挑战。对此,德国左翼党指出,"资本主义意味着不惜一切代价、以牺牲人类和自然为代价的增长,因而迫切需要不受企业利润或利益阻碍的社会生态重组"[3]。为此,德国左翼党呼吁实施能使所有人受益的社会生态转型,在此过程中,人们能负担得起能源、交通、健康食物和更好的生活质量。此外,德国左翼党还强调,生态环境和气候变化议题同时关涉全球正义问题,全球南方国家受到气候变化的影响特别大,对气候和环境破坏的责任却最小,而妇女和儿童所遭受的气候灾难与环境破

---

[1] The European Left, *Refound Europe*, *Create New Progressive Convergence*, political document adopted by the 5th Congress of the European Left at Berlin in 2016 (https://www.european-left.org/wp-content/uploads/2018/10/1_-_en_-_political_document_el_-_congress_final.pdf).

[2] The European Left: *Building Alternatives*, adopted by the 2nd Congress of the European Left at Prague on 23-25 November 2007 (https://www.european-left.org/wp-content/uploads/2018/12/political_theses_final_version_04.12.07_0-12.pdf).

[3] The Left (Germany), *Wahlprogramm der Partei DIE LINKE zur Bundestagswahl* 2017, adopted by the Congress at Hannover on 9-11 June 2017 (https://btw2017.die-linke.de/wahlprogramm/i-gute-arbeit-fuer-alle-statt-niedriglohn-dauerstress-und-abstiegsangst-1/).

坏影响也超过了平均水平,因而德国必须在二氧化碳减排方面做出自己的应有贡献。

另一方面,欧洲激进左翼党阐述了建立一个不同于资本主义发展模式的替代性"红绿"方案。首先,左翼的新发展模式是对资本主义的生产主义和消费主义的替代。比如,"欧洲左翼党"在它的成立宣言中就指出,"我们主张一种替代性的方式来实现社会的、生态的和可持续的发展,在保护环境和气候的基础上基于预防原则来重塑经济结构"①。在2007年举行的第一次代表大会上,"欧洲左翼党"再次强调,左翼的替代性经济政策必须符合人类发展的趋势要求,即给后代留下一个比我们今天生活的世界更好的世界,为环境和社会权利而战是激进左翼党的一项团结的义务,是对经济逻辑的超越。"我们有必要采用新的经济发展观,特别是在自然资源开发方面,建立一种尊重自然环境并以人类能力发展为中心的经济模式。"②在2022年举行的第七次代表大会上,"欧洲左翼党"进一步指出,"保护生物多样性和生态系统对我们的生活至关重要;我们必须思考人类与自然之间的新关系。因此,我们的生产和消费方式必须受到质疑:我们需要大规模的转型过程以达到符合地球可持续性和满足人们实际需求的生产水平"③。尽管在欧洲范围内,绿党近些年来显著提高了它们的竞选成绩,并提出了"绿色新政"的政治愿景,但在"欧洲左翼党"看来,绿党的替代方案与左翼党的社会生态愿景虽有某些相似性,但却在本质上是绿色资本主义的,而激进左翼党的社会生态转型方案则旨在挑战资本主义的利润逻辑,因而本质上不同于绿党、社会民主党以及其他保守政党的绿色方案。

其次,创建一种能够减少失业和应对气候生态危机的新工业模式。欧洲激进左翼党认为,有必要重新定义左翼政治的工业政策目标,实施一场绿色

---

① The European Left, *European Left Manifesto*, adopted by the founding Congress at Rome on 8-9 May 2004(https://www.european-left.org/manifesto/).

② The European Left, *Building Alternatives*, adopted by the 2nd Congress of the European Left at Prague on 23-25 November 2007(https://www.european-left.org/wp-content/uploads/2018/12/political_theses_final_version_04.12.07_0-12.pdf).

③ The European Left, *There is a Left Alternative*, political document adopted by the 7th EL Congress at Vienna on 9-11 December 2022(https://www.european-left.org/wp-content/uploads/2022/12/Adopted-Documents-EL-Congress-2022.pdf).

的工业革命。这种新工业模式的主要特点,是通过合作、人类潜能和新型投资而非竞争、金融掠夺和降低"劳动力成本"而运行。"我们希望重新思考工业生产及其所有权,使其既能满足人类的需求,又能资源效率高且摆脱化石燃料。"①在"欧洲左翼党"看来,欧盟及各国的现行工业和能源政策由资本利益所决定,而这正是导致气候危机和生态环境危机的根源,因而需要将人们的需求置于首位的社会生态转型,制定聚焦于自然环境、公共服务和创造就业为重点的公共投资方案。德国左翼党也强调,迫切需要进行经济社会生态结构调整以重塑生产方式、生活方式以及社会财富的分配和使用方式,从根本上改变经济和财政政策的方向,即人类和自然优先于利润(资本积累)。② 基于此,它倡议以符合人民共同利益的针对性投资来取代盲目性的增长,通过经济民主化、改变税收政策和对国家经济发展进行根本性改革来实现对生产和服务的社会生态重组;与此同时,它还倡导实现经济的全面民主化,致力于将公用事业、银行和保险公司、制药和医疗行业、邮政局、电力公司、电信基础设施和其他关键行业的公司转移到公共机构(或合作)手中,并转变为社会所有制形式。不仅如此,欧洲激进左翼党还希望对欧盟的"共同农业政策"进行全面改革,从而为农业和粮食生产确立一个新的模式,摆脱生产主义的逻辑,以确保农民获得体面的收入以及健康和廉价的食品,并根据生产状况、环境问题和部门脆弱性进行援助。

第三,实施正义的能源转型。在激进左翼党看来,为了应对气候危机、自然资源枯竭和生态灾难、达成2050年实现碳中和目标,需要进行根本性的社会变革和对生产组织模式的重新设计,尤其要彻底重塑能源模式。激进左翼党倡议开展一场伟大的生态保卫战,以创造环境公共服务、公共水资源管理以及免费公共交通等,同时致力于能源转型。例如,"欧洲左翼党"指出,

---

① The European Left, *Reset Europe, Go Left! Overcoming Capitalism to Build a Europe of Peoples, Save the Planet and Guarantee Peace*, adopted by the 6th Congress of European Left at Malaga on 13-15 December 2019 (https://www.european-left.org/wp-content/uploads/2019/12/Political-Document-Final-version-EL-Congress-2019.pdf).

② The Left (Germany), *Wahlprogramm der Partei DIE LINKE zur Bundestagswahl* 2017, adopted by the Congress at Hannover on 9-11 June 2017 (https://btw2017.die-linke.de/wahlprogramm/i-gute-arbeit-fuer-alle-statt-niedriglohn-dauerstress-und-abstiegsangst-1/).

"我们需要改变欧盟当前的新自由主义能源模式,大幅减少二氧化碳排放量:基于化石能源的生产已经没有未来,我们需要一个以绿色产业为重点的新的欧洲工业政策"①。在它看来,《欧洲气候法》和《欧洲绿色新政》的目标与政策,尚不足以应对气候变化的紧迫任务并确保地球的生存;欧洲能源市场的自由主义逻辑和能源行业的竞争,则加剧了生态环境危机。在《欧洲绿色新政》发布之前,激进左翼党在欧洲议会的党团"欧洲联合左翼——北欧绿色左翼"通过了《欧洲绿色社会新政》,其中包括了气候和能源目标、公正转型、公共投资、碳排放交易方案、农业政策、能源转型等十项倡议,而左翼党团希望依此向欧盟委员会提出建议。"欧洲联合左翼——北欧绿色左翼"认为,真正的"绿色新政"需要超越新自由主义逻辑,必须对生产方式、消费方式和分配方式进行革命性改造。②

德国左翼党也致力于实现社会公正和民主的生态转型,即面向可再生能源、能源高效使用、生态交通、气候保护和可持续经济的公正转型。在2021年议会大选中,德国左翼党的竞选口号即为"为了社会安全、和平和气候正义"。③ 在它看来,为了更好地实现整个经济的生态转型,需要一个同时兼具社会公正性、合生态性和民主性的政策体系。德国左翼党指出,气候保护和社会正义是不可分割的,如果没有社会正义,那么向碳中和经济的重大转型就不可能取得成功;如果没有气候正义,现在和将来都不会有社会正义,因为气候危机首先影响那些处于社会弱势的人。④

此外,"欧洲左翼党"还赞成由工会倡导的"公正转型"(just transition)概念。这一概念结合了生态转型与社会正义两个维度,突出强调工人等群体在生态转型中的民主参与和权利保障。比如,在"欧洲左翼党"看来,能源转型必须体现人民民主,只有人民才可以界定公共利益、确保环境规划的实施,

---

① The European Left, *There Is a Left Alternative*, political document adopted by the 7th Congress of the European Left at Vienna on 9-11 December 2022 (https://www.european-left.org/wp-content/uploads/2022/12/Adopted-Documents-EL-Congress-2022.pdf).

② GUE/NGL, *Towards A Green & Social New Deal for Europe*, November 2019 (www.guengl.eu).

③ Available at https://btw2021.die-linke.de/wahlprogramm-2021/ (accessed on 12 January 2023).

④ The Left (Germany), *Wahlprogramm der Partei DIE LINKE zur Bundestagswahl* 2021, adopted on 19-20 June 2021 (https://btw2021.die-linke.de/wahlprogramm-2021/).

只有依靠人民才能拯救生态系统和实现真正的能源转型,因而,"大众参与的生态转型是我们公民革命的重要组成部分之一"①。这样,欧洲激进左翼党突出强调生态转型中的社会维度,认为社会生态转型必须是公平的、正义的,即在实现碳中和的社会转型或社会生态转型过程中,不仅需要保证广大民众的权利,更需要普通民众的广泛直接参与,共同塑造一个更加民主、平等、可持续发展的社会。

再比如,德国左翼党也宣称为气候正义而奋斗,强调要实现为了所有人的能源转型,在应对气候变化和能源转型中要确保每个人获得安全工作和稳定收入,公平地向气候友好型产业转型。② 在它看来,只有在社会公正和公民自我塑造的情形下,能源转型才会取得成功,因而有必要结束大公司在能源供应中的主导地位,将能源供应贴近公民并为公共利益服务。此外,德国左翼党还强调,社会生态转型和创建新的繁荣模式不应该以企业员工和普通民众为代价,社会生态投资计划的实施要缩短工人的工作时间并维持良好的工资水平、实现财富的公平分配,进而为人们创造安全和有意义的工作,同时,向气候友好型和团结型社会的转型要使低工资部门、工业或建筑业、社会服务和基础设施领域的员工最终受益。③

三、欧洲激进党绿色经济政策的现实政治影响

20世纪90年代初以来,欧洲激进左翼政治发生了较为深刻的重组与革新,并试图成为欧洲层面上的"绿色左翼"替代选项。虽然欧洲各国激进左翼政党在政党类别、发展阶段、政治文化、组织遗产、政治策略等方面存在一定差异,但整体来说,它们严厉批判欧洲(欧盟)和国内层面上实施的新自由主义政策以及由此导致的经济、社会、政治、生态等多维度严重危机,并致

---

① The European Left, *Change Europe:For A Europe of Work*, adopted by the 4th Congress of the European Left at Madrid on 13-15 December 2013 (https://www.european-left.org/wp-content/uploads/2018/11/political_doc_en.pdf).

② Available at https://www.die-linke.de/themen/klimaschutz/ (accessed on 28 December 2022).

③ *Wahlprogramm der Partei DIE LINKE zur Bundestagswahl* 2021, adopted on 19-20 June 2021 (https://btw2021.die-linke.de/wahlprogramm-2021/).

力于在捍卫人民利益、促进社会正义的基础上创建一个超越资本主义范式的、建立在团结基础上的民主的、社会的、生态的和和平的欧洲。但正如"欧洲左翼党"在2019年代表大会上所明确承认的那样,"在当前社会和政治动荡的背景下,欧洲左翼党迄今为止未能将欧洲对新自由主义政策日益增长的批评转变为一个在人民眼中可信的成功的替代性的政治选择"①,而这当然也包括经济议题领域。

通常而言,所谓政治影响力包括如下两个维度:一是直接或间接地占有政治权力及其相关资源,二是有效地运用这些资源来影响其他组织或个人。②在欧美政坛中,政党的政治影响可以从多个维度来考察衡量,比如推动特定议题的政治化和政治讨论、激化政党之间的竞争、参与政府的政策制定和实施等。一方面,既存主流政党或新崛起的小型政党,可以在议会内部或议会之外推动特定议题的讨论,增加该议题在媒体、民众和政府政策议程中的显著度,尤其是小型政党更乐意作为议题创制者将新的政治议题引入到政治舞台,通过议题的差异化战略建立与相关议题的联系;另一方面,这些政党还可以通过参政或执政更加直接地影响政府政策的制定实施。因而,对于欧美国家的政党而言,越过相关选举门槛进入地方议会或全国议会,参与地方政府或全国政府是发挥其政治影响、实现利益表达与政策制度创建功能的两个主要途径。依此而论,政党的选举政治实力或选票支持率就成为衡量其政治或政策影响力的重要指标参照。

从选举政治层面来看,与20世纪90年代初相比,欧洲激进左翼党近30年来的选民支持率、得票率有了较大幅度提升,一些国家的激进左翼党甚至实现了对社会民主党的超越,从边缘性政党跃升为主流政党。除中东欧地区之外,西欧国家政治谱系中普遍存在着1~2个较有影响的激进左翼政党。2008年发生的欧洲债务危机和经济大衰退,也为南欧地区激进左翼党的崛起

---

① The European Left, *Reset Europe, Go Left! Overcoming Capitalism to Build a Europe of Peoples, Save the Planet and Guarantee Peace*, adopted by the 6th Congress of European Left at Malaga on 13–15 December 2019 (https: //www.european-left.org/wp-content/uploads/2019/12/Political-Document-Final-version-EL-Congress-2019.pdf)。

② 张莉:《西欧民主制度的幽灵——右翼民粹主义政党研究》,中央编译出版社,2011年版,第207页。

提供了政治机遇。比如，以阿莱克西斯·齐普拉斯（Alexis Tsipras）为代表的希腊激进左翼联盟，在反对紧缩政策的斗争中获得了十分靓丽的选举成功，尽管欧洲其他地区激进左翼党的表现相形之下有些黯然失色。当然，1994年之后欧洲激进左翼党的选举表现和政治影响呈现为一种不稳定状态，选举支持率的提高或下降存在巨大的国家和地区间差异以及短期的波动性。

以欧洲议会选举为例，1979—1994年，以意大利共产党、法国共产党、葡萄牙共产党、希腊共产党等为主的"左翼联合"党团的支持率，长期维持在9%~11%，但1994年之后，欧洲激进左翼党的整体得票率却下降到5%左右。在2014年和2019年举行的两次欧洲选举中，"欧洲左翼党"的得票率分别为6.92%和5.46%，"欧洲联合左翼——北欧绿色左翼"党团的议员人数分别为52个和41个。尤其是在2019年的欧洲选举中，除葡萄牙左翼联盟、"不屈法国"和西班牙激进左翼党外，大部分激进左翼党都遭遇了得票率的下滑，比如丹麦"红绿"联盟、芬兰左翼联盟、法国共产党、德国左翼党等。这主要是由于，2014年欧洲选举期间，激进左翼党因为明确反对新自由主义的紧缩政策而名声大噪，但2019年选举时的境况已大不相同，许多国家中的激进左翼党未能通过提出相对于新自由主义政治和极右翼种族主义政治的可信替代方案而扩大选民支持。① 也就是说，激进左翼党既未能确立为一种抗拒新自由主义政策的平衡性力量，也未能在移民、难民和气候危机等新凸显议题上做出更有效的政治回应。2019年欧洲议会选举再次表明，激进左翼政党并没有在整体上摆脱它们的政治防御性地位，尽管个别政党或个别选举可以有着较好的表现，而且政党内部的各种分歧依然十分突出。②

另一方面，激进左翼党的确越来越多地参与地方、国家层面上的中左翼联合政府，通过执政或参政在抵制、反对新自由主义政策方面发挥重要作

---

① The European Left, *Reset Europe, Go Left! Overcoming Capitalism to Build a Europe of Peoples, Save the Planet and Guarantee Peace*, adopted by the 6th Congress of European Left at Malaga on 13-15 December 2019（https://www.european-left.org/wp-content/uploads/2019/12/Political-Document-Final-version-EL-Congress-2019.pdf）.

② Cornelia Hildebrandt, "After the defeat: New challenges for the radical left after the European Elections", in Jiří Málek, Walter Baier and Cornelia Hildebrandt et al. (eds.), *In the Aftermath of the European Elections: The European Left Facing New Challenges* (Transform and RLS: 2019), pp. 11-17.

用。① 2010 年以来，将近 20 个激进左翼党参与政府或提供对少数政府的议会支持。尽管少数激进左翼党依然定位于反体制目标，一些政党内部就是否参政、如何看待资本主义民主制等问题存在争论，但 20 世纪 90 年代以来，越来越多的激进左翼党都在不同程度上调整了它们激进的政治话语与主张，在选举政治层面上采取更加灵活的战略策略。比如，法国共产党于 20 世纪 90 年代进行结构性改革，并在 1997 年大选后加入了由社会党领导的左翼联合政府。尽管存在反对声音，以时任党主席罗伯特·于为代表的政治家明确支持参加联合政府，认为这将使共产党拥有更多的话语权，也能给政府施加更大的压力。② 而从近期来看，西班牙联合左翼与"我们可以"党于 2019 年大选后，共同加入了由西班牙工人社会党领导的左翼联合政府。为了防止右翼联盟政府继续执政、进一步实现反紧缩政策，葡萄牙左翼联盟与共产党于 2015 年、2019 年大选后，两度支持由总理安东尼奥·科斯塔（Antonio Costa）领导的社会党少数政府。在它看来，鉴于葡萄牙和欧洲一体化面临的困境，左翼政党有责任来提出大众性替代方案以回击右翼和极右翼政党，反对保守主义、种族主义、性别暴力以及各种形式的不平等和排斥，而债务重组和公共控制经济战略部门是左翼治理的关键招数。③ 葡萄牙左翼联盟、共产党与社会党的合作，因财政预算等议题的分歧破裂，也使得葡萄牙大选提前至 2022 年 1 月。芬兰左翼联盟也在 20 世纪 90 年代之后多次参加联合政府，2019 年大选后该党加入了由社会民主党领导的联合政府。

希腊激进左翼联盟 2015 年的上台执政，对激进左翼党而言具有重要的象征意义。在欧债危机时期以及由新自由主义主宰的欧洲政治环境中，激进左翼联盟领导的希腊政府一度被看作是欧洲激进左翼政治复兴的希望。它分别于 2015 年 1 月和 9 月两次获得大选胜利并组阁上台。2015—2019 年执政期间，齐普拉斯政府在很大程度上缓解了希腊的债务危机，使得希腊最终于 2018 年 8 月结束了"救市计划"。希腊激进左翼联盟执政期间取得了一些值得

---

① Paolo Chiocchetti, *The Radical Left Party Family in Western Europe. 1989-2015* (Abingdon& New York: Routledge, 2017), p. 71.

② Kate Hudson, *European Communism since 1989: Towards a New European Left*? (Basingstoke: Palgrave, 2000), pp. 94-95.

③ Left Bloc (Portugal), "A stronger Bloco to change the country", approved by the 11th Congress of Left Bloc on 10-11 November 2018 (https://www.bloco.org/media/mocao_ XIConv_ english. pd).

关注的成就，比如经济领域中失业率的降低、债务结清、最低工资的制定、集体谈判的恢复、经济活动的制度现代化、外国投资增加等，同时在应对气候变化和能源转型、公民健康医疗保险与社会保障、教育与文化、民主政治、社会基础设施建设和税收等方面，也出台了一系列新的举措。但作为左翼联合政府，希腊激进左翼联盟执政期间未能很好地兑现选举前反紧缩政策承诺，而是被迫与国际债权人签署了第三份救助协议，实施了一些新自由主义的经济改革，并引发民众抗议和执政危机。由于在2019年欧洲议会选举以及希腊地方议会选举中激进左翼联盟表现不佳，齐普拉斯也被迫提前举行大选。虽然希腊激进左翼联盟的上台执政在一定程度上纠正了此前的新自由主义政策，但从执政效果来看，并没有真正撼动欧洲制度化的新自由主义体系。[1]

另一方面，希腊激进左翼联盟的执政经历还引发了欧洲层面上激进左翼党内部的激烈争论。比如，希腊激进左翼联盟在上台前以及整个执政期间都频繁诉诸了民粹主义政治话语和策略，攻击新民党、泛希腊社会主义运动党等"旧建制"与国际债权人，但这样的战略也容易导致其被孤立而无法有效建立广泛的政治同盟。希腊激进左翼联盟在获得全国性选举胜利后，也并没有能够在国家和地方层面上建立起相应的分支机构和组织体系，因而党的组织架构和社会基础方面依然较为薄弱。[2]

因而，就整体而言，尽管激进左翼党赢得了部分反对新自由主义政策民众以及传统工人阶级、中产阶级的支持，但希腊激进左翼联盟的执政经历也已表明，激进左翼党所提出倡导的政治方案包括绿色经济变革在实践层面上仍存在较大的局限性，很难成为新自由主义乃至一般资本主义经济的严肃替代。

结　论

欧洲激进左翼党因对社会基本经济议题的长期共同立场而形塑了其核心

---

[1] 周玉婉:《激进左翼政党的执政经验探析——以希腊激进左翼联盟为例》,《国外社会科学前沿》2020年第2期, 第12-20页。

[2] Danae Koltsida, "The Greek Left between (European) victory and (national) defeat", in Jiří Málek, Walter Baier and Cornelia Hildebrandt et al. (eds.), *In the Aftermath of the European Elections: The European Left Facing New Challenges* (Transform and RLS: 2019), pp. 47.

政治认同和政党形象,因而与其他左翼政党比如社会民主党相比,其主要经济理论主张和政策偏好要更加激进一些。苏联解体、中东欧剧变之后,一方面,大部分激进左翼党——像社会民主党一样——经历了不同程度的去激进化过程,体现为基本经济立场的有所缓和,但总体上仍坚持了对资本主义经济制度的反对态度和对社会主义公正理念原则的捍卫立场,尤其是在新自由主义经济政治霸权的情势下,它们明确反对公共服务的缩减和国家福利的缩水,希望政府能够加强经济活动管控和强化公共所有权。因而,欧洲激进左翼党在相当程度上仍是一个传统意义上的社会主义左翼党:致力于捍卫工人阶级权利、实现完全就业目标和战略性部门的国有化与公共控制、完善福利国家制度和税收制度,并主张通过社会生态转型来实现对资本主义生产方式和消费方式的历史性替代。而这在很大程度上也就可以解释,激进左翼党虽然在一些国家已站稳脚跟,甚至进入政府执政,但它们中的大部分均沦落为边缘性小党,对主流政治和政策的影响十分有限。

另一方面,大部分激进左翼党——也像社会民主党一样——经历了不同程度的"绿化"过程,体现为政治议事日程中对生态环境议题的逐渐吸纳和地位提升,尤其是强调工业化经济的社会生态化转型,比如德国学者乌尔里希·布兰德近年来提出论证并得到德国(欧洲)左翼党高度认可、接受的激进"社会生态转型"理论[①],但总体上显然并未根本改变或重塑激进左翼党的传统政治身份与政治形象。这就意味着,激进左翼党的"红绿"意识形态与战略转向,既不是一个短期内可以完成的历史过程,也很难对它的现实政治影响尤其是选举政治效果做出简单化的判断。

(作者单位:北京大学马克思主义学院)

---

① The European Left, *There Is a Left Alternative*, political document adopted by the 7th European Left Congress at Vienna on 9–11 December 2022 (https://www.european-left.org/wp-content/uploads/2022/12/Adopted-Documents-EL-Congress-2022.pdf);乌尔里希·布兰德、马尔库斯·威森:《资本主义自然的限度:帝国式生活方式的理论阐释及其超越》,郇庆治等译,中国环境出版集团,2019年版,第xii-xiv页。

第六章
英国绿党的经济政策

李雪姣

内容提要：经过半个多世纪的演进发展，英国绿党的政治意识形态发生了围绕着其经济政策不断革新的三次较大幅度调整，从最初的生态理想主义主导到后来的生态现实主义主导、再到进入新世纪之后的生态社会主义主导，并在总体上呈现为"红绿交融"特征的逐渐增强。如今，英国绿党已经初步形成了政治意识形态上的"红绿交融"立场、基于"大经济"理念原则的生态社会主义未来愿景和颇具大众政治吸引力的社会生态转型行动方案。但就改变或重塑主导性现实的力度而言，英国绿党无论是其绿色变革话语的彻底性还是所领导的绿色政治的推动力，都还远不足以将这样一种绿色新未来社会化为现实。

关键词：英国绿党，经济政策，社会生态转型，绿色左翼，生态社会主义

"社会生态转型"(SET)作为致力于社会整体性变革的政治哲学或一般方法论工具，既是一种建基于激烈批判资本主义制度及其运行逻辑的"绿色左翼"政治取向或表达，也是一种呼吁全面生态化变革现代社会生产与生活方式的替代性战略。[①] 英国绿党作为欧洲最早成立的绿色政党，虽然很长时期内都以保持意识形态中立自居，但近年来无论是在总体经济政策、党魁公开言论还是在战略行动选择上，都明显展现出政治意识形态上的"红绿"转向。更为重要的是，过去半个多世纪来，它一直声称并致力于英国乃至欧洲经济社会的生态化重塑，也就是一种广义上的社会生态转型。那么，英国绿党的经济政策是如何不断演进与发展的，是否以及在何种程度上带来或推动了所声称的绿色变革，而它的这些努力对于当代中国的社会主义生态文明经济建设有何借鉴价值，笔者将在本文中加以初步分析。

一、社会生态转型视域下的绿色经济

社会科学研究意义上的"转型"，学术理论界较为流行两种观点：一是认为在既存经济社会体制内部进行的局部性、渐进性的改变，比如为了更好地适应新型生产力需要而对某些生产关系要素、社会规范和组织形式进行的局部调整[②]；另一种认为是对既存经济社会关系结构进行的较为激进的变革重构，主要指非民主政体向自由民主政体、非市场经济向自由市场经济的转变[③]，比如20世纪80年代政治学研究广泛关注的部分南欧国家和拉丁美洲国家向西方民主政治模式的转变，以及90年代初苏联、中东欧剧变后部分国家向资本主义制度和市场经济体制的转型。学术理论界通常依据规模和激进程度上的不同而对以上两者进行区分，但实际上它们都是在资本主义的话语与制度体系下展开讨论，也就是讨论资本主义经济社会发展所关涉的资本积累、

[①] 李雪姣:《社会生态转型何以可能——当代英国绿色左翼政治考察》，《马克思主义与现实》2023年第1期，第186-194页。

[②] Luc Boltanski, *On Critique*: *A Sociology of Emancipation* (Oxford: Oxford University Press, 2011), pp. 129-136.

[③] Klaus von Beyme and Claus Offe (eds.), *Politische Theorien in der Ära der Transformation* (PVS, 1996).

技术理性、资源消耗、环境破坏等议题。① 因此，无论是讨论某一局部领域的微观调整，还是指向某些结构性的显著变革，都只是在既定经济政治结构与话语体系下的修修补补，其根本目的是为了进一步巩固现存经济政治体系及其正常运行，包括再生产其背后的压迫性霸权关系。②

相形之下，"社会生态转型"话语所关注或追求的，不再是资本主义经济社会框架之下的局部性调整，而是在社会与自然关系或"与自然的社会关系"的结构性变化和根本性和解③，或者说，对现行的资本主义生产与技术结构、资本主义市场与消费模式的根本性超越④。概括地说，社会生态转型话语的理论意涵包括如下三个维度或层面。

其一，在政治意识形态上，社会生态转型话语是对资本主义制度及其运行逻辑的结构性或根本性批判，具体包括生产关系领域的对资本增值逻辑及其衍生的诸多异化关系批判、权力关系领域的生态帝国主义以及帝国式生活方式批判、伦理关系领域的人类沙文主义和技术中心主义批判等。在它看来，任何一个社会都以特定的经济形式、制度形式以及文化方式对自然进行占有。也就是说，自然被占有的方式是怎样的，并不是由自然的生物或物理特性以及其内在价值所决定的，而是主要取决于当下社会发展的内在逻辑。在经历了多次工业（产业）革命和一系列阶级争斗之后形成的当代资本主义社会，社会生产与消费关系及其附属的社会生活关系是以资本增值为根本逻辑的，因而与大自然的关系也势必会因资本的无限增值欲求而带来大量浪费与破坏。它认为，资本主义社会基于资本无限积累的律令而逐步构造了社会关系和社会的自然关系的等级制。这种等级制在经济社会体制中体现为不平等的劳资关系、政治制度框架中的非均质的民主形式，以及文化生活中的奢靡性帝国式生活方式。而这种不平等、非均质的社会自然关系的全球性扩展，正在以

---

① 扬·图罗夫斯基：《转型话语与作为话语的转型》，载郇庆治（主编）：《马克思主义生态学论丛》（第五卷），中国环境出版集团，2021年版，第58页。

② Raj Kollmorgen, "Modernisierungstheoretische Ansätze", in Raj Kollmorgen, Wolfgang Merkel and Hans-Jürgen Wagener (eds.), *Handbuch Transformationsforschung* (Wiesbaden: Springer, 2015), p. 85.

③ Egon Becker, "Soziale ökologie: Konturen und konzepte einer neuen wissenschaft", in Gunda Matschonat and Alexander Gerber (eds.), *Wissenschaftstheoretische Perspektiven für die Umweltwissenschaften* (Weikersheim: Margraf Publishers, 2012), p. 26.

④ 郇庆治：《布兰德批判性政治生态理论述评》，《国外社会科学》2015年第4期，第13-21页。

一种不平等的分配形式进一步扩大南北国家之间的差距、加剧人与自然之间明显的剥夺关系，以及资本主义条件下的经济、政治、文化、自然关系的依附性特征。[①] 在它看来，资本主义现代社会条件下的经济主宰地位，逐渐抹除了自然在人类思维意识中的价值与位置，自然被打上"经济发展附属物"的思想烙印，因而成为资本主义工业社会的物料来源的"蓄水池"和废物排放的"垃圾站"。因而，由于明确指向了资本主义的社会关系、权力关系和伦理文化，社会生态转型话语及其政治在意识形态图谱上呈现为一种明显而坚定的"红绿"立场。

其二，在未来社会愿景上，社会生态转型话语勾勒了一种信奉社会公正和生态可持续原则、致力于满足大多数人合理需要的"好生活"愿景。其核心理念是，经济社会发展必须与本土的生态环境和历史文化相契合，或者说，经济、政治、社会、文化、生态等维度会由于各自的既有特点而呈现出不同的样态组合。对于发达工业化国家来说，它更强调未来社会构想中先进科学技术的伦理规约、市场规制的公正原则、经济运行的公共福利性等要素的作用。比如，德国、奥地利的学者着力于在对本土流行的"生态现代化"或"绿色新政"思潮与政策展开资本主义实质或逻辑批判的基础上进行理论构建，而在法国、意大利和西班牙等国家，学者们对未来理想社会的构建则聚焦于本土化的"去增长"思潮和运动，认为未来社会应该是绿色公正理念融入人们日常生活的、以人的真正需求与幸福为基本考量的社会经济模式。应该说，这两种未来社会构想或模式，更多地是由发达工业化国家的先进科学技术条件、全球政治经济优势地位与后物质主义大众文化等条件所决定的，因而它们的现实推进及其实现有着得天独厚的物质基础优势和国际比较优势。而对于那些经济社会发展水平较低和国际比较处于劣势地位的后发展国家来说，其社会生态转型首先面临的就是异常复杂不利的国际关系架构与全球竞争格局。为此，拉美学界对于社会生态转型的思考，转向了前资本主义、原住民思想等独特的历史文化传统，从而呈现出显著的反殖民主义、反资源榨取主义、反现代化的理论质性，其未来社会愿景可以概括为基于本土经验的对资本主

[①] 白刚：《作为"正义论"的〈资本论〉》，《文史哲》2014年第6期，第143-151页。

义霸权关系或发展理念的替代、重建依然有着广泛社会影响的"好生活"①(*Buen vivir*)样态。而拥有长期独立执政大党的中国,社会生态转型是中国共产党全面领导的中国式现代化背景下开展的社会主义生态文明建设,它所指向的是人与自然和谐共生的现代化与美丽的社会主义现代化强国的未来图景。

其三,在转型战略上,社会生态转型话语是在内容上包含经济、政治、社会、文化、生态等多重议题领域,在过程机制上包含短中长期、宏中微观多重时空区间的立体复杂进路系统。这其中既包括经济结构上的持续变动、社会结构上的深刻变迁,也包括政治文化体制和生态环境保护治理体制上的结构性改变。②就时间维度而言,社会生态转型话语的着力点,不再是描述和评判过去已经发生的事件及其影响,而是在现实基础上构想未来理想社会的状态,以及如何从当下现实转向未来理想状态的可行路径。③因此,社会生态转型话语不仅是一种对超越资本主义社会经济政治运行模式的人类文明新形态的刻画,更是一种连接过去、当下和未来的整体性变革的实施方案。就空间维度而言,社会生态转型话语既包括经济结构、社会结构的持续变迁,还包括政治文化体制和生态环境保护治理体制的结构性变革。其中,经济、政治、社会、文化与生态生活各方面的突破性变革以及由此形成的错综复杂关系,共同构成了社会生态转型得以发生和实现的现实途径。④因此,作为一种具有强烈时空战略意涵的话语,社会生态转型需要解决的首要问题是"如何将那些想象中的未来与当前社会现状结合起来"⑤,即更好地将微观、中观和宏观转型视野融入短期、中期、长期战略中去。比如,在阐述和追求短期目标时更多强调生态消费、绿色出行、循环使用生活资料,通过"学习和工作"来

---

① Ashish Kothari, Federico Demaria and Alberto Acosta, "*Buen vivir*, degrowth and ecological *sivnraj*: Alternatives to sustainable development and green economy", *Development*, 57/4(2014), pp. 362-375.
② 李雪姣:《社会生态转型何以可能——当代英国绿色左翼政治考察》,《马克思主义与现实》2023 年第 1 期,第 186-194 页。
③ 扬·图罗夫斯基:《转型话语与作为话语的转型》,载郇庆治(主编):《马克思主义生态学论丛》(第五卷),中国环境出版集团,2021 年版,第 59 页。
④ 李雪姣:《作为一种政治哲学的社会生态转型》,《中国地质大学学报(社科版)》2022 年第 1 期,第 74-84 页。
⑤ 乌尔里希·布兰德:《超越绿色资本主义——社会生态转型理论和全球绿色左翼视点》,《探索》2016 年第 1 期,第 50 页。

创建能够代表整体利益的"集体意识"，即为了"大众共同福利的共同体"[①]；在阐述和追求中期目标时更多强调推进能源转型、经济转型、技术转型；在阐述和追求长远目标时则更多强调在整体上形成一种解放意义上的社会公正及生态可持续的"好生活"社会形态。

基于上述概念性分析，我们不仅可以从社会政治运动类型上理解"社会生态转型"话语及其政治在全球"绿色左翼"政治中的重要地位，还可以从一般方法论层面上将社会生态转型作为分析和检验不同绿色左翼政治行动主体的现实实践成效及其未来发展潜能的考量标尺。长期以政治中立立场著称的英国绿党，近年来在经济政策上也开始强调社会、环境和经济的平衡与可持续性，试图通过实现经济民主化和社会化来促进更加公正和民主的社会与经济结构。不仅如此，英国绿党党魁近期也多次在公共场合表态站队社会主义立场，声称要将英国绿党打造成一个生态社会主义政党。更为重要的是，已经历了半个多世纪历史的英国绿党，其初心使命就是要推进英国乃至整个欧洲的经济社会结构的绿色转型。因而，我们可以在社会生态转型视域下系统梳理英国绿党经济政策的历史演变与发展，从而判断它是否以及在何种程度上已经成为一种社会根本性变革的推动力量或"绿色施动者"。

二、英国绿党经济政策的演进与发展

绿党政治的产生与发展本身，就离不开当代资本主义社会向所谓的后工业社会转变的宏观背景和语境。就此而言，经济政策及其实践成效是检验绿党现实政治影响及其发展潜能的重要方面。作为第一个组建成立的欧洲绿党，英国绿党尽管由于相对不利的竞选环境而缺乏各个政府层面上的执政经验，也就难以充分将它的绿色经济政策主张变成理想化的社会现实，但总体来看，其经济政策主张经历了一个逐渐从空想走向现实、由激进走向温和的演进过程，并始终坚持了反对工业主义、物质主义与大众消费主义和倡导生态经济民主的核心价值观与政治原则。

---

① 阿克塞尔·霍耐特：《为承认而斗争》，胡继华译，上海世纪出版社，2005年版，第95页。

1. 生态理想主义的人民党（1972—1975）

在此期间，英国绿党经历了从创建政党到参加竞选、从"十三俱乐部"到更名为人民党的变化发展。这一时期，面对大众对传统两大政党内部腐败、民主堕落的不满，对政府经济政策失败的绝望，对生态环境遭到破坏的担忧，绿党积极分子主张组建新的政党组织以期从根本上改变英国的传统政治架构。他们以形式松散的"十三俱乐部"为行动起点，以《生态学》杂志为主要舆论阵地，以对传统政治的叛逆和绿化为自我标榜，以关注环境问题和反核能运动为首要议题，在1972年正式成立了以后物质主义和生存主义为政治主基调或核心价值观的人民党。[①]

在政治意识形态上，人民党主要呈现为一种基于后物质主义取向的对工业主义经济模式和官僚主义政治的批判。就前者而言，它认为，西方社会工业主义的迅速扩展，催生了经济主导部门从物质生产向虚拟经济的转变，社会的主导地位则从基于机械和技术的生产过渡到社会组织与管理部门。这意味着，在经济领域中经济增长、技术革新和市场营销开始成为支配性力量，在政治领域中社会组织形式朝着等级森严的官僚化方向发展，在社会领域中民主价值更加转向个人主义、组织规则更加朝着规训和依从的方向发展。[②] 这种经济至上主义或经济主导社会范式，对人类社会发展本身带来了严重危害。人民党的重要初创成员爱德华·戈德史密斯（Edward Goldsmith）对原始部落的幸福生活体验和现代人痛苦的工业化生活方式做了比较，并提出了一整套对环境主义思想发展史具有重要影响的"生存主义思维方式"[③]。其核心理念是，它鼓励构建一种不同于当下主导经济范式的、以环境保护为宗旨核心的基层民主团体。

就后者而言，脱胎于传统政党的人民党，借助于主张践行职位轮换制和基层民主政策而重构为一个新政党。早期的人民党像独立党一样，对主流政

---

① 英国人民党（People's Party）是英国绿党的前身，英国绿党主要包括了人民党（1973—1975）、生态党（1975—1985）及英国绿党（1985—）等发展阶段，并在1991年分裂为独立活动的英格兰和威尔士绿党、苏格兰绿党、北爱尔兰绿党。

② Sara Parkin, *Green Parties: An International Guide* (London: Heretic, 1989), pp. 35-45.

③ Edward Goldsmith and Nicholas Hildyardm, *Green Britain or Industrial Wasteland?* (Oxford: Basil Blackwell, 1986), pp. 1-25.

治充满着民粹主义的幻灭感，认为传统政党政治既不生态、又缺乏民主，其经济政策则是对人类社会、大自然的赤裸裸的剥夺压榨。① 在它看来，之所以会如此的根本原因是，资本主义性质的经济政策只为少数经济社会精英团体服务，而抛弃了"人民"的概念。因而，随着自由主义的代议制民主、审议制民主、参与式民主都遭遇问题，人们开始怀疑现行的"选举竞争"是否还可以作为判定一个政体的民主性和人民性的尺度，而既存的自由民主制度是否还能够体现"主权在民"的理念，有限的政治参与机会是不是对民主政治核心意涵的背叛。对上述这些问题的真正回答，不仅体现在对"人民"概念的重申、对具体实在的"人"的召回、对现行政治运行机制的替代，还体现在对更具根本性的主导整个社会经济运行的资本逻辑的逆转。

在未来愿景构想上，人民党所主张的社会模式是基于生存主义理念原则的"生存蓝图"。人民党1973年发布的《生存宣言》(*A Declaration for Survival*)指出，"可持续的发展和个体需求的最大化满足，是稳定社会的必要条件"，而这就需要做到：(1) 最小程度的环境破坏；(2) 最大程度的资源节约；(3) 稳定的人口规模；(4) 在以上前提基础上的个体享受的最大化满足。②《生存宣言》所表达的主要观点是，自然万物存在着内在的联系，任何物种个体受损都会对整个生态系统造成或大或小的损失，有些则是不可恢复的；人类个体与社会是相互依存的，个体价值的实现有赖于社会整体的繁荣，而社会整体的良性发展则基于个体朝着良善目标的运行和实践。③ 除了致力于人与自然环境整体关系的改善，人民党的未来生存蓝图还涉及更具体的议题，比如劳工生活待遇、重要经济领域的所有权等。《生存宣言》用较长篇幅阐述了劳动者的生存现状与劳资关系问题，并指出，有利于大众生存福祉的经济模式才是值得期望的社会模式。④ 由此可以看出，人民党所追求的绿色社会及其发展，不仅关注生态环境问题的解决，还致力于从根本上改变主导整个社会的经济

---

① 爱德华·戈德史密斯：《一个稳定社会的宗教》，《人与自然系统》1978年第8期。
② Edward Goldsmith and Nicholas Hildyardm, *Green Britain or Industrial Wasteland?* (Oxford: Basil Blackwell, 1986), p. 27.
③ Tom Bawden, "The Green Party: A short history", https://www.independent.co.uk/news/uk/politics/the-green-party-a-short-history-9878649.html.
④ 参见绿党官方网站：https://Greenparty.org.uk。

模式及其霸权关系。而一个真正替代性的世界，应该是人的自由全面发展和人与自然相统一的社会。

在政治过渡战略上，人民党主张创建能够有效规范人类行为和维护生态平衡的经济框架及其运行逻辑。这种新型经济框架必须改变以往的以资本增值为最高律令的运行逻辑，转向能够激发人类维护自然稳定性的运行逻辑。1975年彼得·艾伦(Peter Allen)撰写的《可持续社会宣言》(*Manifesto for a Sustainable Society*)强调，要努力创建符合自然周期循环和生态多样性的绿色经济生产方式、保障公民基本权利的民主制度和基于非暴力原则的和平团结的国际共同体。① 该宣言所阐述的主要原则包括：(1)构建不以经济增长为取向的新型社会经济关系；(2)构建包括农业、工业等全方位自给自足的小型社区组织；(3)在原材料的使用上，构建总体上的长远规划战略与具体上的合理节约理念；(4)保持人口稳定，提升个体福祉；(5)构建社会生态正义，确保社区内每一个体的利益的最大化。② 不难发现，人民党的这些转型战略带有明显的"生存主义"意识形态特征，特别强调激发人类维护自然平衡与稳定性的重要性。"人们必须认识到地球资源的有限性，认识到人是自然的一部分而非自然的主人，才能转向人与自然关系稳定的社会。"③依此，它直接将"增长的极限"嵌套为英国现代工业发展面临着现代性危机的"生存运动"(Movement for Survival)，并坚决抵制工业社会制度，主张用生态理性代替经济理性、用可持续社会代替工业资本主义社会，从而避免工业增长和运行将会造成的可预见的灾难。

如上所述，人民党时期的英国绿党的经济政策，在整体上体现为有着强烈的生态中心主义与环境整体主义色彩的生态优先话语取向。这一特点一方面体现在早期生态主义者用较为激进的悲观态度来诊断现实中不可持续的经济增长关系，认为现代社会经济制度已经将人类推向几近不可挽救的深渊，因而主张彻底取代"业已破产"的工业制度，走向一种生态先于一切的后物质

---

① "Elisabeth Whitebread on how 2013 is a celebratory year for the Green Party", https://web.archive.org/web/20150417010542/ and http://www.greenworld.org.uk/page401/page401.html.
② *Ecology Party Manifesto*: *For Sustainable Society* (Leeds: The Ecology Party1975), pp. 52-60.
③ "Elisabeth Whitebread on how 2013 is a celebratory year for the Green Party", https://web.archive.org/web/20150417010542/ and http://www.greenworld.org.uk/page401/page401.html.

社会。① 另一方面，它还体现在"从生态民主上升到民主生态化追求"②的渐进转变中，即在经济政策的直接民主参与以及与民众生产生活相关的公正政治决策的直接参与过程中，人民党都试图通过对"人民"概念的重新使用、对个人与自然价值的重新彰显，来构建一种与以往政党完全不同的新型政治组织形式。就其经济政策而言，尽管人民党此时侧重于激进批判传统工业社会的生产消费模式和既存的政党政治结构，以便唤醒人类绿色变革的意识与实践、逐渐构建起合生态的经济政治框架体制，而不是阐明系统完整的具体政策，但它"不以增长为目的"的绿色发展（价值）观，不仅开启了英国政党政治绿化的新纪元，而且为日后绿党经济以及社会政治政策的发展确立了总基调，即构建一个充分体现人与自然、人与人、人与社会和谐统一的新型社会。

2. 生态现实主义的生态党和绿党(1975—2000)

1975 年和 2000 年，英国人民党先后更名为生态党和绿党，并从赢得地方议席走向参加全国议会选举。在此期间，英国绿党的政治动员主题和内容逐渐从早期的唤醒大众生态意识，转向推进"向制度内进军"来绿化政治制度的现实变革实践，其斗争舞台也由早期的远离国家决策中心转向对标各级议会和地方政府。与此同时，为了摆脱单一议题政党的形象，英国绿党除了继续聚焦生态环境保护议题，也开始关注经济社会发展议题，并将其纳入不断扩展的绿色政治议程之中。③ 总体而言，绿党的经济政策从早期较为激进的"生存主义"取向转向更具体可实操的"可持续经济政策"，从主张限制经济增长和消费主义向促进经济社会发展的民主化转变。

在政治意识形态上，英国绿党开始从对工业资本主义模式的道德批判转向经济理性批判。在人民党时期，绿党对工业资本主义的批评，更多是从对前工业社会的情感追溯、对当下社会经济模式脱离人的真实需求等较为抽象的伦理道德层面（理由）出发的。而 1975—2000 年，绿党的批判已经进入针对工业资本主义的工具理性、经济理性等较为理论性的层面。一方面，在它看

---

① Jonathan Porritt, *Seeing Green* (London: Blackwell, 1984), p. 10.
② 郇庆治：《生态民主》，《绿色中国》2019 年第 7 期，第 54—57 页。
③ 基于"问题关注循环理论"，人们对环境问题的关注会受到"经济商业周期"影响，人们对绿党的支持率会在经济较为繁荣的条件下上升，在经济衰退的时候下降。

来，传统工业化以经济增长为最高律令的发展模式与人类社会长期稳定需求之间存在着根本矛盾。在1979年的大选宣言《真正的替代》(The Real Alternative)中明确指出,(1)全球资源储量的有限性与工业资本主义需求的无限性之间的矛盾;(2)自然承载消纳能力的有限性与工业主义污染的无限性之间的矛盾;(3)对小型社区稳定性的需求与工业资本的无限扩张性之间的矛盾;(4)经济增长欲望的无限性与经济发展规律的客观必然性之间的矛盾。① 对于这其中的第三条,它认为,自给自足的小型社区更有利于保持人们之间的联系,维护基层民主和社会正义,更有利于经济平稳与生态可持续,而工业资本主义通过土地侵占、生产规模扩大与消费社会侵蚀,在一定程度上破坏了小型社区的稳定性;对于这其中的第四条,它认为,有限经济规模下的无限增长欲求,必然会造成已有经济结构的衰败,从而导致地方社区、家庭和婚姻的解体,整个社会秩序的坍塌以及自由遭到损害。② 可以看出,绿党同时从生产力与生产关系之间,生产力、生产关系及其生产条件之间的"双重矛盾"出发,分析了资本主义社会条件下生产力的迅速发展与社会需求之间的固有矛盾所导致的经济危机,以及资本的无限扩张动力与自然界资源有限性之间的固有矛盾所导致的生态危机,认为这二者的共同作用将会让整个资本主义社会最终走向毁灭。

另一方面,在它看来,工业资本主义经济的运行逻辑严重误导个体的真实需求,对社会地位与身份虚假符号的追求造成了自然资源的巨大浪费和社会严重的两极分化。③ 建立在传统能源基础上的工业生产,不仅不能满足大众的真实需求,还会引发人类社会的生存危机,比如战争、核能源依赖与转基因食品泛滥等。这些产品只是生产商为了追求更多剩余价值而制造出的关于社会地位与身份的虚假符号需求,却忽视扭曲了人们的真实需要。主宰这种不可持续的生产方式与消费方式的经济理性,不仅会造成自然资源和能源的巨大浪费,还将进一步加剧社会的贫富差距,而无节制的自由市场竞争,更会因为追求经济效益而压缩穷人和自然的时空正义空间。因此,绿党强调,

---

① *Ecology Party Manifesto*: *The Real Alternative* (Birmingham: The Ecology Party, 1979), p. 4.
② *Ecology Party Manifesto*: *The Real Alternative* (Birmingham: The Ecology Party, 1979), p. 9.
③ *Ecology Party Manifesto*: *The Real Alternative* (Birmingham: The Ecology Party, 1979), p. 6.

第六章 英国绿党的经济政策

在不改变社会根本制度的前提下，要通过彻底摒弃传统的经济评价方式来调整当下经济结构，构建一种充分考虑大众生活质量和真实幸福感受的新型评价指标体系，从而创造有利于生态环境保护、满足人类真实需要、维持社会正义与人类长久存续的绿色社会。

在未来愿景构想上，英国绿党从"生存主义"的偏重意识形态取向转向更具体性的"经济社会民主化"或"红绿"的生态社会主义。经济社会民主化的政治与政策，主要体现在1979年大选宣言《真正的替代》所描述的"未来社会六原则"上：(1)创建一种有利于保护资源、减少浪费、基于可再生能源的可持续生产生活方式；(2)创建一种确保所有人物质生活安全的稳态经济；(3)创建一种在粮食和能源上能够满足人类生存必需条件的自足经济；(4)创建一种共担共享的分散化的社会生活方式；(5)创建一种基于长远规划而非短期利益的可持续社会；(6)创建一种超越物质利益的未来社会和超越当下主导经济逻辑的未来社会。[1] 可以看出，这些原则立场明确表达了绿党新经济政策的要点，即遵循生态经济理性意味着摒弃主流经济学基于无休止供需循环的非(反)生态经济生产生活模式，并创造一种以生态可持续性、平等与社会公正、自给自足为主要特征的新经济政策。

尽管其一再声称恪守"非左非右"的价值立场，但从它的上述表述来看，绿党有着颇为明显的生态民主化倾向。这一"绿色左翼"取向在1983年大选宣言《生命政治》(Politics for Life)中变得更加突出，其中强调：为了消除社会贫困，以无条件保障所有人最低生活水平的国民收入计划来代替现有的福利津贴；为了更好地保护自然，向社会和企业征收自然税费；强化公共服务部门的公有制，保持企业中运行的基层民主制。[2] 1987年苏格兰绿党发布的《绿色政策》(Green Polices)，更是从土地所有制和社会再分配的层面上提出了更为激进的替代性方案，明确主张以土地社区集体所有和地租社区集体分配来代替当前的资本主义土地私人所有制，以税收对象转向非劳动经济、奢侈消费和自然消耗领域来代替现行的累进制税收体制。[3] 当然，即便如此，那时的英

---

[1] *Ecology Party Manifesto: The Real Alternative* (Birmingham: The Ecology Party, 1979), p. 3.
[2] *Ecology Party Manifesto: Politics for Life* (London: The Ecology Party, 1983), p. 28.
[3] *Green Party Manifesto: Green Polices* (Edinburgh: The Green Party, 1987), pp. 5-9.

国绿党仍拒绝被纳入传统的"左""右"政治谱系之中。比如，1998 年政治宣言《绿色未来政治》(Politics for Green Future)再次指出，传统现实的"左右中"政党与政治都是以追求快速生产、大量消费的增长逻辑为基准的，而一种全新的绿色未来政治应以人的真实需要、尽可能广泛的社会福祉与可持续的未来为基本取向。[①] 不难发现，这一时期英国绿党的经济政策，已经逐步从"左右"政治意识形态相对模糊的"生存主义"转向政治立场较为明确的"绿色左翼"方面，尤其是主张在生产领域的"土地公共所有政策"和在分配领域的"消除大众贫困政策"，开始触及对资本所有制结构的根本性替代，从而为进一步走向主张社会公正和生态可持续性的社会主义社会奠定了基础。

在政治过渡战略上，英国绿党从早期偏重于思想意识层面上的变革向更为具体的经济要素与结构调整转变。这些战略主张和政策可以概括为如下三点：其一，改变经济评价体系，以充分考虑人民幸福感受的经济评价指标代替传统的 GNP。绿党 1983 年大选宣言《为了生命的政治》指出，传统的经济评价方式是以增长为导向的，其全部目的在于通过扩大自由竞争市场的场域来换取高速经济增长。这种经济评价方式不仅在空间上以牺牲大多数穷人的利益为代价，还在时间上以牺牲大多数当代人的未来为代价。可以说，这种灾祸与利益的时空转移，是造成社会不稳定、地球不可持续的罪魁祸首，因而必须彻底摒弃。[②] 1994 年欧洲选举宣言《欧洲绿色愿景》(The Green Vision for Europe)则把矛头对准《欧洲联盟条约》并提出，在全球金融寡头的操控下，现代经济原则已成为转移生态灾难与搜刮全球自然资源、榨取经济利益的隐形工具。[③] 1997 年大选宣言《为了更高质量生活的绿色替代》(The Green Alternative for a Better Quality Life)进一步提出，"我们应该摒弃资本主义社会站在资本家立场的经济评价方式，构建一种充分考虑大众生活质量和真正幸福感受的新型经济评价指标"[④]，尤其是摒弃将 GNP 作为人类福祉的衡量方式，代之以一种能够满足人类需求、保证生活质量和保护公共资源的可持续指标作为

---

① Green Party Manifesto: Politics for Green Future (London: The Green Party, 1998), p. 12.
② Ecology Party Manifesto: Politics for Life (London: The Ecology Party, 1983), pp. 5-9.
③ European Election Manifesto: The Green Vision for Europe (London: The Green Party, 1994), p. 4.
④ Green Party Manifesto: The Green Alternative for a Better Quality Life (London: The Green Party, 1997), p. 2.

成功经济的衡量标准。由此可见,这些战略表述明确了英国绿党的新经济立场,即努力以生态经济理性来取代主流经济学家所主张的基于无休止供需循环的非(反)生态的经济模式,逐渐创造一种生态可持续性、平等与社会公正、自给自足的分散化经济。

其二,调整经济结构,投资环境友好产业(品)。20世纪80年代末一系列环境危机事件的突发,让绿党进一步意识到,当前基于资本逻辑所生产的大量商品,不仅不能满足大众的真实需要,还会引发人类社会的生存危机。因而,绿党提出,在经济结构上要向有利于生态保护、满足人的真实需要、维持社会正义与人类永续发展的产业部门投资,在工业领域中要削减那些对人类生命安全带来潜在威胁部门的财政支持,转向对新能源工业、循环利用工业等部门进行投资,在科技领域中要缩减对军工技术、核能、基因工程项目的投资,转向支持节能、环保、天然医药等方面,在农林牧副渔行业中要鼓励生态农业,反对使用化肥、杀虫剂、荷尔蒙催肥剂等来增加农业产量。① 而在产品性能上,绿党主张采取措施鼓励产品的共享性、循环性和可修复性。为此,绿党专门加强了与英国乐施会、"牛津赈灾会"(Oxfam)②等的组织联系。

其三,主动采取环保措施,强化辅助手段。为了切实促进经济绿色转型,绿党还倡导提出了一系列措施手段。为了发展自给自足的地方经济,绿党建议通过行政立法取消中央政府干预地方政府经济决策的权力,确立地方政府的经济自主裁量权;为了培养人们的绿色经济意识,绿党要求在学校教育活动中加入博雅教育,逐步转变以赚钱为目的的价值导向,培养绿色生活行为;为了减少资源浪费、降低生产污染,绿党呼吁向那些具有污染性的商品生产领域征求生态税——这样做既可以通过向消费者呈现商品价格中的污染成本,转而寻找其他污染性低的替代产品,又可以通过增加生态税来降低劳动力的价格,从而为更多劳动者的就业提供机会;为了解决现行经济压力下的就业

---

① Sandy Irvine and Alec Ponton, *A Green Manifesto* (London: the Guernsey Press, 1988), pp. 24-75.
② "牛津赈灾会"由最早成立于英国牛津郡的14个独立运作的乐施会成员组成,通过商品循环利用获取的收入资助社会弱势群体。

问题,绿党支持在环境友好型社区实施基本收入保障计划。①

上述举措及其结合指向一种有利于人类幸福生活和生态可持续性的区域化经济模式。概言之,这一经济模式具有如下三个质性特征:(1)致力于强有力的区域经济,反对单一的欧盟市场。这意味着,积极发展自给自足的地方产业、地方控制股权的企业、绿色无污染的产业体系、降低进出口的依赖,等等;(2)着力于长期可持续的经济,反对有失社会正义的短期投资。这意味着,国家和社会将向那些有助于自立自足、生态可持续的区域型项目进行投资,鼓励发展区域信用体系和区域绿色金融体系;(3)积极创建社会发展基金,支持区域合作和发展。这意味着,将会创建面向全社会人员的基本收入保障,从而为所有人提供可持续的发展机会,同时,也鼓励公司治理结构的民主化和多区域合作的发展。②

总体而言,这一时期的英国绿党经历了选举政治上的短暂辉煌、改革受挫到调整恢复的发展过程,努力在发挥自己的新政治功能和适应现实政治要求之间寻找平衡。因而,它的政治话语的激进程度不断走向温和,政治行动战略不断趋近现实。就前者而言,绿党的政治意识形态逐渐从生态理想主义占据主导地位,转向生态现实主义和生态自由主义占上风,同时也展示出向生态社会主义演进的走向。尤其是,除了在单一绿色议题中加入大众关心的社会经济问题(增长、就业、社会福利等)之外,绿党更加强调财富分配正义的重建、阶级平等等主张,因而更倾向于一种建立在经济制度深刻变革基础上的社会生态整体转型。当然,这些大众性议题的纳入,在帮助其通过转变单一议题政党形象而扩大了部分选民支持的同时,也因绿色主题的淡化和激进程度的弱化而流失了部分理想激进主义的追随者。

就后者而言,在选举政治参与过程中,绿党确实提出了一些颇具吸引力的绿色经济政策,比如通过推动企业员工的参与和决策权、加强社区和地方经济的自治、增加对公共福利事业投资、扩大重要部门所有权的国有化和工

---

① *Green Party Manifesto*: *The Green Alternative for a Better Quality Life* (London: The Green Party, 1997), p. 2.

② *European Election Manifesto*: *The Green Vision for Europe* (London: The Green Party, 1994), pp. 10-15.

人自主管理等呼吁倡议，来促进实现经济社会的民主化等。但一方面，这些经济政策大多是基于欧美资本主义条件下不断更新升级的绿色经济策略——"稳态经济"理念或战略的新变体，而究其根本而言它们是对既存资本主义市场经济和代议制民主的依从。另一方面，这些看起来具有现实可行性的经济变革战略，却不得不面临诸多的现实政治难题：如何在意见分歧严重的党内达成一种多数政治共识，又如何说服现实政治舞台中实力远大于自己的其他政党或政治主体，对于绿党来说都并非易事。作为已然参与现实政治进程的普通政党，绿党当然希望自己的政治与政策主张能够带来切实的政治变化，也就是做到不断"向制度内进军"，但作为一个选举实力有限的小规模政党，绿党又必须考虑努力维护绿色政治的独立性和纯洁性。这种"双腿战略"在很大程度上是像英国绿党这样的小规模激进政党的必要选择，但也确实是对其政治意识形态成熟性、行动战略驾驭能力和适应国内外环境变化的多重考验。结果，历经曲折之后，英国绿党进入21世纪以来逐渐走上了一种"绿色左翼"政治的道路。

3. 走向生态社会主义的绿党(2000年至今)

英国绿党在经历了激进的"2000：向议会进军"战略行动的失败后，认识到通过"向制度内进军"的方式来改变现实经济政治状况的希望十分渺茫。因而，它主动放弃了之前冒进的"执政时间表"，代之以希望在不断地战略策略调整中找到适合自身持续发展的路径。相应地，它的经济斗争重点从过去强调的宏观布局转变为发现培育具体的转型路径，立场上从政治意识形态的暧昧不清转向日益明显的"绿色左翼"或生态社会主义取向。这些转变主要体现在如下三个方面。

在政治意识形态上，英国绿党从对工业资本主义经济理性的批判转向对资本主义社会非正义以及经济全球化扩展的批判。随着大量左翼活动分子的涌入，绿党开始意识到生态环境状况与社会发展状况的整体统一性，自然界的生态破坏与社会结构中的非正义生产关系和权力关系直接相关。[①] 在它看来，人类当前的社会自然关系，是工业资本主义非理性的社会组织结构与自

---

① Sarah Birch, "Real progress: Prospects for Green Party support in Britain", *Parliamentary Affairs*, 61/1(2009), pp. 53–71.

然资源破坏性管理方式相结合的集中体现,是资本主义社会基本经济制度、霸权式社会关系以及不可持续的社会生产生活方式的客观反映。一方面,以快速生产、大量消费为增值逻辑的资本主义,不仅需要通过压缩时间来生产更多剩余价值从而制造区域内部的非正义劳资关系,还要通过拓展空间来获取低廉资源和高额销售渠道从而制造不同区域间的非均衡国际空间格局。① 特别是,随着全球贸易规模与范围的不断扩大,"新兴市场"国家通过对北方国家的效仿进一步扩大资本剥削的队伍、压榨南方不发达国家的生存空间,从而制造了更为严重的区域内和区域间的经济社会发展落差。因此,绿党2001年大选宣言《通向未来》(Reach for the Future)明确指出,必须尽一切可能阻止经济全球化及其所带来的全球经济非正义的扩展趋势,避免跨国公司通过开拓新市场抢占南方国家的廉价资源,避免国际贸易组织的政治入侵吞噬地方政府权力和民主权力,避免金融寡头垄断全行业资源与信息破坏地方自给自足经济的发展。②

另一方面,当下社会经济的自然占用方式,已经从传统的现场实地开发转向自然的金融化占有,而这种新型资本手段的全球扩展进一步提高了北方国家操控南方国家资源的能力,增强了其对南方国家生产生活方式的支配程度。③ 绿党2004年欧洲选举宣言《对全球化的绿色替代》(Green Alternatives to Globalisation)指出,自从自然资源的金融化成为资本主义寡头政治的发展新工具,在全球经济竞争中失败的国家、地区和人群比以往更加容易陷入经济停滞、政局动荡和文化冲突。④ 而这些困境将会伴随着其内部政治、种族、意识形态和宗教极端主义的兴起,在局部地区甚至全球层面上制造暴力冲突。因此,绿党认为,新的绿色政治学应该摒弃资本主义无节制积累模式及其单向度的文化霸权,认清当前经济全球化蔓延的本质,并从根本上阻止其凶猛无情的扩展势头,重新塑造当代社会的生态生产与消费观念,从而促进经济社

---

① Sarah Birch, "Real progress: Prospects for Green Party support in Britain", *Parliamentary Affairs*, 61/1(2009), pp. 53-71.

② *Green Party Manifesto: Reach for the Future* (London: The Green Party, 2001), pp. 2-4.

③ Hannah Holleman, *Dust Bowls of Empire: Imperialism, Environmental Politics and the Injustice of "Green" Capitalism* (New York: Yale University Press, 2018), pp. 106-132.

④ *European Election Manifesto: Green Alternatives to Globalisation* (London: Pluto Press, 2004), p. 8.

会领域生产和消费正义的再现。①

对此,绿党在《真正的进步》(Real Progress)宣言中对"经济增长"与"真正的进步"两个概念做了详细的区分,并要求人们抛弃以往关于"进步"源自生产驱动及其单向度发展的观点。② 一方面,作为传统两大政党精英谋求自身利益的手段和目的,追求大量生产、大量消费的"进步"方式,不仅会导致经济危机和生态危机,还会在很大程度上由于社会发展不平等而带来严重的社会矛盾或冲突。具体来说,现代工业社会是建立在技术创新和对底层劳动者剥削压迫的基础上的,而资本的无限扩张以及现代生产的不断扩大,会同时提高资本的利润率和降低工人再生产的成本。当社会生产相对过剩,即资本投资持续扩大而工人购买力不足时则会发生经济危机;与此同时,资本无限扩大生产投资的律令在一定程度上还会作用于对自然资源需求的无限扩大,从而损害自然生态维持自身稳定的条件及其所提供的资源与服务,也就是导致生态危机。

另一方面,资本主义价值体系下的幸福生活观,被直接地与经济收入或物质享受捆绑在一起,即"经济学就是幸福学"的观念造就了以掠夺自然生态、社会资源为竞争手段的非正义发展方式。这种以占有和获得作为标尺来衡量幸福生活程度的方法,会使人们丧失自我的本质而成为物的附庸,并以此为手段或习俗来同化其他新进入的产品或物品。在绿党看来,这种以牺牲人类社会可持续发展为代价的生产消费方式,其实已走向"真正的进步"的反面,它在维护和进一步扩大资本主义既存生产生活方式的同时,也加剧了团结广大变革力量实施社会转型的难度,在毁坏人类未来可持续生存现实可能性的同时,也在很大程度上瓦解着人类的精神寄托和心灵家园。

在未来愿景构想上,英国绿党开始从追求生态可持续的"生存蓝图"转向具有明显"红绿"色彩的生态社会主义未来。一方面,绿党逐步构建出一套能够体现生命共同体福祉的全新社会自然经济体系。这一新经济体系通过将传统的社会经济体系纳入整个社会自然经济体系之中,大大扩大了传统经济学的观察认知视野;通过将自然生态、原住民、底层社群等在内的更多主体纳

---

① Green Party Manifesto: Reach for the Future (London: The Green Party, 2001), p. 4.
② Green Party Manifesto: Real Progress (London: The Green Party, 2004), p. 2.

入整个社会自然经济体系中来,大大扩充了传统经济学的受益对象范围。绿党 2001 年大选宣言《通向未来》指出,未来社会应该是一种满足人类合理需要的、在地球生态限度之内进行财富公平分配的、促进家庭及社区自给自足的稳态经济模式。① 具体而言,这一经济模式将遵循如下三条指导性原则:第一,经济体系必须遵从维持自我平衡的自然生态系统限度;第二,经济政策必须以追求公平和社会公正为主导目标;第三,经济行动(生产方式)必须采取民主调控,消费方式必须回到基于人的真实需求。② 可以发现,绿党已经将自然环境纳入它的未来经济学范畴,或者说构建起了经济学的新范式——将过去聚焦于人与人社会交往过程中产生的经济活动扩展(纳入)到更大范围的社会生态经济系统之中。这种"大经济"范式的目标,不再以纯粹的经济数据增长为目的,而是以所有人生命状态的繁荣与社会福祉的实现为根本追求。这一点在 2005 年修订的《可持续社会宣言》(Manifesto for Sustainable Society)中得到了进一步显现。该宣言明确阐述了绿党未来经济学的三个维度,即经济维度上小规模的产业模式和区域性的金融投资模式,生态维度上的有机生产模式和自我平衡型社会,社会维度上的互助合作的人际关系和对自然的广泛关爱伦理。③ 此后,这种以自然经济体系为标准的"大经济"理念或范式,在历届大选或欧洲选举宣言中不断得到强化巩固,并成为绿党关于未来社会生态可持续追求和社会底层福祉关切的重要体现。

另一方面,绿党关于未来社会的愿景构想更多地体现出生态社会主义的绿色左翼特征。在《真正的进步》宣言中,绿党以真正有利于生命共同体的"进步"代替传统资本主义以"增长"为取向的"进步"。在它看来,进步不应该是"废物管理=垃圾+填埋+焚化炉;垃圾污染的增加+工作岗位的减少≠真正的进步",而应该是"零废物政策=减少废物+循环再利用+减少污染+减少垃圾堆+创造更多的就业机会"④。这就意味着,新经济政策的原则应该是"以保护穷

---

① 《通向未来》中的"五项公正原则"分别是经济公正、社会公正、生态公正、民主公正和全球安全公正。参见 Green Party Manifesto: Reach for the Future (London: The Green Party, 2001)。

② European Election Manifesto: Green Alternatives to Globalisation (London: Pluto Press, 2004), p. 44.

③ Green Party Manifesto: Manifesto for Sustainable Society (London: The Green Party, 2005), pp. 52-60.

④ Green Party Manifesto: Real Progress (London: The Green Party, 2004), p. 12.

人利益为目的的、在地球生态限度之内进行的财富公平分配"①，未来社会应该是有利于所有生命共同体成员福祉的公正、可持续的社会。为了进一步阐明绿党的政治意识形态特点，英格兰南部议员卡洛琳·卢卡斯(Caroline Lucas)在2004年欧洲议会选举中指出，"绿党议员是促进致力于和平、正义及平等议题的整体性绿色变革的催化剂。英国绿党的目标是在政治生活中成为一个基于激进意愿的、可信的、主题清晰的党派"②。

毋庸置疑，经济公平公正的目标及其实现，离不开相应的政治设想与政治实践，而这就必须涉及分配模式、生产形式和所有制结构中的生产资料所有权等一系列政治经济学问题。为此，绿党2005年修订的《可持续社会宣言》，提出了许多体现生态社会主义立场的再分配建议，比如建立基于生态社会主义理念原则的经济体系，倡导实行公有制和社会主义市场经济；推动实行能源民主化，让普通人更多参与和管理能源的生产与使用；提倡实行经济民主化，通过员工合作决策等方式让普通人更多参与到经济的决策和管理；鼓励实行公共投资，以建设更加公平和可持续的基础设施；倡导实行全球范围内征税，以防止跨国公司逃避税费，等等。③ 这些政策倡议引发了左翼活动分子的极大兴趣，当年的相关数据也证实了绿党成员的左翼倾向：在从0(最左)到10(最右)的左右尺度上，绿党的平均支持率为2.76，是所有政党中左翼特征最明显的。④ 而作为英格兰和威尔士绿党的生态社会主义支派或网络，"绿色左翼"(Green Left)小组2006年发表的《海德科恩宣言》(*Headcorn Declaration*)旗帜鲜明地提出了未来社会的生态社会主义承诺，即建立一个基于生态价值观和社会主义价值观的"新世界"⑤。至此，英国绿党的经济政策已经实现了从激烈反对资本主义到积极倡导生态社会主义的转变。此后，绿党开始以一个具有明确生态主义价值立场的"红绿"政党活跃于英国政坛。

---

① *Green Party Manifesto*: *Reach for the Future* (London: The Green Party, 2001), p. 7.
② *Green Party Manifesto*: *Real Progress* (London: The Green Party, 2004), p. 2.
③ 参见 http://Pravor.GornPort.org.UK/SW.html.
④ Paul Webb, "Britain's green wave", 参见 https://www.britishelectionstudy.com/bes-resources/britains-green-wave-by-paul-webb/#.XfY2hC2taT8.
⑤ 《海德科恩宣言》，参见蔡华杰:《另一个世界可能吗——当代生态社会主义研究》，社会科学文献出版社，2014年版，第275页。

在政治过渡战略上,英国绿党开始从既往的"经济民主化"追求向更多体现生态社会主义质性的"共享经济"政策转变。这种政策走向演进,一方面体现在它更宏观的全球经济战略和更微观的地方性行动相结合的双重导向中,另一方面体现在它从宏大而空泛的战略主张转向更具体可操作的行动策略。这些公正平等、生态可持续理念原则统摄之下的未来转型策略倡议,不仅承担着绿色理想由彼岸到此岸世界的桥梁作用,更是绿党政治从原初的政治意识形态偏重到越来越注重踏实稳健策略行动的持续变革进程的具体体现。

就前者而言,国内大选的两党竞争环境和相对宽松的欧洲选举制度,使得英国绿党将政治斗争重点放在了改进欧盟绿色经济战略和创建地方绿色经济系统。在英国,由于各种因素尤其是选举制度的影响,绿党的国内政治影响较为弱小,因而它把参与欧洲选举、通过欧盟立法反向影响国内政策看得更为重要。绿党为打造负责任的绿色欧洲战略而在2004年提出的《真正的进步》宣言,开篇就指出,"我们希望欧洲的决策由选民和议员来做出,而非由内部决定;我们想要建立问责制及更加透明的办事规则;我们想要一个人们充分了解并信任的欧洲;我们希望欧洲在文化、种族及经济上的多样化,所有人都应该得到保护,歧视、贫穷及不平等都应该得到解决;我们想要一个社会性的欧洲,一个保护工人、公共服务、少数群体的欧洲;我们想要一个为了共同利益的欧洲"①。基于此,绿党为绿色欧洲计划提供了一个生态社会主义的行动方案:(1)为了促进实现碳正义,推行经济收缩(contraction)和聚合(convergence)战略,即全球范围内逐渐压缩二氧化碳的排放总量并使其做到达标排放,确保所有国家的排放量随着时间推移逐渐接近排放量与人口成正比的程度,其中发达国家有辅助发展中国家改善生态环境的义务;(2)为了促进实现国际正义,为缺乏政治话语权和政治影响力的发展中国家构建公平的欧盟贸易环境;(3)为了促进实现经济民主,迫使美国放弃对欧盟的主导地位,欧盟的社会经济决策应进行全民公决。②

后来,英国绿党又在2009年发布了《共同的事业》(*Common Cause*),第一

---

① *Green Party Manifesto*: *Real Progress* (London: The Green Party, 2004), p. 5.
② *Green Party Manifesto*: *Real Progress* (London: The Green Party, 2004), pp. 20-28.

次阐述了竞选目的之外的、关于国家未来十年发展的行动规划。[1] 该宣言指出,要将可持续发展理念贯穿到未来社会的各个方面,比如推行降碳减排工作,到 2020 年温室气体排放量比 1990 年减少 40%,到 2050 年减少 80%;构建绿色低碳经济,力求 2020 年可再生能源发电量达到 15%;打造绿色政府,全面执行《海洋法》、可再生能源战略、热能和节能战略、低碳工业战略和低碳能源战略,将更多财政资金从非生态项目转移到公共福利和生态转型项目。这一宣言首次从国家层面上把气候变化和自然环境问题列为最高优先事项,并以更加包容的态度试图打破政党彼此间的不同政见,就关乎整个人类生存的问题寻求合作基础。从它着重阐述的议题来看,与其说这是一个着眼于 2010 年全国议会大选的政党政治动员,还不如说它更接近于一种呼吁全国所有党派来构建环境正义联盟的倡议书。在此基础上,绿党 2019 年大选宣言《不是现在,更待何时?》(If Not, When?) 又提出了涵盖所有欧盟国家的"绿色新政",呼吁制定欧盟统一适用的最低收入经济政策,搭建公正的碳排放交易管理平台和规制欧盟成员国的碳排放行为等。[2]

在促进地方经济战略上,英国绿党提出了一系列致力于防范两极分化、生态环境严重破坏和大规模经济风险的战略倡议。在 2001 年大选宣言《通向未来》中,绿党主张创建一种满足人类真正需要而非贪欲的新型经济模式,这种经济模式更多鼓励在地球生态限度之内进行财富公平分配,鼓励建立家庭或社区自给自足的地区经济发展模式。其具体促进举措包括,为社会边缘人群(残疾人、下岗工人、妇女、儿童等)提供额外补贴,为当下没有支付能力的特殊人群(未就业大学生)提供住房等生活层面上的减免优惠;向化石能源使用者征收生态税以补偿那些为此承受更多社会、经济、生态风险的底层民众;通过改革税收制度,"内部化"地方寡头的外部性成本,通过经济发展的区域化、地方化、本土化来降低经济寡头转嫁危机、实施资本掠夺的发生率,通过地方经营、全民参与等措施使每个个体对所在公司有归属感、参与感,

---

[1] Green Alliance, *Common Cause: The Green Standard Manifesto on Climate Change and the Natural Environment* (London: Park Lane Press, 2009), p. 3.

[2] *Green Party Manifesto: If Not, When?* (London: The Green Party, 2019), pp. 71-79.

以重新构建实质上的生产生活共同体。① 可见,这种新型绿色经济政策的核心就是符合人类合理需求、地球生态限度的自给自足地方经济。为此,绿党提出,要实施经济体制改革,调整社会福利水平,保护穷人合法利益,创建公民基本收入制度,建立自给自足的经济体系;要投资可持续发展项目,扩大基层民主,防止集中化的资本主义官僚体系将整个社会引向更加两极分化的歧途;要努力构建自我平衡型社会,发展有机农业,建立地方生产与经营为主的地方经济等新型生产生活方式,从而将英国推向一种生态正义的未来。② 2019 年《共同的事业》宣言提出了着眼于未来环境的十条绿色标准,并将重建地方经济体系、应对气候变化与恢复生态环境作为所有工作中的优先事项。③ 而对地方经济政策重要性的强调,在 2012 年苏格兰绿党宣言《为了苏格兰》(For the Scottish)中更为明显。它明确指出,要建立社区捐赠基金委员会,将财政资金专门用于地方经济建设或志愿活动;要动员地方议会,制定乡村商业、服务业振兴计划;要制定邻里决策计划,践行直接基层民主。④

就后者而言,英国绿党的经济战略也从以往较为宏大的框架设计,转向更具体实际的行动方案。2001 年大选宣言《通向未来》提出,要通过在原有增值税体系中增添环境风险税和人民健康税、提高累进税比例和额度等手段,来反哺低收入群体、扩充社会保障财政支持;要为从事社区福利工作的员工或志愿者提供基本工资,创建更多灵活就业机会以缩小日趋严重的两极分化;要将投资从传统非可再生能源领域转向可再生能源、可循环利用、大众公共交通等领域。⑤ 2004 年欧洲选举宣言《真正的进步》则提出了实现高质量发展的八条原则,它们分别是:(1)发展有利于提高当地生活质量、社会经济效益、环保能力的产业;(2)以可持续的贸易协定取代当下只有利于少数利益群体的国际贸易规则;(3)反对经济垄断,发展有利于促进全球平等的金融行

---

① 英国绿党在 2001 年大选宣言《通向未来》中,提出了"社会正义五项原则",这里概述的是经济正义的内容。参见 Green Party Manifesto: Reach for the Future (London: The Green Party, 2001)。

② Green Party Manifesto: Reach for the Future (London: The Green Party, 2001), pp. 20–25.

③ Green Alliance, Common Cause: The Green Standard Manifesto on Climate Change and the Natural Environment (London: Park Lane Press, 2009), p. 3.

④ Scottish Green Party Manifesto: For the Scottish (Edinburgh: The Scottish Green Party, 2012), pp. 2–8.

⑤ Green Party Manifesto: Reach for the Future (London: The Green Party, 2001), pp. 5–15.

业；(4)发展自产自销的地方经济，培养互帮互助的经济体系；(5)改善欧盟合作范围，创造有利于发展中国家的贸易规则；(6)重构经济评估体系，发展生态可持续的、实现更多人就业的产业；(7)利用现代科技，促进本地商贸发展；(8)建立公民基本收入制度，保障穷人基本生活条件基础上的尊严。① 依此，绿党勾勒出了基于"发展"和"进步"概念重新界定的欧盟高质量发展未来图景。

在此基础上，绿党又在2009年《共同的事业》宣言中提出为了2020年实现英国减排40%、全球气温升幅控制在2℃以内目标，而"鼓励人们对低碳经济和自然环境的投资"②的新经济政策。这项新经济政策包括未来十年可再生能源占有比例计划、为提升碳汇而制定的森林蓄积量计划、减少大型连锁店的多元经济计划等具体倡议行动。在2012年大选宣言中，绿党具体讨论了是否需要制定"商街优先"(High Street First)市镇、乡村地区的服务业振兴计划，在2020年实现社区"零垃圾堆"计划，禁止高排放车辆进入城市拥堵区域和社区通行限速20英里之内计划，在公共生产、民主决策的前提下与私营机构合作建立环保计划等议题。③ 2019年大选宣言《不是现在，更待何时？》，更是描绘了英国政府未来30年的"绿色行动指南"。在经济政策方面，绿党倡议，政府应大幅度压缩私营公司在国家经济政策中的参与度和决策权，将更多财政资金转向投入公共民生福利，比如每年从税收中拨出60亿英镑用于国民保健体系(NHS)；应将碳税征收范围拓展到包括石油和天然气开采以及汽油、柴油和航空燃料使用等在内的所有项目领域；应在未来10年内逐步实现对肉类和乳制品征税以减少来自牛羊的甲烷排放；应引导大众从购房转向租房，以平衡空置建筑与拥挤住宅之间的矛盾；应减免国内本科生学费，以便通过教育公平实现更为广泛的社会正义；应为所有人提供每月89磅的基本收入，以确保底层民众的基本生存权利和人格尊严，等等。④

---

① *Green Party Manifesto*: *Real Progress* (London: The Green Party, 2004), pp. 12-13.
② Green Alliance, *Common Cause*: *The Green Standard Manifesto on Climate Change and the Natural Environment* (London: Park Lane Press, 2009), p. 9.
③ *The Scottish Green Party Manifesto*: *For the Scottish* (Edinburgh: The Scottish Green Party, 2012), pp. 4-6.
④ *Green Party Manifesto*: *If Not, When?* (London: The Green Party, 2019), pp. 50-79.

概言之，进入 21 世纪的英国绿党，更加注重从一种"绿色左翼"的政治立场来推进现实政治的绿化，尤其是倡导实行公有制和社会主义市场经济，来创建生态社会主义的经济体系；让普通人更多参与和掌控能源的生产和使用，来推进能源民主化；以员工合作决策等方式让普通人更多参与经济活动的决策和管理，来促进经济民主化。绿党对经济、社会、民主、生态等五个层面所做出的"公正"政治阐释，为所有参选政党制定的"十项宣言"，都体现了它对弱势人群社会与生态生存条件的关切。因而，尽管远离现实政治权力的中心，绿党仍主要通过广泛而有影响力的基层行动保持并扩大了其关心生态可持续性和民生福祉的政治形象。总之，从绿色政治和左右政治相结合的视角来看，绿党已完成了从"生存主义""生态现实主义"到"生态社会主义"的渐次转变，从 20 世纪 70 年代初的生态理想主义色彩浓郁的小政党转变成为如今明确定位于绿色左翼政治立场下的具体政策变革的社会生态政党。

三、英国绿党经济政策的现实影响与挑战

经过半个多世纪的发展，英国绿党的政治意识形态已发生了围绕其经济政策不断革新的三次较大幅度调整。它从最初的主张通过限制经济增长和消费主义来保护生态环境的"生存主义"进路，先是调整为主张通过国有化和工人自主管理等来实现社会经济民主化的"生态现实主义"进路，最后走向了不以获得选举政治上的成功为主要目的，而是强调社会经济政策及其变革的民生意蕴，即主张通过社会经济环境融合共进来创建基于可持续、公正和民主经济体系的"生态社会主义"进路[①]。经过多年来的发展变化与政策调整，英国绿党已经初步形成了政治意识形态上的"红绿交融"立场、基于"大经济"理念原则的生态社会主义未来愿景和颇具现实吸引力的绿色"转型"行动方案。当然，就改变主导性现实的力度而言，英国绿党——就像其他国家和地区的绿党一样——无论是其绿色变革话语的彻底性还是绿色政治的推动力，都还远不足以将这样一种绿色新未来社会化为现实。

---

① 李雪姣：《绿色政治视域下英国绿党适应性变革及其发展评价》，《当代世界与社会主义》2022年第 1 期，第 134—141 页。

具体来说，在绿色变革(转型)话语上，绿党依然缺乏一种对主导经济社会模式及其运转逻辑的根本性批判理论。依据马克思主义的唯物史观，现实中民族、阶级和国家的存在以及发展归根结底受到当下生产力与生产关系矛盾的决定与制约，而在社会所有制结构不发生根本性改变的情况下，我们很难设想，公正的财富分配关系以及不同利益主体之间的民主合作形式会自动产生。而从英国历届大选或欧洲选举的宣言来看，绿党尽管一直在与时俱进地调整其包括经济政策在内的绿色政治意识形态——从反消费主义的"生存主义"到"经济民主化"和"民主政治生态化"，但所有这些都被自动设定为资本主义及其大工业运行模式下的局部性微调，而不会触及对资本主义经济社会制度框架及其文化基础的根本性批判与改变。相应地，它的批判对象更多地集中在腐败的官僚体制、异化的技术主义路线和过度的消费主义模式，而对于造成现实社会生态关系异化的资本主义生产生活方式及其非正义的压迫性关系结构的分析明显不足。依此而论，绿党提出并反复强调的以生态系统整体和人与自然相互依存关系为基础的生命共同体价值观，具有明显的空想性甚或欺骗性，更不用说生态社会主义的政治路线更像是它在不断遭受国内大选受挫和脱欧重创后的权宜策略。退一步讲，即便英国绿党确实是真心实意地转向生态社会主义的"绿色左翼"政治，那么，在实行两党轮流执政、拥有内源性改良传统的英国，要想实现对致力于改变既存政治架构、经济所有制结构和文化保守意识的社会政治动员，也缺乏足够的大众民意基础和现实政治行动基础。也就是说，对于一个现实政治实力弱小、又缺乏民意支持基础的激进小党来说，绿党所提出的"重要经济部门国有化""社会经济民主化""民主政治生态化"等激进变革方案或政策倡议，同坚硬的社会现实之间其实存在着巨大的理论鸿沟。

在未来社会愿景构想上，英国绿党也无法突破国内外条件制约而提出足以让大众信服的绿色社会未来。就对资本主义制度框架的抗拒与替代而言，传统左翼政治围绕着无产阶级和资产阶级两大阵营之间的斗争，形成了三种不同的未来社会政治构想：科学社会主义理论主张通过激进变革来创建没有剥削和压迫的共产主义新社会；民主社会主义或社会自由主义理论主张通过渐进改良，逐步地消除资本主义社会的消极内容和引入社会主义的先进形式；无政府主义理论则主张抛弃一切现代国家或社会所形成的束缚性制度形式，直至构建起一种消除了包括阶级和国家等等级制形式的自由人联合体或地方自治。早期英国绿党以一种超越传统左右政治意识形态的、"站在正前方"的绿色政治自居，强调包括马克思主义在内的阶级分析和社会结构分析都不足以阐明现代社会所面临的生态危机、社会危机和经济危机，当然也就无法提供相应的根本性解决方案；试图按照生态主义理念原则来重新定义人类生产生活和发展，并要求依此来重构人类社会关系比如国家或区域及其在此基础上建立起来的国际秩序。但进入新世纪之后，迫于现实选举政治受挫的压力，以及工党在野后的逐渐绿化和其他绿色运动团体政治意识形态的左转等因素，共同促成了绿党重新趋近传统政治议题，并把自己重塑为生态社会主义的新政党。然而，就像生态理想主义的未来绿色社会构想存在着难以克服的社会政治动员难题一样，生态社会主义的"绿色左翼"选择同样会遭遇不容忽视的社会政治动员竞争压力，尤其是来自工党内部绿色一翼的挑战和来自大众性激进环境运动团体的不满。

在政治过渡战略上，英国绿党尚未能够呈现为一个迫切的激进绿色变革进程的现实政治领导者。这一方面是由于绿色政治向度本身的局限性和不确定性，另一方面则是受制于英国相对不利的选举政治环境。就前者而言，绿党是作为传统"左""右"政治难以充分政治代表的绿色新政治维度而登上历史舞台的，而且世界各国绿党也确实扮演了将生态环境保护治理议题纳入主流政治舞台之上的角色，但必须看到，经过多年的选举政治竞争，传统政党已经在很大程度上实现了政治与政策的绿化[1]，都把自己视为某种程度上的环境保护政党；同样重要的是，即便在欧美国家也日渐清楚的是，生态环境问题很难单纯通过自身的狭窄视野或路径得以解决；相应地，绿党的政治相关性至少与它的初期相比是减弱而不是增强了。当然，绿党仍拥有环境保护治理党的政治形象，仍可以就社会现实中的众多泛绿色议题提出自己的政治与政策主张，并保持着自己相对稳定的选举支持率，但已经明显不再具有初期那种轰动性社会政治动员效应或能力。就后者来说，英国简单多数制的选举体制从根本上妨碍了绿党产生像德国绿党那样的现实政治影响和责任担当。尽管欧洲议会选举的比例代表制曾一度改善了绿党的选举政治困境，但随着英

---

[1] 刘东国：《绿党政治》，上海社会科学院出版社，2002年版，第392页。

国从欧盟的退出以及国际形势最近发生的巨大变化,英国绿党将会在国内选举政治中面临着更为艰难的局面。尽管它自我声称不以选举成败论英雄,但议会民主政治的规则要求和制约作用,都会严重妨碍至少不会提升绿党的现实政治影响力,更不用说未来政治变革领导力。同样,目前的政治"左"转战略或进程也将使得它不得不面对来自工党和其他新左翼政党的竞争,而一旦工党迎来下一个执政周期,绿党的选举政治压力可能会更大而不是更小。总之,单从选举政治的角度来看,英国绿党的"绿色左翼"转向并不足以确保或提高其绿色变革领导者的地位。

结 论

因此,可以大致做出的判断是,尽管英国绿党的政治意识形态发生了从生态理想主义为主到生态现实主义为主、再到生态社会主义为主的演进过程,并在总体上呈现为"红绿交融"程度的逐渐增强,但仍难以确定它已经成为一个自觉自主的"绿色左翼"政党,并会带领英国走向一个生态社会主义的未来。尽管如此,作为世界最早成立的绿党和积极推动欧美国家广义的社会生态转型的重要政治主体,英国绿党的象征性价值和"警示钟"作用始终是不容忽视的[1],始于对当前主流经济政治的发展理念、生态价值观以及政治组织架构的批评质疑,然后深入到对资本主义社会条件下非正义的社会关系、社会的自然关系及其压迫性本质的反思超越,并逐渐动员起以"红绿"结合政治为主体或先锋力量的社会生态变革进程,这都首先是绿党不容忽视的功绩,也是需要世界各国"绿色左翼"政治力量继续不断推向前进的事业。

(作者单位:北京航空航天大学马克思主义学院)

---

[1] 郇庆治:《欧洲绿党研究》,山东人民出版社,2000年版,第278-303页。

第七章

拉美超越发展理论的绿色经济思想

刘 琦

内容提要："超越发展理论"从一种"泛绿的"生态观出发，对拉美各国的原材料出口导向型经济发展模式提出了激烈批评，着重探讨了中左翼政府上台执政后这种"榨取主义"发展模式依然持续的原因，并在此基础上提出了拉美地区超越发展困境的激进替代方案。超越发展理论无论是在理论还是实践层面上都还面临着诸多不足或挑战，因而不宜过分强调它的理论成熟性和实践变革路径意义。但对于我国的社会主义生态文明建设来说，超越发展理论对拉美激进"红绿"变革愿景的理论探讨与实践推动，有助于我们更深刻地把握社会主义生态文明的理论与政治意涵，尤其是经济社会发展方式绿色转型的前提性重要性，以及实现这样一种转型的超出一个国家范围的国际经济政治格局重塑的现实必要性与挑战意义。

关键词：超越发展，好生活，发展主义，榨取主义，绿色左翼

"超越发展理论"从一种"泛绿的"生态观出发,对拉丁美洲的原材料出口导向型经济发展模式提出了激烈批评,着重探讨了中左翼政府上台执政后这种"榨取主义"发展模式依然持续的原因,并在此基础上提出了拉美超越发展困境的激进替代方案。这一理论是由来自拉美许多国家的学者、基于不同学科视角下的分析讨论共同形成的,构成了一种认知与应对拉美发展困境以及生态环境问题的新思路,并受到了世界范围内的"绿色左翼"学界的广泛关注。笔者在本章中将着重阐述超越发展理论的形成与发展、主要经济政策主张以及新冠疫情全球大流行以来的新进展,并对这一理论的经济思想对于当代中国社会主义生态文明经济建设的启思价值做出初步分析。

一、超越发展理论的形成与发展

2011年初,在罗莎·卢森堡基金会基多办公室支持下,"发展替代长期性工作组"(Permanent Working Group on Alternatives to Development)的成立,标志着"超越发展理论"研究团队的诞生。该小组主要活跃于南美的安第斯地区(涵盖厄瓜多尔、玻利维亚与委内瑞拉),其成员则不仅包括了属于安第斯地区的学者,还有来自拉美其他国家与欧洲国家的学者、社会活动家以及政府官员等。超越发展理论致力于推进多学科和思想理论之间的知识融合,尤其是生态学、女性主义、反资本主义经济学、社会主义、原住民的和西方底层民众的思想,其共同点则是都质疑"发展"概念本身,并寻求创建对当前霸权性发展模式的替代性选择。① 超越发展理论形成与发展的宏观背景,可以概括为如下两个方面。

1. 现实背景

拉美政治进入21世纪以来的"左转"、新社会政治运动的再度活跃与原材料出口导向型经济发展模式遭遇到的困境,共同构成了拉美超越发展理论产生的时代背景。

首先,拉美政治进入21世纪之后急速"左转"。从1999年查韦斯当选委

---

① 米里亚姆·兰、杜尼亚·莫克拉尼(编):《超越发展:拉丁美洲的替代发展视角》,郇庆治、孙巍等编译,中国环境出版集团,2018年版,第4页。

内瑞拉总统开始,中左翼政党通过选举上台执政的浪潮迅速波及拉美大部分国家和地区,并在 2010 年前后达到高潮。西方媒体和一些学者用"粉红潮"(pink tide)来描述拉美中左翼政治力量执掌国家政权的现象。这波浪潮之所以被称作是"粉红色"的,是因为这波执政的中左翼政党与以往的左翼政党相比有着明显区别:它们通过合法选举程序获得政权,在政治目标上自称是对新自由主义的替代,但在经济社会政策上采取的则是相对温和的甚至是自由主义的举措,从而与传统左翼政党有着明显区别。不但如此,在这些中左翼政党执政的国家中,整体政策取向也存在着显著差别——以委内瑞拉、玻利维亚、厄瓜多尔为代表的较左翼取向政府的政策相对激进些,而以智利、巴西、阿根廷为代表的较右翼取向政府的政策则更为温和。

中左翼政党上台执政,为拉美"绿色左翼"政治提供了新的理论想象与实践变革空间。一方面,中左翼政党执掌国家政权提供了实施激进生态变革的现实可能性。其中,委内瑞拉、玻利维亚、厄瓜多尔的中左翼政府所取得的现实进展清晰地展示了这种可能性。在这三个安第斯国家中,中左翼政党在社会政治运动的选举支持下上台执政,并明确以打破新自由主义模式和终结旧精英阶层的掠夺行径为目标。随后,中左翼政府领导召开了制宪会议,把去殖民化、多元国家、自治与"好生活"(buen vivir)等大众诉求写进新宪法,实施经济国有化改革,并在教育、健康和基础设施等领域加大财政投入。总之,中左翼政党执政后,政府从经济、政治、社会等许多议题领域都进行了改革尝试,并让人们(一度)看到了拉美发展全面转型的希望。其中,对生态环境议题的吸纳和回应,是拉美中左翼政府的治国理政要点。围绕着生态环境保护治理,拉美中左翼政府在立法和政府架构等方面进行了改革。其最具代表性的成果,是厄瓜多尔 2008 年新宪法和玻利维亚 2011 年通过的《地球母亲法》。这两部法律都明确承认了自然权利,从而为更严格的自然生态保护提供了法律基础。在相对温和的中左翼国家智利,生态环境保护也被提升到更高的位置,巴切莱特总统于 2010 年批准了对政府环境机构的重大改革。所有这些都表明,中左翼政党执掌国家政权之后,具有在一定范围内推进激进生态政策变革的现实潜能,而这也为拉美"绿色左翼"学者构想可能的社会生态转型提供了理论空间。

另一方面,这些变革潜能并未能够充分转化成为实践层面上的现实成果。

在发展模式上，这些中左翼政府治下的拉美各国仍然延续了以初级产品出口为主导的不可持续的经济发展模式。与从前的右翼政府不同的只是，这些中左翼政府将自然资源所有权收归国有，由此赚取的部分利润被分配到教育、健康和基础设施等社会项目中，用于支付社会福利开支，缓解极端贫困和经济不平等，回应底层群体诉求。在国际贸易中的大宗商品价格上涨阶段，这一发展模式在短期内会表现为经济繁荣与经济增长，但从长期来看却是不可持续的，因为它不仅没有转化为内生性的经济发展动力，还会以牺牲生态环境为代价。相应地，对拉美"绿色左翼"而言，揭示当前发展模式的内在困境，探索适合拉美的可持续发展模式，并借助执政"粉红潮"所提供的变革窗口期切实加以推动，就不仅是重要的理论课题，也是迫切的现实需要。

总之，在21世纪初拉美政治左翼转向的大背景下，超越新自由主义的发展模式与探索适合拉美的发展道路，成为拉美左翼理论探索的时代主题；然而，进步政府上台后却仍坚持甚至固化了以初级产品出口为主的发展模式，陷入以牺牲自然资源与环境为代价维持社会福利开支的困局。作为理论回应，超越发展理论试图提供一种基于发展理念与模式重新审视的新阐释。

其次，随着社会不同群体的环境权益诉求的高涨，新社会政治运动变得再度活跃。在仍以采掘业为主导的发展模式下，自然资源的开采、加工以及社会环境影响等绿色议题，在拉美社会冲突与社会政治运动中的影响不断扩大。小农、妇女、城市居民、原住民等社群构成了新社会政治运动的主体，他们采取各种抗争形式来捍卫土地权、反对伐木、反对大农场和大坝建设，要求实现经济正义、社会正义和环境正义，形成了新一轮独具特色的新社会运动浪潮。其中，安第斯地区的环境社会运动的发展特色明显，明确将斗争目标指向了以原材料出口导向的发展模式。

在厄瓜多尔，环境社会运动与原住民运动密切关联、相互支持，共同构成了发展模式绿色转型的主要社会动力。20世纪末以来，厄瓜多尔的原住民运动在该国政治生活中扮演着越来越重要的作用[1]，原住民要求承认自己身份

---

[1] 珍妮弗·柯林斯：《厄瓜多尔：从危机到左转》，载霍华德·威亚尔达、哈维·克莱恩（编）：《拉丁美洲的政治与发展》，刘捷、李宇娴译，上海译文出版社，2017年版，第319页。

及其权益的抗争成为社会政治斗争的重要议题。① 随着资源开采业的不断扩展,采矿业日渐深入到原住民聚居的山区,而由于矿产开采活动所带来的生态环境影响,原住民赖以生存生活的周围环境遭到威胁。这就意味着,对于原住民而言,反对自然资源开采的斗争、争取原住民权益与自治权的斗争,往往与环境和资源方面的要求密不可分。因而,厄瓜多尔新社会运动的一个重要诉求,是抗拒环境非正义,旨在表达人们对拉美原材料出口导向型经济发展模式所带来的环境后果的不满。

在玻利维亚,社会政治运动与捍卫资源主权、反对私有化等主张吁求密切关联。其中,最具代表性的事件是2000年4月发生的科恰班巴争取水资源控制权的斗争。为了反对政府将科恰班巴的水库托付给私营机构,当地群众团结起来,成立了自己的协调机构,以捍卫水资源控制权和生命权利。在这场运动中,玻利维亚的许多政治社团参与其中,包括帕查库蒂克原住民运动(Movimiento Indígena Pachakuti)、玻利维亚工人中心、来自拉巴斯市的制造业工人组成的反新自由主义团体和莫拉雷斯领导的东部低地古柯生产农民联合会②。这些社团成为支持莫拉雷斯竞选上台的重要社会力量。总之,在玻利维亚的社会运动与社会抗争中,争取自然资源控制权成为社会政治运动的重要议题。在这些活动中,力求推动自然资源私有化的新自由主义方案遭到质疑,而寻求超越新自由主义的自然资源分配和使用机制成为其重要诉求。

可以看出,21世纪拉美社会政治运动呈现出了许多新特点:新左翼政治议程是自下而上发起的,生态环境议题的重要性日益凸显;反新自由主义环境方案的主体是多元的,不仅包括传统工人阶级,还包括原住民、农民、城市民众等社群;与传统社会运动相比,新社会运动所提出的未来社会愿景包含了明确的环境正义与社会正义维度,要求创造更加平等且生态友好的美好生活。总之,环境议题与社会正义议题相互交织,成为影响和决定社会政治抗争的重要因素。

---

① J. Petras and H. Veltmeyer, *Social Movements and State Power* (London: Pluto Press, 2005), p. 138.

② J. Petras and H. Veltmeyer, *Social Movements and State Power* (London: Pluto Press, 2005), pp. 188-189.

有意思的是，在新社会政治运动支持下上台执政的拉美中左翼政党，本应主动回应前者的环境权益要求与再分配诉求；然而，由于中左翼政府还必须维持原有发展模式以缓解社会极端贫困和不平等问题，也就不得不继续通过牺牲生态环境来换取社会福利项目所必需的开支，其结果则是整个社会的生态环境冲突在中左翼政府执政背景下却不降反升了。以采矿业冲突为例，2006—2008年，因采矿发生的社会冲突在整个拉美达到高点。尤其是，由于采矿冲突而发生的谋杀事件自2008年以来也增加了，其中许多是针对环保人士的谋杀或冲突。数据显示，2002—2013年全世界有记录的杀害环保主义者的事件共908起，其中760起发生在拉美，占到了83.7%，而这其中的近一半发生在巴西。① 总之，由于继续坚持自然资源出口导向型经济的负面效应日益凸显，特别是无法或不愿意回应社会政治运动的环境诉求，中左翼政府的执政合法性持续缩水。

最后，事实表明，凭借激烈批评新自由主义的政治口号走上执政舞台的中左翼政府，也像前任的右翼政府一样，不得不遵循了用自然资源来换取经济增长的老路，而实践也再次证明，依靠国际原材料商品市场的短暂繁荣而实现的经济增长，并不能够转化成为内生性的持续发展动力。②

20世纪70年代初开始，在新自由主义政治操控下，拉美地区许多国家通过国有企业私有化、市场自由化和货币稳定化等系列措施，促进和强化了初级产品出口发展模式。③ 在这一大背景下，这些国家普遍实施出口替代战略，但出口替代战略不仅没有能够促进当地工业化的发展，反而引发了广泛的去工业化现象。1973年和1978年的两次石油价格飙升，促进了玻利维亚、厄瓜多尔和委内瑞拉的石油出口产业繁荣，国际初级商品市场对棉花大豆的需求

---

① P. Villegas, H. M. Aráoz and M. G. Gonzáles, et al., *Extractivismo: Nuevos contextos de dominación y resistencias* (Cochabamba: Centro de Documentación e Información Bolivia, 2014), pp. 10-11.

② 郇庆治：《社会生态转型视野下的超越发展理论》，载米里亚姆·兰、杜尼亚·莫克拉尼（编）：《超越发展：拉丁美洲的替代发展视角》，郇庆治、孙巍等编译，中国环境出版集团，2018年版，iii.

③ W. Baer, "Neo-liberalism in Latin America: A return to the past?" *Financial Markets and Portfolio Management*, 16/3(2002), pp. 309-315；门淑莲、程秋芬：《新自由主义与阿根廷经济危机》，《财经问题研究》2003年第12期，第3-8页；方旭飞：《拉美左翼对新自由主义替代发展模式的探索、实践与成效》，《拉丁美洲研究》2019年第4期，第101-118页。

则促进了巴拉圭的初级产品出口产业的繁荣。① 其结果是，初级产品出口发展模式在玻利维亚、厄瓜多尔、委内瑞拉和巴拉圭这四个中美洲国家中，进一步得以固化。这些国家依靠出口初级产品一度实现了经济快速增长的奇迹，但伴随着出口量增加发生的却是，国家的经济脆弱性也提高了，因为以初级产品出口为导向的经济深受国际初级商品市场价格波动的影响。

  20 世纪 80 年代，拉美各国为了摆脱债务危机，在国际货币基金组织与世界银行的监督下实施了经济政策改革，所谓的"华盛顿共识"就是该经济改革政策的指针灵魂。在这一时期，由于东欧剧变与苏联解体，社会主义发展模式遭到广泛质疑，美式资本主义发展道路被当时拉美大部分国家的领导者视为唯一可能的选择，新自由主义经济发展范式逐渐占据了主导地位。随着国外直接投资在自然资源、能源与采掘项目中的持续扩张，拉美许多国家加剧了重新初级商品化的趋势②，初级产品出口发展模式在被进一步强化。初级产品出口模式在拉美（特别是中美洲国家）的强化，带来了极其严重的消极后果。一方面，与全球市场紧密连接的拉美各国经济的脆弱性进一步强化，极易受到世界经济波动的冲击；另一方面，大多数国家的收入公正分配状况并没有得到改善，贫富两极分化进一步拉大，社会秩序更加动荡不宁。

  周期性金融危机与不断加深的社会和经济不平等，日益暴露了新自由主义发展模式的局限，新自由主义政府逐渐失去人民信任，而中左翼政党正是在这一背景下获得了政治机会，通过竞选或大规模的社会抗议运动进入政府执政。③ 受益于 2003—2008 年国际初级商品市场价格的上涨，中左翼政府执政初期取得了较好的经济发展成绩，而这也为政府试图减少不平等的社会项目提供了资金支持。但这同时也意味着，中左翼政府上台执政并没有改变初级产品出口导向的经济发展模式，甚至进一步强化了对国际初级商品市场的依赖。数据显示，2004—2013 年，拉美地区初级产品出口占出口总额的比重

---

  ① 维克托·布尔默—托马斯：《独立以来拉丁美洲经济史》，张根森、王萍译，浙江大学出版社，2020 年版，第 361 页。

  ② 丽贝卡·霍伦德：《"后增长"在南半球：拉丁美洲发展替代运动的出现》，《南京林业大学学报（人文社科版）2016 年第 1 期，第 113—114 页。

  ③ S. Levitsky and K. M. Roberts, "Latin America's 'left turn': A framework for analysis", in *The Resurgence of the Latin American Left* (Baltimore: JHU Press, 2011), p. 3.

从46%增至76%。① 以厄瓜多尔为例，在科雷亚政府上台后，该国原油出口不仅没有减少，反而增加了（2009年受到世界经济危机影响有所减少，但这一年的原油出口也占到了总出口额的42%）。由于中左翼政府的社会进步项目建立在初级商品出口繁荣的基础之上，这些国家中初级产品出口导向的传统发展模式反而被更加绑定固化了。而这种情势必然会加剧该模式已经引发的社会环境冲突，并使得中左翼政府的合法性面临挑战。因而，如何走出传统发展模式困境、探索实现符合社会正义与环境正义要求的新发展模式，就成为拉美"绿色左翼"学界的重要议题，而"超越发展理论"正是在上述背景下诞生的。

2. 理论背景

超越发展理论继承和弘扬了拉美学界长期持有的对欧美主导发展话语的反思与批评立场，并围绕着关于"发展"的各种既有争论、批判和替代性话语开启了自己的理论探索与构建。其中，依附理论、发展替代话语比如后发展话语和"好生活"理念、女性主义等对超越发展理论产生了直接影响。

"依附理论"集中代表了拉美学者对欧美主导的发展经济学的批判性反思。1949年1月20日，美国杜鲁门总统在演讲中提出，南半球的不发达国家应该追赶工业化国家的脚步而实现现代化。这一观点构成了经济自由主义关于欠发达国家和地区应该采取何种发展模式的核心性论点，暗示广大后发展中国家必须走资本主义发展道路，即通过发展自由竞争的资本主义市场经济实现经济增长，以追赶发达国家的生活消费水平。由于二次大战后的拉美正处于反殖民主义与反帝国主义的高潮，这种来自帝国主义中心国家的发展理念也就遭到了"依附理论"的质疑和批评。

依附理论认为，在当今世界经济政治体系中，先进的工业化国家处于主导地位，构成了世界体系的"中心"，而拉美、亚洲和非洲的众多国家则处于依附地位，构成了世界体系的"外围"；依附性国家的经济活动深受外部力量（包括跨国公司、国际商品市场、外国援助及先进工业化国家等）的影响；这种影响关系是在中心国家和外围国家长期的不平等的国际交往中形成并不断

---

① 方旭飞：《拉美左翼对新自由主义替代发展模式的探索、实践与成效》，《拉丁美洲研究》2019年第4期，第116页。

得以维持的，根植于资本主义全球化进程。① 因此，这一理论反对经济自由主义的观点，认为广大发展中国家的不发达状态并不必然是实现发展之前的一个阶段，而正是目前这种发展模式的后果。应该说，这种批评性反思为拉美寻找适合自身条件的发展道路提供了新思路。随后，依附理论的讨论构建围绕着两种不同的进路而展开：一是结构主义，二是马克思主义。

结构主义支派虽然认识到拉美地区在当前世界体系中所处的不利地位，但并不主张与"中心资本主义"脱钩，也不认为应模仿欧美国家所宣扬的自由放任的发展模式，而是强调应充分发挥国家的积极调控作用，实现"中心"和"外围"的共赢。结构主义支派的主要代表人物包括劳尔·普雷维什（Raúl Prebisch）、奥斯瓦尔多·松克尔（Osvaldo Sunkel）与塞尔索·富尔塔多（Celso Furtado）等。其中，普雷维什是这一支派的领军人物。他围绕着拉美这些处于资本主义外围的国家应如何发展这一问题系统阐述了自己的看法。他指出，外围资本主义国家所拥有的社会结构与发达国家不同，初级产品生产者的贸易条件处于持续恶化过程之中，因而发展中国家难以从当前的世界体系中获利。他还认为，经济自由主义发展模式有其局限性，因为市场并不是万能的，市场既不能解决资本积累问题，也不能解决收入分配问题。② 考虑到外围资本主义国家所拥有的社会结构，如果简单遵循经济自由主义的发展模式，将会扩大社会不平等，进而影响到发展的可持续性。基于上述理解，他认为，拉美的出口导向型经济必然会加深对中心资本主义国家的依赖，相应地，拉美应该采取进口替代工业化政策，国家应该在不侵犯企业和个人的经济自由的前提下发挥作用，从而使更多人能够从技术进步及其成果中受益。

相形之下，马克思主义支派更多强调资本主义不平等的世界体系对拉美经济发展的限制，要求着力于变革资本主义世界体系本身。马克思主义支派的主要代表人物包括巴西的特奥托尼奥·多斯桑托斯（Theotonio Dos Santos）、费尔南多·卡多索（Femando Cardoso）与恩佐·法尔托（Enzo Faltto）等。这些学

---

① V. Ferraro, "Dependency theory: An introduction", *The Development Economics Reader* 12/2 (2008), pp. 58-64.

② 劳尔·普雷维什：《外围资本主义》，苏振兴、袁兴昌译，商务印书馆，2015年版，第319页。

者主张从政治视角和层面去阐释经济变革的进程。在他们看来,拉美国家的经济发展受到中心国家经济及其扩张的内在制约而处于依附性地位,因而基于发达国家经验总结出来的关于经济发展和资本主义社会关系的理论框架不能用来解释拉美国家的状况,拉美还应突破民族主义框架,采取社会主义发展模式。

后发展主义主要体现为对发展的意识形态取向与哲学立场的反思和批判。后发展话语的代表性学者是出生于阿根廷的阿图罗·埃斯科瓦尔（Arturo Escobar）,他在《遭遇发展：第三世界的形成与发展》一书中从文化视角对发展话语做了解构分析。他指出,发展话语建立在"已有的西方经济以及由此产生的经济学说（古典经济学、新古典经济学、凯恩斯主义和增长经济学理论）的基础上"[1]。依此,他反对"贫困"和"欠发达"这样的概念,认为这些概念预设了一个先行存在的、体现现代性结构与功能的模型,并假定该模型适用于所有社会,而没有考虑到各个社会所拥有的不同历史和文化传统。[2] 因此,他认为,发展话语其实是一种话语霸权,通过"话语同化使发展对整个第三世界的权力实施成为可能……实现对第三世界自然和人类生态以及经济的统治和殖民"[3]。应该说,超越发展理论受到了埃斯科瓦尔为代表的后发展话语的深刻影响,信奉恪守对西方发展意识形态的批判立场,并从生态环境视角展开了进一步的分析讨论。

女性主义也为超越传统的线性发展理念提供了新思维。对于女性与发展关系的讨论,可以追溯到丹麦经济学家艾丝特·博斯拉普（Ester Boserup）的讨论。她指出,现行发展是一个排斥女性的体系,给女性参与和生活福祉造成了不利影响。在这一大背景下,"女性参与发展"（women in development）的战略在20世纪70年代得以确立,联合国妇女参与发展办公室也顺势设立。"女性参与发展"战略并不意味着对发展本身的拒绝,而是强调妇女也可以为总体

---

[1] 阿图罗·埃斯科瓦尔：《遭遇发展：第三世界的形成与发展》,王淳玉、吴慧芳、潘璐译,社会科学文献出版社,2011年版,第18-19页。

[2] 阿图罗·埃斯科瓦尔：《遭遇发展：第三世界的形成与发展》,王淳玉、吴慧芳、潘璐译,社会科学文献出版社,2011年版,第58-59页。

[3] 阿图罗·埃斯科瓦尔：《遭遇发展：第三世界的形成与发展》,王淳玉、吴慧芳、潘璐译,社会科学文献出版社,2011年版,第60页。

发展目标做出贡献,相关机构组建的目标就是促进妇女对发展活动的参与。换言之,这些讨论更多聚焦于如何让妇女参与到传统的发展方案和进程之中,认为只需要经济变革就可以赋予女性权力。相比之下,第三波女性主义则在"性别与发展"(gender and development)的框架进路下对传统发展方案本身提出了挑战。有的学者从女性所从事的无偿劳动出发,指出传统发展话语忽视了发展的社会成本和环境成本。正如玛丽亚·麦斯(Maria Mise)所指出,很多由女性所从事的照料性工作(比如家庭管护、生育等)和作为资源供应者的自然的价值,都没有在主流经济学中体现出来,而正是这些支持性的条件才使得有偿性工作成为可能。① 基于此,女性主义经济学认为,关爱儿童、关爱病人、关爱那些有特殊缺陷者和年长者,应当视为人类过完整而有尊严生活的最重要需要之一,而这些需要长期被发展话语与经济还原论所忽视。

诞生于安第斯地区的原住民"好生活"哲学理念,直接启发了超越发展理论的社会现实批判与未来愿景构想。"好生活"来源于拉美印第安原住民的世界观与生活哲学,在不同的种族群体中有不同的表达形式。在厄瓜多尔,这一概念主要源自克丘亚族(Kichwa),其表达形式是 buen vivir 或 Sumak Kawsay,意指在社区中与他人和自然共存的充实生活②;在玻利维亚,人们主要使用的是艾马拉人(Aymara)的表达,即 vivir Bien 或 Suma Qamaña。作为朴素的原住民世界观与生活哲学的"好生活",并不包含西方的线性发展概念,而是更多强调对自然的尊重。近年来,在原住民主义知识分子的推动下,长期作为原住民的世界观的"好生活"理念得以不断系统化和理论化。而在理论化过程中,一些拉美学者将"好生活"哲学与西方单一文明范式相对立,为拒绝西方文明图式下的生活模式提供了哲学基础。③ 这就为"好生活"赋予了去殖民化和民族自决的理论和政治意涵。与此同时,"好生活"强调人与自然相互

---

① 参见玛格丽塔·阿吉纳加、米里亚姆·兰、杜尼娅·莫克拉尼等:《发展批评及其替代性观点:女性主义视角》,载米里亚姆·兰、杜尼亚·莫克拉尼(编):《超越发展:拉丁美洲的替代发展视角》,郇庆治、孙巍编译,中国环境出版集团,2018年版,第41页。

② E. Gudynas, "*Buen Vivir*: Today's tomorrow", *Development* 54/4(2011), p. 441.

③ Antonio Luis Hidalgo-Capitán, Alexander Arias and Javier Ávila, "el pensamiento indigenista ecuatoriano sobre el Sumak Kawsay", en Antonio Luis Hidalgo-Capitán, Alejandro Guillén García, Nancy Deleg Guazha (eds), *Antología del Pensamiento Indigenista Ecuatoriano sobre Sumak Kawsay* (Huelva & Cuenca: FIUCUHU,), p. 30.

依存的观点也受到特别重视,为原住民捍卫他们的领土提供了哲学依据。随着原住民主义的理论家在原住民中影响的扩大,"好生活"概念逐渐成为原住民社会运动表达其政治诉求的口号。由此也就可以理解,在原住民运动支持下上台的中左翼政府(以厄瓜多尔与玻利维亚为代表),把"好生活"理念作为政府的重要执政信条,并在基础上探索适合安第斯地区的反对新自由主义和华盛顿共识的替代性方案。比如,在厄瓜多尔,科雷亚政府颁布的《2007—2010年全国发展计划》(*Plan Nacional de Desarrollo 2007—2010*)将"好生活"作为发展的统摄性目标,即"所有人能和平、和谐地与自然共处,使人类文化永续发展"①,明确表达了对欧美国家发展图景的拒绝。可以说,在相当程度上正是安第斯地区围绕"好生活"哲学理念的讨论及其实践启发了超越发展理论学派的学者,他们试图在此基础上构建提出超越西方发展图景的替代性愿景。

如上所述,这些理论从不同视角对欧美国家主导的主流发展话语提出了质疑与批判,尤其是强调了这些话语及其所指向的国际制度与政策构设的后殖民主义和生态帝国主义本质,从而为探索不同于欧美西方视域与准则的拉美新发展图景提供了理论和实践可能。

二、超越发展理论的经济政策主张

概括地说,超越发展理论对拉美经济发展模式的批判性分析主要围绕着与生态环境密切关联的三个议题而展开:为什么说拉美经济发展模式是不可持续的?哪些因素导致了拉美当前仍无法摆脱这一不可持续的经济发展模式?拉美不可持续经济发展模式的替代性方案是什么?

1. 榨取主义取向的拉美经济发展模式

超越发展理论认为,拉美的经济发展模式是不可持续的,因为其经济活动一直被"榨取(采掘)主义"所主导。在它看来,进入21世纪以后,拉美这种依赖于中心国家进口其自然资源的发展模式扩展到了"新榨取主义"的阶段。

---

① *Plan Nacional de Desarrollo* 2007, https://www.planificacion.gob.ec/wp-content/uploads/downloads/2013/09/Plan-Nacional-Desarrollo-2007-2010.pdf.

传统榨取主义和新榨取主义的共同点,都是依靠"出口自然"①换取发展,因而都是不可持续的。

所谓"榨取主义",是指为了出口目的而进行的大量开采(或只是非常有限地加工)自然资源的活动。爱德华多·古迪纳斯(Eduardo Gudynas)及其团队给出了榨取主义的明确定义。他们认为,榨取主义是"对自然资源的大量和(或)高强度的占有,其中一半或更多的资源作为原料出口,而不进行加工或只是有限的加工"②。按照其理解,榨取主义作为一种出口导向的且不可持续的自然资源占有方式,与其他自然资源占有方式的区别体现在如下两个方面:(1)资源的开采量或开采强度(从生态可承受性来看);(2)资源的目的地。具体而言,就前者来看,榨取主义性质的资源开采量大且开采强度高:"对自然资源的'大量'占有"意味着开采的单位是以百万吨资源为规模,榨取的强度可以通过资源被开采后所造成的环境影响加以评估,比如开采过程中的生态毒性与污染物,有毒物质、爆炸物的使用,对特有或濒危物种的不利影响,以及温室气体排放量等③;就后者来看,榨取主义意味着将开采出来的自然资源直接用于出口,所开采的自然资源至少有50%以上用于对外贸易,其目标是服务于外部需求或需要,而不是用于内部消费。④ 基于上述理解,榨取主义不仅存在于矿产资源或石油领域,还存在于农业、林业甚至渔业领域。总之,在超越发展理论看来,拉美的经济发展模式是以大规模的、出口为导向的自然资源采掘活动主导的模式。

在此基础上,超越发展理论学者指出,进入21世纪以来,榨取主义对经济发展的主导地位在拉美并没有根本改变,反而以新的特征得以持续。与20世纪70年代至90年代兴起的传统榨取主义相比,新榨取主义的突出特征是

---

① 阿尔贝托·阿科斯塔:《榨取主义与新榨取主义:同一诅咒的两面》,载米里亚姆·兰、杜尼亚·莫克拉尼(编):《超越发展:拉丁美洲的替代发展视角》,郇庆治、孙巍编译,中国环境出版集团,2018年版,第54页。

② O. Campanini, M. Gandarillas and E. Gudynas. *Derechos y violencia en los extractivismos: Extrahecciones en Bolivia y Latinoameríca* (Cochabamba: CEDIB, ODDNN, CLAES, 2019), p. 16.

③ E. Gudynas. *Extractivismos. Ecología, economía y política de un modo de entender el desarrollo y la naturaleza* (Cochabamba: CEDIB, 2015), p. 12.

④ O. Campanini, M. Gandarillas and E. Gudynas. *Derechos y violencia en los extractivismos: Extrahecciones en Bolivia y Latinoameríca* (Cochabamba: CEDIB, ODDNN, CLAES, 2019), p. 16.

国家作用的强化。①

传统榨取主义是在军政府或保守政府的推动下实施的。按照新自由主义方案，这些国家推进市场化改革，扩大企业主体（主要是外企）的自主性，与此同时，削弱国家在经济活动中的影响，国家仅仅作为监管机构发挥作用。作为上述改革方案的一部分，巴西、阿根廷及玻利维亚等国家的国有企业大部分被私有化或解散了。② 其结果是，外国企业在资源采掘业中的影响日益扩大，而国家缺乏监管能力，这进一步加深了榨取主义的影响。

随着榨取主义弊端的日益凸显，进入 21 世纪以后，国家被要求在资源采掘业中发挥更重要的作用，就形成了"新榨取主义"。一些学者区分了在拉美存在的两种"新榨取主义模式"：一是在"粉红"潮中上台执政的中左翼政府所实施的"进步的榨取主义"；二是由政策调整后的中右翼政府所实施的"保守的榨取主义"。

就前者而言，超越发展论者批评中左翼政府加强对采掘业的监管不是为了终结榨取主义，而是将自身的合法性建立在榨取主义基础上。他们指出，中左翼政府加强了国家对采掘业的影响，试图通过国家直接或间接监管的方式来打破外国大公司的支配地位。但是，这些政府并未寻求改变榨取主义的主导地位，也没有试图挑战国内畸形的经济结构，更不想推动对财富更为激进的重新分配，而是试图通过重新分配资源开采出口所获得的盈余来满足延缓的社会需求，以获取大众合法性支持。③ 超越发展论者揭示了中左翼政府在榨取主义议题上的矛盾角色："试图将自身展现出具有革命性的拉美进步政府，却不得不赞同并推进将榨取主义作为当前经济的基本发展模式"④。他们

---

① 爱德华多·古迪纳斯：《拉美新榨取主义及其批评：十个核心论点》，《鄱阳湖学刊》2020 年第 2 期，第 50 页。

② E. Gudynas. *Extractivismos: Ecología, economía y política de un modo de entender el desarrollo y la naturaleza* (Cochabamba: CEDIB, 2015), pp. 103-104.

③ 参见爱德华多·古迪纳斯：《拉美新榨取主义及其批评：十个核心论点》，《鄱阳湖学刊》2020 年第 2 期，第 36 页；阿尔贝托·阿科斯塔：《榨取主义与新榨取主义：同一诅咒的两面》，载米里亚姆·兰、杜尼亚·莫克拉尼(编)：《超越发展：拉丁美洲的替代发展视角》，郇庆治、孙巍编译，中国环境出版集团，2018 年版，第 60-63 页。

④ 米里亚姆·兰：《文明的危机及其对左翼的挑战》，载米里亚姆·兰、杜尼亚·莫克拉尼(编)：《超越发展：拉丁美洲的替代发展视角》，郇庆治、孙巍编译，中国环境出版集团，2018 年版，第 5 页。

谴责这些政府的上述行为，不仅无法消除榨取主义的负面社会与环境影响①，还会激化社会—环境冲突。

就后者来说，超越发展论者观察到以智利、阿根廷、墨西哥等为代表的保守政府也调整了传统榨取主义政策，国家权力的加强表现为替企业主导的资源采掘活动保驾护航。通过施行灵活的环境标准来吸引新的采掘企业，控制公民环境抗议，以及鼓励采掘企业在自愿原则基础上承担社会环境责任以缓解企业与当地社区的冲突等形式，积极促进和发展采掘业。② 通过国家的更积极介入，以原材料开采和出口为导向的经济发展模式得到维持和发展。

总之，虽然拉美各国政府所施行的新榨取主义在具体路径上存在着明显差异，但这两类榨取主义都是在新一轮大宗商品价格上涨浪潮和拉美政府积极推动之下形成的。不仅如此，新榨取主义与传统榨取主义在本质上并没有区别，因为两者都把拉美发展建立在"出口自然"的基础之上。也正因为如此，超越发展论者指出，无论是传统榨取主义还是新榨取主义，都是不可持续的，这主要表现在对采掘地和全国的负面影响上。

一方面，榨取主义对当地的生态与社会影响。他们认为，榨取主义给生态环境带来了沉重的"生态包袱"。具体来说，资源开采活动对生态环境造成了直接的污染和破坏③，而随着超大规模与高强度的采掘活动的开展，使得对当地生态系统的"物理清除"④成为可能，从而造成不可逆的生态影响。而对当地社区的社会影响主要表现在以下两个方面：第一，采掘活动对生态环境造成的污染和破坏，会影响到当地居民的生活质量与健康。第二，资源开采活动无助于社区贫困和就业问题的解决。古迪纳斯及其团队的研究表明，在

---

① E. Gudynas. *Extractivismos: Ecología, economía y política de un modo de entender el desarrollo y la naturaleza* (Cochabamba: CEDIB, 2015), p. 36。

② E. Gudynas. *Extractivismos: Ecología, economía y política de un modo de entender el desarrollo y la naturaleza* (Cochabamba: CEDIB, 2015), pp. 103-104。

③ E. Gudynas, "Extractivismos en América del Sur y sus efectos derrame", *Boltín: Sociedad Suiza de Americanistas* 76 (2016), p. 15。

④ E. Gudynas. *Extractivismos: Ecología, economía y política de un modo de entender el desarrollo y la naturaleza* (Cochabamba: CEDIB, 2015), p. 56。

采矿泛滥的地区往往具有更高的贫困率。① 对此，古迪纳斯以秘鲁为例进行了说明。他指出，占据重要地位的资源采掘业只为秘鲁提供了 211277 人的就业岗位，只占到就业劳动力的 2%。② 不仅如此，资源采掘活动还加剧了社会环境冲突，加重了社会的对立与分裂。受榨取主义影响的社区，往往会围绕工资、劳动、安全与卫生等议题采取措施抵制开采活动。

另一方面，榨取主义在环境、社会、领土和经济等方面的全国性影响。他们认为，榨取主义不仅会导致经济结构的扭曲，形成资源采掘依赖的发展战略、制度和政策，还会影响到对自然、正义和民主的理解方式。③ 具体来说，第一，榨取主义对经济结构的负面影响主要体现在，一是由于拥有高度发达生产力的采掘部门与当地的经济活动关联性较弱，难以与当地的经济活和其他社会活动有效融合，对本国经济贡献有限④；二是依赖自然出口的经济增长模式使得国家经济日益与初级资源出口绑定，从而使得国家贸易条件恶化，因为所依赖的国际原材料市场价格会随着出口量的增加而下跌，即形成"贫困化增长"（immiserizing growth）⑤的困局。第二，榨取主义使得政府日益为资源采掘业所裹挟。采掘业的发展需要国家支持，相应地，信奉榨取主义的"新企业阶层"就会拥有日益强大的影响力，并通过影响国家政策来实现其政治目的。⑥ 在上述利益团体影响下，国家往往会成为榨取主义的护航者，以不同形式减少或削弱环境要求、监管或限制，甚至动用国家法律与暴力手段

---

① E. Gudynas, "Extractivismos en América del Sur y sus efectos derrame", *Boltín*: *Sociedad Suiza de Americanistas* 76 (2016), pp. 13-23.

② E. Gudynas, "Extractivismos en América del Sur y sus efectos derrame", *Boltín*: *Sociedad Suiza de Americanistas* 76 (2016), pp. 13-23.

③ E. Gudynas, "Extractivismos en América del Sur y sus efectos derrame", *Boltín*: *Sociedad Suiza de Americanistas* 76 (2016), pp. 13-23.

④ 阿尔贝托·阿科斯塔：《榨取主义与新榨取主义：同一诅咒的两面》，载米里亚姆·兰、杜尼亚·莫克拉尼（编）：《超越发展：拉丁美洲的替代发展视角》，郇庆治、孙巍编译，中国环境出版集团，2018年版，第56-57页。

⑤ 阿尔贝托·阿科斯塔：《榨取主义与新榨取主义：同一诅咒的两面》，载米里亚姆·兰、杜尼亚·莫克拉尼（编）：《超越发展：拉丁美洲的替代发展视角》，郇庆治、孙巍编译，中国环境出版集团，2018年版，第55-60页。

⑥ A. Acosta and U. Brand, *Salidas del laberinto capitalista*: *Decrecimiento y postextractivismo* (Quito: Artes Gráficas SILVA, 2018), p. 42.

来保障采掘活动的顺利进行。其结果是，政府严重依赖于采掘活动以吸引投资，保证就业，稳定税收，从而将自身的合法性建立在并不稳定的基础之上，而且随着不受监管采掘活动的负面影响的扩大，加之企业管理腐败盛行，国家合法性遭到进一步削弱。第三，榨取主义视野下的自然被视为资源集合体，其目标就是将自然转化为商品，也就遮蔽或剥夺了自然的其他重要属性。这种对自然商品化的理解以功利主义的态度对待自然，将其视为可以替代和交换的资本，却忽视了自然本身的复杂性与整体性。而在此基础上的亲榨取主义政治则会削弱政治多元性，限制质疑和反对榨取主义的社会运动，从而影响到民主的实现。不仅如此，为了获取民众对榨取主义的支持，政府会利用资源采掘的盈余再分配来减少贫困以维持提升合法性，而采掘企业则会让渡部分收益以补偿受到采掘活动影响的群体。这些做法强化了将正义局限在经济权利层面的理解范式，忽视了正义的其他维度比如环境、教育与健康等内容。①而上述理解范式又为榨取主义提供了辩护，成为维持其延续扩展的重要因素。

总之，超越发展论者分析了在拉美经济发展中发挥着主导作用的榨取主义模式的具体含义，概括了这一模式在拉美各国的当代表现，指出了这一模式对当地和全国层面上的负面影响，阐明了这种以出口自然为基础的经济发展模式的不可持续性，从而为拒斥和替代榨取主义模式提供了现实依据。

2. 拉美经济深陷榨取主义的原因

在揭示当前拉美发展模式的不可持续性特征的基础上，超越发展论者进一步从资本积累、国际经济政治秩序演变与政治意识形态基础等三个方面，阐释了榨取主义在当代拉美固化并难以撼动的原因。

第一，榨取主义服务于中心区域资本主义的发展，或者说服务于国际资本的积累增值需要，因而是一种殖民主义的掠夺与剥削机制。

一方面，榨取主义是在资本主义世界经济体系确立其全球性统治的过程中确立的。超越发展理论认为，资本主义世界体系是不平等的，其中，中心国家占据着主导地位，外围国家则处于依附地位。"新生资本主义大都市的需

---

① E. Gudynas, "Extractivismos en América del Sur y sus efectos derrame", *Boltín* 76 (2015), pp. 13-23.

求,导致了榨取主义资本积累模式的确立"①;而中心地区工业发展过程中对自然资源的持续需求则为榨取主义提供了源源不竭的动力。②奥拉西奥·马查多·阿劳斯(Horacio Machado Aráoz)也认为,榨取主义是历史—地理政治的产物,是对美洲征服和殖民的产物,根源于作为资本主义世界经济的地缘经济与地缘政治。③ 上述阐释强调了拉美榨取主义经济发展模式并不能简单归结为这一欠发达经济体本身的问题(比如"资源丰裕诅咒"将其归结为自然地理因素的决定作用),也不意味着榨取主义模式是其从欠发达状态迈向发达状态的必经阶段。换言之,拉美以原材料出口为主的模式和发达国家早期的自然资源出口,在生成背景与生成逻辑上有着根本性的区别。拉美榨取主义模式是殖民历史(掠夺和剥削)的产物。

另一方面,外围国家和地区的社会政治与经济重建过程依赖于中心区域资本主义积累条件的变化。乌尔里希·布兰德(Ulrich Brand)等人从特定的世界市场结构、支撑性的政治经济和权力关系、特定的发展观念及其对社会包容性的影响以及特定的话语理性等四个方面,将榨取主义的形成发展概括为四个历史阶段:殖民主义的榨取主义、19世纪自由资本主义的榨取主义、外围性福特主义的榨取主义以及当前阶段的新榨取主义。④ 总之,超越发展论者通过阐明中心区域资本积累的经济、政治与社会条件及其变化,说明了拉美榨取主义模式的动态演进与全球资本积累模式变化之间的依赖关系。

第二,国际经济与政治秩序的新变化为拉美新榨取主义转向提供了动力支持,尤其是以"商品共识"为基础的经济和政治—意识形态新秩序。⑤

一方面,国际市场新一轮原材料价格上涨对拉美经济造成了直接影响。

---

①② 阿尔贝托·阿科斯塔:《榨取主义与新榨取主义:同一诅咒的两面》,载米里亚姆·兰、杜尼亚·莫克拉尼(编):《超越发展:拉丁美洲的替代发展视角》,郇庆治、孙巍编译,中国环境出版集团,2018年版,第54页。

③ H. Machado Aráoz, "Crisis ecológica, conflictos socio-ambientales y orden neocolonial: las paradojas de nuestra América en las fronteras del extractivismo", *Revista Brasileira de Estudos Latino-americanos* 3/1 (2013), p. 131.

④ 乌尔里希·布兰德、克里斯蒂娜·迪茨、米里亚姆·兰:《拉丁美洲的新榨取主义:全球资本主义动力机制的新表现》,《国外理论动态》2018年第1期,第54-67页。

⑤ 马里斯特拉·斯万帕:《资源榨取主义及其替代性选择:拉美的发展观》,载米里亚姆·兰、杜尼亚·莫克拉尼(编):《超越发展:拉丁美洲的替代发展视角》,郇庆治、孙巍编译,中国环境出版集团,2018年版,第99页。

概言之，原材料和消费品国际价格的暴涨，使得拉美地区开启了再次初级商品化的进程。马里斯特拉·斯万帕(Maristella Svampa)强调指出，在经历了长期经济停滞和衰退之后，21世纪初开始的国际市场中初级商品价格上涨为原材料资源丰富的拉美地区提供了新机遇。而正是在这一貌似有利的经济形势下，拉美大多数国家依靠出口自然资源实现了贸易平衡和财政盈余。这使得拉美各国政府更加重视初级商品繁荣情境下的比较优势，但却进一步强化了依靠资源采掘实现经济发展的模式，其直接结果则是经济多元化结构受到削弱，部分国家中出现了再次初级产品化的趋势。①

另一方面，这一轮初级产品需求的上涨根源于20世纪80年代初开始的全球生产和积累模式的转变。斯万帕分析指出，从生产领域来看，跨国公司和价值链的全球性延伸，依据比较优势将生产过程的不同阶段分配给世界不同国家和地区。②该进程推动了制造业向亚太地区的转移，其中，中国的改革开放政策使其成为承接全球制造业转移的重要角色，也就是日益成为全球经济的重要参与者。在政治领域中，世界格局也发生了重要变化，东欧剧变与苏联解体使得两极格局走向解体，美国主导的单极世界格局形成，而新兴经济体的崛起则逐渐挑战着美国的世界霸权地位。尤其是，在迅速崛起的以中国为代表的新兴经济体与众多发展中国家，工业化与城市化进程快速推进，对初级产品的需求大幅度增长，带来了国际初级商品市场的空前繁荣。

正是在上述大背景下，拉美地区榨取主义模式的短期收益利好为各国政府继续推行鼓励资源采掘政策提供了动力条件。相较于从前，拉美各国政府试图通过再分配资源采掘所获取的盈余，来赎买这类活动带来的环境与社会负面影响，并适当满足社会公众对公共产品的需求。在这个过程中，以初级产品出口、经济增长和扩大消费为核心要素的"商品共识"得以形成，并推动了新榨取主义模式的形成与发展。

第三，西方发展主义意识形态为榨取主义模式的延续和发展提供了合法性辩护。在超越发展理论看来，正是霸权性的西方发展主义意识形态为当前

---

① M. Svampa and A. M. Slipak, "China en América Latina: del consenso de los commodities al consenso de Beijing", *Revista Ensambles* (3) 2015, pp. 34-63.

② M. Svampa and A. M. Slipak, "China en América Latina: del consenso de los commodities al consenso de Beijing", *Revista Ensambles* (3) 2015, pp. 34-63.

拉美的榨取主义发展模式提供着意识形态或大众心理基础。

一般而言，西方发展主义意识形态的世界霸权确立于第二次世界大战之后。那时，旧殖民主义秩序被一种全新的南北架构所取代，世界被划分为发达国家与发展中国家。在主流经济学理论的操控下，发展被简化为经济发展或经济增长，经济手段被视为从根本上解决不平等或贫困问题的选择，而经济活动对生态环境的不利影响则被忽视或降到次要地位。[1] 在上述背景语境下，发展成为一种线性的经济成长过程，其实现路径则是不同版本的经济效率和营利原则指导下的自然资源开发利用，并指向对欧美西方生活方式的趋近效仿。[2] 但事实却是，这种发展理念或模式下的各种承诺往往得不到兑现，尤其是在广大发展中国家，反而造成了一系列社会和环境问题。

基于上述观察认知，超越发展论者提出了他们对西方主导发展理念的批评。在他们看来，当代的主导性发展理念其实是一种意识形态，服务于资本主义的全球扩张逻辑，是国际资本及其集团重组世界的权力工具；它们借助于一系列的话语构建和实践做法，赋予了当今时代资本主义的劳动国际分工以新的合法性，从而巩固了南北等级制度。[3] 不仅如此，拉美近年来兴起的所谓"新发展主义话语"，不过是上述发展意识形态在这一地区的当代表现，并在实质上为新榨取主义提供了合法性辩护。具体地说，它又可以分为自由主义的新发展主义话语与进步的新发展主义话语。

在保守派政府中，新自由主义话语与"商品共识"合谋，结果是形成了自由主义的新发展主义话语。这一新发展主义话语试图从如下三个层面来应对所面临的榨取主义的批判：一是借助绿色资本主义话语来应对环保主义者对发展的批判，二是通过强调企业的社会责任话语来为资源采掘业辩护，三是

---

[1] 爱德华多·古迪纳斯：《拉美关于发展及其替代的论争》，载米里亚姆·兰、杜尼亚·莫克拉尼(编)：《超越发展：拉丁美洲的替代发展视角》，郇庆治、孙巍编译，中国环境出版集团，2018年版，第12页。

[2] 爱德华多·古迪纳斯：《拉美关于发展及其替代的论争》，载米里亚姆·兰、杜尼亚·莫克拉尼(编)：《超越发展：拉丁美洲的替代发展视角》，郇庆治、孙巍编译，中国环境出版集团，2018年版，第12页。

[3] 爱德华多·古迪纳斯：《拉美关于发展及其替代的论争》，载米里亚姆·兰、杜尼亚·莫克拉尼(编)：《超越发展：拉丁美洲的替代发展视角》，郇庆治、孙巍编译，中国环境出版集团，2018年版，第5页。

通过微型政治冲突解决构架的治理理念来干预社区选择,并为资源采掘项目的推进提供社会许可。总之,这一新发展主义话语通过将可持续发展、企业责任和治理与新自由主义话语相结合,为榨取主义提供了合法性辩护。

在进步政府中,所信奉的进步的新发展主义为中左翼政府扩大榨取主义的规模提供了辩护。这一新发展主义话语强调,原材料价格上涨、需求旺盛为拉美经济发展提供了良好的机遇,应该充分利用这一比较优势来发展工业化。① 依此,采掘业被视为发展的引擎;国家可以通过控制更多的采掘业盈余来支持一系列社会政策的实施,并对社会边缘群体给予补助。但结果却是,这一发展主义话语拒绝了对生产主义范式的反思批判,生态难题被大部分拉美左翼人士理解为"一种从富裕国家议程中引入的关切"②,进而被视为阻碍国家工业化发展的思潮而受到批判。

总之,在超越发展论者看来,新发展主义话语不过是拉美保守政府与进步政府沿袭榨取主义模式的遮羞布。在新发展主义话语体系下,资本主义的剥夺性经济社会发展模式得以维持,即便在中左翼进步政府治下,也不过表现为一种"仁慈的资本主义"③。因此,拉美不可能由此实现从帝国主义全球架构与资本逻辑框架下的"脱嵌",而只会更加密切和深刻地"嵌入"其中。

3. 拉美榨取主义经济发展模式的替代方案

超越发展论者在揭示榨取主义危害、批判榨取主义负面后果的基础上,提出了寻求"发展替代方案"(alternatives to development)而非"替代性发展方案"(development alternatives)的变革目标。在他们看来,"替代性发展方案"仍在理所当然地认为发展在本质上是一个线性过程,是一种通过物质积累实现进步的认知范式,因此,仍是一种资本主义生产模式与西方发展主义意识形

---

① 马里斯特拉·斯万帕:《资源榨取主义及其替代性选择:拉美的发展观》,《南京工业大学学报(社科版)》2017年第1期,第61-72页。

② 马里斯特拉·斯万帕:《资源榨取主义及其替代性选择:拉美的发展观》,《南京工业大学学报(社科版)》2017年第1期,第61-72页。

③ 爱德华多·古迪纳斯:《拉美关于发展及其替代的论争》,载米里亚姆·兰、杜尼亚·莫克拉尼(编):《超越发展:拉丁美洲的替代发展视角》,郇庆治、孙巍编译,中国环境出版集团,2018年版,第21页。

态主导的方案①；相比之下，"发展替代方案"则超越了线性进步理念，意味着对西方发展主义意识形态与资本主义发展模式的超越。

基于上述立场，超越发展理论在"好生活"这一伞形概念下系统阐发了拉美超越榨取主义模式的激进发展替代方案。需要指出的是，这里的"好生活"概念汇集了来自不同背景语境的学者对超越榨取主义理念模式的理论探索，因而并不是意涵唯一性的，同时也与原住民主义视角下强调的本质性意涵和进步政府所主张的"好生活"规划及其政策有所区别。同时，作为一种激进转型方案，它理应包含着对如下两个问题的回答：一是转型的愿景构想，即未来的经济与社会是怎样的；二是转型的战略进路，即实现这种激进转型或变革的政治过渡主体、机制和战略。

就转型的愿景构想而言，未来社会具有如下三个显著特征。

其一，在人（社会）与自然关系上承认自然的内在价值。在超越发展理论看来，确保自然价值受尊重或实现的最佳方式就是承认自然价值，肯定自然权利，而对自然权利的承认将意味着传统"环境、发展和正义等观念的彻底改变"。② 古迪纳斯认为，只有实现这种观念上的根本转变，才有可能解决拉美目前严峻的环境问题，抗衡发展主义意识形态。③ 因为，承认自然价值、肯定自然权利，将会意味着或带来人与自然关系的根本性改变。这将不仅是对把人与自然割裂开来的二元论的超越，还是对西方人类中心主义文明观的超越，并导向基于生态正义与社会正义目标相结合的新型人与自然关系。换言之，"人类有义务保持自然的完整性，确保生物圈能源和物质的流动性"，而这也意味着人们生活质量的不断提高。④

---

① 爱德华多·古迪纳斯：《拉美关于发展及其替代的论争》，载米里亚姆·兰、杜尼亚·莫克拉尼(编)：《超越发展：拉丁美洲的替代发展视角》，郇庆治、孙巍编译，中国环境出版集团，2018年版，第26页。

② E. Gudynas, "Los derechos de la naturaleza en serio", in A. Acosta and E. Martínez(ed.), Naturaleza con Derechos. de la Filosofía a la Política (Quito: Ediciones Abya-Yala, 2011), p. 240.

③ E. Gudynas, "Los derechos de la naturaleza en serio", in A. Acosta and E. Martínez(ed.), Naturaleza con Derechos. de la Filosofía a la Política (Quito: Ediciones Abya-Yala, 2011), p. 245.

④ 爱德华多·古迪纳斯：《向后榨取主义过渡：方向、选择和行动领域》，载米里亚姆·兰、杜尼亚·莫克拉尼(编)：《超越发展：拉丁美洲的替代发展视角》，郇庆治、孙巍编译，中国环境出版集团，2018年版，第147页。

其二，未来社会既不是现实的资本主义，也不是现实的社会主义，而是一种后资本主义与后社会主义。阿科斯塔指出，拉美的未来要以"克服资本主义的一切表现形式"①为目标。这意味着必须克服当前私人利润最大化与资本逻辑驱动的架构，建立一个由社会控制其经济基础的新社会。就此而言，未来社会是一个"后资本主义社会"②。但与此同时，发展替代方案也与传统社会主义、21世纪社会主义理论所勾勒的未来社会图景不同。无论是传统社会主义理论还是实践，都未能提供资本主义的和殖民主义的西方文明的替代性文化愿景，而拉美的新社会运动已经超越了传统社会主义实践的范畴③，但进步中左翼政府的理论与实践并没有超越生产主义范式，并且忽视了生态环境议题和新社会运动的多元化诉求。就此而论，发展替代方案又有着鲜明的后社会主义特征。

其三，未来社会将建立在去殖民化、去父权制与跨文化的新文明基础之上。超越发展理论强调，它所构想的未来愿景建基于一种不同于资本主义文明观的新文明观。④ 尤其是，新社会将彻底超越掠夺性和剥削性的资本主义文明与西方式的线性发展观⑤，因而需要在一种社会—生态中心（socio-bio-centric）的视野下，通过去殖民化、去父权制和跨文化融合的方式进行构建。为此，需要跨文化的对话与交流来汇聚来自不同地区的各种致力于瓦解资本主

---

① A. Acosta and J. Cajas, "Instituciones Transformadoras para la Economía global", in Grupo Permanente de Trabajo sobre Alternativas al Desarrollo, *La Osadía de lo Nuevo: Alternativas de Política Económica* (Quito: Abya-Yala, Fundación Rosa Luxemburg, 2015), pp. 135-136.

② C. Larrea and N. Greene, "Inequidad Social y Redistribución del Ingreso", in Grupo Permanente de Trabajo sobre Alternativas al Desarrollo, *La Osadía de lo Nuevo: Alternativas de Política Económica* (Quito: Abya-Yala, Fundación Rosa Luxemburg, 2015), p. 19.

③ E. Lander, "The Bolivarian experience: A struggle to transcend capitalism", in M. Lang, C. D. König and A. C. Regelmann, *Alternatives in a World of Crisis* (Bruselas: Universidad Andina Simón Bolívar; Rosa Luxemburg Stiftung, 2019), p. 50.

④ A. Acosta and M. Abarca, "Buen Vivir: An alternative perspective from the peoples of the Global South to the crisis of capitalist modernity", in V. Satgar, *The Climate Crisis: South African and Global Democratic Eco-Socialist Alternatives* (Johannesburg: Wits University Press, 2018). p. 132.

⑤ A. Acosta, "Buen Vivir: A perspective for rethinking the world", in N. Treu, M. Schmelzer and C. Burkhart, *Degrowth in Movement(s): Exploring pathways for Transformation* (Winchester & Washingto: John Hunt Publishing, 2020), p. 88.

义及其发展的乌托邦愿景与策略①,更明确揭示和反对西方发展主义意识形态背后的殖民主义逻辑,吸纳促进女性主义在发展批判中的去父权制诉求,从而逐渐形成一种日益强大的文明变革与新文明创造力量。

在此基础上,超越发展理论进一步分析与阐发了拉美地区的超越榨取主义转型战略,即所谓的"后榨取主义方案"。该方案的要旨是实现生态正义与社会正义目标的统一。对此,阿科斯塔称之为"社会与生态平衡"②,而古迪纳斯则将其概括为"零贫困"和"零灭绝"。"零贫困"意味着要解决好民众及其社区的基本生活质量问题,并避免发生无法逆转的环境影响;"零灭绝"意味着一种基于承认自然权利的明确立场,而不是作为社会和经济发展目标实现后最终可以满足的条件。③

围绕上述目标,超越发展理论提出的大致转型思路是:逐步限制资源采掘活动的扩张趋势,以渐进方式实现对资源采掘活动的替代。这一转型战略的中心任务是"超越依赖性、不可持续的榨取主义经济,即原材料出口导向、初加工、严重贫困与社会排斥、收入与财富集中于少数人手中、严重破坏与污染环境等的榨取主义发展模式"④,并可以具体划分为如下三个阶段:第一,从"掠夺式的榨取主义"转向"明智的榨取主义"。掠夺式的榨取主义即当前的榨取主义模式,其特点是集约型采掘、地域覆盖面大、对社会和环境影响大,其发展综合效益是值得怀疑的;而明智的榨取主义则大致对应替代性发展的方法,有效运用法规、加强部门管理、使企业社会责任付诸现实等。第一阶段的重点目标是取消所有暴力采掘的行为,消除采掘过程中的侵犯人权现象。这意味着在严格高效的社会管控体系下,每个公民都能做到遵守本国社会、

---

① A. Acosta and J. Cajas, . "Instituciones transformadoras para la economía global", in Grupo Permanente de Trabajo sobre Alternativas al Desarrollo, *La osadía de lo nuevo*: *Alternativas de política económica* (Quito: Abya-Yala, Fundación Rosa Luxemburg, 2015), p. 136.

② A. Acosta, "Post-extractivismo: entre el discurso y la praxis. Algunas reflexiones gruesas para la acción", *Ciencia Política* 11/21(2016), p. 295.

③ E. Gudynas, *Extractivismos*: *Ecología, economía y política de un modo de entender el desarrollo y la naturaleza* (Cochabamba: CEDIB, 2015), p. 413.

④ 阿尔贝托·阿科斯塔:《榨取主义与新榨取主义:同一诅咒的两面》,载米里亚姆·兰、杜尼亚·莫克拉尼(编):《超越发展:拉丁美洲的替代发展视角》,郇庆治、孙巍编译,中国环境出版集团,2018年版,第67页。

环境方面的法律,从而实现外部成本内部化。其宗旨是削弱榨取主义在国民经济中的作用,并推动其他产业部门的发展。① 第二,向"不可或缺的榨取主义"转变。"不可或缺的榨取主义"意味着采掘活动继续存在,但将会大幅度缩减规模。那些真正必要的、符合社会和环境条件的、与国家和地区生产链直接关联的活动将予以保留,并培育注重生活质量的消费网络。② 第三,向后榨取主义转变,以开启美好生活建设的大门。为此,政治制度与政策方面必须做出必要的调整与改变。

至于转型实施主体,超越发展理论着重分析了国家、公民社会与政治联盟所具有的引领变革潜能,并对自下而上的社会运动和以社区为基础的自治实践寄予厚望。其核心之点是,进步中左翼政府必须与社会运动结成真正意义上的政治变革联盟,而来自原住民传统与现实生活的认知智慧必须得到充分尊重。

三、超越发展理论经济思想的新进展

近年来,尤其是 2020 年新冠疫情全球大流行以来,超越发展论者依据对国际国内局势新变化的观察,不仅进一步深化了拉美未来转型构想中的人与自然关系认知,还丰富拓展了后榨取主义转型方案的具体策略。

1. 对多重危机叠加加剧榨取主义模式的批判分析

超越发展论者认为,当前的资本积累危机已经进入一个新阶段,日益威胁到普通民众的生活与生存。在拉美地区,资本积累要求不断扩展自然边界的外部欲求与政府加强统治合法性的欲望形成合谋,推动了榨取主义模式的进一步深化发展。尤其是,由新冠疫情大流行引发的危机与拉美业已存在但仍未解决的其他危机交织在一起,社会、经济和环境危机叠加,对拉美各国产生了巨大的影响。

---

① E. Gudynas, *Extractivismos: Ecología, economía y política de un modo de entender el desarrollo y la naturaleza* (Cochabamba: CEDIB, 2015), p. 416.

② E. Gudynas, "Caminos para las transiciones post extractivistas", in A. Alayza and E. Gudynas, *Transiciones. Post extractivismos y alternativas al extractivismo en Perú* (Lima: CEPES, 2011), pp. 199-200.

与其他地区相比，拉美更容易受到世界经济衰退的影响。事实也是如此。新冠疫情极大地冲击了拉美市场，使拉美经济遭受重创，并带来了严重的社会问题。一方面，就业状况急剧恶化，数千万的工薪群体（特别是年轻人和妇女）失去了工作，或被动选择灵活就业；而大部分底层民众即使暂时没有失业，也不得不冒着更大的健康风险坚持工作，因为他们的工作很难被数字化，而且他们也难以负担远程办公的成本。因而，大量人口重新陷入贫困状态，甚至难以维持温饱，比如，2020年巴西的饥饿人口达到1900万。① 另一方面，疫情影响下的人们，在面对死亡时的不平等现象凸显。对此，古迪纳斯指出，政府的经济和社会政策未能为普通民众创造良好条件，而是只服务于公司利益和特权阶层；底层群众迫于生计，不得不生活在死亡边缘。拉美大多数因疫情而死亡的人群，是因为缺乏医疗保障、基本的食物或住房补助；社会权势阶层却能够及时获得医疗服务。不仅如此，掩盖在疫情背后的被抛弃的生命受到漠视，没有人为大规模的死亡负责。②

在新一轮资本积累危机的大背景下，向自然界的进一步扩张被视为克服危机的重要手段。拉美各国政府面对经济下行压力，选择了继续加码榨取主义发展模式，尤其是放松对资源采掘业的管制，期望借此恢复经济增长，从而应对经济与社会危机。以厄瓜多尔为例，拉索政府2021年颁布了多项法令放松对采掘业的监管，让渡给跨国公司更高的利润来换取扩大采掘规模。比如，7月7日的95号法令提出了将石油开采量从每天50万桶增加到100万桶的目标，而仅仅依靠国有公司很难在短时间内实现上述目标，也就需要私营公司（特别是跨国公司）的参与。为此，拉索政府在8月先后通过了两项法令（即151号法令与165号法令），通过发放环境许可证和规范国际仲裁法等举措使跨国公司的采掘活动合法化。③ 不仅如此，危机应对还成了政府允许资源

---

① E. Gudynas, "Necropoltica: la política del dejar morir en tiempos de pandemia", *Reflexión Salvaje* 2 (2021), pp. 100-123.

② E. Gudynas, "Necropoltica: la política del dejar morir en tiempos de pandemia", *Reflexión Salvaje* 2 (2021), pp. 100-123.

③ A. Acosta et al., "Resistiendo a la pandemia minera: reflexiones para construir alternativas posextractivistas", in P. C. Benalcázar, *Resistencia: minería, impactos y luchas* (Cuenca: Ucuenca Press, 2022), pp. 17-52.

采掘活动进入国家公园等自然保护区的借口，就像在玻利维亚所发生的那样。①

上述榨取主义模式的扩展和深化带来了一系列消极后果。第一，加剧了对生态环境的破坏。古迪纳斯详细揭示了拉美各国政府放松环境管制所导致的榨取主义对生态环境的破坏性影响。这时，多国政府允许资源采掘活动进入国家公园或原住民领地，造成了森林毁坏面积的显著增加，随之而来的则是森林、草原和湿地的火灾的增加，比如巴西在2021年前9个月，就发生了约14万起火灾。不仅如此，拉美生态环境恶化持续加剧还给全球生态系统带来了严峻挑战。由于此前人类活动的影响，"超越地球边界"的灾难性后果正在逐步显现，"地球正在死亡"②。第二，资本逻辑主导下的榨取主义进一步破坏本国经济的多样性，加深了本国生态、政治和社会等多重危机。阿尔贝托·阿科斯塔（Alberto Acosta）等以厄瓜多尔的采矿业为例，用大量数据和事实说明发展采掘业并不是该国应对经济危机的合理方案。通过对国家投资的30个大型采矿项目的具体分析表明，大型采矿业并不会帮助厄瓜多尔克服当前的危机，反而会带来一系列经济、社会和生态损伤。因为，大型跨国矿产公司占有了绝大部分的矿产收入，只有很少一部分利润转化为国家收入，而矿区修复所需的高昂成本则加剧了国家的未来财政负担。不仅如此，跨国资本控制矿产的勘探、开采和流通，还加剧了利润外流，并限制了本国经济多样化发展的可能性。③ 因此，古迪纳斯强调指出，新冠疫情全球流行引发的紧急情势被榨取主义者所利用，进一步迎合了西方掠夺自然的发展范式，阻碍了人们对榨取主义替代愿景的探索。④

---

① E. Gudynas, "Necropoltica: la política del dejar morir en tiempos de pandemia", *Reflexión Salvaje* 2 (2021), p. 109.

② E. Gudynas, "Necropoltica: la política del dejar morir en tiempos de pandemia", *Reflexión Salvaje* 2 (2021), p. 110.

③ A. Acosta et al., "Resistiendo a la pandemia minera: reflexiones para construir alternativas posextractivistas", in P. C. Benalcázar, *Resistencia: minería, impactos y luchas* (Cuenca: Ucuenca Press, 2022), pp. 17-52.

④ E. Gudynas, "Extractivismos sudamericanos hoy: estallido social y pandemia", in C. Alister, X. Cuadra and D. Julián-Vejar et al., *Cuestionamientos al modelo extractivista neoliberal desde el Sur: Capitalismo, Territorios y Resistencias* (Santiago: Gestión editorial, 2021), pp. 47-49.

2. 对构建基于自然权利的人与自然关系的新认识

对超越发展理论而言，构想未来社会愿景的重要基础就是对人与自然关系的新认知。在它看来，传统发展理念基于人类中心主义价值观，迷恋或过度依赖对自然生态的商品化使用，因而超越发展就必须摆脱传统发展理念对人与自然关系的错误认识，尤其是创建基于承认与尊重自然权利的知识体系与制度框架。而新冠疫情的全球大流行及其拉美各国政府的应对，进一步凸显了这样一种理念变革的重要性及其挑战意义。

古迪纳斯主要从正义视角切入，强调人类中心主义的正义观为（新）发展主义提供了辩护，并加深了（新）榨取主义模式在拉美的消极影响。在他看来，传统的正义伦理立场只把人视为有价值的主体，即只有人才能赋予周围的事物以价值。这种立场观点影响下的环境政策以是否对人类有用为标准，依据其交换价值为生态系统中不可分割的要素定价。换言之，价值被等同于为人类的效用服务，甚至被简化为经济价值。古迪纳斯批评指出，这种正义理念为发展主义的观点提供了辩护。因为，发展主义假定，经济进步会带来人民福祉，因而经济发展是正义的；促进经济发展的经济措施是正义的，包括资源采掘在内的经济活动是实现发展正义所必不可少的举措，而它们导致的环境社会问题也可以经济补偿的方式来冲抵。他认为，这其实是一个关于正义的恶性循环，一方面需要资源采掘活动来提供资金，为那些受到其影响的人群和环境提供经济补偿，另一方面，资源采掘活动的持续大量增加，又会给更大范围内的更多对象主体带来损害或非正义。因而，在古迪纳斯看来，必须走出人类中心主义的正义观，采纳基于生物中心主义的正义观，因为正是生物中心主义的正义观承认了非人类自然存在也拥有独立的内在价值，从而为把自然生态视为价值主体提供了哲学伦理依据。[①] 这种对自然生态权利的进一步强调与论证，拓展了基于"好生活"理念原则的人与自然关系新构型的认识。

阿科斯塔则从后资本主义视角切入，对经济主义提出了质疑，强调要树

[①] E. Gudynas, "Justicia Hídrica: Explorando las variedades de Justicia y los Derechos de la Naturaleza", in A. Guzmán León, *Justicia Hídrica: una Mirada desde América Latina* (Cusco: CBC, 2021), pp. 37-56.

立当前经济主义主导的资本主义模式的替代性思路,就必须反思可持续性概念,把自然生态视为权利主体,从而开辟超越资本主义文明的转型进路。在他看来,第一,超越资本主义文明需要一种真正可持续的经济愿景。资本主义文明建基于永续增长的基础之上,而永续增长是不可能的。不仅如此,资本主义文明还用"可持续发展"或"绿色经济"等绿色话语来美化修饰资本主义,但其实并不能够缓解该模式带来的对社会与生态可持续的毁灭性影响。因而,需要创建超越经济永续增长教条的另一种经济模式,而这种新模式要围绕着持续性和团结理念原则来规划。① 需要指出的是,阿科斯塔所理解的可持续性建立在超越经济主义理念原则的基础之上,换言之,真正的可持续性意味着确保人类自然生存条件的人与自然关系的协调平衡,意味着人类有尊严的生活。② 第二,承认与尊重自然权利是实现上述真正的可持续性的必要前提。实现人与非人类自然存在都有尊严的生活,是对欧美西方经济主义和人类中心主义立场的超越,而这其中的关键所在就是接受生物中心主义的立场,并承认自然生态作为权利主体的地位。承认自然生态拥有像人类一样的权利主体地位,就可以为捍卫自然生态系统和生命的权益提供法理依据,从而为所有人类和非人类自然有尊严的生活提供根本保障。第三,承认与尊重自然权利的经济社会实践将为超越资本主义文明打开大门。自厄瓜多尔新宪法明确承认自然权利以来,虽然在实践层面上面临着诸多挑战,但自然权利的宪法规定为个人、社区和民族等主体维护社会和自然可持续性的行动提供了工具手段,因而它不仅在体制内外的影响日益扩大,而且激励了世界其他国家和地区的创新实践。比如,智利的新宪法草案就承认了自然权利(宪法未能获得批准)。③ 总之,以承认与尊重自然权利为基础的、致力于保护环境和造福人类的新文明实践,是突破人类中心主义可持续观局限、超越资本主义文明

---

① A. Acosta, "A los Derechos de la Naturaleza, por la senda de la sustentabilidad", *Teoria Jurídica Contemporânea* 7 (2022), p. 2.

② A. Acosta, "A los Derechos de la Naturaleza, por la senda de la sustentabilidad", *Teoria Jurídica Contemporânea* 7 (2022), pp. 1-33.

③ A. Acosta, "Chile recognizes the Rights of Nature", https://latinoamerica21.com/en/chile-recognizes-the-rights-of-nature/(2022-03-01).

和创造人类未来美好生活的现实路径。①

3. 对迈向后榨取主义转型方案的新探索

超越发展论者坚持认为，拉美地区所面临的是资本主义的经济、社会和生态的综合性危机，因而真正面向未来的愿景构想必须基于对榨取主义发展模式的根本性替代。而拉美各国政府应对新冠疫情世界大流行和世界格局剧变的新背景语境，使得这些超越发展论者对于走向后榨取主义转型方案的具体策略有了新的思考与拓展。

其一，更加清晰的是，向后榨取主义转型是克服当前深刻危机的真正替代方案，因为它才是超越资本积累逻辑的正确选择。一方面，全球新冠疫情凸显了资本主义金融投机的脆弱性，表明资本积累逻辑所主导的世界必然是不稳定的。阿科斯塔等以2020年石油市场崩溃（初级产品价格深受投机活动影响）为例做了分析，认为榨取主义主导下的国家将会持续地受到不稳定的资本积累机制的影响。② 进一步说，石油需求减少带来的冲击昭示了全球能源转型（长期趋势）背景下厄瓜多尔的灰暗未来。这是因为，随着全球能源转型的推进，对石油等化石燃料的需求必然会减少；如果厄瓜多尔继续依赖榨取主义模式，那么单纯依靠扩大资源采掘将很难弥补石油收入减少的收益亏损。因而，厄瓜多尔只有尽快转变榨取主义发展模式，实施能源为主战略转型，才有可能实现经济社会的可持续发展。③ 另一方面，新冠疫情大流行表明，资本积累逻辑主宰下的发展模式会严重威胁到个体的生存与发展。阿科斯塔等指出，在新冠疫情流行的情势下，社会弱势群体不得不冒着身体健康风险去工作谋生。因而，为了更好地保障普通民众在像新冠疫情这样的危机情景下的稳定生活与生存，就必须超越资本积累逻辑，同时也就需要放弃作为资本

---

① A. Acosta, "A los Derechos de la Naturaleza, por la senda de la sustentabilidad", *Teoria Jurídica Contemporânea* 7 (2022), pp. 1-33.

② A. Acosta et al., "Resistiendo a la pandemia minera: reflexiones para construir alternativas posextractivistas", in P. C. Benalcázar, *Resistencia: minería, impactos y luchas* (Cuenca: Ucuenca Press, 2022), p. 47.

③ A. Acosta et al., "Resistiendo a la pandemia minera: reflexiones para construir alternativas posextractivistas", in P. C. Benalcázar, *Resistencia: minería, impactos y luchas* (Cuenca: Ucuenca Press, 2022), pp. 43-45.

积累逻辑重要手段的榨取主义。①

其二，必须结合各国具体国情和当前的多重危机背景，不断改进完善后榨取主义转型方案。阿科斯塔等着重从生产转型的视角深入探讨了向后榨取主义过渡的具体策略。第一，尽快停止发生在具有重要生态影响区域的资源采掘活动。第二，更好地掌控和利用资源采掘业带来的收益。具体来说，要在减少采掘项目和采掘规模的同时，最大限度地提高正在进行中项目的收益；推动自然资源的国有化，通过设立三个基金——能源转型基金、资助生产活动基金和储蓄与稳定基金——来管理过渡时期的采掘业收益，其中能源转型基金以减少对石油衍生品的依赖为目标；资助生产活动基金以通过提高当地自给自足能力来应对经济停滞和经济萧条的影响为目标；储蓄与稳定基金则用于应对和冲抵原材料价格的波动。第三，通过对富裕阶层和大型企业征收更高比率的税收，为生产转型提供资金支持，从而推动为国内大多数人口需求服务并提供较多就业机会的生产部门的发展。第四，通过提高生产能力与向可持续消费模式转型，增强国内经济供给能力，并通过向世界市场供应差异化的产品，提高应对世界市场冲击的能力。②

古迪纳斯则具体阐述了大型采矿业的替代方案。在他看来，首先需要做的是科学评估一个国家大型矿产项目（包括新投资项目与正在进行中的项目）的社会、生态和领土影响，从而确定哪些项目符合社会和环境要求，哪些采矿项目是真正必要的。概言之，只有那些符合环境与社会条件的采矿项目，才是不可或缺的。基于此，古迪纳斯批评了如下两种错误的判定标准：一是不应根据国家或社区所获得的利润或资金补偿额来决定是否接受某一采矿项目，因为仅仅凭借经济补偿额并不能消除这些项目带来的环境与社会影响；二是不应依据资源的所有权来判定采矿项目的必要性，因为所有权的不同并

---

① A. Acosta et al., "Resistiendo a la pandemia minera: reflexiones para construir alternativas posextractivistas", in P. C. Benalcázar, *Resistencia: minería, impactos y luchas* (Cuenca: Ucuenca Press, 2022), pp. 47-48.

② A. Acosta et al., "Resistiendo a la pandemia minera: reflexiones para construir alternativas posextractivistas", in P. C. Benalcázar, *Resistencia: minería, impactos y luchas* (Cuenca: Ucuenca Press, 2022), p. 47.

不意味着项目的社会与环境影响的消失或减缓。① 其次，在确定了不可或缺的开采项目之后，还需要对符合社会环境条件和经营条件的企业进行运营规范调整。这意味着，一方面要把社会、健康和环境成本内部化，使之体现在矿产品价格中——这必然会使矿产品价格上涨并对国际贸易产生一定影响，另一方面要取消国家对资源采掘项目的显性或隐性补贴，将相关资金用于支持生产转型，特别是为工人就业提供替代性选择。② 最后，向后榨取主义过渡的目标是零贫困与零灭绝，而具体步骤则包括从榨取主义到明智的榨取主义、不可或缺的榨取主义，最终走向基于"好生活"的发展替代。

总之，在新的国际变局情势下，超越发展论者强调榨取主义模式在拉美被进一步强化了。在他们看来，鉴于全球市场面临着的诸多挑战（全球物流网络断裂和堵塞、化石燃料价格上涨等），以及多重危机叠加带来的通货膨胀压力与债务负担，拉美经济体的发展前景令人担忧。③ 如果因此继续固守发展主义信条，那将会无视社会与生态的诸多制约而进一步强化榨取主义模式，从而造成更多的不可持续性和非公正。他们坚持认为，超越榨取主义是从根本上克服当前危机、摆脱拉美困局的正确路径。对承认与尊重自然权利问题的探讨和对后榨取主义方案经济维度的补充，则构成了超越发展理论及其替代性愿景构想的理论基础与实践推进方面的丰富拓展。

结　论

应该说，无论是拉美超越发展理论，还是中国社会主义生态文明理论，都面临着十分相似的理论与实践问题，即如何实现从传统发展方式向生态与社会可持续的经济发展方式的转型。鉴于超越发展理论对过分强调经济增长而忽视生态与社会可持续性的发展模式进行了系统性批评，并在此基础上提

---

① E. Gudynas, "Postextractivismo y alternativas a la megaminería", in P. C. Benalcázar, *Resistencia*:*minería, impactos y luchas* (Cuenca: Ucuenca Press, 2022), pp. 172-175.

② E. Gudynas, "Postextractivismo y alternativas a la megaminería", in P. C. Benalcázar, *Resistencia*:*minería, impactos y luchas* (Cuenca: Ucuenca Press, 2022), pp. 172-175.

③ E. Gudynas, "Necropoltica: la política del dejar morir en tiempos de pandemia", *Reflexión Salvaje* 2 (2021), pp. 100-123.

出了对于拉美发展方式转型的思考建议，因而对中国社会主义生态文明建设具有重要的启示价值。

从哥伦布到达"新大陆"开始，拉美地区就一直在为资本主义中心地区的发展提供源源不断的"资源血液"；第二次世界大战后，拉美各国取得了国家的政治独立，但却始终未能摆脱对中心资本主义国家的经济依附。此后，随着新自由主义的全球性扩张，拉美地区的自然资源采掘业与大规模单一种植业进一步扩展，深刻地影响了拉美各国的经济结构，并形成了所谓的榨取主义发展模式。榨取主义发展模式不仅造成了持续大规模的生态破坏（甚至是小型生态系统的移除）和环境污染，还严重限制着当地经济的多样化发展。进入21世纪以来，随着榨取主义发展模式的环境与社会后果的日益凸显，要求变革这一模式的政治呼声日益高涨。相应地，拉美左翼政党迎来了新一轮的上台执政机遇，而探索榨取主义发展模式的转型方案与路径也成为绿色左翼政治的核心议题。

相形之下，20世纪70年代末、80年代初改革开放以来，中国经济快速发展，人民生活水平显著改善，但也不可否认的是，粗放型发展方式在促进经济迅速发展的同时带来了诸多社会与生态问题。粗放型发展方式的首要表征是依靠资源等要素的投入来推动经济增长和规模扩张。随着我国经济总量的不断扩大，如果继续沿袭这一发展模式，一方面它所需要的能源、土地、水等自然资源数量巨大，其供给状况将会日趋紧张；另一方面，它所带来的污染物排放量的增加将会加剧生态环境质量的恶化，而牺牲社会和环境为代价换取的经济增长，是违背人民根本意愿和要求的。不仅如此，我国还将会面临来自国际社会不断增加的经济发展方式转型压力。正如习近平同志所指出的，"现在，世界发达水平人口全部加起来是10亿人左右，而我国有13亿多人，全部进入现代化，那就意味着世界发达水平人口要翻一番多。不能想象我们能够以现有发达水平人口消耗资源的方式来生产生活，那全球现有资源都给我们也不够用！"①总之，对于进入新时代的当代中国来说，日渐清晰的是，中国的现代化必须是不同于欧美西方现代化模式的新型现代化，是人与

---

① 习近平：《在中国科学院第十七次院士大会、中国工程院第十二次院士大会上的讲话》，人民出版社，2014年版，第7页。

自然和谐共生的中国式现代化。因此，中国的发展方式全面绿色转型，不仅是自身经济社会可持续发展的内在要求，也将是对世界可持续发展的重大贡献。

因而，尽管拉美与中国有着颇为不同的内部条件和外部环境，但都面临着如何实现区域层面上的经济社会发展生态化转型的共同挑战。只不过，超越发展论者着力于讨论基于"好生活"理念的激进未来愿景构想和实现拉美榨取主义发展模式转型的综合性渐进过渡方案，而当代中国则初步形成了一个系统完整的社会主义生态文明理论和建设人与自然和谐共生现代化的目标路径。因此，笔者认为，超越发展理论的经济思想对于中国社会主义生态文明经济建设的探讨具有重要的资鉴价值。

第一，社会主义生态文明理论应建基于对传统发展方式与发展理念的深刻反思。超越发展理论的最主要贡献就是从拉美视角对当今世界主导性发展理念提出了批评与反思。它将殖民主义对拉美的掠夺史与资本主义对拉美的环境掠夺破坏联系起来，批判了霸权性的欧美西方发展理念的局地和私利性质，揭露了拉美榨取主义发展模式背后的资本积累与扩张逻辑。对中国而言，坚持与践行社会主义生态文明观，推动形成人与自然和谐发展的现代化新格局，其关键环节就在于深刻反思与超越欧美西方主导的传统发展理念和发展范式，探索建立适合中国国情的绿色发展方式与路径。

这意味着，一方面，我们必须彻底放弃或超越过去所形成的粗放型发展方式。不可否认，粗放型经济发展方式在我国社会主义现代化建设初期以及改革开放早期发挥了重要的积极作用，但也必须承认，这期间逐渐累积了大量的生态环境问题，成为经济社会现代化发展中的明显短板，并影响到人民群众美好生活愿望的实现。因而，转变粗放型经济发展方式逐渐成为一个十分突出的任务。当然，这在理论和实践上都只能是一个渐进实现的历史性过程。在理论层面上，粗放型经济发展方式往往与快速经济增长尤其是GDP的持续增长相联系，也就是所谓的"唯GDP论"。这种观点将GDP增长作为主要指标甚至是唯一的指标，用来衡量经济发展和国民福利的改善，但却忽视了片面强调经济增长会带来的社会与生态负面效应。其隐含的一个假设或主张是，发展方式的急剧转变将会影响到经济增长的必要速度，从而影响到经济社会的持续发展和人民群众生活福祉的不断改善，而这对于我们这样一个发展中大国来说是难以承受的。在实践层面上，随着中国特色社会主义建设进入新时代，我国开始告别对 GDP 及其增长率的过分强调，逐步走向追求绿色高质量发展。比如，2013 年党的十八届三中全会通过的《中共中央关于全面深化改革若干重大问题的决定》明确指出，要"纠正单纯以经济增长速度评定政绩的偏向，加大资源消耗、环境损害、生态效益、产能过剩、科技创新、安全生产、新增债务等指标的权重"①。此后，中国将近三分之一的县(市、区)取消了 GDP 政绩考核。如今，生态优先、绿色发展或绿色高质量发展，已经成为中国式现代化建设中的统摄性概念术语或实践遵循。

另一方面，社会主义生态文明理论也不能陷入西方绿色发展范式的窠臼。尽管不能否认源自欧美西方国家的可持续发展、绿色增长、绿色经济等概念背后的良好意愿，但这些概念的确并没有像生态中心主义"深绿"理论那样充分考虑到经济增长必须遵从的生态与社会极限，也没有像生态马克思主义"红绿"理论那样充分强调经济社会制度条件及其变革可以带来的生态与社会影响，因而在现实中往往呈现为一些"浅绿"的经济技术变革和行政监管体制改革举措，虽然确实会缓和或解决一些具体性问题，但同时也会回避或掩盖一些更根本性的问题。因而，必须明确，欧美国家在环境保护治理和绿色发展旗帜下的许多政策举措是有意义的，但也是效能有限的。相形之下，社会主义生态文明理论是一个更加激进的政治与政策选择，意味着更深度的生态可持续性和更充分的社会公正，而且是生态主义和社会主义的更自觉结合。这方面具有借鉴价值的是近年来学界广泛讨论的"人类世"概念话语。一方面，它表明了人类活动正在使地球生态系统循环受到严重威胁，正在超越"地球边界"，但另一方面，它也可以理解为，人类社会已经发展到有更大的能力与条件做到基于自身的自然地理环境条件、历史文化传统和经济社会特征，来实现人与自然和谐共生的发展。②总之，超越发展理论的最主要启示是，社会主义生态文明理论与实践理应立志于并导向一种超越欧美西方发展理念和方式的全面绿色转型——同时在经济制度架构和社会文化层面的意义上。

---

① 《中共中央关于全面深化改革若干重大问题的决定》，人民出版社，2013 年版，第 17 页。
② 郇庆治、刘琦：《大疫情之后社会主义生态文明建设的愿景、进路难题及其挑战》，《中国地质大学学报(社科版)》2021 年第 3 期，第 1—17 页。

第二，社会主义生态文明愿景应建基于对西方资本主义文明和传统社会主义实践的深刻超越。

超越发展理论的突出价值在于，它系统揭示了西方资本主义文明的发展成就建立在资本无限扩张逻辑的基础之上，这种扩张不仅以牺牲国内边缘地区的生态和社会可持续性为代价，而且在国际层面上服务于那些资本主义中心国家的利益需求，并且给世界其他国家和地区带来了灾难性的环境问题。也就是说，超越发展论者所阐发的"中心—边缘"论点同时是反资本主义的和反帝国主义的。如果说前者通过揭露资本主义试图使边缘地区的人与自然从属于这一剥夺性经济制度，丰富了我们对于资本主义如何造成世界范围内的生态危机的理解，那么，后者则通过分析西方资本主义发达国家如何依靠世界范围内的"虹吸效应"来维持其霸权地位，揭示了这种世界秩序的帝国主义甚或殖民主义性质，以及所造成的人类文明破坏性的野蛮后果。因而，社会主义生态文明愿景首先必须要超越资本主义文明的固有缺陷，换言之，社会主义生态文明必须致力于实现国内与世界层面上的社会生态公平正义。这既是尊重自然生态客观要求的必然选择，也是社会主义国家的本质属性所决定的。就前者而言，地球是人类的共同家园，没有人能够从环境危机中独善其身或独自解决重大环境问题。正如习近平同志指出的，"人类可以利用自然、改造自然，但归根结底是自然的一部分，必须呵护自然，不能凌驾于自然之上"[①]。就后者来说，社会主义生态文明意味着必须要超越资本主义文明的生态道德虚伪性。资本主义文明建立在以资本为基准的灵活道德标准之上，因此，在生态环境问题上，它虽然也在逐渐提出并制度化一些绿色的经济与社会文化理念，但却从根本上受制于资本积累与增值的绝对律令和固有逻辑，尤其是体现为国际层面上对外围国家持续不断的资源与生态剥夺。如今，这一文明模式的社会生态后果正日益明显，所谓中心国家并不能从全球气候危机中独善其身，而外围国家的社会冲突与动荡也会日益威胁到中心区域。因此，社会主义生态文明建设决不能重复资本主义文明发展的零和博弈性甚至以邻为壑的老路。

另一方面，社会主义生态文明愿景也必须超越传统社会主义实践。在传

---

① 习近平：《论坚持构建人类命运共同体》，中央文献出版社，2018年版，第256页。

统社会主义的未来愿景构想中,社会解放是主要目标,而实现社会解放的道路是通过在政治层面上由共产党代表人民掌握国家政权,进而推动经济解放来实现的。① 对于马克思恩格斯而言,十分明确的是,社会生产力的巨大增长和高度发展是实现社会解放的必要条件。基于此,在苏联和中东欧等国家的社会主义实践中,经济解放愿景被逐渐阐释为如下三个意象:"高度发达的社会生产力""大规模、集中化的经济生产组织形式"和"物质富裕的美好生活"②,并依靠国家集中全社会力量促进生产力的发展模式实现了相对落后国家的快速工业化。但在马克思恩格斯那里,同样明确的目标要求是实现人与自然的和解,未来社会主义决不应该也不能建立在牺牲自然的基础上。而令人遗憾的是,苏联和中东欧国家的社会主义实践却造成了十分突出的生态环境破坏。如今,在全球性生态危机日益凸显的背景语境下,社会主义生态文明愿景必须要摆脱传统社会主义实践的生态缺憾,而这就意味着必须将人与自然的和解纳入解放的视野,不仅将人们从束缚他们的社会政治关系中解放出来,还要将自然从被剥削和压迫的社会政治关系下解放出来。

第三,国际时局变化凸显了社会主义生态文明建设的现实紧迫性。新冠疫情全球大流行,给我国和世界经济的发展造成了全面而巨大的冲击。超越发展论者以拉美为例的分析表明,在多重危机叠加并且迅速加剧的大背景下,全球资本积累危机已积重难返,作为发展中或边缘国家和地区的拉美更是深受其害。建立在资本全球自由流动基础上的世界经济体系已形成了一张覆盖全球大部分人口的组织网络,但事实证明,这张巨网却比人们想象中的脆弱得多。新冠疫情全球大流行极大地冲击了全球生产链条,相应地,区域和东西方国家间的利益冲突彰显,欧美西方发达国家明显加快了与中国经济"脱钩"的步伐。这使得,我国长期坚持并行之有效的粗放型经济发展模式的外部支持条件迅速弱化。不仅如此,国内经济发展由于长期疫情防控而导致的恢复乏力、增长新动力不足等问题,正在遭遇到前所未有的严重困难,传统发展模式及其隐含的社会生态消极后果(大规模城市与巨型工厂)如今也以日益

---

① 《马克思恩格斯文集》(第三卷),人民出版社,2009年版,第197-198页。
② 郇庆治:《重思社会主义生态文明建设的"经济愿景"》,《福建师范大学学报(哲社版)》2020年第2期,第27-30页。

明显的方式暴露出来。越来越多的人不仅在深刻反思自己的生活工作环境，也在开始深入思考自己的生产生活理念；日益成为一种社会现象的"躺平"或"内卷"，其实反映的是国内经济发展阶段性变化和国际时局剧变给人们带来的从生活到思想各个层面的冲击，要求党和政府用新的理念目标来构想未来、引领大众。

　　无须讳言，超越发展理论无论是在理论还是实践层面上都还面临着诸多不足或挑战，因而不宜过分强调它的理论成熟性和实践变革路径意义。但是，对于我国的社会主义生态文明建设来说，超越发展理论对拉美激进"红绿"变革愿景的理论探讨与实践推动，有助于我们更深刻地把握社会主义生态文明的理论与政治意涵，尤其是经济社会发展方式绿色转型的前提性重要性，以及实现这样一种转型超出一个国家范围的国际经济政治格局重塑的现实必要性与挑战意义。总之，社会主义生态文明建设首先是当代中国的一种"红绿"政治与民主选择，但它的实质性推进和切实成效却必须在一种全球语境与政治努力中加以理解阐释。

（作者单位：北京师范大学马克思主义学院）

第八章
生态文明经济诠释

郑国诜　廖福霖

内容提要：生态文明经济是自然生态系统、人体生态系统和社会生态系统以经济为纽带，通过理念、机制、技术、管理和市场等综合创新，实现自然、人、社会相互交融、相互协调、相互促进、不断演进的经济系统，是自然—人—社会复合生态系统有序演进的经济基础。生态文明经济是生态文明实践的产物，它的发展将推动自然—人—社会复合生态系统的和谐协调。生态文明经济的核心与基础形态是创新经济，基本形态包括生态经济、绿色经济、低碳经济和生态文明消费型经济。随着人们需求的逐渐升级与素质的不断提高，对经济发展质量要求将日益提高并转而促进经济发展升级，生态文明经济因而成为社会经济发展的必然趋势。

关键词：生态文明经济，内涵功能，发展形态，自然—人—社会复合生态系统，生态文明社会生态文明经济是经济社会现代化发展到一定阶段的产物，是对工业文明经济的扬弃，并构成生态文明社会的经济基础。生态文明经济以生态化技术体系为支撑，其发展呈现出与传统经济显著不同的特征，并有着自身的发展规律。尤其是由于存在所拥有的初始要素禀赋以及反映区域要素与非区域要素之间匹配程度的要素适宜度水平的差异，生态文明经济的发展在客观上呈现为一个非均衡的过程。因而，各地应该依据实际情况，扬长避短、协同推进，不断提升自己的生态文明经济发展水平。

一、生态文明经济的内涵

生态文明经济是指在社会经济包容性发展过程中，以内生力量推进生态效应、经济效应与社会效应相统一和最优化，化解资源能源、生态环境和人类健康等危机，满足人的物质、精神、生态需求以及自然生态系统自身的需求，提高人的幸福感，促进自然—人—社会复合生态系统和谐协调、全面、持续发展的新兴经济系统。它是优化经济结构、促进产业升级、转变发展方式的主要途径和有效载体，是生态生产力的主要表现形态，是生态文明社会的主要经济基础。生态文明经济是自然生态系统、人体生态系统和社会生态系统以经济为纽带，通过理念、机制、技术、管理和市场等综合创新，实现自然、人、社会相互交融、相互协调、相互促进、不断演进的经济系统，是自然—人—社会复合生态系统有序演进的经济基础（如图8-1所示）。

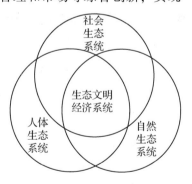

图8-1 以经济为纽带的自然—人—社会复合生态系统

在复合生态系统中，自然界是人的无机的身体，人靠自然界生活，自然界为人类生产、生活提供资源并分解其废弃物，为人类的生存与发展提供活动的空间，是人类社会存在和发展的物质基础；随着科学技术的进步，自然界为人类提供的资源在量与质方面将不断扩大，但受自然规律制约，资源和生态环境的承载力是有限度的。人是社会存在和发展的前提，人的需要是社会发展的原动力，人既是生产者，也是消费者，又是分解者；在复合生态系统中，人是最积极最活跃的因素，兼有社会属性和自然属性两方面的内容。一方面，人是社会经济活动的主体，其活动必须遵循社会经济发展规律；另一方面，人又是大自然的一员，其一切宏观性质的活动都不能违背自然生态系统的基本规律，必须以其特有的文明和智慧处理人与自然的关系、实现人与自然的和谐。在处理人与自然关系的过程中，离不开人与社会的关系。因为人对自然的改造都是以社会的形式出现的。"社会是人同自然界完成了的本质的统一，是自然界的真正复活，是人的实现了的自然主义和自然界实现了的人道主义。"[1]社会是人与自然相统一的媒介，社会关系是人与人的关系和人与自然的关系的综合。社会发展必须依靠人，也是为了人。在人与自然和社会的关系中，尽管社会对人与自然的关系起着重要制约作用，只有在一定的社会关系中才会发生人对自然界的影响，才会有生产，但是，人与自然的关系比人与人的关系更重要、更根本，因为自然界是人和社会的基础，人与人的所有矛盾都根植于人的物质利益，根植于人与自然的矛盾。社会诸因素中归根到底是经济关系起决定性作用，社会发展过程中占统治地位的必然性归根到底是经济必然性。经济是自然—人—社会复合生态系统的基石。自然—人—社会复合生态系统的和谐协调，必须以生态文明经济系统的良性运行为基础。

二、生态文明经济的功能及其辨别

生态文明经济是生态文明实践的产物，它的发展将推动自然—人—社会复合生态系统的和谐协调。概括地说，生态文明经济具有如下三种功能：一是基本功能，即实现生态效应、经济效应和社会效应相统一与最优化，这主要通过转变经济发展方式，增强经济整体质量与效益，优化经济系统结构来获得；二是核心功能，即满足人的物质需要、精神需要和生态需要，提高人的幸福感，体现了以人为本的原则追求，而这是由生态文明经济发展的目的所决定的；三是最高功能，即自然生态和谐、人体生态和谐、社会生态和谐三者耦合而成的自然—人—社会复合生态系统的和谐，而它是在前面两个功

---

[1] 《马克思恩格斯文集》(第一卷)，人民出版社，2009年版，第187页。

能耦合的基础上所形成的。所以,判断某种经济形态是不是属于生态文明经济,应主要从三个方面去考察。第一,看它是否有利于经济效应、社会效应和生态效应相统一与最优化,这里的经济效应不单指经济效益,还包括经济结构的优化、产业结构升级和经济发展方式的转变;第二,看它是否有利于资源节约、环境友好、促进人类健康、提高幸福指数,满足人的物质需要、精神需要和生态需要;第三,看它是否有利于促进人与其自身、人与自然、人与人、人与社会的和谐,实现自然—人—社会复合生态系统的和谐协调、全面、持续发展。

三、生态文明经济的表现形态

生态文明经济的具体表现形态,也就是生态文明经济的外延,主要包括创新经济、循环经济、体验经济、生态经济、绿色经济、低碳经济、生态文明消费型经济和传统经济的改造提升等。其中,生态文明经济的核心与基础形态是创新经济,方法论形态是循环经济,高级形态是体验经济,基本形态包括生态经济、绿色经济、低碳经济和生态文明消费型经济,现实应用形态是传统经济的改造提升。

1. 生态文明经济的核心与基础形态

生态文明经济的核心与基础形态是创新经济。生态文明经济要转变"三高一低"(高投入、高能耗、高污染、低效益)的传统经济发展方式,形成有利于推动自然、人、社会和谐协调的新兴经济系统。因此,创新就成为生态文明经济发展的必然,创新经济也就成为其核心和基础。创新经济主要体现在创新成为经济发展的引擎、知识成为经济发展的第一资源,其实质就是知识经济,通过知识创新引领科技创新进而实现经济创新。环顾当今世界,财富日益向拥有知识和科技优势的国家和地区聚集,谁在知识和技术创新上占优势,谁就在发展上占主导地位。经济强国必然是以知识为基础的科技强国。今天在一些发达国家,技术创新对经济发展的贡献率已达60%~80%。江泽民同志曾指出:"创新是一个民族进步的灵魂,是一个国家兴旺发达的不竭动力……

没有创新，就没有人类的进步，就没有人类的未来。"[1]通过创新经济，充分发挥人的创造力，一方面在经济发展过程中尽可能多地利用知识资源替代自然资源，因此可以最低程度地污染环境，同时也可以满足人的创造潜能，提高成就感和幸福感；另一方面，以经济、社会、生态三大效应相统一和最优化为目标，发展生态化技术体系，并对传统经济进行改造与提升。创新经济实际上就是在生态文明观指导下的经济创新和转变，主要体现在发展理念、技术、管理、市场和发展机制五个经济要素的协同创新。[2] 发展理念的创新主要有三个层次：生产力的理念实现从工业文明生产力到生态文明生产力即生态生产力的转变；生产目的的理念从"满足人民群众不断增长的物质和精神文化生活需要"到"满足人民群众不断优化的物质、精神、生态需要和自然生态系统的需要"转变；经济发展的理念从只重视经济效益到经济效益、社会效益和生态效益三者相统一和最优化转变；技术创新从只重视经济效应的技术到重视经济效应、社会效应和生态效应相统一和最优化的生态化技术体系的转变；管理创新主要是以循环管理、过程管理、和谐管理代替线性管理、末端管理、行为管理；市场创新主要是对绿色诚信市场的培育，促进生态文明消费市场的形成；发展机制的创新主要是建立生态文明经济各种发展形态的协同机制以及协同政府各部门促进生态文明经济发展的机制。

2. 生态文明经济的方法论形态

生态文明经济的方法论形态是循环经济。自然、人、社会构成一个复合生态系统，它的和谐协调必须以生态文明经济系统的良性运行为基础。发展生态文明经济，首先要遵循复合生态系统的循环方法[3]，即发展经济要在自然、人、社会构成的复合生态系统内进行大循环，而不是只在社会经济系统内循环，人类社会必须从自然界获取物质资源以满足生存和发展需要，自然界也需要人类社会的反哺才能实现生态平衡，只有自然生态系统和人类社会生态系统形成良性物质循环运动，才能从宏观上保证经济的全面协调可持续发展。这其实是以"增量化"的方式实现生态经济社会的循环，即通过人的能

---

[1] 《江泽民文选》(第三卷)，人民出版社，2006年版，第103页。
[2] 廖福霖：《致力于发展生态文明的经济创新》，《福建日报》2011年4月19日，第11版。
[3] 廖福霖：《从方法论层面理解循环经济》，《福建日报》2011年5月17日，第11版。

动性发挥，不断提高资源的质与量，增强生态环境的承载力，壮大生态文明经济系统。

其次，要遵循生产系统的循环方法，即把生态系统物质循环运动和能量梯级利用的原理、规律、模式运用到社会生产领域，通过企业内的生产循环、企业间的生产循环和产业间的生产循环提高资源利用率、减少排放，以"减量化"的方式实现经济效应、社会效应和生态效应相统一与最优化。

最后，要遵循消费系统的循环方法，即通过延长消费品使用时间和周期以及废弃物的回收、分类，进行再生产，以"再利用"和"资源化"的方式实现经济效益的同时兼顾社会效益和生态效益。从方法论层面来理解，循环经济是指在资源能源的获取、原材料的供应、产品的加工生产、产品的销售消费及其再利用或废弃的整个过程中，应用系统科学和现代生态学原理，把传统的从资源到废物的线性经济发展方式转变为循环反馈型的经济发展方式。它要求在传统工业经济的基础上建立反馈机制，在微观、中观和宏观的不同层面上形成促进生态经济社会可持续发展的长效机制。在中微观层面上，要求企业按照食物链、食物网原理，纵向延长生产链条，负责从生产、消费、回收处理和再生的产品生命周期的全过程，实现企业层面的"小循环"；横向与其他企业或产业进行生产剩余物交换，形成企业共生体系或产业共生体系，实现企业间或产业间的"中循环"；在宏观层面上，促进整个社会技术体系实现生态化、网络化，使资源实现跨产业、跨区域循环利用，综合对废弃物进行产业化无害处理，推进生态经济社会可持续发展，进而实现区域、全国乃至全球复合生态系统的"大循环"。发展生态文明经济要遵循循环方法论，可以借鉴循环经济的做法，从微观、中观和宏观层面推进。

3. 生态文明经济的高级形态

生态文明经济的高级形态是体验经济，它是经济发展高级化的结果。体验经济的产生与发展源于如下这个问题：当一个国家或地区的第三产业（主要指服务业）的比重占绝大部分时，其产业将如何进一步发展？美国未来学家阿尔文·托夫勒认为，需要发展体验产业。他1970年就在《未来的冲击》中指出，体验产业最终将战胜服务业，世界经济将从产品经济过渡到服务经济之后再上升到体验经济。

体验经济是物质、精神文化、生态三者有机融合、协调作用的经济形态①，是企业以商品为道具，以服务为舞台，以消费者为中心，创造能够使消费者融入其中、值得消费者回忆的经济活动。其典型特征是，消费是一个过程，消费者是这一过程的"产品"，因为当过程结束后，记忆将长久保存在对过程的"体验"中，消费者愿意为这类体验付费，因为它美好、难得、非我莫属、不可复制、不可转让、转瞬即逝，它的每一瞬间都是一个"唯一"。体验经济以先进的生产力、发达且结构合理的经济、良好的生态环境以及祥和的社会氛围为基础，能够满足人们不断优化的物质、精神与生态需要，给人以认知、审美、愉悦、健康、幸福等体验，在体验过程中，人的需要、人的能力、人的潜能、人的素质在不断提升，全面发展。人们由此具有更强的自我实现意识和更高的创新能力，体验经济也因此能够深入到各行各业，包括现代新兴产业，跟其他生态文明经济的表现形态相融合，协同发展推动生态文明经济的发展。各种生态文明经济表现形态的发展，能够为人们带来优越的经济条件、良好的生态环境、充裕的闲暇时间、有利的空间条件、和谐的社会关系，而这一切都为体验经济的进一步发展提供条件，体验优美的自然生态环境、融洽的人际关系及和谐的社会关系、自我实现的美好感觉，体验自然、人、社会的和谐关系，既是体验经济发展的目的，也是生态文明经济发展的目的。体验经济是产业高级化、经济结构优化的结果，是服务经济的进一步发展，是社会经济发展的新阶段。由于体验经济可以充分发挥人的创造性，满足人的包括物质、精神、生态等多样化、个性化和高层次需求，能够促进人的心态和谐并进而促进社会和谐。② 它是人本经济，代表着先进的经济形态，是生态文明经济的高级形态。

4. 生态文明经济的基本形态

生态文明经济的基本形态，包括生态经济、绿色经济、低碳经济和生态文明消费型经济等。

其一，生态经济。生态经济产生于20世纪60年代，之后逐渐扩展开来。生态与经济具有重要的因果关系，世界环境与发展委员会在《我们共同的未

---

① 廖福霖:《体验经济是21世纪经济发展的重要趋势》,《福建日报》2011年5月24日,第11版。
② 廖福霖等:《生态文明经济研究》,中国林业出版社,2010年版,第28页。

来》报告中强调指出：相关的变化将全球的经济与全球的生态以新的形式联结在一起……不久前我们被迫面对各国经济上的互相依赖性急剧增加这个现实，现在又被迫习惯于各国在生态上的日益增加的互相依赖性。生态与经济越来越紧密地交织在一起，在局部、国家和全球范围内成为一张无缝的因果网。[①]

生态经济学"研究经济与生态协调发展的规律……研究如何在经济发展中合理遵守自然生态规律，并把经济规律和生态规律相结合，综合运用到经济建设之中"[②]。国际上对生态经济学的研究主要包括三个方面：一是研究可持续经济规模，即经济增长的规模必须控制在生态承载的范围之内；二是代内和代际公平分配的研究；三是资源高效配置的研究。可见，生态经济学的研究重点是经济与生态的协调发展，是人类社会经济系统应该如何运行才能和整个地球生态系统相协调，集中在比较宏观的方面，较少考虑社会因素。有些研究者认为必须放弃经济增长来换取生态环境的保护，走向了与为经济增长不惜牺牲生态环境相对应的另一个极端的"二律背反"[③]。

相形之下，生态文明经济则研究自然—人—社会复合生态系统实现优化的经济条件、经济关系和经济机制，重点在于如何实现生态效应、经济效应和社会效应相统一与最优化，研究中比生态经济学多了社会这一因素，因而研究对象更全面也更复杂。生态文明经济研究认为，仅把经济系统作为自然生态系统的子系统是不够的，自然—人—社会（包括经济）是复杂的巨系统，它们之间的复杂联系和相辅相成不能只停留在自然生态与经济的关系上面，还要充分发挥人的主观能动性，还要考虑就业、贫困等社会现实问题。理论研究源于现实并高于现实，因而生态文明经济研究有必要吸收生态经济研究中形成的理论精华，应用到对生态、经济、社会关系的研究中去，把生态经济作为生态文明经济基本形态之一加以发展。

其二，绿色经济。绿色经济的萌芽始于20世纪60年代的"绿色革命"，但直到目前，对绿色经济内涵的认识还不是很统一。有学者认为，绿色经济是一种标准，是在可持续发展战略指导下，以市场机制为导向，以生态环境

[①] 世界环境与发展委员会：《我们共同的未来》，世界知识出版社，1989年版，第20页。
[②] 马传栋：《生态经济学》，山东人民出版社，1986年版，第1—18页。
[③] 廖福霖：《发展生态文明经济破解"二律背反"》，《福建日报》2011年8月2日，第11版。

容量、资源承载能力为前提，以科技进步为手段，以生态化技术为支撑，以经济与环境的持续协调发展、人民生活质量持续提高为目的，以生态文明为经济、社会发展的根本价值取向，将众多有益于环境的技术转化为生产力，并通过与环境无对抗的经济行为，实现经济的长期稳定增长的经济形态。① 在经济学家看来，绿色经济是以市场机制为导向、以产业经济为基础、以经济与环境的和谐为目的而发展起来的一种经济形式，是产业经济为适应人类环保与健康需要而产生并表现出来的一种发展状态。而在社会学家眼里，绿色经济是以维护人类生存环境、合理保护资源与能源、有益于人体健康为特征的经济，是一种平衡式经济。②

总之，绿色经济可以从宏观与微观两个层面上来理解。在宏观上是指立足于自然—人—社会复合生态系统的持续、协调发展，以人类健康和自然健康为目标，实现生态效益、经济效益和社会效益相统一与最优化的经济发展形态。在微观上是指工业产品、农业产品、服务产品在生产、加工、营销和消费等各个环节中，无污染的、不损害人类生命安全和身体健康的、符合资源节约、环境友好的生产和消费范式。③ 绿色经济直接关系到公众的生命安全和身体健康，在此基础上，通过改善生态环境质量，发展绿色经济，促进人的身心和谐，提高公众的幸福指数，是重要的民生工程。因此，绿色经济更重视从"健康"的视角研究经济发展，体现了生态文明经济以人为本的原则，是生态文明经济的基本形态之一。

其三，低碳经济。低碳经济这个词虽然在20世纪90年代末的文献里就已出现，1992年《联合国气候变化框架公约》以及1997年《京都协议书》都有与低碳经济相关的系统性阐述，但2003年英国政府出台能源白皮书《我们能源的未来：创建低碳经济》之后才引起广泛关注。作为前沿性经济理念，低碳经济并没有约定俗成的定义，它涉及广泛的产业领域和管理领域，是包括低碳技术、低碳产业、低碳发展和低碳生活等经济形态。低碳经济是以低能耗、低污染、低排放为基础的绿色经济模式，其实质是清洁能源、低碳或无碳等

---

① 廖福霖、祁新华、罗栋燊等：《生态生产力导论》，中国林业出版社，2007年版，第119页。
② 吴冕：《让绿色经济成为未来经济新引擎》，《生态经济》2011年第2期，第18-23页。
③ 廖福霖：《发展绿色经济是重要的民生工程》，《福建日报》2011年5月24日，第11版。

新能源的开发与能源的高效利用,核心是制度与低碳技术创新、发展观念、生产方式和消费形态的根本性转变,目标是减缓气候变化对生态经济社会造成的不良影响、促进自然—人—社会复合生态系统的可持续发展。

低碳经济兴起的最直接原因是碳循环失衡引起的气候异常,根本原因则是能源资源的日益紧缺。碳循环在正常情况下是平衡的,但由于人口数量的急剧增加和工业化、城市化的迅速发展,煤、石油、天然气等化石燃料被大量使用,森林、草地、湿地等被大量砍伐和破坏,一方面积存在地层中已经脱离碳循环的碳元素在短时间内被释放出来,另一方面森林、草原、湿地等吸收和储存二氧化碳的碳汇数量在减少,使得大气中的二氧化碳含量迅速增加,打破了生物圈中碳循环的平衡,从而导致全球气候异常。气候异常深度触及资源能源安全、粮食安全、公共卫生安全、生态安全等,严重影响经济社会的可持续发展和人类的生存与发展。传统的资源能源本已紧缺,它的大量使用又因为全球气候异常使人类面临严峻挑战,因而国际社会积极寻求合作,有关低碳的一系列新概念、新政策应运而生。

发展低碳经济是应对全球气候异常、实现国家能源安全战略、优化经济结构、转变经济发展方式的必然要求。它将全面取代传统经济中的石化能源,产生一系列战略性新兴产业群,形成新兴经济体系,其覆盖面之广、经济体量之大、生态效益之好、就业机会之多,对可持续发展之重要,都将是空前的。发展低碳经济也将改变世界经济运行秩序、国际贸易方式的许多规则,促进世界经济转型。因此,发展低碳经济成为各国政府和有远见卓识的企业家抢占的制高点。发展经济离不开能源,低碳经济主要从"低碳"新能源视角推动经济发展,以应对传统经济发展的能源危机,是生态文明经济的基本形态之一。

其四,生态文明消费型经济。消费问题也是关系资源、环境和人类健康的问题,是事关自然—人—社会复合生态系统和谐协调、共生共荣、共同发展的基本问题。转变经济发展方式,发展生态文明经济,不但要改变工业文明的生产方式,也要改变工业文明的消费方式,确立生态文明消费观及其模式,发展生态文明消费型经济。生态文明消费型经济是在生态文明观指导下,通过倡导生态文明消费观，践行生态文明消费模式所产生的一系列经济活动。[①]它主要包括以下内容：一是以健康消费、素养消费和能力消费为主的"以人为本"的消费观和全面发展的消费模式；二是以绿色消费、循环消费和低碳消费为主的资源节约型环境友好型的消费观和绿色消费模式；三是以代内和代际的和谐与消费公平、人与自然的和谐与消费公平为主的和谐消费观与公平消费模式；四是以促进公众的安全、健康和幸福为主的绿色诚信市场的培育，让生态文明经济系统生产的产品能够在市场上确实体现其价值和价格。在生态文明消费观指导下，它将能够产生一系列新的需要和需求，从而催生一系列新型消费群体，拓展一批新兴消费领域。生态文明消费型经济主要从消费视角推动如何以需求拉动的方式促进生态文明经济的发展，是生态文明经济的基本形态之一。

5. 生态文明经济的现实应用

传统经济的改造提升是生态文明经济的现实应用形态。生态文明经济是新生事物，必然要取代旧事物，最终将取代传统经济。但是，生态文明经济的各种发展形态目前还处于初步发展阶段，它们的发展和成熟都不可能一蹴而就。生态文明经济各种形态的协同发展也将是渐进的过程，需要较长的时间。比如，循环经济的发展要落实到各种生态文明经济形态之中；绿色经济的发展除了需要绿色诚信市场外，还有许多关键技术和成本问题需要解决；低碳经济中的各种低碳、无碳等新能源也难以在短期内取代高碳的石化能源，特别是在交通运输系统中，目前除了生物燃料乙醇和生物柴油是液体可以部分取代石油之外，其他诸如太阳能、风能、地热能、潮汐能都还无法制成液体以取代石油，而交通运输系统对二氧化碳排放总量的贡献率几乎达到三分之一，如果想充分应用这些可再生能源于交通运输业，就需要改变全球所有的交通运输工具及其生产线，这是一个十分庞大而又复杂的系统工程；体验经济和创新经济的发展，更是需要有长期积累的过程。

由此可见，传统经济在经济社会的各个领域中仍然起着不可替代的作用，它还是一个十分庞大的经济体系，生态文明经济的发展必然要建立在对传统经济体系的逐渐改造与提升之上。因此，把传统经济改造提升成为符合资源

[①] 廖福霖：《发展生态文明消费型经济》，《福建日报》2011年6月14日，第11版。

节约型、环境友好型和人类健康型，符合生态文明要求的新型经济，就成为当前发展生态文明经济最大量、最繁重的任务。所以，必须以生态文明经济思想为指导，应用现代化高新技术(主要是生态化技术体系)武装改造传统产业，继承传统经济的合理因素，摈弃其不利资源的发展方式，充分利用生态环境改善、人类幸福安康和社会全面发展的因素，把传统经济的改造提升融入生态文明经济发展当中。

到20世纪中叶，工业文明经济的各种弊端已暴露无遗，人类面临重重危机，必须探索新的经济发展形态。创新经济、循环经济、体验经济、生态经济、绿色经济、低碳经济、生态文明消费型经济和传统经济的改造提升等各种生态文明经济发展形态，都是在面临资源能源、生态环境、人类健康安全等危机而寻求突破的新经济发展形态，是人们在生态文明观指导下追求生产持续发展、生态不断改善、生活富裕安康的经济成果，是生态生产力的发生与发展在经济效应、社会效应和生态效应方面的表现。它们都是生态文明经济的发展形态，都是为了实现自然—人—社会复合生态系统的和谐协调而在经济发展方面所做出的努力，但它们也有各自不同的发展侧重点，存在一定区别(表8-1)。

表8-1 生态文明经济各种发展形态的内涵与侧重点比较

生态文明经济的发展形态	主要内涵与侧重点	在生态文明经济中的地位
创新经济	知识成为经济发展的主要资源，创新是经济发展的引擎，主要体现在发展理念、技术、管理、市场和发展机制五个经济要素的协同创新	核心和基础形态
循环经济	经济发展要遵循自然—人—社会复合生态系统的循环方法、生产系统的循环方法、消费系统的循环方法，遵循"增量化""减量化""再利用"和"资源化"的原则实现企业层面的"小循环"、企业间或产业间的"中循环"、区域、全国乃至全球复合生态系统的"大循环"	方法论形态
体验经济	是物质、精神文化、生态三者有机融合、协调作用的经济形态，企业以商品为道具，以服务为舞台，以消费者为中心，创造能够使消费者融入其中、值得消费者回忆的经济活动，能给予人认知、审美、愉悦、健康、幸福等体验	高级形态
生态经济	研究重点是经济与生态的协调发展，是人类社会经济系统应该如何运行才能和整个地球生态系统相协调，集中在比较宏观的方面，较少关注社会因素；侧重生态环境承载力对经济社会发展的制约	基本形态

（续）

生态文明经济的发展形态	主要内涵与侧重点	在生态文明经济中的地位
绿色经济	有宏观与微观之分。在宏观上是指立足于自然—人—社会复合生态系统的持续、协调发展，以人类健康和自然健康为目标，实现生态效益、经济效益和社会效益相统一与最优化的经济发展形态；在微观上是指农业产品、工业产品、服务产品在生产、加工、营销和消费等各个环节中，无污染的、不损害人类生命安全和身体健康的、符合资源节约、环境友好的生产和消费范式；侧重自然、人、社会的健康	基本形态
低碳经济	实质是清洁能源、低碳或无碳等新能源的开发与能源的高效利用，核心是制度与低碳技术创新、发展观念、生产方式和消费形态的根本性转变，目标是减缓气候变化对生态经济社会造成的不良影响、促进自然—人—社会复合生态系统的可持续发展；侧重清洁的新能源开发和能源低碳化	基本形态
生态文明消费型经济	是在生态文明观指导下，通过倡导生态文明消费观，实施生态文明消费模式所产生的一系列经济活动。主要包括以人为本的消费观和全面发展的消费模式、资源节约和环境友好的消费观以及绿色低碳消费模式、和谐消费观与公平消费模式、建立绿色诚信市场；侧重消费的绿色化	基本形态
传统经济的改造提升	以生态文明经济思想为指导，应用现代化高新技术（主要是生态化技术体系）武装改造传统产业，继承传统经济的合理因素，摈弃其不利资源充分利用、生态环境改善、人类幸福安康和社会全面发展的因素，把传统经济的改造提升融入生态文明经济发展当中	现实应用

结　论

在经济发展实践过程中，生态文明经济思想得以逐渐产生，又由于生产力的持续进步、人的素质提高与需求的升级以及生态文明建设的持续推进，生态文明经济终将成为社会经济发展的潮流。生态文明经济作为观念，是人们对社会经济发展实践的反思、预见、构想，形成不同于传统经济的思想；作为实践方式，是社会经济发展实践从传统走向现代的转变，核心是生产方式和生活方式的转变；作为战略抉择，是人们根据具体历史情况制定的实现理想、推动社会经济发展的具体原则、策略，目标是以生态文明经济取代工业文明经济。"人类始终只提出自己能够解决的任务……任务本身，只有在解决它的物质条件已经存在或者至少是在形成过程中的时候,才会产生。"①在高度发达的生产力基础之上,生态文明经济已不单纯是经济思想观念,世界各地都已进行或深或浅的实践,而且在生态文明建设实践中已上升为发展战略,随着需求升级与人的素质提高,对经济发展质量要求更高也更有能力促进经济发展升级,生态文明经济因而成为社会经济发展的必然趋势。

(作者单位:福建龙岩学院经济与管理学院/
福建师范大学马克思主义学院)

---

① 《马克思恩格斯文集》(第二卷),人民出版社,2009年版,第592页。

第九章

社会主义条件下的生态资本化：一种初步分析

李 强

内容提要：社会属性决定着资本属性，也就决定着资本与生态之间的关系。生态资本在社会主义生态文明建设过程中回归其生产要素本质，社会主义制度条件下的生态资本化也就成为促进生态产品价值实现的有效体制创新。当代中国社会中的生态资本化与欧美国家的环境资本运营存在着概念指向、运行机理与价值归属等方面的诸多差异，需要对此进行更为深入的理论探讨和实践总结，以便将社会主义条件下的生态资本化发展成为既符合中国经济社会现代化发展需求，又能够规避资本逻辑的生态产品价值实现机制。

关键词：生态资本化，环境资本运营，自然金融化，生态文明经济，社会主义创新、协调、绿色、开放、共享的新发展理念意味着,在我国新时代高质量发展进程中,生态资本将与物质资本、人力资本等资本形式具有同等重要地位,是我国实现绿色可持续发展的核心要素。2015年的《生态文明体制改革总体方案》明确提出,我们要"树立自然价值和自然资本的理念,自然生态是有价值的,保护自然就是增值自然价值和自然资本的过程,就是保护和发展生产力,就应得到合理回报和经济补偿"。这一论述不仅明确了社会主义条件下生态资本存在的合法性与必要性,也给出了我国生态资源资本化的指导性原则与实践方向。"社会主义条件下的生态资本化"可以将我国的经济发展与环境保护有机融合在一起,使生态投资成为兼顾经济效益与生态效益的可持续性投资行为,既能缓解"金山银山"变成"绿水青山"的财政压力,也能促进"绿水青山"与"金山银山"之间的有效转化,构建起具有可持续性的"两山"转换渠道与机制。因而,构建一种符合社会主义制度属性的生态资本化原则、目标与运行机制已是十分迫切的任务。当然,相对于欧美国家中的环境资本运营,"社会主义条件下的生态资本化"尚处于萌芽探索阶段,在政策意涵、话语体系和运行机理等方面尚存在着丰富的探讨与尝试空间,而具体的资本化操作则需要从生态禀赋、发展区位、经济发展阶段等方面因时因地制宜。

国内学界对于"社会主义条件下的生态资本化"的研究,主要从生态资本的正当性、我国生态资本化的运行机制等方面议题展开。生态资本正当性的讨论主要围绕"资本逻辑"而展开,比如陈学明(2012)等学者认为资本主义制度下的资本与生态之间存在着不可调和的矛盾[1]。邓欢(2019)等人则主张我国的绿色发展观使得生态资本可以超越资本逻辑,并形成生态逻辑[2]。在生态资本的运行机制与实践领域,我国学者聚焦于对生态资本化的具体内涵、运行机理及其对我国可持续发展积极作用的探讨。在生态资本内涵方面,我国学者基本上认为生态资本视同自然资本,因而可以说生态资本是自然资本的中国话语表达,故许多学者以自然资本概念为基础,从经济与生态价值等维度给出了各自的解读。比如,刘思华(1997)认为生态资本包括生态资源与

---

[1] 陈学明:《资本逻辑与生态危机》,《中国社会科学》2012年第11期,第4-23页。
[2] 邓欢:《消费社会境遇中绿色发展观对资本逻辑的超越》,《理论月刊》2019年第8期,第28-31页。

生态环境两个部分①，王美红等学者（2009）认为生态资本是在一定区域范围内所有自然共同形成的，在一定经济技术条件下可以开发利用以提高人们福利水平和生存能力并同时具有稀缺性的实物性资源的总称②，李韶华（2013）主张生态资本是商品和服务所蕴含着的生态价值③。在生态资本的经济功能方面，国内学者普遍认为生态资本在我国是与人力资本、物质资本等形式同等重要的发展资本，影响着我国社会经济的高质量发展路径与中国式现代化建设进程。比如，薛雅伟（2016）分析了我国经济发展与生态资本之间的关系④，郝栋（2016）则提出了技术—生态资本—经济的新发展范式⑤。在自然资本与人造资本关系方面，刘平养（2009）认为，人造资本与自然资本是一种短期互补关系和长期替代关系。⑥ 最后，在生态资本化的运行机制领域，人们分别从投资收益、核算方法、实践总结等方面进行了研究分析。比如，屈志光（2015）探讨了生态资本的投资收益问题⑦，刘高慧（2018）等学者给出了自然资本的核算方法⑧，而卢克飞（2021）等学者则总结了我国生态资本化实践的经验与做法⑨。

国外对于自然资本的研究始于20世纪末生态危机的不断加剧。其基本观点认为，生态资源的低价与无价导致了人们的滥用，最终则是威胁到了经济的可持续发展，因而聚焦于自然资源的要素化、市场化问题。"自然资本"概念最早出现于1948年出版的著作《生存之路》（*Road to Survival*）⑩之中。如今

---

① 刘思华：《对可持续发展经济的理论思考》，《经济研究》1997年第3期，第46-54页。
② 王美红、孙根、康国栋：《我国自然资本、人力资本与经济资本的空间错位分析》，《科学学研究》2009年第1期，第59-65页。
③ 李昭华、傅伟：《中国进出口贸易内涵自然资本的生态足迹分析》，《中国工业经济》2013年第9期，第5-18页。
④ 薛雅伟：《自然资本与经济增长关系研究——基于资本积累和制度约束视阈》，《苏州大学学报（哲社版）》2016年第5期，第102-111页。
⑤ 郝栋：《基于自然资本的"技术—经济"范式的演化研究》，《科学技术哲学研究》2016年第4期，第79-83页。
⑥ 刘平养：《自然资本的替代性研究》（复旦大学：博士论文，2009）。
⑦ 屈志光：《生态资本投资收益研究》，中国社会科学出版社，2015年版，第12页。
⑧ 刘高慧、胡理乐、高晓奇等：《自然资本的内涵及其核算研究》，《生态经济》2018年第4期，第153-157页、第163页。
⑨ 卢克飞、刘耕源：《生态资源资本化实践路径》，中国环境出版集团，2021年版，第3页。
⑩ W. Vogt, *Road to Survival* (New York: William Sloan, 1948).

被普遍采用的这一概念,是由皮尔斯和特纳在 1990 年出版的《自然与资源经济学》中提出的,即自然资本是指任何能够产生具有经济价值的生态服务流的自然资产。依此,它不仅包括矿产、林木、阳光、空气,还包括森林、海洋、草地等生态系统。① "自然资本化"概念,最初由人类学家埃斯科瓦尔于 1996 年提出。他认为,自然资本化是就是将自然要素(土地、森林、水、草原等)赋予一定的市场价值,使其可以进入市场流通领域以实现资本增值的目的。② 在人造资本与自然资本的替代关系方面,新古典经济学家认为,二者之间是一种替代关系③,而生态经济学家则主张自然资本与人造资本为互补关系。近年来,随着热力学和熵定律研究的不断深入,人造资本与自然资本的部分替代性关系成为主流认知。而在具体运营尝试方面,安德森则分析总结了欧美社会环境资本运营的具体案例。④

一、社会主义条件下的生态资本化:问题的提出

"社会主义条件下的生态资本化"研究,首先需要论证"生态资本"概念及其正当性。资本作为经济学研究的基础性概念或议题之一,通常是指实物资本。近年来,随着生态资源稀缺性的日益凸显,资本概念逐步延展到生态资源领域。生态资本源自生态资产,但又不同于生态资产。资产是指可以给人们带来预期经济收益的有形或无形的财富,资产所有者可将其闲置存留,也可将其用于投资获取更大的经济收益,而资本则是资产所有者用于投资经营的那部分资产。因而,生态资产是为人类社会提供服务和福祉的、并具有清晰产权的自然生态资源,而生态资本则是可用于市场投资经营以获取当前与未来现金流的生态资产。

---

① D. W. Pearce and R. K. Turner, *Economics of Natural Resources and the Environment* (Baltimore: Johns Hopkins University Press, 1990), pp. 51-53.
② A. Escobar, "Constructing nature: Elements for a post structural political ecology", in Richard Peet and Michael Watts (eds.), *Liberation Ecologies: Environment, Development, Social Movements* (London: Routledge, 1996), pp. 134-145.
③ E. Neumayer, *Weak Versus Strong Sustainability* (Northampton: Edward Elgar, 1999), pp. 25-103.
④ 比约恩·安德森:《环境资本运营》,清华大学出版社,2000 年版,第 9-11 页。

1. 生态资本化的正当性

生态资源资本化的实践探索一直伴随着资本与生态关系的讨论。新古典经济学和生态经济学均承认生态资源资本化的积极意义,认为生态资源的资本化将生态资源以生产要素形式纳入经济运行框架中,既可以解决生态资源的低价或无价问题,也能够改变人们的经济行为偏好,实现经济发展与生态环境保护的动态平衡。相形之下,以约翰·贝拉米·福斯特和詹姆斯·奥康纳等为代表的西方生态马克思主义学者,则从马克思主义政治经济学的资本概念出发,对生态资本的本质进行了深刻揭露与批判,认为在资本主义社会中,资本与生态存在着不可调和的矛盾,只会导致扩大与深化资本主义的内在危机。

其一,资本与生态之间的良性关系论。

近年来,随着生态系统能够提供的资源池和污染池的渐趋缩小,生态资源与环境容量日益稀缺,生态资源环境开始成为具有经济稀缺性的生产要素,相应地,人类的社会经济生产逐渐演进成为自然资本、物资资本与人力资本的融合生产过程。因而,生态资本化成为一种有效的稀缺性资源配置方式,被欧美国家广泛认定为实现可持续发展的重要工具之一。基于对资本与生态之间良性关系的设定,生态经济学认为自然资本符合资本的内在规定性,新自由主义经济学主张清除一切资本管控,从而将生态资源资本化,而制度经济学则主张从产权角度保证资本增值的合法性。

欧美国家从20世纪60、70年代开始生态资本化的研究,最初的讨论集中于这一概念的内涵以及生态系统服务基础理论。比如,德格鲁特(R. De Groot)等学者认为,自然资本隶属于环境资本范畴[1],康斯坦萨(R. Costanza)则倾向于将生态资本与自然资本视作等同概念,是存量形式自身或与其他资本存量一起产生的、可以增进人类福祉的服务流[2]。90年代随着相关概念与

---

[1] R. De Groot, J. van Der Perk and A. Chiesura, et al., "Ecological functions and socio-economic values of critical natural capital as measure for ecological integrity and environmental health", in P. Crabbé, A. Holland, L. Ryszkowski, et al. (eds.), *Implementing Ecological Integrity Restoring Regional and Global Environmental and Human Health* (New York: Springer, 2000).

[2] R. Costanza, R. D'arge and R. De Groot, et al., "The value of the world's ecosystem services and natural capital", *Nature* 387/15(1997), pp. 253-260.

方法论构建的完成，自然资本化研究的重点转向了自然资本的价值估算领域，并先后出现了隐形市场法、条件估值法（CVM）、市场摊位法（Market Stall Method）等生态资本的价值估算方式。与此同时，欧美国家的政府与企业也实施了一些生态资本运营尝试，取得了一定的理论积累与实践经验。因而可以说，生态资本化的正当性在欧美主流经济学界看来是不证自明的，需要解决的仅是生态资本化过程中的技术问题。

其二，资本与生态之间的天然矛盾论。

与欧美主流经济学界不同，马克思主义认为，资本是一种"能够带来剩余价值的价值"，反映的是资本主义制度条件下人与人之间的剥削性关系。在马克思看来，资本运动离不开具体的存在形式和载体，本质上"是一种以物为媒介的人和人之间的社会关系"[①]，同样，生态资本体现的也是以生态资源环境为媒介的人与人之间的社会关系。

随着欧美社会生态危机的不断凸显，西方生态马克思主义者开始讨论资本与生态的关系问题，并明确指出，资本的无限扩张性与生态资源的有限性之间存在着不可调和的矛盾，是资本主义社会固有的"第二重矛盾"。比如，马格多夫（2015）就明确指出，因为资本主义制度追求永无休止的资本积累，导致必须持续扩大生产来追加利润，客观上必然要求不断地掠夺自然资源、加深生态环境的破坏程度，而解决这一矛盾的唯一方式就在于实现社会主义制度。[②] 福斯特（2015）则详细论证了资本主义制度下资本与生态矛盾的根源。在简单的商品经济中，货币只是用来促进具有明确使用价值的有区别的商品交换的中介，即 $C—M—C$。交换始于一个使用价值而终于另一个使用价值，并以消费最终商品结束这个过程。然而，在资本主义社会中采取的形式是 $M—C—M'$，即用金钱（M）交换劳动和生产资料，再次生产出新的商品（C），然后换取更多的 M'，它在原始价值基础上附加了价值，即剩余价值（$M+\Delta M$）。这里，交换过程并不因为 M' 的获得而自然结束，而是将利润再投资，

[①] 马克思：《1844年经济学哲学手稿》，人民出版社，2000年版，第144页。
[②] 弗雷德·马格多夫、约翰·B·福斯特：《资本主义与环境》，载徐焕（主编）：《当代资本主义生态理论与绿色发展战略》，中央编译出版社，2015年版，第19页。

在下一阶段开始 $M—C—M''$ 的循环，然后是 $M—C—M'''$ 的循环，永无止境。①科威尔（2016）则认为，资本积累目的的存在，使得克服生态危机和恢复具有生命特征的地球生态系统的愿望无法实现。② 需要指出的是，福斯特与科威尔讨论的都是资本主义制度下的情形，而这也就意味着，他们认为在私人所有制下无法超越资本逻辑。如上所述，西方生态马克思主义话语体系对资本与生态的关系秉持一种批判态度，认为资本与生态不具有相互促进的良性关系，所体现的是资本主义社会下资本家与民众之间的剥削关系。

2. 社会主义条件下的生态资本化的正当性

如上所述，无论是新古典经济学抑或是生态马克思主义，都是在欧美资本主义制度框架下讨论资本与生态关系，而这与社会主义制度条件下的生态资本化有着根本性不同。与欧美的环境资本运营不同，我国社会主义条件下的生态资本化本质上是"绿水青山就是金山银山"理念的现实化与具体化，是中国特色社会主义生态文明建设的有机构成部分。鉴于生态资源环境的社会主义公有制，资本逻辑不再能够（可以）主导生态资本化过程。马克思主义认为，资本主义社会中的资本运行是一个资本不断自我积累、自我发展与自我扩张的过程，并且资本循环的起点与终点的资本形态均为货币形式，即 $G—W—G'$；相比之下，社会主义制度条件下的生态资本化，则已经超越了（可以摆脱）资本逻辑，所代表的是人与自然生命共同体总目标之下的新型资本与生态关系。

马克思曾明确指出，"黑人就是黑人。只有在一定的关系下，他才成为奴隶。纺纱机是纺棉花的机器。只有在一定的关系下，它才成为资本。脱离了这种关系，它也就不是资本了""资本不是物，而是一定的、社会的、属于一定历史社会形态的生产关系，后者体现在一个物上，并赋予这个物以独特的社会性质"③。这也就是说，资本工具本身是中性的，只是由于其代表了不同

---

① 约翰·B·福斯特：《星球危机》，载徐焕（主编）：《当代资本主义生态理论与绿色发展战略》，中央编译出版社，2015年版，第39页。

② 乔尔·科威尔：《资本主义与生态危机：生态社会主义的视野》，《第二届武汉大学"马克思主义与21世纪社会主义"国际学术研讨会论文集（2016年）》，第5—26页。

③ 《马克思恩格斯文集》（第一卷），人民出版社，2009年版，第723页；《资本论》（第三卷），人民出版社，2004年版，第922页。

的社会生产关系，才有了社会属性。在社会主义制度下，资本已成为社会主义生产关系的载体，尤其是在社会主义生态文明建设中，人与自然的关系被界定为命运共同体，生态资本化也就转变成为一种实现生态资源的全部价值的有效途径。社会主义条件下的生态资本化成为资本运行总过程的重要构成部分，实现了对传统资本运行过程的拓展与补充。虽然社会主义条件下的生态资本化也符合"商品—货币—资本"的逻辑范式，包含了商品化、货币化与资本化的过程，但社会主义公有制确保了生态资本化的资本运行过程变革为 $E-G-W-G'-E'$，生态资本化形成的增值不再逃离出自然生态系统，或局限于货币资本增值，而是实现了物质资本对于生态的保护转化，生态资本也在资本化过程中实现不断增值。

另一方面，资本与生态的根本矛盾，并不在于生态资源的货币化和经济价值化，而在于生态资源的部分经济化，或者说缺乏整体性的资本化。事实表明，在现实的生态资源开发利用过程中，往往是部分有形的生态资源的资本化、经济化，而那些无形的生态环境系统则并未有效实现经济化，也就难以体现其货币化价值。这种选择性资本化情况造成了生态资源在利用过程中贴现率过高，尤其是在缺乏生态资源消耗总量管控的境况下更是如此，生态资本化过程有可能蜕化为"自然资源货币化，并且不断吸收到社会经济系统进行消耗的过程"。但在生产资料公有制的条件下，政府既有意愿也有能力通过总量控制避免出现"资本逻辑"操纵生态的现象，而这也是社会主义制度的优越性所在。

二、社会主义条件下生态资本化的意涵、目标与特征

党的二十大报告明确指出，到2035年我国要建成现代化经济体系，形成新发展格局，基本实现新型工业化、信息化、城镇化、农业现代化。[①] 这充分表明，经济增长依然是当前我国高质量发展过程中的重要目标任务。必须明确，开展社会经济活动必然要消耗一定的生态环境资源，幻想着少用甚至不

---

① 习近平：《高举中国特色社会主义伟大旗帜，为全面建设社会主义现代化国家而团结奋斗》，人民出版社，2022年版，第24页。

消耗自然资源以保护生态环境的思路,既不合理也不现实。在此大背景下,生态文明建设的核心问题在于如何不滥用生态环境资源,社会经济活动如何做到不跨越生态阈值,而社会主义的生态资本化则是实现这些目标的有效手段。另一方面,一个健康经济体的资本禀赋结构,需要与它的经济发展阶段相适应。改革开放以来,随着我国对物质资本、金融资本、人力资本等形式的持续性投入,这些资本的丰裕度不断提升,而由于对生态环境的投入明显不足,生态资本不断损耗,稀缺性日益凸显,已成为制约我国经济高质量发展的重要因素,因而进行规模化的生态投资已成为修复我国资本禀赋结构短板、推动我国经济高质量发展的必要手段。

1. 社会主义条件下生态资本化的意涵与特征

在中国特色社会主义制度框架下,"生态资本"是指在现有生产力发展水平和技术水平的客观基础上,能够直接进入社会经济系统且产权清晰的生态资源。"社会主义条件下的生态资本化"则是指在社会主义公有制前提下,运用市场手段对特定的生态资源进行资金与物资投入,在生态资源存量非减化基础上实现生态资源货币化增值的过程。因而,社会主义条件下的生态资本化是将生态资源的经济价值、社会价值与生态价值资本化的过程,大致包含着生态资源与环境容量的资本化两个方面。与传统的资本化不同,生态资本化的"生态属性"决定了生态资本化的供给阈值性、再生产的不确定性、价值评估的有限性等显著特征。具体地说,供给阈值性是指生态资源供给总量的有限性,并且一旦超越阈值供给能力就会发生退化甚至消失;再生产的不确定性是指生态产品生产与再生产周期长,并且易于受到不可控因素的影响;价值评估的有限性是指由于生态系统的复杂性和人类知识的有限性,无法准确量化人类的生态资源使用行为所带来的多维影响,并且不同的生态产品与服务之间也难于进行通约。当然,社会主义条件下的生态资本化可以通过将生态资源与生态过程的全面均衡经济价值化,在一定程度上解决经济活动的私人成本与社会成本的不一致难题。

与其他生态产品价值实现机制相比较,生态资本化具有一些特定的优势,具体包括如下三个方面。

其一,整体性价值转化,从而有效解决价值分裂问题。

现有的生态产品价值实现机制更多是对生态产品的碎片化、局部性价值实现,无法将生态系统提供的多元生态价值进行整体性转化。社会主义条件下的生态资本化强调以栖息地、景观或生态系统作为资本化的基本单位,这样就可以使生态价值向经济价值的转化基于整体性思维,而不是边际思维。也就是说,生态资本化是从维持自然生态系统的关键阈值角度进行评价、估值,然后再考虑这个系统所能够产生的收益[1],从而有效解决生态系统服务与人们需求差异性所导致的价值分裂问题。所谓"生态系统的价值分裂"是指生态系统提供的多种服务之间的冲突性,比如河流提供的供水服务会与环境净化服务之间存在冲突;"需求差异性"则是指不同人群环境偏好的差异性,即同一种生态环境资源对于不同人群意味着不同的价值。比如,鄱阳湖的水鸟对于观鸟者和旅游者而言具有使用价值,但对于广大的普通民众而言则可能仅有存在价值,而生态资本化可以通过整体性的价值转化实现不同生态资源价值之间的统一性。同时,生态资本化的规模效应还可以在一定程度上弥补人们对于生态环境的认知有限性。实践表明,当前西方国家的自然资本投资有着明显的偏见,只对那些我们喜欢或熟悉的物种进行投资,而对我们不熟悉或不喜欢甚至有危害的物种则不进行投资或保护,而实际情况却往往是那些微不足道的普通物种具有不可替代的服务功能。比如,垃圾处理和回收中不可或缺的真菌、细菌和昆虫,它们能将树叶、排泄物、动物尸体分解、埋葬或循环利用。因而,以栖息地、生态景观为基本单元的整体性的生态资本化,可以在保护显著物种的同时,也是间接保护维护着生态系统功能的无名功臣,从而在客观上形成整体性的生态环境保护效果。

其二,降低折现率,从而有效解决环境治理困境。

公地悲剧表明,当使用成本为零或极小,或者有着较高的折现率的情况下,都会刺激人们的环境损耗行为,使得可持续资源成为不可持续,生态危机也就不可避免。一般而言,人们对于自然资源的消耗取决于折现率。较低的折现率将促进长期性投资或保护,而较高的折现率则容易驱使人们消费当下。通过生态资本化,生态资源不再仅仅具有生态产品带来的利润,还拥有

---

[1] 迪特尔·赫尔姆:《自然资本:为地球估值》,蔡晓璐、黄建华译,中国发展出版社,2017年版,第12页。

了资本增值收益，可以促进实现生态资源短期产品收益与长期资本利益的结合，有效降低生态资源的折现率，进而改变人们进行环境损害行为的激励结构。另一方面，由于生态环境中各要素之间互动关系的复杂性，彻底弄清楚现实中污染后果与责任之间的联系并不容易，一种污染问题的出现总是会有多个污染源，同一种行为在不同的时空背景下会造成不同的环境损害，而量化确定经济行为与环境损害之间的因果关系则是难上加难。比如，对于热带雨林系统而言，即使某一种经济行为对热带雨林中树木的边际损害接近于零，也有可能对整个雨林系统造成严重损害。也正因此，任何理性之人都有着强烈的负外部行为冲动，但生态资本化可以把所有影响生态环境的经济活动外部成本内部化，从而有效解决监管成本与信息成本的分散化和内部化问题，有效减轻生态环境监管压力。

其三，完善生态补偿机制，从而促进实现区域协调发展。

我国国土辽阔，区域间的生态环境禀赋差异显著，而任何区域的经济发展都要在依托区域禀赋、发挥区位优势的条件下进行，这就决定了我国各区域的发展模式必然不同。这一要求在我国提出并实施主体生态功能区划之后尤为明显。必须看到，我国 14 个集中连片贫困地区与 25 个国家重点生态功能区高度重叠，也就是说，贫困地区与重点生态功能区、生物多样性富集区相重叠。[①] 由此带来的悖论性情形是，这些地区要想实现自己的发展就必须耗费当地的生态环境资源，但在主体功能区划要求下，这些地区又无法沿袭东南部沿海地区的传统发展模式。这就在一定程度上限制了它们的发展潜能。虽然生态补偿机制具有一定的补偿性功能，但现行生态补偿机制普遍存在着补偿标准较低、补偿范围不足、受益区与补偿地区的不对等问题，从而根本无法支撑促进这些地区经济的良性健康可持续发展。因而，生态资本化可以促使我国西部生态富集区的生态资源高效转化为经济资源，并将生态产品作为自身具有比较优势的区域贸易产品，形成新的经济增长极，从而为我国建成优势互补区域经济新格局提供支撑。

---

① 沈茂英、许金华：《生态产品概念、内涵与生态扶贫理论探究》，《四川林勘设计》2017 年第 1 期，第 34—39 页。

2. 社会主义条件下生态资本化的价值转化

党的十九届五中全会通过的《建议》指出，生态产品价值实现机制是实现生态资源的经济价值和社会价值的过程。社会主义条件下的生态资本化则是生态资源的生态价值向经济价值转化的过程之一，同时也是生态资源的使用价值转化为交换价值的过程，即生态资源的有用性转化为"换取另一件商品的某种特定的力量"的过程。

经典马克思主义信奉劳动价值论，认为价值来源于无差别的一般人类劳动，而没有人类劳动的物品则没有价值。马克思主义并未明确生态资源本身是否具有交换价值，但主张自然是使用价值的源泉，即"劳动不是一切财富的源泉，自然界和劳动一样，也是使用价值的源泉，劳动本身不过是一种自然力的表现"[①]。依此而论，经典马克思主义的生态资源的价值拼图并不完整。相形之下，新古典经济学信奉效用价值论，认为生态资源的价值来源于其满足人需要的属性。在效用价值理论视域下，商品的价值取决于如下两点：一是数量有限并且不能通过生产劳动增加其数量的物品，其价值由稀缺性决定；二是通过生产而增加甚至是无限增加其数量的物品，价值则由劳动时间来决定。现代经济学在既有价值理论基础上，先后发展形成了资源价值论和生态服务价值理论。在它们看来，资源是人类经济生产的物质基础，环境是人类生存发展的客观条件，两者作为客体具备满足人类需求的能力，因而拥有价值。环境价值量的大小由其稀缺性和开发利用条件所决定，而资源的价值量大小则取决于资源的实物量乘以价格。因而，可以认为，马克思主义的生态价值理论为生态资本化提供了理论支撑和正当性论证，而效用价值理论则为生态资本化提供了操作性框架。

社会主义条件下生态资本化的目标，旨在实现生态环境的资源化、产品化与货币化，从而使得生态资源作为一种有价的生产要素进入到社会生产过程之中。这是一个基于经济学思维的价值转化过程，具体表现为生态资源的资产化、市场化实现和价值增值过程。稀缺性与产权明晰是生态资源转化为生态资产的前提条件，"可转让性"则是生态资产转变为生态资本的必要基础。生态资源的资本化首先需要通过产权化，成为具有明确产权且在一定技术条

---

① 《马克思恩格斯全集》(第二十三卷)，人民出版社，2021年版，第65页。

件下能够给所有者带来现金收入的稀缺性自然资源。可转让性则可实现使用价值向交换价值的转化，即只有生态资产的处置权利可以有偿放弃和让渡，生态资产所有者才会拥有获取未来现金流的可能性，而可转让性既可以通过市场也可以通过政府行为加以实现。毫无疑问，实现生态资源在不同场域中的"不断运动"是实现生态资源增值的必需路径，从而实现生态资源——生态资产——生态产品——生态资本——生态资源的循环过程。这也就说明了，生态资源只有成为生产要素，并与其他生产要素相结合，生产出符合市场需求的生态产品与服务，并得以在市场上顺利出售，生态资本的增值过程才能顺利完成；同时，这一市场化过程也体现为生态资源经济货币化价值的增加与转变。这些价值增值既包括出售生态产品获得的利润，也包括未来现金流所带来的资产增值。

三、社会主义条件下生态资本化的整体架构

社会主义条件下生态资本化的初始动力，源自人们对于生态资源的主动投资行为。投资属于经济活动范畴，目标是为了获取投资收益，是对延迟消费以及承担投资经营风险的补偿，同时，投资也具有一定的风险，其收益并不是确定的。社会主义制度条件下的生态资本投资的难点，在于生态资本的"生态属性"，即资本存在形态的新颖性、资本类型的多样性，使得社会主义条件下的生态资本化在运行机制、价值归属等方面有着自身的独特性与复杂性。

1. 社会主义条件下生态资本化的前提条件

生态资本与其他资本一样，其运行过程也需要遵循普遍的资本运行规律，还需要具备一定的前置性条件。其中尤为重要的是，一是恰当的资本类型划分，二是产权的清晰化和可处置性。

其一，恰当的生态资本分类。

由于生态资源存在不同的甚至冲突性的服务功能，因而会具有不同的经济属性，以及不同的非竞争性与排他性成本，这些都决定着生态资本化的难易程度与可行性，并使得相应的资本化要求与路径存在着差异。因而，基于

资本化规律选择恰当的资本分类,是推进实施生态资本化的必要前提。目前,生态资本类型划分的基础在于生态资源提供价值的差异性,同时也要考量生态资源价值实现方式的可行性与正当性。当前较为通行的生态资源划分方法,主要包括整体法、二分法、四分法等。"整体法"将生态资本视为整个生态系统,比如康斯坦萨主张,生态资本乃是由各种资源存量间相互作用而形成的一种综合服务流。[1] "二分法"主张者较为广泛,比如刘思华(1997)将生态资本分为生态资源与生态环境两个部分[2],而克鲁蒂拉(J. Krutilla)则将其划分为生存型生态资源和舒适型生态资源[3]。"四分法"主要从生态系统服务角度做了划分。比如,联合国《千年生态系统评估报告》将生态资源系统的服务类型分为供给服务、调节服务、文化服务和支持服务四种类型。[4]

在社会主义条件下的生态资本化过程中,科学合理的生态资本分类需要满足公平性与可行性两个原则。公平性旨在解决生态资本化过程中公共物品供给的社会不公正问题,而可行性则致力于避免供给方陷入"财务陷阱",保持供给能力的可持续性。依此而论,克鲁蒂拉所提出的二分法似乎较为合适,即把生态资本分为"生存型的生态资本"和"舒适型的生态资本"。生存型的生态资本是指洁净的水、干净的空气、无害食品等为人类生存所必需的,并且具有公共物品性质的生态产品服务功能;舒适型的生态资本则是指自然保护区、优美的风景、舒适的休闲场所等具有俱乐部物品性质、能够为人们提供舒适性生态服务功能,但并非人类生活所必需的生态产品与服务。这种两分法既可以保证普通民众的基本生态需求,同时也可以避免生态资本的滥用。依据两分法分类,很显然,生存型的生态资本由于具有较高的排他成本,政府供给较为恰当,而舒适型的生态产品与服务则因其具有一定的"奢侈"属性,并非生活必需品,应当按照"受益者付费"的原则支付一定的费用,并且排他

---

[1] R. Costanza, "The value of the world's ecosystem services and natural capital", *Nature* 5 (1997), pp. 253-260.

[2] 刘思华:《对可持续发展经济的理论思考》,《经济研究》1997年第3期,第46-54页。

[3] J. Krutilla, "Conservation reconsidered, environmental resources and applied welfare economics: Essays in honour of John V. Krutilla" (Washington D. C.: Resources for the Future, 1998), pp. 263-273.

[4] United Nations, *Millennium Ecosystem Assessment: Ecosystem and Human Well-being—Synthesis* (Washington D. C.: Island Press, 2005).

性成本较低,比较适合于私人供给模式。

其二,清晰与可处置的产权制度。

亚里士多德曾经指出,无主物所获照料最少,而产权是将无主物变成有主物的重要手段。科斯定理则告诉我们,只要交易成本为零,市场交易可自行实现资源配置的帕累托最优,而在交易成本不为零的情况下,清晰的产权也是实现资源优化配置的基础,即当交易费用为正且较小之时,清晰的产权界定能够提高资源配置效率,无限接近帕累托最优。清晰的产权可以避免人们过度获取或使用自然资源,但不同的产权体制有着各自的优势与劣势,并且在不同的生态景观、制度背景和技术水平下,其优势与劣势可能会最大化或最小化呈现。也就是说,在特定的具体情形下,某种财产权制度可能会运作得比其他制度更好些,但如果换成另一情形,这种产权制度可能会显得捉襟见肘。因而,并不存在一种财产制度是万能的,在所有情形下都优于其他产权制度。[1] 作为社会主义国家,我国的生态资源所有制分为公有制和集体(共有)所有制,而两种产权所有制都有着各自适用的生态资本化领域。

表9-1 不同生态资源产权机制的优劣势比较

	优 势	劣 势	适用领域
公有制	具有显著的规模效应	代理人问题 公地悲剧	排他成本高、管理成本低
集体所有制	产权确认与保护成本较低	实施条件较为苛刻 奥斯特罗姆"七要素"	资源使用者较少,个体具有较低的折现率
私人所有制	生产、供给效率较高	多用途管理容易变成支配性用途管理	排他成本低、管理成本高

资料来源:个人绘制,下同。

如上所述,在交易成本并不为零的现实世界中,并不存在一种普适性的、效果最优的基于财产权的环境保护方法。环境保护成本是在给定的环境舒适度目标以及自然生态条件,以及经济发展程度、技术能力和制度组织管理水平的约束下,直接保护治理成本和组织协调成本的总和,而这也就决定了不同的生态环境物品因为自身经济属性与生态属性的差异,只能因地因时制宜,

---

[1] 丹尼尔·H. 科尔:《污染与财产权:环境保护的所有权制度比较研究》严厚福、王社坤译,北京大学出版社,2009年版,导言。

依据相对的成本—收益有效性，采用不同产权体制实现经济效益与生态效益的平衡。

我国的自然资源公有制与集体所有制，虽然在形式上非常明确，但在实际的运行管理过程中，由于国家与集体的抽象主体特征，难以直接行使所有权，产权所有人"虚置"与"缺位"问题较为普遍。而如果将权利授予给特定的国家机关、企事业单位或其他组织，又会产生代理人问题。事实证明，人们只会对产权清晰的资源拥有投资意愿，因而产权确权是我国生态资本化的必经之路。只有完成对水流、森林、草原、荒地等生态资源的确权登记，以及排污权、用水权、用能权等权利的初始分配，生态资本化过程才能顺利开展。为此，党的十八届三中全会以来，已陆续制定实施了《关于统筹推进自然资源资产产权制度改革的指导意见》《自然资源统一确权登记暂行办法》等政策文件，指导着我国自然资源的确权登记工作的深入推进。

2. 社会主义条件下生态资本化的投资主体与客体

社会主体进行生态投资的目的之一是为了获取经济收益，因而与其他投资主体一样，生态投资者也需要符合三个基本特征：拥有投资权力；能够独立做出决策，承担投资风险和责任；享受应得的投资收益。但生态投资者投资的目标不只是为了经济收益，还是为了获取生态与社会收益。故而，生态投资主体是指有资格进行生态资源交易以获取经济、生态与社会收益的各种组织机构和个人。概括地说，社会主义条件下生态资本化过程中的投资主体，分为政府、企业、家庭和非政府组织（NGO）等几种类型，而不同的投资主体由于投资能力与目标的差异性，使得其投资行为表现不尽相同。

其一，各级政府。

政府之所以成为生态投资主体，是由生态资本属性和政府职责共同决定的。首先，生态资本投资的目标在于维护生态资源的非减化，并为社会公众提供生态公共产品与服务。由于生态投资周期较长、利益相关者众多，仅仅依靠企业无法实现生态投资的可持续性。其次，我国的生态环境资源主要体现为国家所有制，而各级政府是代表人民行使生态环境产权的法定主体，具有天然的投资主体责任。因而，在所有投资主体中，各级政府在生态投资体系中具有主导地位，有着不可替代的核心作用。对于各级政府而言，一方面，它们在生态投资体系中不仅是重要的投资方,同时还需要在市场培育、基础设施建设、政策保障等方面发挥主导性作用。另一方面,政府作为生态投资主体,所追求的主要收益并不是经济利益,而是生态与社会收益。同时,各级政府的生态投资类型多样,既包括退耕还林(草)、退耕还湖等补偿性投资,也包括生态环境工程等储蓄型投资。

其二,工商企业单位。

企业是生态投资体系中的重要投资方,其生态投资的优势在于生态资源配置的效率性。通常情况下,企业进行生态投资的目标是为了获取经济利益与实现生态资本增值。企业既可以投资生态资源获取增值收益,也可以在生产过程中通过生态要素的减量使用而进行替代型投资。企业在作为生态投资主体的同时,还是生态资源的消费者。由于不同企业的生产需求要素与产品市场存在差异性,因而不同企业的生态资本需求在种类、属性与数量等方面存在着明显的差别。一些企业的经营与发展对于生态环境具有较强的依赖性,比如饮料企业严重依赖于洁净水源,农业企业严重依赖于肥沃土壤和适宜性气候,旅游企业严重依赖于良好的生态景观。而另一些企业则对生态环境具有较低的依赖性,虽然生态环境恶化也会给其在运营、监管、融资、品牌等方面造成负面影响,但并不会从根本上影响到企业的经营生产,良好生态环境只是其生产经济活动的辅助性条件,而非必要条件。因而,往往是生产过程中不太依赖生态环境条件的企业,将生态系统服务视为理所应当,并且是免费的,从而具有较弱的生态资本投资偏好。

其三,个人(家庭)。

个人作为生态资源的消费主体,也常常具有生态投资意愿。其投资主要体现为绿色消费行为的替代性投资,比如进行垃圾分类、使用节能产品、购买本地食物、选择绿色出行等方式来降低化石能源消耗,保护改善生态环境。此外,个人(家庭)还可以通过参加植树活动、为绿色基金捐款等方式进行建设型生态投资。

其四,非政府组织(NGO)。

非政府组织尤其是环境非政府组织、各种基金会,通常出于保护生态环境、维护生态资源非减性的目的,利用所筹集的资金进行储蓄型与建设型生态投资,因而也是较为活跃的生态投资主体。

表 9-2 生态投资主体的差异性比较

生态投资				
压力型投资	政府	补偿型投资	退耕还林(草)、生态补偿	
		建设型投资	生态工程	
	一般企业	替代型投资	清洁生产机制、绿色生产模式	
	非政府组织	建设型投资	生态赎买	
	个人	储蓄型投资	绿色消费	
获益型投资	政府	储蓄型投资	自然保护区、国家公园	
	环保企业	建设型投资	生态技术、污染物治理	
	个人	建设型投资	植树活动、为绿色基金捐款等	

相对于投资主体而言，生态资本的投资客体是生态资产资本化运作的对象，即自然资源与环境权益。与一般的投资客体不同，由于在自然生态系统中各种生态环境资源之间相互联系、相互制约形成一个系统整体，对其中任何一种资源进行开发与利用都会引起其他生态资源的反应，使得自然生态系统的结构和功能发生某种改变，因而各个具体客体之间有着较为复杂的耦合联系。从投资类型角度来说，生态投资客体分为资源型客体与服务型客体两种。所谓生态资源型资本是指存在于自然生态系统之中的土地、水、生物等可直接用于社会生产过程的资源；生态服务型资本是指清洁的空气、洁净的水质、美丽的景观等以生态服务流状态而存在的生态资本。

与西方国家不同，由于建基于生态资源的公有制，社会主义条件下生态资本化中的投资客体有其独特性。对于社会主义条件下的资本化而言，生态资本化的客体并非是生态环境资源的所有权，而是对于自然生态资源的非所有使用权，属于一种特殊的用益物权。而为了赋予生态资源的可让渡性，必须首先厘清生态自然使用权的经济属性与权利范围。许多生态环境资源属于不动产的范畴，其交易并不是物的转移，而只是权利的让渡。因而在一定意义上，社会主义条件下的生态资本化是一种权利的资本化，或者说，生态资本化的客体包含了权利人拥有依法对特定生态资源的使用价值进行占有、使用、收益、处置的权利，投资人并不直接占有和使用生态环境资源，而只是依法对特定生态环境资源的间接利用获取收益。当前，我国在资源池源使用权方面较为全面，包括了土地使用权、取水权和用水权、林地使用权和承包经营权、探矿权和采矿权、养殖权和捕捞权等，而在污染池方面则主要体现为排污权和碳排放权等。另一方面，因为生态环境资源多维使用价值依附于同一自然生态系统，因而需要在使用时限定使用的方式、范围与程度，故而生态资本化中的权利客体属于定限物权。这也就意味着，与一般的物不同，生态环境资源同时承载了生态、经济与社会价值，为了确保某一价值的不会缺失减损，在资本化过程中有必要通过市场准入、用途管制、定量控制等方式进行限制与约束。

3. 社会主义条件下生态资本化的市场架构

概括地说，生态投资的具体领域可分为如下三个层次，一是对于自然生态系统的直接投资，即通过投资于森林、湿地、草原等生态系统或景观来获取生态环境的使用权和收益权，这种投资方式既可以通过税收减免或出售生态服务（碳汇）等途径获取经济收入，也可通过未来出售生态环境资源获取资产增值回报；二是通过投资于生态产品和基础设施来获取生态溢价，比如发展生态旅游、可持续农林业以及水产养殖业、新能源产业；三是投资于生态信用市场，比如碳汇、水信用产品以及其他金融衍生品。

生态资本市场构建的基础在于生态资产的可让渡性，而在生态资源公有制的大背景下，生态环境资产的权属交易市场成为生态资本市场架构中的基础市场，也是生态资本的一级市场。生态资产权属市场交易的是生态资产使用权的出让，生态投资者可在生态权属市场中获取生态资产定限物权的占有、使用、收益和处置的权利。我国生态资本一级市场的出让方为生态资源的所有者，即各级政府，而投资者则包括了企业和个人。生态资本存量市场是生态投资者购买生态资源的定限物权进行生态产品生产的市场，包括了生态资源市场与生态环境市场，是生态资本交易的二级市场。这一市场中的资产出让方既可以是政府，也可以是已经取得生态资产用益物权的企业或个人，而投资者则是从事生态产品生产的企业或个人。因为生态资源与生态环境的获益方式不同，因而其资本化路径与价值实现方式也具有差异性。生态资源市场的交易对象主要为有形的生态环境资源，交易内容大多有形且易于核算；生态环境市场的交易对象则主要为无形的生态调节服务，或者说是环境权益，即利用森林、湿地、草原资产提供的水源涵养、水土保持、固碳释氧、空气净化等生态功能获取经济收益的方式。这类产品往往具有公益性,其产品大多是隐形的、不可见的。

与一般市场架构类似,生态资本市场除了交易主体、交易客体、交易机构之外,还应包括参与生态资本运动过程的评估机构、认证机构、交易机构和仲裁机构等,具体如图9-1所示。

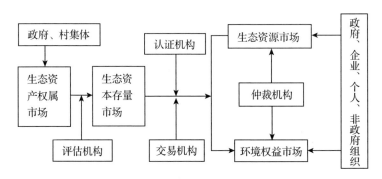

图9-1 生态资本市场架构图

4. 社会主义条件下生态资本化的增值过程

生态资本化本质上是一种生态投资行为。作为投资活动的一种,获取合理的投资收益是实现生态资本化可持续发展的基础,只有在确保生态投资能够获得稳定的长期收益的前提下,才能使各个投资主体保持主动投资意愿。在社会主义条件下的生态资本化过程中,生态资本的增长来源于两个途径,一是利用生态资本进行生产带来的经济利润,二是生态资本为产权人带来的价值增值。生态资本化的过程可以通过生态资源总量增加来实现,也可以通过改善生态资源稀缺性得以实现。与人造资本不同,生态投资范式也具有独特性,比如,戴利(H. Daly)就曾指出,自然资本投资意味着"等待"或克制目前的消费。[①] 也就是说,生态资本的增值并不一定要通过人类的劳动来实现,还可以不通过劳动而自行增值,因而尊重自然规律,保护生态环境,就等于实现了自然生态本身的再生产,同时也就完成了自然资本的增值。

生态资本量的增加,既可以通过自然生态系统的自我更替和调整来实现,

---

① H. E. Daly, *Beyond Growth: The Economics of Sustainable Development* (Boston: Beacon Press, 1996), pp. 25-76.

也可以通过人类有意识的主动行为,将人力资本和物资资本转化为生态资本。前者的资本增量受到自然生态规律的制约,其增量通常为一个常量,而后者则与人类有意识投资行为的数量与科学性密切相关,因而资本增量体现为一个非常量。但是,这两种方式都属于"金山银山"转变为"绿水青山"范式。在社会主义条件下的生态资本化进程中,资本增值也是客观必然规律之一,但与欧美国家的资本化不同,"值"的范畴不应仅仅局限于货币化的经济价值。社会主义条件下生态资本化的资本增值,是人类综合福祉的增加,包含生态价值、经济价值与社会价值等多个方面,具体如表9-3所示。

表9-3　生态资本价值类型表

价值类型	具体价值类型	主要意涵
生态价值	生物资源价值	提供木材、粮食、药材等生物资源
	气候调节价值	调节气候、气温和风速
	环境净化价值	净化空气、污水、降解有害物质
	水土保持价值	维持土壤养分的循环,防止水土流失
经济价值	生态产品价值	出售生态产品获取的经济收益,例如绿色农产品
	生态服务价值	提供生态服务获取的经济收益,例如碳汇
社会价值	社会转型价值	环境友好型、资源节约型社会转型价值
	协调发展价值	促进我国东西部区域协调发展价值
	生态人价值	促进从经济人转向生态人
	教育价值	精神和宗教、娱乐功能

四、社会主义条件下生态资本化的运行机制特点

社会主义制度条件下的生态资本化的运行机制,既要自觉遵循自然生态规律,应对生态环境挑战,同时也要坚持孕育社会主义质性,推动我国生态文明建设的目标追求,因而有着显著的特点。

1. 较大规模的资本化单位

生态资源多元价值的经济化是社会主义条件下生态资本化的核心目标,

而这就决定了社会主义的生态资本化必然是一个着眼于整体的价值评估。通常情况下，人们在进行资本投资决策时主要从单个物品可获得的经济效用角度进行思考，然而由于人类知识的有限性，这一做法在生态投资领域并不科学合理。生态系统的复杂性使得各种生态要素之间存在着非线性与不确定的联系，相应地，其生态服务功能也不能仅从单一因素进行分析，而只能进行综合性的价值评估。因而，生态资本化的基础单位也必须具有规模化效应，从而实现较为完整的价值体现。依此，社会主义条件下生态资本化的主体构成单位，并不是单个的具体性生态产品，而应是全国层面、区域层面以及物种层面上的大面积栖息地或生态景观的资本化。以较完整物种栖息地或生态景观为基本单位的资本化，更有利于形成生态环境保护的规模效应，只有如此才可将生态资源与生态环境的资本化过程融合为一体，改变投资者的行为激励结构，避免产生支配性用途问题。

2. 基于生态韧性的总量控制

社会主义条件下生态资本化的目标，在于以经济手段促进实现生态环境的资本价值，但资本的无限扩张本性又会造成自然资源的过度利用或滥用问题。因而，确定一定时间内可以资本化的资源池与污染池规模，是科学实施生态资本化的前提条件。近年来，"生态韧性"概念和方法逐渐成为划定生态资源总量的有效工具。"生态韧性"由加拿大生态学家霍林于1973年最早提出，认为经济系统与生态系统之间存在着冲击（压力）——承载——反馈的活动，并因而形成了相互依存、协调共生的耦合关系，强调两个系统之间是由生态因素、生物因素、技术因素和经济因素内部以及环境与经济影响因子之间形成的具有非线性特征的互动过程。"生态韧性"主张多元均衡论，认为经济—环境系统存在着良性与非良性的多样均衡状态，经济—环境系统会在扰动下进入不同的均衡状态，具体情况如图9-2所示。

借助于"生态韧性"概念方法，我们可以确定资本化的资源池与污染池的范围与规模，从而能够在确保生态环境资源可持续性的基础上进行开发利用。一方面，我们可以从生态环境系统中汲取所需的自然资源与生态空间；另一方面，也能够防止因人类活动使得生态系统跨越阈值，滑入一种不可逆或缓慢可逆的非良性状态。在生态韧性理论下，不可再生资源总量为一定时期内

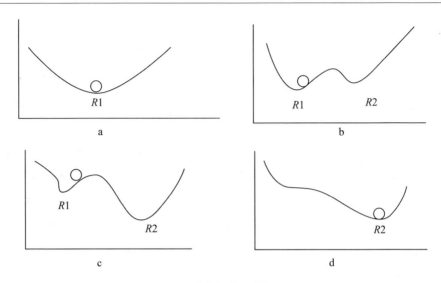

图 9-2 生态韧性示意图

注：图中圆球代表经济—生态系统状态，不同盆体(R)被阈值分隔。同一盆体具有基本相同的结构与功能。当盆体发生变化，球体就会在冲击下跨越阈值进入新的引力域，经济—环境系统就具有了新的结构和功能。图 a 中的球体处于较为稳定的状态，韧性较高；图 b 中的球体向阈值移动，韧性降低；图 c 中的球体处于阈值边缘，基本丧失韧性；图 d 中的球体已经跨越阈值进入到新的引力域。可以看出生态型经济韧性是由球体与盆体边缘的距离（阈值）以及引力域（盆体）的形状和规模共同决定。

人类社会能够实施经济化开发和利用的资源总量，而可再生资源的总量则为确保生态韧性前提下自然生态系统可提供的生态产品与服务的总量。

事实表明，距离阈值的远近代表了不同的经济发展成本与可能性。如果维持较远距离的成本不是很高，但跌破临界值的损害巨大，那么采取较多的安全余量就既必要，经济上也可行；然而，如果自然资本使用量距离阈值较远需要付出较大的成本，经济动机必然就会促使人们最大限度地接近阈值，但由于生态系统的复杂性与非线性，这就代表着很大的突破阈值的风险。另一方面，在经济学家眼里，生态资本的价值迥然而异。比如，当面对着一方是具有较大的生态价值但只有很少或没有经济利益的生态资本，另一方是只有很少的多样性价值但却有很高经济价值的生态资本——就像城市近郊的湿地与树林时，为了抑制经济学家的冲动，生态学家的及时介入就显得十分必要。如上所述，科学确定生态与经济阈值是确保生态韧性的关键所在。这一工作离不开生态学家与经济学家密切合作，但确定生态阈值主要是生态学家的工作,而如何实现经济活动维持在阈值之内则离不开经济学家的帮助。

3. 社会主义条件下生态资本的价值核算

其一,生态资本的价值核算框架。

生态资本的价值评估基础,在于正确认识并理解自然生态系统所能提供的生态产品与服务价值的基础上实现衡量标准化。当前,较为常用的生态产品与服务的价值评估方法,包括能值分析法、物质量评价法和价值量评估法等几种。"能值分析法"利用生态产品与服务形成过程中直接或间接消耗的太阳能量为核算标准;"物质量评价法"是从物质量的角度对生态系统产品与服务进行定量评估;"价值量评估法"则是从货币价值量角度对生态产品与服务的价值进行核算。在具体的生态价值核算框架方面,当前主要采取的是生态系统服务总值(GEP)核算法,详细的价值评估与核算框架如表 9-4 所示。

表 9-4 生态资本价值核算框架

资本类型	具体价值	核算方法
物质类资本	食 物	市场价值法 意愿价值评估法
	原材料	
	能 源	
	其 他	
调节类资本	涵养水源、调蓄洪水	影子工程法 替代成本法
	固碳释氧、气候调节	
	环境净化	
文化类资本	教育文化	旅行费用法 享乐价值法
	景观旅游	

其二,以货币为价值核算单位。

统一且标准化的价值核算单位是实现生态资本化的必要条件之一。在市场环境下,货币通常作为价值核算单位与工具的首要选择。因此,经济学家和部分生态学者都支持货币核算方式。但也有一些生态学者指出,许多生态价值(生物多样性)无法采用货币计价,而且货币核算无法确保生态资本存量的非减性。因为,生态资本价值不变或增值的原因,可能在于资本的货币价格提高,而生态资本的实际存量却在下降,因而生态资本的核算工具应当为实物，而非货币。

社会主义条件下的生态资本化，是在不损害生态环境质量前提下的资本化，科学确定的资本化的资源池和污染池可以维持确保生态系统韧性之下的规模，并避免资本无限扩张的可能性。同时，社会主义条件下的生态资本化作为一种经济行为，离不开与人造资本价值之间的转换、通约与比较，因而采用与人造资本相同的核算工具成为客观需要，而货币价格天然地成为第一选择。尽管价格机制并不具有先天道德优势，但我们也不得不承认，价格是当下在生态资本内部、生态资本与人造资本等不同价值之间进行通约与比较的最好手段。

生态资本化的重要目标之一在于实现生态资源的高效利用，并改变人类社会的经济活动行为。首先，虽然市场形成的生态资本价格可能并不具有道德优势，但确实是在既定约束条件下最为理想的工具手段，而且市场这种调控机制相比其他手段更加有效，因为市场机制不同于计划经济，并不需要能够透视、预测所有情况的计划制定者来决定如何进行资源配置。作为一种分散化的机制，市场机制通过价格信号让人们了解消费者的需求，并告诉供需双方应该如何生产与销售。其次，生态资本需要体现人们的多元价值取向。这在一定程度上使生态资本的价值变成了人类"偏好的计算"，即被价值化的生态环境并不是环境或生态系统本身，而是人们对于环境发生的变化的好恶和人们对于威胁自己生活的变化的好恶。在多元偏好的境况下，就需要一个共同的标准在不同偏好与价值之间进行通约和比较，而在当前背景下，货币显然是最为恰当的偏好转换与通约工具。

其三，生态资本的定价因素。

生态资本的货币价格，会由于生态资本可更新与不可更新的属性而不同。对于不可更新资本而言，由于不可更新资源的供给总量相对固定，它的价格就是资源总量与社会总需求的商；而对于可更新资源而言，价格则是阈值内的生态产品总量与一段时期内社会总需求的商。总之，前者的供给总量容易确定，而后者却相对困难。对于生态资本的定价，一是从需求方面入手，具体为消费者愿意支付多少或他们愿意接受的损害程度是多少，二是依据生态产品与服务的供给成本，同时还要考虑生态资本的类型与空间因素。首先，不同生态景观提供的生态服务存在差异，因而就也具有差异性的资本价值。

例如，由于丘陵上只能放养密度较低的牛羊，农业生产成本相对较高，因而其产品型资本价值很低，但由于丘陵具有防止和减少下游洪水发生概率、提高生物多样性等支持性生态服务，因而其资本价格就应该确定得较高。其次，在空间因素方面，任何经济活动都会带来一定的生态资源损耗，因而在发展过程中，最优的生态资源消耗并非是零，而是一个可接受的范围。可以说，空间因素所影响的正是资源消耗的可接受范围。比如，不同地区的污染可接受水平存在着明显差异。在清澈的小溪旁施肥，所造成的污染很可能是灾难性的，但在鱼虾已经绝迹、严重污染过的河流边施肥，所造成的污染可能并不明显，人们也更易于接受。

结 论

社会主义条件下生态资本化的目标，在于更好地促进实现社会主义生态文明建设，而且它应当是一个多维度的综合性目标，具体包括实现生态资源与服务功能的经济化和货币化，生态资源使用外部性的内部化；调节不同区域、不同利益相关者的发展利益，实现生态资源的规模效益，等等。这就意味着，中国的生态资本化与欧美国家的环境资本运营存在显著不同，因而，如何在保持公有制和集体所有制的前提下，逐步构建起具有公平性并且可以低成本解决搭便车难题的生态资本市场与交易机制，将是未来一段时期内发展社会主义条件下生态资本化的重点议题领域。

（作者单位：中央财经大学财经研究院）

第十章
生态银行与生态产品价值实现机制创新

孙 巍

内容提要：基于马克思主义的生产劳动观，理解生态产品概念的关键点在于：第一，生态产品的基础是自然生态系统；第二，维护和促进自然生态系统的基本功能是人类通过劳动"生产"生态产品的基本出发点；第三，生态产品应该为改善人的生存环境、提高人的生活水平服务。生态产品价值实现并不等同于生态商品化，因而针对不同的生态产品应制定不同的价值实现策略。主要基于收储、整合、增值理念发展起来的"生态银行"，正在当代中国越来越多的地方付诸实践。生态银行迄今在促进生态、经济和社会等综合效益的多向实现上做了非常有益的探索，也取得了值得关注的切实成效，包括生态资源在数量和质量上的提升、生态产品经营越来越趋向规模化、农民收入的增加、村容村貌的改善等。但总体而言，尚处于起步阶段的生态银行实践还任重道远，而平衡可持续地促进社会、经济和社会等多重效益的共同实现是它接下来面临着的更为艰巨的挑战。

关键词：生态产品，生态劳动，价值，生态银行，机制创新欧美资本主义国家通过先污染后治理实现工业化，并且治理过程中多以污染出口、外溢来解决国内的生态环境问题。由于欧美国家制定了针对生态和劳动力权利的各种法规约束，大批资本转移到约束较小的国家。中国过去的现代化在一定程度上也重复了先污染后治理的道路，这其中同对于生态自身价值的漠视或轻视有关。作为社会主义国家，中国不能通过污染转移到其他国家来解决自身问题，而必须通过改变生产、消费、生活方式等从根本上解决污染问题，逐渐形成新的可持续的发展方式，而提升对于生态价值的认知是建立新的生产方式的重要前提之一。

"生态产品"第一次被中央政府提及，是在国务院2011年发布的《全国主体功能区划》中。该区划指出，"我国提供工业品的能力迅速增强，提供生态产品的能力却在减弱，随着人民生活水平的提高，人们对生态产品的需求在不断增强。必须把提供生态产品作为推进科学发展的重要内容，把增强生态产品生产能力作为国土空间开发的重要任务"[①]。近年来，中国学界对生态产品的概念和价值实现机制做了许多理论梳理研究，其中相当一部分借鉴了欧美资本主义国家所倚重的古典经济学理论框架，从资源稀缺性、边际成本、外部性等角度等进行分析。在笔者看来，对任何一种治理体制机制的讨论，都应将其置于特定的社会制度以及相对应的思想文化体系之下进行。中国是社会主义国家，因而我们可以从马克思主义价值论出发来分析它的生态产品及其价值实现。

一、相关概念与范畴

1. 生态与劳动

马克思从辩证唯物主义立场出发，对生态或自然做出了明确的阐释。在早期的《1844年经济学哲学手稿》中，马克思通过分析人与自然的关系，指出自然的含义有三个层次：第一，人作为自然存在物，是自然界的一部分；第二，作为"人的无机身体"的外部自然；第三，通过劳动所形成的自然。可见，

---

① 中华人民共和国生态环境部网站：《国务院关于印发全国主体功能区规划的通知》，2011年6月9日，参见 https://www.mee.gov.cn/zcwj/gwywj/201811/t20181129_676510.shtml（2022年8月2日）。

对于马克思来说，自然或生态是有机的生命系统（能够进行新陈代谢的有机物系统）和支持生命系统的无机环境系统之间相互联系交互作用所形成的结构或状态。人的活动即劳动使人作为有机体和外部的自然系统发生交互作用。人与自然的交互作用尤其体现在两者的对立而又统一的关系中，一方面，人为了自己的生存和发展不可避免地要改造自然，在实践活动中，人的普遍性表现在把整个自然界变成人的无机的身体，人的本质力量也由此得到体现和证实，但另一方面，构成人的实践活动的环境、条件、材料等自然事物，其物理、化学、生物过程都有自身的性质和规律：它们独立于人而自主地运行，并且直接制约着劳动生产过程和生产力的发展。因而，人又是受动的、受限制的存在者。① 马克思在《资本论》里描述劳动过程时，明确指出"劳动首先是人和自然之间的过程，是人以自身的活动来中介、调整和控制人和自然之间的物质变换的过程"②。这个定义强调了劳动的两个方面，一是人对自然的能动性改造，使自然服从于人的意志，二是自然保持着"物质代谢"的属性，并未因人的劳动而改变其本质，强调自然的自我主宰性。③

2. 产品与劳动产品

基于人类社会发展史的视角，马克思把劳动理解为人为了生存而进行的本能活动，是人类的自然本性。但由于人类是群体性动物，人类能够建立一个独立于自然生态系统之外的系统，即社会系统。因此，人的劳动，从一开始与其他动物不同的就是具有社会性。由此可以理解，人的劳动具有二重性：一方面具有自然意义上的使用价值属性，另一方面具有社会意义上的交换性。人的劳动，作为一种潜在的能力存在于人的身体中，它只有在劳动过程中，借助于劳动工具，作用于劳动对象，才能发挥出来。在人类早期社会中，也包括当代畜牧业和农业，劳动过程中的"劳动对象"就一直是自然生态中的自然资源、自然要素、自然物质。因此，马克思将劳动产品定义为：人类劳动创造出来的社会产品，包括用于生产消耗和生活消费的全部物质资料。马克

---

① 韩永进：《马克思对人与生态的阐释》，《哲学研究》2010年第11期，第31-37页。
② 马克思：《资本论》（第1卷），人民出版社2018年版，第207-208页。
③ 韩立新：《马克思主义生态学与马克思的劳动过程理论》，载郇庆治（主编）：《马克思主义生态学论丛》（第二卷），中国环境出版集团，2021年版，第39-64页。

思对于劳动产品的定义，强调了劳动产品本身具有的三个内涵：第一，劳动产品是由人类施与劳动而创造出来的；第二，劳动产品具有有用性；第三，劳动产品的源头是物质，经过劳动过程后的结果也是物质。虽然马克思在此定义中并没有提及自然生态，但作为一种唯物主义表达，自然生态本身就是不以人们意识为转移而存在的客观物质。也就是说，劳动产品包含了人类劳动对自然生态的改造，即自然生态有可能会以人类劳动改造之后产品的形式出现。

3. 生态产品

生态产品在相当程度上是由中国政府原创的一个政治术语。进入21世纪，中国政府越来越注意到迅速发展的经济所带来的巨大生态损失。如何平衡经济发展与生态保护之间的关系，成为各级政府长期面临着的一个重大挑战性问题。中国既不可能搞激进的"生态运动"来停缓发展的脚步，也不可能仿照欧美资本主义国家将高污染产业转移或外溢到其他国家。实际上，中国在寻求自然生态与人类经济社会和谐共生与协调发展的道路上已经做出了巨大努力，但依然面临着诸多严峻挑战。在宏观方向层面上，生态文明建设已成为基本国策，建设美丽中国也已进入到2035年战略目标中，新发展理念已深入贯彻到各级政府的正式话语表述。在推动经济发展模式转型的实践层面上，政府通过制定各种法规、条例关停高污染高耗能企业，但与此同时，这也会直接影响到中国经济增长的速度。在渐趋严厉的倒逼机制下，中国企业逐渐向环保型生产转型，用以满足国外对进口商品的种种环保要求和国内消费者不断升级的消费品位，但依然落后的环保技术水平掣肘了中国工业的转型升级步伐。鉴于农村经济发展长期落后于城市发展，中国自2018年起开始实施大规模的精准扶贫工作，并于2021年宣布所有的贫困县脱贫，接下来如何巩固和发展脱贫成果将是更为艰巨的任务。当前，中国正在着力探索的是：一方面，如何使自然生态成为经济发展的新引擎；另一方面，如何将经济发展导向促进实现生态的更好保护与治理。这其中，政府投入在生态环境保护中举足轻重，但仅仅依靠政府的投入也不现实，如何运用市场机制、调动民间资本投入来解决生态和经济协调发展问题，是当下中国各级政府面临着的紧迫任务。"生态产品"这一概念正是在上述具有双重且交互意味的目标下提出来的。

2010年国务院公布的《全国主体功能区划》，将生态产品定义为维系生态安全、保障生态调节功能、提供良好人居环境的自然要素，包括清新的空气、清洁的水源和宜人的气候等。这个定义突出强调了"生态产品"相对于人的基本需求所具备的保障功能。2020年自然资源部在发布《生态产品价值转换典型案例》①时，继续沿用了国务院2010年提出的定义，并进一步强调了人对于生态产品生产的能动作用。认可与彰显人对于自然生态的能动作用，也是承继了马克思在描述劳动产品时对于人类劳动创造性的肯定。因此，理解生态产品概念的关键点在于：第一，生态产品的基础是自然生态系统；第二，维护和促进自然生态系统的基本功能是人类通过劳动"生产"生态产品的基本出发点；第三，生态产品应该为改善人的生存环境、提高人的生活水平服务。

4. 生态产品的价值

学界目前对于生态产品的概念和分类莫衷一是。笔者在此将尝试在马克思价值理论框架下探讨生态产品的价值内涵，进而分析生态产品的多样性。马克思在《资本论》中明确提出，商品具有价值二重性，即使用价值和交换价值。仅具有使用价值的产品并不是商品，或者说，产品只有进行了交换，即具有了交换价值才能成为商品。笔者在这里所考察的，正是生态产品的使用价值和交换价值。

生态产品的使用价值，即有用性，有两个层面的含义。第一层面上的有用性，体现在对于生态系统自身，即生态产品促进了生态系统自身的修复、维护，甚至提升了生态系统的可持续生存能力。在这个层面上，人类的劳动介入是以改善、提升生态系统为主要目标的。中国多年来所开展的植树造林、防沙固沙、蓝天保卫战、水污染治理等举国行动，都是在提升生态系统这方面的使用价值。第二层面上的有用性，主要体现在对于人的物质需求以及精神文化需求的满足。在这个层面上，人的活动是在不违背或破坏自然生态系统的前提下满足人的需要。近年来的有机农产品、城市园林景观、乡村旅游

---

① 中华人民共和国自然资源部网站："自然资源部办公厅关于印发《生态产品价值实现典型案例》（第一批）的通知"，2020年4月27日，参见 https：//m.mnr.gov.cn/gk/tzgg/202004/t20200427_2510189.html（2022年7月15日）。

等都具有这样的使用价值内涵。

交换价值是一种使用价值与另一种使用价值相互交换的数量关系或比例。商品价值一般指的也是商品的交换价值。对于商品的交换过程,马克思在《资本论》中特别指出,商品所有权(或使用权)的转移是商品交换的起点。而由此需要考察的问题是:生态产品是否天然具有所有权(或使用权)属性?如果有这种属性,其所有权(或使用权)是否有可能发生转移成为商品?

使用价值是交换价值的物质承载者。因而,我们有必要回到生态产品的使用价值来思考上面两个问题。从全球视野来看,自然系统属于全人类,每个人都有平等的权利享用新鲜的空气、清洁的水等赖以生存的基本生态保障。具有这样的基本保障功能即使用价值的生态产品,不具有排他性质的所有权或使用权的属性。中国实行的是社会主义经济制度,法律明确规定,山水林田湖草沙这些自然资源只有两种所有制形式,一种是国家所有,另一种是集体所有。在这两种所有制下,这些生态资源不具备排他性的私人所有性质。无处不在、流动性很强的空气,是非常典型的不具备所有权转让条件的生态物质,而由于植树造林、蓝天保卫战等行动得以改善的良好空气作为一种生态产品,显然也不可能具有交换价值。

相对于流动性较强的难以量化的空气,其他流动性不强的易于量化的生态资源,会因使用者的不同而产生使用者与非使用者受益程度不同的差异。由此,"自然资源使用权"的概念应运而生。20世纪80年代开始,在"物权论"的影响下,中国民法和各自然资源特别法相继确立了不同类别的自然资源使用权,并明确,自然资源使用权是指机构和个人依法对国家所有的或集体所有的自然资源进行实际使用并取得相应利益的权利。[①] 法律上确定的使用权为相应的自然资源以及衍生的生态产品在市场上进行交换提供了条件,即如果使用权发生了转移就意味着交换的开始,继而也就实现了其交换价值。自改革开放以来,在全民所有制这个社会主义基本制度保持不变的前提下,政府在同一块土地上创新规定出了不同层次的权益,包括使用权、承包权、经营权等。不同层次确权行为的主要目的是让土地资源合法进入市场(尽管市场

---

① 张牧遥:《国有自然资源使用权分类新论》,《内蒙古社会科学(汉文版)》2017年第1期,第78-85页。

范围有大有小），以期产生交换价值即经济效益最大化。利用这类自然资源所开发出的各种产品，不论是有形的还是无形的，是为了物质使用还是精神享用，这些产品因其有明确的使用权属性，而使其进入市场实现交换成为可能。因此，市场上的商品价值规律也就适用于这类的生态产品。

5. 生态产品的价值实现

2021年4月中共中央办公厅、国务院办公厅联合印发的《关于建立健全生态产品价值实现机制的意见》明确提出①，到2025年，生态产品价值实现的制度框架初步形成，比较科学的生态产品价值核算体系初步建立，生态保护补偿和生态环境损害赔偿政策制度逐步完善，生态产品价值实现的政府考核评估机制初步形成，生态产品"难度量、难抵押、难交易、难变现"等问题得到有效解决，保护生态环境的利益导向机制基本形成，生态优势转化为经济优势的能力明显增强；到2035年，完善的生态产品价值实现机制全面建立，具有中国特色的生态文明建设新模式全面形成，广泛形成绿色生产生活方式，为基本实现美丽中国建设目标提供有力支撑。可以看出，该《意见》既明确了未来十几年的工作目标，同时也指出了生态产品价值实现的要点难点。笔者认为，回到马克思的价值理论来深刻认识生态产品的使用价值和交换价值，有助于我们进一步认清这些问题与难点。

如上所述，不同类型的生态产品有着不同的价值属性，其价值实现的重点也应有所区别。空气、江河湖海、森林草木等，属于不论是对于人还是对于自然生态本身的生存基础都具有保障性作用的自然资源，其使用价值非常明显。随着环保意识的提高，人们积极采取各种方式、付出各种劳动来维护和提高生态系统自身的可持续运转能力。被维护或得以改善的自然生态系统所带来的洁净的空气、水甚至是美景，也可以被称为生态产品，但这些生态产品并不能在市场上进行买卖，也就是说，这类生态产品并不具有交换价值。尽管如此，参与维护和提高使用价值的人们的劳动，仍然需要被认可和体现，即我们需要为参与"生产"这类生态产品的劳动买单。因为，这种劳动超越了

---

① 中华人民共和国中央人民政府网站："中共中央办公厅、国务院办公厅印发《关于建立健全生态产品价值实现机制的意见》"，2021年4月26日，参见http://www.gov.cn/xinwen/2021-04/26/content_ 5602763.htm（2022年8月10日）。

劳动者的个人所需,是在回应和满足社会的公共需求,所以从理论上讲,社会大众当中的每个人都应为此买单。在现实实践中,作为社会主义全民所有制下的公共利益代理人,政府为此买单成为应然。可以说,中国当下正在积极探索的各种"补偿机制",就属于政府针对这类生态产品的买单形式。政府的补偿资金除了来自公共税收,还包括对破坏生态的行为进行具有补偿性质的税费缴纳。"补偿机制"的核心任务,是建立起有利于生态环境保护的正向激励机制,从而大大提高破坏生态环境的成本,体现保护生态环境的劳动价值。比如,鼓励个人或机构认购、捐赠"碳汇",就是一种具有正向激励意味的生态环境保护补偿机制。"补偿机制"涉及十分广泛的公共利益,因此,补偿定价应是一个动态平衡过程,必定会经历短期利益和长期利益之间、地方微观利益和国家宏观利益之间以及个人利益与公共利益等不同视角之间的博弈考量。

  有明确权属性质的、可以被量化的生态产品,具有实现交换价值的潜能。根据其权属性质的不同,这些生态产品价值实现的着眼点也各有差异。其中一类生态产品依附于自然资源全民所有制框架内派生出来的使用权、经营权等权益。这类权益在使用的层面上具有排他性,但并不等同于私有制下的"私权益"。在中国的社会主义制度框架下,个人和机构对自然资源的使用应以维护公共利益为前提。20世纪拉美在新自由主义影响下进行的水资源私有化,其实施过程中因放弃了对公共利益的保障而直接导致了水危机,类似这种问题也给我们以警示。[1] 中国改革一直坚持全民所有制不变,同时积极探索通过所有权与使用权的分离来兼顾公益和私益。2017年年初,中国政府发布的《国务院关于全民所有自然资源资产有偿使用制度改革的指导意见》明确指出[2],必须遵循的原则就是"保护优先、合理利用""树立尊重自然、顺应自然、保护自然的理念,坚持保护和发展相统一,在发展中保护、在保护中发展"。政府作为公共利益的代理人,面临的核心问题是如何扮演好使用权出让主体和资

---

[1] 新浪网地球知识局公众号:《万物皆可卖!魔幻拉丁美洲的河流买卖史》,2019年9月28日,参见 https://k.sina.cn/article_5750600479_156c3331f00100ne1i.html(2022年7月25日)。

[2] 中华人民共和国中央人民政府网站:"国务院印发《关于全民所有自然资源资产有偿使用制度改革的指导意见》",2017年1月16日,参见 http://www.gov.cn/xinwen/2017-01/16/content_5160372.htm(2022年8月5日)。

源监管者的双重角色。

另一类生态产品具有排他性的所有权属性。不同于第一种产品强调生态资源的直接利用,这种产品是人们通过劳动再加工出来的(包括服务),因而其可量化并有着明确排他性的所有权属性,最有条件按照市场的一般规律实现其交换价值。比如,农民的承包农业用地属于集体所有,但地上长出来的各种农作物归农民所有,可以在市场上自由买卖;农民利用自己的闲置房屋提供旅游住宿服务,也可以被消费者直接购买。现实中的难点在于,因为这些生态产品大都扎根于农村,尤其是偏远山区,而农民因缺乏经验在市场交易中往往处于劣势地位。因此,如何提升这类生态产品在市场上的商业价值,是当下促进生态产品价值实现中所面临的重要挑战之一。另外,市场竞争中的逐利性可能会引致无序开发的风险,或危害自然资源的保障性而引发新的社会不公。

综上所述,生态产品价值实现并不等同于生态商品化,针对不同的生态产品应制定不同的价值实现策略。对于只具有使用价值的保障型生态产品,政府应通过宏观政策引导、发挥利益协调功能、建立生态补偿机制等为保障型生态产品买单,正向激励生态环境保护性劳动;对于那些使用权益型自然资源,则应坚持保护优先的底线不动摇,在此基础上进行有利于生态环境保护的合理开发与利用;对于具有一般商品特征的生态产品及服务,政府需要大力扶持,防止无序开发,并鼓励企业积极利用市场规律提升这类产品的商业价值。

二、"生态银行"探索实现生态产品价值

基于农村中自然生态资源权属分散导致利用效率低、生态系统维护力和修复力差的现实,2020年前后以崔莉教授为代表的中国学者提出,以"生态银行"为媒介载体来促进提升自然资源的生态效益和经济效益。① 一般商业银行的传统主营业务,是吸储散户资金之后批量放贷,并通过"一进一出"使银行

---

① 崔莉:《生态银行研究与实践:以福建南平市为例》,中国林业出版社,2020年版。

资产增值；取名"生态银行"①的本意即是希望通过收、放的转换使零散的自然生态资源得到更高效地保护和利用。虽然借鉴了"银行"的基本运作方式，但在实践中，生态银行在管理资源的广度和深度上已远远超过了一般金融机构对于资金这个单一产品的运营，而是一个多功能综合性的自然资源整合与管理平台，涵盖了作为一个以自然资源为运营对象的市场经济主体的各种功能，比如收储销售、市场开发、研发运营、担保融资等，同时也承担一部分市场维护和监督的责任，比如确权定价、风险防控等（见下文详述）。这个管理平台一般由国有注资或控股，力图协助政府在"保护优先、合理开发"原则下发挥主导性作用，积极探索生态产品价值实现的渠道机制。

首先，参与试验的地方政府在生态环境保护与利用方面已经积累了一定经验，可以借助生态银行的管理平台逐步形成基于生态产品类型特点的多元价值实现策略。对于保障型生态资源类产品，政府一方面要制定规章制度守住"生态红线"控制资源开发，另一方面可以政府购买服务的形式补偿生态保护行为，而"生态银行"就是这种生态行为的组织者和实施者之一。比如，福建顺昌县开发"一元碳"鼓励大众参与碳汇补偿，福建光泽县建立绿水维护补偿考核制度，浙江云和县设立"公共生态产品政府采购基金"向生态银行定向采购生态服务价值增量，浙江景宁县建立碳币兑换奖励制度等。这些地方实践都一致体现出政府作为公共利益代理人在促进实现保障型生态资源产品价值当中发挥的核心作用。

针对权益型生态资源类产品，政府主要发挥好两个层面上的作用，一是以资源确权为起点为这类生态产品进入市场创造一系列条件；二是引导后续的市场行为有利于生态的保护和改善。确权是为了在全民所有社会主义制度框架下生成具有排他性的权利，以满足进入市场实施交易的前提条件。确权基本上分为两类，一类是对集体作为所有人的权益进行确定，比如山水林田等非全民所有的资源确权。另一类是农民承包、使用的不动产权包括土地和宅基地。为了给确权保驾护航，有些地方政府还出台政策指导确权工作，比如浙江安吉县制定的《农村闲置农房(宅基地)流转意见(试行)》《建立健全农

---

① 生态银行，有的地方也叫"两山银行"或"两山合作社"，在各地实际运作的国有企业大多以类似"自然资源管理有限公司"冠名。

村集体经营性建设用地入市制度》等。确权完成后，政府自己组织人力来评估或请第三方机构对这类资源进行估价，使资源转化成为具有潜在市场价值的"资产"。评估完成之后，政府对这类生态资源权益向市场发包，生态银行也参与竞标。政府作为权益转让主体，为引导市场行为走向生态利好，会在标书中附加若干条件来约束和引导竞标者的经营行为。比如，福建省光泽县在发包采石权时，将承诺清淤疏浚、修复生态作为竞标者获取采石权的前提条件之一，生态银行竞标获得经营权后将会履行其承诺。这其中，生态银行不仅是一个市场参与者，还是这类市场交易的启动者和示范者。生态银行也直接同村集体或农民个人交易，通过收购、租赁、托管①、合作入股和质押贷款②等方式，收储分散在村集体或农民手中的生态权益，形成具有一定规模的权益型资产。为调动村集体和农民的积极性以及市场对这些权益的认可度，政府支持生态银行同商业银行合作为培育生态产品市场提供对应的金融服务，比如发放生态债券（浙江淳安县）、提供担保（福建顺昌县和江西资溪县）、为生态产品提供者授信、增信、权益质押贷款（浙江常山县）等。可见，在开发权益型生态产品市场过程中，政府作为全民所有制下的公益代理人联合国有生态银行，深度参与市场开发，努力发挥培育、引导和推动等关键性作用。

　　针对利用生态资源再加工的生态产品及服务，地方政府利用行政权威和公信力等自身优势"各显神通"，牵头引进各种外部资源做大做强本地的特色产品。这些资源"五花八门""异彩纷呈"，其中既有扶持资金、科学技术，也有利用各种营销平台推销的生态产品。比如，福建浦城县利用"中国好粮油示范县""十县百镇项目"的国家扶持资金实施高标准农田，来提升"浦城大米"种植条件；福建南平市巨口乡引进上海一遗产保护基金会举办乡村艺术活动，

---

　　① 托管：由于各种原因，农民作为使用权益持有人，疏于或无能力对自己持有的农地或林地等自然资源资产进行管理，可以委托给生态银行管理。生态银行预先支付一定经营收益给农民，经营一段时间后再向农民支付超出预支部分的收益。

　　② 权益质押贷款：这是一种新型的金融贷款产品，以林权和土地承包经营权等权益为主。2013年中国银监会和国家林业局出台了《关于林权抵押贷款的实施意见》，鼓励金融机构接受借款人以其本人或第三人合法拥有的林权作抵押担保发放贷款。2016年中国人民银行、中国银行业监督管理委员会、中国保险监督管理委员会、财政部和农业部联合印发了《农村承包土地的经营权抵押贷款试点暂行办法》，明确"农村承包土地的经营权抵押贷款，是指以承包土地的经营权作抵押、由银行业金融机构向符合条件的承包方农户或农业经营主体发放的、在约定期限内还本付息的贷款"。

来推介特色旅游；福建南平市建阳区与清华大学合作，对矿土的成分含量进行精准研究，分门别类搞产品开发，并由区长直播带货推销建盏。

其次，在上述基本策略的指引下，地方政府赋予了国有生态银行各种"准行政服务"职权。

一是摸家底。成立生态银行即国有自然资产管理公司的首要任务，是搞清楚本地生态资源的类型和数量，形成资源"一张图"来指导后续工作。生态银行大多使用遥感技术、区块链等新技术，来了解本地生态家底。比如，福建光泽县绘制水生态地图，政和县的白茶资源一张图，武夷山五夫镇将分散在县自然资源、生态环境部门的土地性质和规划导向信息汇总到一起，形成"生态资源一张图"，浙江安吉县则通过横向联通若干自然资源管理平台，形成全县多部门数据共享网络。

二是确权登记。生态银行不仅对散落在农民个人和村集体手中的各种生态资源的性质、范围边界、数量等客观信息进行登记，还对权益主体的交易预期包括价格和周期等进行登记，以便在市场上匹配到合适的交易方。比如，安徽首家生态银行开创了全国首本《生态资源受益权证》。

三是咨询服务。为促成生态产品的市场交易，生态银行向卖方即农民或村集体和买方即外部投资者提供双向咨询。针对外部投资主体，生态银行向其提供各种利于投资的信息，包括资源自身的信息以及金融信贷和支持性政策等。针对农民，生态银行告知、讲解各种进入市场的渠道和形式，比如针对权益类生态产品，除了直接出售，还可以考虑其他流转方式包括赎买、托管、出租、入股合作等，并向农民建议最优选择。

四是风险控制。生态银行的风险控制主要在三个维度，第一个维度是对生态公共利益的维护。生态产品价值实现的大前提是"保护优先"，预防过度开发、维持和提升生态系统的功能是实施生态银行的基本原则。生态银行首先在摸家底中划清生态红线、明确不同种类的生态资源开发的范围和程度。第二个维度是对农民权益的维护。农民手中的土地、林地等是命根子资产，但在这些权益类生态产品流转的过程中也会存在风险。福建顺昌县生态银行在为参股的林农办理股权证时规定，股权可以质押、继承，但不能买卖，以防林农在流转过程中失林失地。第三个维度是经济收益的考量。生态银行借鉴商业银行操作的经验，对于生态产品从开发到最终进入市场的整个流程进行风险管控。

再次,国有生态银行具有协调不同部门参与共同治理的功能。

鉴于自然生态的系统性特点,解决生态环境问题也需要系统性思维,但受制于行政架构中的条块分割,现实中的生态环境治理经常遭遇"九龙治水"的困境。生态银行作为一个资源共享和管理平台,日常工作中需要同管理自然资源的多个行政部门对接,涉及农业、林业、水利、自然资源、文化旅游、金融等多个领域。在与不同部门对接的过程中,生态银行生发出相对稳定和更为有效的协调与统筹机制。比如,福建松溪县成立了"生态银行"工作小组,由分管生态银行、农业农村工作和自然资源工作的副县长担任组长,相关科局主要领导担任副组长,抽调县自然资源局、县农业农村局工作人员,组建生态银行工作领导小组办公室。福建南平市建阳区设立了生态银行工作专班,并由区生态办、区委宣传部、自然资源局、文体旅局、市场监督管理局、城投集团等相关单位及部门参与其中。不同部门在生态银行的平台架构中各司其职,并在一定的组织协调机制下保持日常沟通和信息共享,有助于整合行政资源、相互配合、提高工作效率。

另外,生态银行作为国有注资企业,发挥着一个市场主体的参与功能,而且这些功能具有综合性和多元化的特点。

一是评估生态产品。作为新生事物,许多生态产品尤其是权益类生态产品,普遍面临着如何定价的难点,而这是促成市场交易的关键点。为此,有的生态银行聘请第三方进行估价,有的则自己组织团队做这项工作。比如,江西资溪县生态银行成立了生态资源价值评估中心,聘请第三方参与起草《生态系统生产总值核算技术规范》的江西省地方标准,并以此对生态产品估价。

二是投资培育产业。生态银行对市场存疑、需要发展的产业给予资金扶持。有的生态银行直接注资某个企业,以持股形式扶持企业发展,有的生态银行则把从村集体和农民那里流转过来的零散资源收集整合成为"资源包",之后转卖给专业的有资质的社会投资方进行整体开发和经营。

三是投资中介咨询。生态银行努力促成社会投资方和生态产品持有人的各种形式的对接与合作。比如,福建南平市延平区成立了闽北农场联合社,推广"龙头企业+合作社+基地+贫困户"的运作方式。浙江安吉县生态银行则推动形成多元利益联结模式,包括"村集体+公司+农场"的鲁家模式、"公司+

村民散户"的联营模式、"多村联创"的片区组团模式等。

四是直接运营,兼顾生态效益与经济效益,从而推动生态产品市场良性发展。对事关公共福祉的关键性资源,生态银行直接参与竞标,独资经营。比如,福建光泽县以国有水务公司为载体的生态银行,拍得优质水域的经营权,开发垂钓、体育赛事举办、生态旅游等多种经营项目。同时,该水务公司还负责清淤疏浚,修复生态,并将清出的砂石用于重点民生项目。福建南平市建阳区生态银行通过参加矿产资源竞拍,取得陶瓷土炕和高岭土矿的探矿权,引进先进技术和设备进行专业化、自动化生产,减少了矿产资源的浪费。生态银行利用自身优势进行规模性的市场营销,为本地生态产品提升品牌效应,比如建阳建盏、政和白茶、浦城大米、武夷山五夫镇的朱子文化旅游、留坝地理标志农产品,等等。

五是从事准金融服务。生态银行本质上并不是传统意义上的商业银行,但为鼓励企业进行生态产品的经营和生产,生态银行也会以各种方式同当地商业银行合作帮助企业获得金融支持。大多数生态银行努力"游说"商业银行认可权益类和非权益类生态产品的潜在商业价值,并以此向企业或个人提供包括担保、授信、增信和质押贷款等各种金融服务。比如,福建松溪县在梅口埠生态银行试点范围内推行宅基地使用权融资业务;浙江常山县规定资源使用权人可以根据生态银行开具的"储蓄单"的融资权益到银行开展相应额度的贷款,并且享受优惠贷款利率以及数倍的授信额度。而福建顺昌县特批当地的生态银行拥有一般商业银行那样的担保功能,可以为企业直接估值,企业价值达到商业银行的贷款标准后即可获得商业贷款。

可以看出,生态银行在生态产品的市场交易链中扮演着多重角色:需求方、供给方、投资方、担保方、评估方等,几乎涵盖了市场交易的方方面面,可以多管齐下地发挥促进作用,并培育生态产品市场。

三、生态银行实践探索的创新意义

中国在社会主义初级阶段的框架下已经探索了 40 多年,在经济、政治和社会文化等各方面都产生了若干体制机制上的创新。生态银行在全国各地实践中依托前期的创新性成果,立足于"保护优先、合理利用"总原则,通过不断整合调动行政、经济和社会等各种资源来推进生态产品价值实现的体制机制建设,也为提升中国特色社会主义制度优势、完善社会主义政治经济体制做出了贡献。

首先,生态银行在实践中拓宽了生态产品实现的多元策略和实施方式。

自中央政府号召与鼓励地方探索生态产品价值实现机制以来,全国许多地方都进行了大胆的实践,而自然资源部也先后推出了三批《生态产品价值实现典型案例》,旨在鼓励地方在不同的产品领域进行尝试拓展。2021年发布的《生态产品价值实现典型案例》(第三批)概括指出,生态产品共有三种类型及其价值实现路径:(1)公共性生态产品;(2)经营性生态产品;(3)准公共性生态产品。生态银行的地方试验中在这三个产品领域都有所尝试,并逐渐形成了有针对性的应对策略。对于具有保障功能的公共性生态产品,政府往往采取两手抓、并且两手都要硬的策略,即一方面控制开发强度,另一方面以政府采购、转移支付等形式鼓励生态维护和生态修复,生态银行或作为执行者或直接参与竞标,带动社会力量参与生态建设。针对比较成熟的可以直接进入市场的经营性生态产品(包括服务),生态银行则积极发挥市场经营主体的作用,整合资本、人力和金融信用等资源,借助平台优势帮助生产企业提升融资水平、科技创新能力、产品质量以及品牌效应等,增强了本地此类生态产品在市场中的竞争力和持续发展的能力。开发"准公共性生态产品"面临更多的风险与挑战,因为其既具有公共性特征,又要进入以产权明晰为前提条件的市场。如何兼顾公共效益和个体利益、生态效益和经济效益,是产品开发中面临的难点。生态银行针对这类产品,以明确权益为起点,将散落在个人手中的生态资源聚拢在生态银行的平台上,运用大数据和全球定位等高科技手段对这类产品进行梳理和分类,并据此制定运营这类产品的不同要求、标准和目标等,管控风险,力求做到公与私、生态与经济的效益兼顾。

其次,生态银行丰富了中国特色社会主义公有制下生态资源权益的使用方式。

自20世纪70年代末改革开放以来,有关自然资源"姓公"还是"姓私"的争论不绝于耳,因为这事关乎中国走的是社会主义还是资本主义的道路。始于家庭联产承包责任制的一系列制度改革,让中国特色社会主义体制的轮廓越来越清晰。这其中,中国的社会主义公有制并不排斥个体的私有权益,由此为社会主义市场经济的发展奠定了基础，但同时也明确强调，个体私有权益的存在等同于私有制。1997年9月，党的十五大第一次明确提出，"公有制为主体、多种所有制经济共同发展"是中国特色社会主义的基本经济制度。而在土地这个经济赖以发展的最基本层面，公有制是唯一的所有制形式，具体体现为全民所有制和集体所有制。家庭联产承包责任制是中国在坚持公有制前提下的一个创举，在保持公共所有的基本体制不变的同时给予个体家庭独资经营的权利，为个体参与市场经济创造条件。"自负盈亏、自主经营"的逻辑运用到国家经济发展的其他层面，比如地方财税大包干、国企改革等。这些举措在中国经济水平整体薄弱且推进工业化的过程中释放了大量经济活力。但是，工业化、城镇化也带来了农村空心化的问题，农地撂荒比比皆是，家庭承包下各自为战的农耕模式进入了瓶颈期。自2015年开始，为了提升农村耕地的经济效益，地方试点在土地承包权之上分离出经营权，2018年全国正式确立"三权分置"，即所有权、承包权和经营权的农业用地制度[1]，为非农村户籍人口和机构参与农业生产打开了渠道。2018年，中央政府同时启动探索农村宅基地"三权分置"[2]，其初衷一方面是盘活农村的空闲房屋、为农民创造收益，另一方面明确资格权以及确定使用权的开发主体只能是集体组织等限定条件，也是为了防止农民利益在市场经济中受损。

迄今，农村土地在所有权层面上，有国家所有、集体所有两种形式；在使用权层面上，有国家所有权下的国家使用权，集体所有权下的集体经济组织使用权，以及农民个人承包集体所有农业用地的承包权和获取宅基地分配的资格权；在为进入市场准备层面上，有农村集体和个人的农业用地经营权以及宅基地使用权。现实中，生态银行的地方实践，大多以地处农村的各种生态资源为工作对象，涉及农田、林木、水库等以及周围衍生物和农民住房等。如上所述，国有、集体所有、个体承包和经营等各种权益，相互交织、错综复杂。生态银行所面临的核心挑战，是如何理顺权益关系、协调利用不同权益尤其是提升个体农户手中的权益，来促进生态资源的保护和利用。大

---

[1] 南方网："我国农村承包地'三权分置'制度正式确立！"，2018年12月30日，参见https://www.sohu.com/a/285615086_222493（2022年7月6日）。

[2] 指所有权、资格权、使用权可以分别归于不同主体，农村宅基地所有权归农村集体组织，农户享有宅基地资格权和房屋财产权，宅基地使用权可以在一定条件下进入市场。

部分试点地方对各类资源都做了确权登记，明确权益归属，在此基础上进一步在三个方向上做了探索：第一，国有生态银行或集体所有组织吸纳个体农户权益入股，由前者将零散的资源进行统一管理和开发，利用规模化经营提升生态保护和利用效率，并以固定收益、阶梯分红等方式与老百姓分享经济收益；第二，生态银行同一般商业银行合作，或者同意开发生态产品的企业、合作社以及个体农户用生态资源权益向银行作抵押，获取授信、增信、担保、贷款等金融支持，助推产业发展；第三，通过生态银行的平台链接促进农村土地和宅基地进行合法流转以盘活农村闲置资源。这其中，土地承包权或宅基地使用权只能在农村集体组织内部成员之间流转，土地经营权和宅基地的承租权可以在市场上进行转让，设置这些条件的目的是保证农民在获取市场受益的同时不失地、不丢宅。

再次，生态银行进一步探索了政府与市场在完善社会主义经济体制中的作用。

自改革开放以来，关于什么是"社会主义市场经济"的讨论从未停止，其中的核心问题是政府和市场在经济发展中应当发挥什么样的作用。在经历以计划为主、计划与市场并行阶段后，1992年党的十四大明确宣布，中国社会主义市场经济体制的目标是要使市场在社会主义国家宏观调控下对资源配置起基础性作用。① 2021年党中央制定的《关于建立健全生态产品价值实现机制的意见》，更是明确了"政府主导、市场运作"的工作原则。生态银行秉承这一指导原则，作为国有控股的企业协同政府在保护生态、合理开发利用生态资源方面主动发力、积极引导市场发挥资源配置作用。如前所述，一方面，生态银行积极配合地方政府落实多元化的资源保护与开发策略。针对保障型生态资源，政府依托生态银行利用生态补偿等国家政策性支持开展生态修复和保护等公益行动；针对权益型生态资源，面对市场整体处于观望的现状，生态银行发挥平台作用，协调、整合行政与金融资源积极培育这类生态产品市场；针对生态资源再加工产品和服务，生态银行在品牌建设、科技创新、质量提升等关键方面重点发力，旨在提升产品在市场上的竞争力、促进产业的

---

① 理论网："江泽民在中国共产党第十四次全国代表大会上的报告"，1992年10月12日，参见 https://www.cntheory.com/tbzt/sjjlzqh/ljddhgb/202110/t20211029_37376.html（2022年7月5日）。

可持续发展。另一方面，科学决策、高效治理，是政府发挥好主导作用的前提。多个试点地方的生态银行，利用远程遥感、数据共享等科技手段，梳理生态资源家底。所有试点地方委派多个行政部门的工作人员，组成生态银行工作专班，抑制"九龙治水"的副作用，实践以问题为导向的推动生态银行的落地与发展。被赋予准行政职能，也是生态银行的另一个亮点。如前所述，许多生态银行设立了类似政府机构的服务大厅，提供确权登记、政策咨询以及风险控制等多种准行政服务，无形中帮助政府提升服务质量，释放政策红利，为市场的健康发展提供了更有利的行政环境。

最后，生态银行为农民更加公平地参与市场经济提供了渠道途径，为实现城乡共同富裕创造了更多的可能性。

在资本主义市场经济中，资本为王、弱肉强食的丛林法则，使得个体农户的生存空间越来越小，贫富差距也就越拉越大。在当代中国，随着改革开放的深入推进，个体农户的生产效率遭遇到瓶颈，他们在市场中的弱势地位越来越明显。中国在跨越"让一部分人先富起来"的阶段后，正在着力推进效率和公平并重的社会主义现代化，促进实现共同富裕目标。处理好国家行政力量、社会与资本之间的关系，一直是中国建设社会主义过程中的重大课题。生态银行实践中也面临着如何发挥社会主义制度优势，利用好资本又不被资本绑架，为广大农民争取到更多的市场话语权、更加公平地获取经济发展红利。借助被赋予的"准行政"职能，生态银行为个体农户提供信息咨询服务，为他们手中的生态资源变现给予多种方案，努力实现农户利益最大化。因此，行政力量无形中也成为同资本博弈过程中为农民加持的重要资源。生态银行在开发农村闲置住宅的过程中，严格按照"一宅一地"相关法律法规把控宅基地的交易买卖，既防止外来资本在农村建立私人别墅会所等，也防止农民因贪图眼前利益丧失基本住宅。依托过去合作社以及村集体组织的成功运作经验，生态银行积极支持村民自愿组织合作社或加入村集体组织，并为合作社和村集体组织积极匹配社会资本，协助进行商业谈判，努力提升农民在市场中的话语权。在合作社内部，每个村民有权利平等参与制定合作社的运作规则、监督合作社的运营管理、分享经济成果，有些合作社还特别注重帮扶贫困户，助力其脱贫解困。一些地方的生态银行在经营生态产品取得一定经济效益之后，主动反哺农村基础设施建设，包括修桥修路、整治村容村貌等。

可以看出，生态银行不仅仅是在探索生态产品价值实现的新机制，更值得注意的是，生态银行还在努力探索实现生态效益、经济效益和社会效益融合共赢的可能路径。资本主义的发展道路因其与生俱来的逐利本性，注定不可能实现生态和经济、社会协调互利的可持续发展。中国作为社会主义国家，始终在共产党的统一领导下稳步推进社会主义经济建设，积累了大量的管理和运用市场、规制和使用资本等关键领域的有益经验。依托社会主义制度特色，借鉴过往已有经验，生态银行努力发挥地方政治资源优势，并尝试运用市场经济规律解决生态环境保护和对外开放中面临的困境，以期同时带动农业人口脱贫，实现共同富裕。

结　论

生态银行源自金融运作的基本逻辑，大量运用了市场中的多种经济手段，但由于它运作的对象是带有公益性的生态资源，表面看起来"异彩纷呈"的经济行为却带有很强的公益底色。生态银行在促进生态、经济和社会等综合效益的多向实现上做了非常有益的探索，各地具体实践也初见成效，包括生态资源在数量和质量上的提升，生态产品经营越来越趋向规模化，农民收入的增加，村容村貌的改善等。但还需要清醒地认识到，快速推进的工业化所带来的经济发展和生态保护之间的矛盾是世界性难题，建基于私有制的市场机制在过去几十年当中也产生了大量不公平非正义的社会问题，刚刚起步的生态银行实践还任重道远。可持续地促进社会、经济和社会等多重效益的共同实现，是生态银行接下来面临着的更为艰巨的挑战。如何更有效地平衡保护和开发的关系？如何体现对维护保障型生态产品所付出劳动的价值？如何在开发权益型生态产品时切实守住保护生态保护的红线？如何在权益转让过程中避免国有资产流失？如何在开发生态农业产品时避免因同质化而伤害到生态系统的可持续性和多样性？如何避免在生态产品开发中造成新的贫富差距？所有这些问题都有待进一步思考和解决。为此，笔者建议，生态银行在未来实践探索中加强以下四个方面的工作。

首先，提高地方政府在理解生态银行上的政治站位，将生态银行的功能不只局限于增进经济效益，而是推进社会主义生态文明建设、实现发展模式转型的助推器，力创生态、经济和生态效益三赢局面。一些地方政府在实施生态银行时，往往将生态银行简单理解为以生态资源撬动新一轮的经济大开发，热衷于资本聚集、商业运作，无形中疏于防范生态产品单一化所带来的生态风险、农民在"运动式"开发中可能丧失自主性、增加市场依赖所导致的脆弱性等生态和社会问题。

其次，在提高政治意识的基础上，要及时总结梳理一套具有指导意义的政策指南或操作指标体系。如上所述，生态银行实践不仅仅是一种经济行为，更重要的是整合生态、社会和经济利益的系统性探索。经过几年的初步探索之后，生态银行指导团队应进一步思考、筹划，诸如如何把控生态、经济和社会利益这三者之间的关系，防止出现顾此失彼的现象发生？如何进一步完善整个体制的顶层设计等问题。

再次，警惕防止国有资产流失，杜绝权钱交易，将公共利益放在重中之重地位。过去几十年的改革当中，在一些地方曾发生了严重的国有资产流失问题。一些地方政府打着改革的旗号，同私营企业进行钱权交易、中饱私囊，致使国家和许多职工、群众的利益受损严重。国家在推进生态产品价值实现中，明确要求"政府主导、市场运作"。这是基于自然生态是公共资源的科学决策，但同时也会赋予地方政府以及生态银行本身强大的动用各种公共资源包括生态资源的行政权力，而这有可能成为滋生腐败的温床。因此，必须要坚持"以人民为中心"的宗旨，通过加强群众参与监督，推动决策和政策执行中的公开性与透明性，降低公共资源受损的风险。

最后，还要进一步发挥村民自治的特色与功能，提升农村治理水平。生态银行的实践大多发生在农村，即中国最小的村民自治组织，在实际运作中要同村委会、合作社、乡镇企业以及个体村民等各种利益相关者打交道。传统上，村民之间彼此沾亲带故、裙带关系复杂，再加上几十年的各种土地权益分配，利益相关者之间的利益联系和矛盾错综复杂。因而，仅仅靠行政指令处理这些复杂的利益关系是远远不够的。鉴于生态资源本身关乎整体公共利益，而村民因生态产品的收益前景有意愿同生态银行合作，地方政府和生态银行就应抓住这一契机，激发村民积极参与处理公共事务，包括制定规则、利益分配机制等，一方面推进生态银行尽快落地生根，另一方面也帮助"治疗"一些地方因村民自治流于形式导致公共利益无人问津的痼疾，为合理开发生态环境资源、共同富裕保驾护航。

不积跬步无以至千里，生态银行的实践探索才刚刚开始。2023年2月，习近平同志强调指出，中国式现代化是人口规模巨大的现代化、是全体人民共同富裕的现代化、是物质文明和精神文明相协调的现代化、是人与自然和谐共生的现代化、是走和平发展道路的现代化。① 毋庸讳言，生态银行实践踏入的正是中国迈向现代化征程中的深水区，未来注定不会是坦途。但是，挑战中往往伴随着机遇，中国作为社会主义国家，有着显著的制度和体制优势，因而，有理由期待生态银行在前期取得重要成果的基础上，继续汲取和调动这些制度资源优势，为中国乃至世界寻求探索生态、经济和社会的和谐可持续发展道路做出更大贡献。

[北京第二外国语大学崔莉教授对本文撰写提供了文献资料方面的重要帮助，谨以致谢]

（作者单位：罗莎·卢森堡基金会北京代表处）

---

① 《习近平在学习贯彻党的二十大精神研讨班开班式上发表重要讲话强调：正确理解和大力推进中国式现代化》，《人民日报》2023年2月8日。

第十一章

社会主义生态文明视域下绿色价值实现：以浙江省为例

侯子峰

内容提要：理解当代中国的绿色价值实现需要在社会主义生态文明经济或新时代中国特色社会主义生态文明建设实践这样更为宏大的背景与语境下加以审视。作为社会主义生态文明建设与绿色发展先行示范区的浙江省，生态文明建设、绿色发展或"经济的生态化"与生态产品价值实现都走在了全国前列，因而深入研究它的绿色价值(生态产品价值)实现实践探索，有助于我们理解发展社会主义生态文明经济与建设人与自然和谐共生中国式现代化的本质和特点。浙江促进绿色价值实现的主要经验可以概括为：把生态环境整治与绿色发展相结合，把提供良好生态产品与追求较好经济效益相结合，把绿色价值实现与推进共同富裕相结合，科学运用现代经营理念开展经济活动，并充分发挥地方政府的引导规范作用和基层自治组织的参与管理作用，坚持在创美绿水青山的同时促进实现共同富裕，为人民群众过上美好生活奠定基础。

关键词：社会主义生态文明经济，绿色价值，生态文明建设，绿水青山就是金山银山，中国式现代化党的十八大以来，以习近平同志为核心的党中央把"生态文明建设"纳入新时代中国特色社会主义现代化建设的"五位一体"总体布局之中，以前所未有的力度推进生态文明建设，谋划开展了一系列根本性、开创性、长远性工作，使得我国生态文明建设取得了历史性、转折性、全局性变化，"创造了举世瞩目的生态奇迹和绿色发展奇迹"[①]。我国生态文明建设在世界生态文明建设中的地位，已从原初的"跟跑"逐渐变成"并跑"，甚至在某些领域中处在"领跑"的地位。在全球生态环境保护治理仍未取得根本性改善的大背景下，深入总结中国特色社会主义生态文明建设经验，既能推动我国的生态文明建设迈向新时代，又可以为世界其他国家的绿色发展与生态社会建设提供中国智慧、中国经验、中国方案。

近年来，北京大学郇庆治教授积极推动"中国社会主义生态文明研究小组"这一学术网络建设，试图通过调研分析我国各地具有代表性的生态文明建设实践案例，综合国内外相关理论，形成中国特色的社会主义生态文明理论建构，其中包括构建学理意义上的"社会主义生态文明经济"。本章作为"社会主义生态文明经济研究核心小组"的选题之一，旨在初步总结"绿水青山就是金山银山"理念诞生地与践行模范地、绿色发展走在全国前列的浙江在推进绿色价值或生态产品经济价值[②]实现方面的历程、做法与主要经验。近年来，浙江各地致力于把创美绿水青山与发展金山银山、推动经济发展与社会建设、推进生态环境保护与促进共同富裕相结合，初步形成了社会主义生态文明建设的"浙江经验"，对于我们深入思考"社会主义生态文明""社会主义生态文

[①] 中共中央宣传部、中华人民共和国生态环境部：《习近平生态文明思想学习纲要》，学习出版社、人民出版社，2022年版，第1页。

[②] 关于"绿色价值"，学界主要有如下代表性观点：一是认为绿色价值是绿色产品给顾客带来的多种价值中的一种（杨晓燕、周懿瑾，2006）；二是认为"绿色价值"是一种可持续的人的生活行为或思想观点（甘绍平，2017）；三是认为绿色价值是人权价值的一种重要表征，即"绿色价值作为人权价值在自然领域具体的价值表达"（任帅军、肖巍，2018）；四是认为绿色价值是财富、自然资本和人与自然和谐共生（龚天平、李茜，2018）；五是认为绿色价值就是生态价值（邓玲、周璇，2018）。可以看出，我国学界对此并无统一性的看法。本文从社会主义政治经济学或社会主义生态文明维度来理解与分析"绿色价值"或生态产品经济价值及其实现，即把绿色价值视为生态产品的经济财富价值，也就是狭义上的从"绿水青山"向"金山银山"转化。

明观"①或"社会主义生态文明经济"等基础性理论概念具有重要启思价值。

一、社会主义生态文明经济与中国式现代化话语构建

一般认为，人类社会或文明依次经历了原始文明（渔猎采集文明）、农业文明、工业文明、生态文明等四个阶段。② 因而，2012年党的十八大报告将生态文明建设纳入中国特色社会主义现代化建设"五位一体"总体布局之中，具有十分重要的标志性意义。将"社会主义"与"生态文明"相结合，是中国社会主义现代化建设理论与实践的一种创造。"社会主义"之所以能够与"生态文明"有机结合并在现实中得到广泛深入实践，从根本上说是因为，这种结合在学理上是完全可能的或逻辑自洽的。因为，无论是社会主义还是生态文明建设的核心内涵，都内在地指向超越传统的资本主义生产方式与生活方式。从社会主义视角来说，马克思主义经典作家所设想的社会主义生产力是高于资本主义生产力的，是资本主义发展到高级阶段之后才会出现的。在社会主义生产方式中，社会集体共同占有、管理他们的生产资料。虽然人们仍需要参加必要的生产劳动以谋生，但生产的资本主义盲目趋利性被扬弃，劳动者成了社会的主人。这就是说，在社会主义社会中，人们会基于整体利益需要而能动地处理好人与人、人（社会）与自然之间的关系，从逻辑上说这必然会导向"生态文明社会"。从生态文明角度来说，生态文明是符合生态学原则与规律的文明形态，处在传统资本主义工业文明之后，因而是比传统工业文明更高级的文明状态。生态文明绝不会因它内在的生态环保律令，而退回到仅仅是生态环境良好但物质财富短缺的前工业时代。从更宽泛的意义上说，生态环境（文明）建设源于欧美发达资本主义国家，但由于资本主义本身存在的内

---

① 习近平：《决胜全面建成小康社会，夺取新时代中国特色社会主义伟大胜利——在中国共产党第十九次全国代表大会上的报告》，人民出版社，2017年版，第52页。

② 这一看法是目前学界的主流观点。关于"生态文明"内涵解读的代表性观点有：生态文明作为人类文明一种新的形态，是人类社会在渔猎文明、农业文明、工业文明之后的新的人类文明，是人类的第四文明（余谋昌，2006）；生态文明是马克思主义的内在要求和社会主义的根本属性，生态文明只能是社会主义的（潘岳，2009）；生态文明不是一种独立的文明形态，而是物质文明、政治文明、精神文明与社会文明的综合形态（覃正爱，2011）。

在制度性弊端①，它无法实现在全球层面上的生态环境良好与生态正义(或社会正义)，因而生态文明的真正实现只能发生在以人与自然的双重和解为旨归的社会主义制度条件下。关于资本主义制度内源性的反生态性质和社会主义社会中的人与自然和谐统一图景，马克思主义经典作家与生态马克思主义者(比如福斯特、奥康纳、佩珀等)对此多有精彩而深刻的论述，此处不再赘述。

  从世界历史进程来看，当代中国正在推进的生态文明建设或人与自然和谐共生的中国式现代化，具有重要的样本或导向意义。第二次世界大战后，世界资本主义生产进入一个繁荣期。基于与社会主义国家争抢(世界范围内)民心或以优越生活状况论证自身社会制度合法性的需要，欧美发达资本主义国家加大了对社会不公正状况的应对，除了不断增加社会公共福利支出，还在一定程度上提高了对资本家和富人的财富征税比例，培育形成了数量庞大的所谓"中产阶级"社会群体，提升了本国工人阶级或广大人民群众的工资水平和生活水平。虽然从20世纪50、60年代开始，传统工业化在美日欧等国家造成了大量的环境污染，特别是系列公害事件，但发达资本主义国家通过调整社会经济政策和法律法规，经过长期努力，逐渐做到了在保持较快发展的同时实现了生态环境的恢复改善。到20世纪80年代末、90年代初，随着东欧剧变而带来的社会主义政权倒台，欧美发达资本主义国家似乎成为世人向往的"灯塔"：这里民富、国强、科技发达、生态环境良好。但包括西方学者在内的许多研究者也发现，欧美发达资本主义国家依然存在着重大的、难以克服的问题：其一，贫富差距依然广泛存在；其二，工人在劳动领域里被迫劳动，在生活领域里深陷异化消费泥潭；其三，这些国家之所以经济发达且生态良好，是因为它们实行了"生态帝国主义"政策，即一方面占用着全球大部分的能源、资源，另一方面却把污染物转移到发展中国家。东欧剧变后，随着大量社会主义国家政权的不复存在，资本主义世界缺少了来自共产主义的直接生存威胁与挑战，新自由主义甚嚣尘上，社会贫富差距持续扩大，金

---

① 比如，奥康纳认为，资本主义社会除了存在着马克思所阐明的生产力与生产关系之间的"第一重矛盾"，还包括生产力、生产关系与基本生产条件之间的"第二重矛盾"。奥康纳所言的"生产条件"包括"进入到不变资本与可变资本之中的自然要素"、劳动者的劳动力和"社会生产的公共的、一般性条件"。参见詹姆斯·奥康纳：《自然的理由：生态学马克思主义研究》，唐正东、臧佩洪译，南京大学出版社，2003年版，第257页。

融资本掌控了资本主义世界乃至全球的大部分地区。近年来，我们从俄乌战争、全球新冠疫情应对等事件中清楚地看到，某些资本主义国家为了维护自身利益，挑唆战争，任由疫情扩散，置本国人民和世界人民的生存与发展利益于不顾，资本的丑恶嘴脸终于遮掩不住，甚至都不试图加以掩饰了。而改革开放以来，我国经济不断发展，生态环境和人民群众生活水平不断改善，初步走出了一条生产发展、生态良好、生活富裕的社会主义现代化新路子，为世界生态环境保护治理和绿色发展提供了新思路。

中国生态文明建设、绿色发展与中国式现代化的探索实践，并不是偶然出现的，而是有着其内生的动力源泉与机制①。中国特色生态文明建设的现实实践，必然会呼唤与形成一种社会主义性质的理论"自我主张"②。中国过去是、现在是、未来(这里的"未来"是指共产主义社会实现之前)也必然是社会主义国家，社会主义国家从经济发展本质上来看，会体现出"社会主义生态文明政治经济学"③的特质。具体地说，第一，追求高于资本主义社会的经济发展水平和人民生活质量，这也是中国实现持续、快速发展的内在动力；第二，追求社会公平正义，着力提高全体人民的生活水平，消除贫困、实现共同富裕；第三，追求生态可持续发展，促进实现人与自然和谐共生。中国特色社会主义虽然在经济上借鉴了欧美发达资本主义国家的市场经济，但却有着鲜明的本国特色，即保留了体现确保社会主义性质的公有制经济主体地位和按劳分配为主的分配制度。随着中国式现代化建设的推进，我国社会主义经济必然会由改革开放初期的以拼低廉的资源能源与劳动力为主的经济增长方式转变为以创新驱动为主动力的内涵式经济增长方式，即通过走新型工业化道路和生态文明发展新路，最后形成具有中国特色社会主义的生态文明建设道路与现代化发展道路。中国式现代化和生态文明经济在国内层面上推动经济发展、生态良好，强调人民群众共享发展成果；在全球层面上致力于构建互

---

① 中国共产党始终坚持以人民为中心的执政理念，把不断提高社会生产力、不断满足人民群众对美好生活的期待作为自己的奋斗目标，而这一奋斗目标在当前及今后一段时期是嵌入到"实现中华民族伟大复兴"的宏图伟业之中的。

② 郇庆治、王聪聪(主编)：《社会主义生态文明：理论与实践》，中国林业出版社，2022年版，第229页。

③ 郇庆治：《论社会主义生态文明经济》，《北京大学学报(哲社版)》2021年第3期，第5-14页。

利共赢的、有利于"天人合一"(人与自然和谐共生)的"人类命运共同体"。当然,我国的生态文明建设、社会主义生态文明经济发展和中国式现代化道路仍处在探索当中,其系统性理论仍需在实践基础上不断加以完善。

二、浙江绿色价值实现的探索实践

浙江自古就是一个山清水秀的鱼米之乡、经济富庶之地,也可以说有着良好的绿色价值实现的本底条件。早在马家浜文化、崧泽文化时期,太湖流域就开始种稻捕鱼,追求生态价值实现。到了距今5300~4000年前的良渚文化时期,太湖流域的人们捕鱼、种稻、养蚕、制玉,建立了自己的城邦,被称为"中国文明的曙光"。从先秦时期的吴越到三国时期的东吴,浙江地区得到越来越大力度的开发。西晋末衣冠南渡到隋唐,太湖和钱塘江得到有效治理,浙江地区变得政治文化繁荣、经济发达。至两宋时,浙江区域已然成为鱼米之乡、丝茶之都、文化之邦,当时民谚称"天上天堂、地下苏杭"及"苏湖熟、天下足"。清末民初,随着上海开埠,杭嘉湖地区的丝绸生产与贸易、茶叶种植与贸易非常兴盛,成为当地农民与商人致富之源。由于现代缫丝业的发展,20世纪30年代之后,传统生丝失去了国际国内市场的畅销地位,但茶叶生产至今仍十分兴盛,经济效益颇为可观,代表性的如杭州西湖龙井、安吉白茶、长兴紫笋茶、德清莫干黄芽等。

当然,新中国建立尤其是改革开放以来,我国的生产生活方式已经发生了历史性深刻变化,浙江也不例外。因而,笔者在此对浙江绿色价值实现的分析将立足于改革开放以来的中国特色社会主义现代化建设背景语境。

1. 第一阶段:浙江绿色价值实现探索的起步期(1978—2007)

改革开放之后,为了更好地脱贫致富,浙江许多地区包括西部山区大力发展工业,但在民营经济得到快速发展的同时生态环境也遭到了一定程度的破坏。到2000年前后,浙江的水域、大气污染十分严重,城乡生态环境较差,因而经济结构的绿色转型势在必行。以安吉县为例,由于发展矿山经济以及造纸、化工、印染、建材等灰色经济产业,当地的大气、水环境遭到严重破坏,在1998年整治太湖蓝藻的"零点行动"中,作为太湖重要水源地的安吉被国务院"黄牌警告"。痛定思痛之后，安吉在2001年确立了"生态立县"战略，大量关闭并停止引进污染性产业，着力发展生态经济。

2002年习近平同志来浙江工作之后，在广泛深入调研基础上，就浙江生态环境治理、经济绿色转型升级、城乡环境整治提出了系列针对性创新观念。这些观念后来被确立为政府决策并在省域层面上贯彻实施（许多政策被沿用至今），对浙江绿色价值实现产生了极其重要的影响。以"千村示范、万村整治"工程（以下简称"千万工程"）为例，在刚到浙江不久的调研中，习近平就发现了广大农村存在着环境较差的状况，然后提出了关于乡村环境整治的"千万工程"。这一活动于2003年6月在全省范围内正式启动，依据计划，对全省大约一万个行政村进行全面整治，把其中大约一千个行政村建成全面小康示范村。从治理村庄布局杂、乱、散，农村环境脏、乱、差等问题入手，按照布局优化、道路硬化、四旁绿化、路灯亮化、河道净化、环境美化的要求编制规划，不断增加投入，积极开展建设。实地调研发现，近年来浙江各地兴盛的乡村游、农家乐，几乎都可追溯到习近平主政浙江时期开展的"千万工程"。正是通过乡村环境整治，生态环境大幅度改善，为后来如火如荼的乡村生态产业发展奠定了基础。

再比如，出于生态省建设和产业转型升级需要，浙江大量低小散企业开始被整治。这种整治改善了生态环境，但由于保留了少量规模大、创新能力强、管理运营好的企业，因而社会经济效益不仅没有大幅度下降，反而有所提升。2002年长兴蓄电池企业产值2.9亿元，所产蓄电池占据了国内市场的65%，但高速的产业增长造成了严重的环境污染。当时众多蓄电池企业仅有一家符合环保标准，年排放的铅污染物高达10余吨。通过产业整治，原有175家铅蓄电池企业减少到61家，蓄电池企业的技术装备由手工操作转向机械设备，全部配备治污装备，基础好的企业实现清洁生产。到2006年，全县蓄电池行业总产值达到44.9亿元，贡献税收1.32亿元。①

2003—2005年，习近平同志多次到安吉调研，并逐渐意识到生态环境具有巨大的生产力效应。为了发展致富，安吉把丰富的竹子资源进行深加工，

---

① 《中国电池产业之都：长兴县电池产业从"瘦身"到"优强"》，《湖州日报》2021年8月30日，第5版。

开发出竹地板、竹炭、竹叶生物制品、竹梢工艺品等竹制品,其价格成倍上涨,有力地促进了全县经济的快速增长。2003年4月,习近平在安吉调研中针对其正反两方面发展经验指出,只有依托当地丰富的竹子资源和良好的生态环境,着力把自然资源转变为经济资源,把环境优势转变为经济优势,走经济生态化之路,经济的发展才有出路。2003年,习近平到安吉黄杜村调研,了解到当地群众依靠种植、销售白茶由贫转富的案例①,用一句话概括了该村的绿色价值实现:"一片叶子,富了一方百姓。"

表11-1　浙江绿色价值实现的实践探索(2001—2005)

时　间	事　件
2001年	安吉确立"生态立县"战略
2003年6月	在习近平同志的倡导主持下,浙江在全省启动"千万工程"。目标是用5年时间,从全省4万个村庄中选择1万个左右行政村进行全面整治,并把其中1000个左右的中心村建成全面小康示范村
2003年7月	习近平同志提出发挥浙江发展八个方面的优势,推进指向未来的八项举措的决策部署,简称"八八战略"。其中,第三条为"进一步发挥浙江的块状特色产业优势,加快先进制造业基地建设,走新型工业化道路";第五条为"进一步发挥浙江的生态优势,创建生态省,打造'绿色浙江'";第六条为"进一步发挥浙江的山海资源优势,大力发展海洋经济,推动欠发达地区跨越式发展,努力使海洋经济和欠发达地区的发展成为浙江经济新的增长点"。"八八战略"充分体现了走新型工业化道路、打造"绿色浙江"、推进共同富裕的发展思路
2004年	浙江省政府决定对八大水系和11个省级环境保护重点监管区("11"也指11个设区市)为重点的环境污染开展整治行动,简称"811环境整治行动"
2005年8月	习近平同志在安吉余村考察时正式提出"绿水青山就是金山银山"重要理念

2005年8月15日,习近平同志来到安吉余村调研,正式提出了"绿水青山就是金山银山"重要论断。余村原为全县首富村,但矿山经济在带来经济财富的同时也造成了严重的环境污染,而且矿上爆破频出事故,极大地影响了村民的身体健康,于是决定关停矿山和水泥厂,但这样一来村民就业就成了难题,村集体年收入也从300万元下降到20余万元。面对村党支部书记鲍新民讲述余村决定摒弃原来的粗放式发展道路、但对未来该如何发展还存在着

---

① 1998年黄杜村人开始广泛种植白茶,成为当地闻名的白茶专业村。黄杜村在未种植白茶的前十年,人均收入在1000元,种植白茶后该村人均收入快速增长,2003年村民人均年收入超过6000元,实现了脱贫致富的梦想。

疑惑的回报，习近平同志即兴表态："一定不要再想着走老路，迷恋着过去的那种发展模式。所以刚才你们讲了下决心停掉矿山，这个都是高明之举，绿水青山就是金山银山。"九天后，在《浙江日报》"之江新语"专栏，他第一次以文字形式阐述了"绿水青山也是金山银山"，并论述了"绿水青山"转化为"金山银山"的路径。习近平同志关于"绿水青山就是金山银山"的理念论断，很好地概括、揭示了绿色价值实现的意义，对安吉全县追求不断提高的绿色价值实现具有深远的影响。

2. 第二阶段：浙江绿色价值实现探索的发展期（2007—2015）

在这一时期，习近平同志主政浙江时期所提出的"八八战略""千万工程""绿水青山就是金山银山""腾笼换鸟"、着力发展服务业这个"主动力产业"等促进经济社会转型发展、推动绿色价值实现的理念与战略，在全省各地持续贯彻实施。2008年1月，中共安吉县委十二届三次全体（扩大）会议召开，结合县情提出了建设"中国美丽乡村"的战略任务。2008年2月，县委、县政府批准并印发了《建设中国美丽乡村行动纲要》，邀请浙江大学高标准编制《中国美丽乡村总体规划》，按照"全县一盘棋"的总体思路，构建美丽乡村建设"一体两翼两环四带"总体格局①。2008年5月，安吉被列为全国首批生态文明建设试点县后，开始整体推进生态文明试点建设，把整个县域的行政村作为一盘棋来统一规划，按照宜工则工、宜农则农、宜游则游、宜居则居、宜文则文的原则，充分挖掘生态、区位、资源、文化等优势，为各个村庄设计"一村一品、一村一业"的发展方案，着力培育特色经济②。在这一时期，长兴蓄电池产业继续整治，蓄电池生产企业减少到30家，并且全部集中到城南、郎山两个工业园区内发展，园区外禁止新批新建铅蓄电池项目，在这种整治促动下，经济效益变得更加可观③。

党的十八大之后，党中央更加重视生态文明建设，将其置于社会主义现

---

① 参见安吉新闻网：http://ajnews.zjol.com.cn/ajnews/system/2020/07/03/032594650.shtml（2023年1月30日）

② 沈晶晶、彭驿涵、邱晔：《山美、水好、业兴——安吉深化美丽乡村建设纪事》，《浙江日报》2018年6月8日，第1版。

③ 《中国电池产业之都：长兴县电池产业从"瘦身"到"优强"》，《湖州日报》2021年8月30日，第5版。

代化建设"五位一体"总体布局之中,特别是"绿水青山就是金山银山"重要理念、绿色新发展理念在全国范围内得到宣传推广,而浙江也在生态文明建设、绿色发展、壮大生态经济(包括生态农业、生态工业、生态旅游等)领域取得了长足的进展。

在这一时期,浙江省委、省政府全面贯彻"绿水青山就是金山银山""八八战略""生态省建设""四换三名"①"811"环境整治行动等战略举措,绿色价值实现进一步深入推进。2014年下半年,安吉首次发现作为习近平生态文明思想重要组成部分的"绿水青山就是金山银山"理念在余村提出的确证,县档案馆保存的习近平同志调研余村时发表的"绿水青山就是金山银山"讲话视频得到了县、市和省级层面的高度重视。之后,省市县各部门大力宣传安吉余村这一"绿水青山就是金山银山"重要论断诞生地的典型,并邀请包括中央媒体在内的新闻传媒对其进行了广泛报道。2015年8月15日,浙江省委宣传部组织召开了"绿水青山就是金山银山"理念诞生十周年纪念会议,来自国内知名的专家学者、地方官员、"绿水青山就是金山银山"践行样板县区委宣传部代表,齐聚安吉,从各自研究或实践领域对"绿水青山就是金山银山"重要理念的理论意涵、政策指向、典型案例、基本经验与范式、理论与实践意义等内容做了深入解读和分析。这次会议的召开表明,"绿水青山就是金山银山"重要理念在浙江大地已深入人心,一些样板县的践行探索也积累起了不少成功经验,成为值得广泛推广的典型案例。

表 11-2 浙江绿色价值实现的典型县区情况(2015)

序列	地区	主要发展思路与目标	代表性生态产业
1	杭州桐庐县	按照"美丽中国、桐庐先行"的总体要求,打造以"生态美、城乡美、产业美、人文美、生活美"为内涵的中国最美县	节能环保、民宿经济、休闲旅游、现代农业、健康养老、生态人居、总部经济
2	嘉兴嘉善县	坚持把生态文明建设作为推动县域科学发展的重要抓手,积极打造符合平原地区实际的生态文明建设样本	生态循环农业、生态旅游业、太阳能光伏、木业家具

---

① "四换三名"是浙江为了推动产业转型升级而提出的一项政策。所谓"四换"是指腾笼换鸟、机器人换人、空间换地、电商换市;"三名"是指大力培育名企、名品、名家。

第十一章 社会主义生态文明视域下绿色价值实现：以浙江省为例

(续)

序列	地区	主要发展思路与目标	代表性生态产业
3	湖州安吉县	坚持生态立县发展战略，建设"中国美丽乡村"，全县景区化	竹产业、白茶产业、转椅产业、休闲旅游
4	绍兴新昌县	坚持生态立县战略，打造现代产业之城、山水品质之城、生态休闲之城，推进产业高端化、城市品质化、区域协调化、社会和谐化	文旅产业、有机茶产业、生物医药
5	宁波鄞州区	建设"绿色鄞州""森林鄞州"，经济发展与生态建设同步跟进，新型城镇化与"美丽鄞州"比翼齐飞，走出一条生态经济化的发展之路	生态循环农业、环保科技、生物医药、文旅产业
6	舟山定海县	结合海岛特色，注重经济、生态、文化的有机融合，重点从打造海洋产业岛、国际休闲岛、海上花园城三处着手，助力美丽海岛转化为美丽经济，打造群岛新区美丽定海	港航物流、绿色船舶业、粮油产业、水产品、乡村文化游、古城游、海岛休闲游
7	温州永嘉县	坚持生态立县，以"五水共治"、建设美丽浙南水乡为主抓手，走绿色发展、生态富民、科学跨越的新路子	民宿、农家乐、古村游、风俗游
8	台州仙居县	实施生态立县、工业强县、特色名县、跨越兴县四大发展战略，坚定走好国际化、高端化、品牌化、集团化、信息化"五化同步"之路，努力打造壮美神仙居、柔美永安溪、秀美田园、和美乡村、醉美新城区、善美仙居人"六张名片"，建设中国山水画城市	工艺品、以杨梅产业为代表的绿色农业、农旅文化产业、旅游休闲度假产业
9	金华浦江县	以"治水"为突破口，持续推动经济转型升级、基层治理方式创新，走出一条既要绿水青山又要金山银山的新型发展和治理之路	观光农业、采摘农业、民宿、水晶产业
10	丽水遂昌县	坚持生态立县政策，发展美丽经济，探索农村电子商务、乡村休闲旅游、原生态精品农业、乡村生态环保等系列遂昌模式	茶叶、毛竹、山地生态蔬菜、生态林业、土鸡土猪的养殖、特种纸业、景区旅游、乡村旅游
11	衢州开化县	探索推进国家公园建设，以经济生态化、生态经济化为导向，全域景区化、景区公园化为主线，打造文旅融合发展先行区、绿色产业转型发展先行区、生态文明制度建设先行区	山区特色农业产业、花卉苗木产业、民宿经济、以"亲水经济"为代表的文旅产业

* 该表根据中共浙江省委宣传部：《"绿水青山就是金山银山"理论探索与实践探索》(浙江人民出版社2015年版)第239~343页内容绘制

3. 第三阶段：浙江绿色价值实现探索的成熟期(2015年至今)

随着"绿水青山就是金山银山"重要理念被写入党的十九大报告、新发展理念被确立为经济发展的指导性理念，浙江在生态文明建设、绿色发展、绿色价值实现方面取得了诸多新进展。在这一时期，浙江省委、省政府继续深入贯彻"八八战略""绿水青山就是金山银山"重要理念、"生态省"建设、"四换三名""811"环境整治行动等战略部署，努力把浙江全域打造成为人与自然和谐共生的"大花园"。

2018—2019年，"千万工程""蚂蚁森林"先后获得联合国最高环保荣誉"地球卫士奖"。2019年，浙江首个通过国家生态省建设试点验收。同年，设区市PM2.5平均浓度为每立方米31微克，达到国家二级标准。当年，全国空气质量最好的十个城市中，浙江占了三个，位居各省区第一。全省森林覆盖率为61.24%，位居全国前列。近年来，淳安特别生态功能区(国家级)成功获批、安吉成为县域践行"绿水青山就是金山银山"理念综合改革创新试验区、丽水成为国家生态产品价值实现机制试点。生态环境改善的同时，浙江的经济各项指标依然位列全国前列。2020年，浙江生产总值64613亿元，排名全国第4；居民人均可支配收入52397元，排名省级行政区第3位(仅次于上海、北京)。2020年3月，习近平同志再次来到安吉余村考察，肯定了坚持走绿色发展道路的正确性，并指出，"生态本身就是经济"。

从绿色价值实现的角度来看，浙江已经在生态农业、生态工业、生态旅游、生态补偿机制建设等方面取得了积极进展，积累了一些重要经验，代表了我国绿色经济发展领域的较高水平。以生态补偿机制为例，2018年，安吉与长兴签订了西苕溪流域生态补偿协议，双方约定以荆湾断面水质作为考核标准，此后荆湾断面水质持续稳定在Ⅱ类水以上；2020年，安吉县人民政府出台了《关于印发安吉县流域上下游乡镇(街道)生态补偿机制的实施意见》，初步建成县域纵向和横向生态补偿机制[①]。2020年，浙江对重要湿地开展生态补偿，按照浙江省林业局、财政厅联合制定的《浙江省重要湿地生态保护绩效评价办法(试行)》，绩效达到80分以上，并且没有发生保护不力或违规事

---

① 李颖、张蕊等：《浙江安吉：绿水青山就是金山银山》，《中国财政》2021年第2期，第43-46页。

件，浙江省重要湿地所在县(市、区)政府可获得每亩30元的补偿资金。这是继安徽与浙江开展新安江流域生态补偿之后，在省内开展的重要生态补偿机制构建尝试，在我国该议题领域探索中处于领先地位。再比如，在引入绿色金融工具手段方面，浙江着力于探索对生态产品价值实现提供金融服务与保障。安吉鼓励引导金融机构推出"两山"系列贷、"白茶贷"等绿色金融产品和融资渠道；它所首创的"毛竹收购价格指数保险"与"白茶低温气象指数保险"，成功入围国家试点；它率先开展的"两山银行"试点建设，通过"两山银行"的收储与运营，高质量地把碎片化的自然生态资源转化成为生态农业、生态旅游、健康养生、文化创意、总部经济等生态产品。

三、浙江绿色价值实现探索的主要经验

浙江人多地少、资源匮乏，因而很有必要通过大力发展经济效益更高的第二产业和第三产业来致富，即便就农业而言，也应着力于发展高效生态农业。自改革开放以来，浙江民营企业异军突起，推动了浙江经济的发展，实现了资本的原始积累，为未来的经济转型升级和生态经济发展奠定了基础。到2000年前后，这种经济转型由于巨大的生态环境压力变得非常迫切，而从产业自身发展来说，发展到一定阶段之后，实施结构升级也是一种内在需要。2002年习近平同志刚到浙江就感受到了这种"成长的烦恼"，那就是，如何在实现产业升级的同时避免经济增长的滑坡，实现一种可持续的发展。

其一，把生态环境治理与绿色发展、绿色价值实现战略举措相结合。由于可供开发的区域有限，浙江的工业通常呈现为一种块状形态，即某些产业领域在全国拥有非常高的市场占有率，竞争力极强，比如长兴的蓄电池产业、浦江的水晶产业、吴兴的童装产业、安吉的椅业、德清的钢琴制造业、东阳的木雕产业等。因而，在可持续发展的目标要求下，浙江工业产业转型升级尤其是体现在控制数量、提高质量和效益，比如浦江的20000多家水晶加工企业(户)缩减至1000余家。关停了大量市场竞争力弱、容易造成污染的众多低小散企业后，一个行业的发展更易以质取胜。因而，关停低小散企业，向

"规上工业"要效益,可以更好实现生态环境保护和经济发展的双赢①。然而,关停大量低小散企业会遭到很多企业主的反对,所以,浙江的这一行动又通常与生态环境保护治理紧密结合。比如,浦江的水晶产业整顿就是借"五水共治"的机遇来进行的,这样做可以大大减少部分民众的反对声音与力量,赢得最广大人民群众的理解支持。总之,把生态环境治理与绿色发展、绿色价值实现战略举措有机结合、相互促进,是浙江促进绿色发展或绿色价值实现的第一个经验。

其二,把具有地方特色的生态环境转化成为有吸引力和竞争力的生态商品。生态环境质量及其消费具有显著的非排他性特征,因而要想让良好生态环境的绿色价值得到实现,就需要设法将其转变成为商品。衢州市水资源丰富且质地优良,地表水常年保持在一级水平,因而衢州着力引进水业项目,比如引来了旺旺集团、娃哈哈、伊利、康师傅、佰利佰瑞等名企投资水产业,成为长三角地区最大的饮品生产基地②。武义县利用优美的山水生态环境发展了乡村游、农家乐、民宿、漂流、康养等项目。德清县利用当地丰富的竹子资源,发展壮大了木地板产业。淳安县把千岛湖打造成为5A级景区,发展了水上项目、观光旅游项目、民宿、果园采摘、农家乐,以及水上竞技、空中览胜、巨网捕鱼、渔民风俗表演等参与式旅游项目,成为驰名中外的旅游胜地③。仙居县开展旅游休闲农业,每年定期举办油菜花节、桃花节、杨梅节、薰衣草节、向日葵节,接待游客几百万人次,带来了丰厚的门票收入以及农家乐、民宿收入。嘉湖地区的乌镇、西塘、南浔等古镇游,融历史文化与优美生态环境为一体,得到游客的普遍赞誉,而乌镇更由于每年举办世界互联网大会,进一步增强了海内外知名度,产生了良好的社会经济效益。

第三,利用现代企业理念进行经营,做好市场规范工作。浙江注意招引、

---

① 规模以上工业除了具有更强的组织管理与绿色科技研发能力,因而更容易满足国家和地方的环保标准,单纯从行政监管的角度来说,监管1家大企业的环保达标也远比监管100家小企业的环保达标要容易得多。

② 中共浙江省委宣传部:《"绿水青山就是金山银山"理论探索与实践探索》,浙江人民出版社,2015年版,第221页。

③ 中共浙江省委宣传部:《"绿水青山就是金山银山"理论探索与实践探索》,浙江人民出版社,2015年版,第215页。

培育知名企业，按照企业思维经营生态产品，保障一定的经济效益和商业口碑。像长兴县的太湖龙之梦乐园，原本为一座荒山，后来引进了上海资本，投资高达 251 亿元。太湖龙之梦乐园约为 6 个上海迪士尼那么大，内设动物世界、海洋世界、欢乐世界、嬉水世界、快乐农场、湿地公园、星级酒店、养老公寓、太湖古镇、购物中心、东方盆景园、马戏团、太湖药师文化园、婚纱摄影基地、大型酒吧街等业态，计划打造成为全国最大的旅游综合体，目前大部分项目已开始营业，在长三角区域产生了一定的影响。另外，安吉县知名的中南百草园、"大年初一"小镇、Hello Kitty 乐园等，都是通过招引社会资本进入，实现对当地优良生态环境较好开发的典型案例。引进本地或国内外的知名旅游企业开发生态旅游项目，不仅能够确保生态产品质量，还会由于这些企业善于营销，有更多的经验与资源，更易创出生态品牌，产生良好社会经济效益，为当地增加税收，并可解决部分就业。

浙江特别注意行业规范和统一运作，努力避免无序竞争。比如，长兴县顾渚村以旅游养老为主，由于其游客 70% 为上海人，又被称为"上海村"。在顾渚村，民宿、农家乐的经营是由行业进行规范的，吃住两天一晚，收费规定在 100 元到 180 元，保护了消费者的权益，形成了良好的旅游口碑。再比如，安吉县发布了行业旅游标准，对民宿、农家乐、餐厅以及农家乐餐厅室内空气、供货商、食品、餐具、包装、污水处理、演艺休闲、娱乐活动、游乐设施等都提出了具体的要求。民宿、农家乐的建筑风格、层高、色彩与形状都要经过自然资源与规划部门审批，与地域自然景观和人文风情相协调，不能太突兀。民宿、农家乐经营企业证照齐全率、污水处理率、卫生达标率以及入住登记率应达到 100%。①

第四，充分发挥地方政府的引导管理和村（社区）的自治作用。一个地方促进追求绿色价值实现，需要地方政府做好整体规划，制定激励性政策，搞好基础设施建设。从省级层面上说，对不同地区进行不同的功能区划十分重要。比如，丽水市九山半水半分田，发展大规模工业的前途并不大，因而从 2013 年起省委、省政府不再考核该地区的 GDP 和工业总产值，转而考核发展

---

① 《浙江安吉发布全域旅游地方标准规范，不能以民宿农家乐名义搞违章建筑》，《中国青年报》2021 年 1 月 14 日。

质量、环境保护和民生改善。结果是,丽水的生态环境质量连续多年位居全省第一,同时由于大力发展带有地方特色的生态农业、观光旅游,丽水的发展速度反而高于全省平均水平。另外,省级层面还可以引领促进生态补偿机制建设,这方面代表性的是安徽与浙江进行的新安江流域生态补偿,而省级层面还可以对基层、某些特定区域的生态环境保护给予补偿,比如从2020年开始,省级湿地有机会(如果没有发生保护不力或违规行为)获得每亩30元的补偿。

而从县级层面来说,如何规划县域全面协调发展、实现乡村振兴与建设美丽乡村就非常重要。比如,安吉大力度推行的生态立县战略,就对该县推动生态产品价值实现产生了强有力的推动作用。对于美丽乡村建设,安吉采取的是滚筒式发展策略,169个行政村全部建设成为省级A类村庄,其中建成精品示范村44个。调研发现,安吉美丽乡村建设成绩的取得,是与乡镇、村级领导干部的积极推动分不开的,而乡镇与村干部积极推动美丽乡村建设又与县级的发展规划与年终考核分不开。在美丽乡村建设过程中,乡镇通常会集中各方面力量,对需要申请更高级别美丽建设的乡村帮助一程,而下一年又会集中力量转而扶持另一村庄建设进行升级。浙江设有优秀村干部转为公务员的激励政策,而每年评比中工作落后的村干部,需要公开在全县年度总结大会上进行检讨并提出改进举措,正是这样有力度的赏罚政策极大地调动了村干部的创业干事积极性,为推动美丽乡村建设、实现乡村振兴发挥了重要的制度推动作用。

浙江很多生态项目的实施在乡村,因为乡村往往有着优美的生态环境和丰富的土地资源,而生态项目的实施又需要借助社会资本的力量,这样,村委会就成了社会资本与村民之间沟通的桥梁。通常,由村委会进行招商引资,同时在引资成功后负责处理好相关土地资源的整合利用工作,并在企业和农民利益发生矛盾时做好疏导工作,使得企业能够专心于经营。为了维护当地农民利益,村委会通常会组建村集体企业,在与外来资本合作中进行利益分红,分红收益多用于村庄建设或村集体事业。这方面,安吉鲁家村的"村+公司+家庭农场"("家庭农场"来自社会资本)就是一个代表性模式。

结 论

浙江促进绿色价值实现努力的重要背景语境，是建设新时代中国的社会主义现代化先行示范区。也就是说，它由此所带来的生态环境保护治理层面上的所有进展，都可以在社会主义生态文明建设国家战略、社会主义生态文明经济孕育发展和人与自然和谐共生中国式现代化发展新路径的意义上来理解。当然，它所面临着的诸多挑战与困难也应该在这一意义上来理解。

第一，必须反思超越传统的发展理念模式，把生态环境保护治理和绿色发展结合起来。传统发展模式依靠大工业生产大量商品，借助规模效应来获得经济效益。在这种生产方式中，产品量大价低就会具有竞争优势，因而，这种生产方式的竞争力更多建立在拼资源消耗、拼低廉劳动力的基础上。比如，20 世纪 80~90 年代浙江安吉、长兴、开化等地区，走的就是这样一条道路。集中于挖煤、开矿、水泥、造纸等行业，大量污染性企业投资生产，虽产生了一定的经济效益，实现了脱贫致富，但从人与自然的长期和谐发展来说，却是严重不可持续的。而从经济发展的国际趋向来看，发展生态经济，依靠科技创新来推动经济发展也是实现高质量发展的必由之路。而且，如果说改革开放之初，我国由于在生产领域缺乏高端科技与高素质人才支撑，缺乏一定数量的工商业资本，不得已只能发展一些带有污染性产业的话，那么到 2000 年左右，作为现代化社会经济发展先行区的浙江省已经完成了资本的原始积累，到了产业升级发展的新阶段。这也就是为什么习近平同志主政浙江以后，可以大力度开展生态环境综合整治、推动经济产业转型升级的根本原因，其实质是将经济发展转向以绿色发展为标志的新型工业化道路，也就是努力做到"既要绿水青山，又要金山银山"。

不难理解的是，环境整治与产业转型升级紧密相关，更严格的环保要求必然会要求淘汰那些落后的产能或生产方式，从而使得拥有更先进技术、更好管理、更高效益的产业走到发展的前台（比如浦江、嘉善、新昌的制造业转型升级）。浙江大力推动的"生态省"建设、"811"环境整治、"千万工程"，目的都是淘汰"灰色经济"，改变单纯消耗与销售自然资源寻求财富实现的旧路。相应地，大量的低小散企业被整治并转，规模较大的、科技含量较高的企业获得了发展机遇空间。因而可以说，浙江的绿色发展并未否定长期以来的"无工不富"的发展逻辑或思维，而只是在新型工业化目标要求下去追求经济增长与环境保护的双赢。就此而言，一个省域单位如果没有获得中央政府的充足政策与财政支持，就去追求发展无污染或接近零污染的产业结构来实现经济富裕，既不是现实选择，也不符合人民群众增加就业或工资收入的利益需要——至少在社会主义初级阶段的当前来看是如此。相形之下，控制（有可能造成环境污染的）企业数量，降低污染强度，不断提高产品（产业）技术含量、质量，逐渐提高产业（经济）效益才是正途。因而必须看到，在现实实践中，浙江各地也并未简单地、一刀切式的关闭那些支柱性传统产业或带有少量污染的工业，而是本着保护人民群众生态环境需要的目的，将环境整治、产业转型升级和企业厂区集中式生产与管理统一起来，比如浦江的水晶产业、吴兴的童装产业、临海的化工医药产业、鄞州的铸造业等。浙江的实践证明，在生态环境影响可控的范围内，在各级政府必要的激励与惩罚政策并用下，逐步提高工业产品（产业）的质量与效益，保持促进一个地区的长期繁荣发展，既是可能的，也是必需的。

其二，必须运用现代经营理念，把生态产品供给与提高经济效益结合起来。社会主义市场经济条件下，绿色价值大规模实现的主体只能是企业。因而，湖州、丽水、衢州等地的生态产品实现，都特别强调引进工商资本。总的来说，企业以追求利润为本，更懂得某些生态产品的稀缺性和商业价值，会有更多的手段途径将生态产品转变为经济财富，而这些素质禀赋通常是地方政府和普通个体经营者所不具备的。企业作为经营主体，组织生态产品的生产与销售，而当地居民则可以通过集体单位（比如村集体、村集体企业）来参与生态产品生产的利益共享，比如实现就业。地方政府的主要职责，在于制定宏观规划，招商引资，出台刺激性政策，提供公共性服务，规范市场竞争——比如各地的民宿和农家乐都需要制度化的行业规范和服务标准，这对于商家和消费者来说都是大有裨益的。也就是说，无论是工商资本还是以个体为代表的生态农商行为，都应在现代企业经营法则与秩序下去运营，而这离不开地方政府的合理引导与监管。

其三，必须发挥党和政府的引领规约作用，把绿色价值实现与推动共同富裕结合起来。社会主义经济的本质是发展生产力和实现共同富裕。因而，在绿色价值实现的过程中，党和政府绝对有必要制定推进共同富裕的政策与战略。比如，浙江对欠发达山区有着优惠的发展政策，并且提出要让东部沿海地区支援西部山区发展，开展"山海协作"。可以说，生态环境为人民群众所共享，做好生态文明建设，就只能让人民群众获得（接近）绿水青山，而要做到共享金山银山，则必定缺少不了政府政策的有力支持。安吉实施全域旅游战略，把全县当作一个大景区来打造，在这种全域美丽的建设过程中，县乡政府通过在不同时期扶持不同村庄的发展，以及推动公共服务的均等化，使全县居民都可以共享发展成果。比如，黄杜村就是在村党委的领导下，号召、帮助村民种植、烘炒、制作与销售白茶，从而实现了整个村庄村民的共同富裕。此外，安吉的余村、潴口溪、鲁家村等倡导与周边村庄的多村共建，就是在各村党委领导下，充分利用各地的自然资源禀赋、历史文化资源，共享市场资源，追求共同富裕。因此，浙江绿色价值实现探索的重要特点之一，就是同共同富裕目标要求的有机融合，既创美了绿水青山，也共享了金山银山，从而充分彰显了社会主义在生态文明建设和社会建设上的优越性，是一种代表未来发展趋向的发展模式。①

社会主义经济的先进性，在于它把生产力发展和社会正义都置于重要位置，在于它坚持追求人与自然的和谐共生，并推动最后实现人与自然的双重解放。在党的全面领导下，当代中国开展的生态文明建设，努力促进生态文明成为一种社会发展新形态、人类文明新形态。社会主义生态文明同时是一个理论体系和实践体系，致力于融合经济、政治、文化、社会和生态环境治理上的根本性创新于一体。这其中，社会主义生态文明经济追求与发展的核心，是把生态环境保护治理与绿色发展有机统一起来，把绿色价值实现与全

---

① 虽然浙江经济以民营企业为主，但这并代表它是一种"资本主义经济"。其一，我国是社会主义国家且公有制经济占主体地位，但这并不意味着（尤其是在社会主义初级阶段）所有行政区域都必须或必然以"公有制"为主体；其二，浙江民营经济发达有着新中国成立以来的复杂的历史原因，同时也与全省土地资源较为缺乏的现实状况有关；其三，浙江有着历史悠久的工商文化及对外开放传统；其四，浙江经济的当前架构是在"社会主义初级阶段"这一整体历史背景下产生的，符合党的政策并在党的全面领导之下，在大力发展社会生产力的同时积极促进共同富裕（习近平同志主政浙江时，称浙江经济为"老百姓经济"）。此外，浙江是我国除直辖市之外，人均可支配收入最高的省份，并且是城乡和各地区之间贫富差距最小的省份之一，也正是基于这个原因，浙江成为全国的"社会主义现代化先行省"及"共同富裕示范区"。

体社会成员共享发展成果内在结合起来。也正是在这一意义上，浙江的生态文明建设、绿色发展和绿色价值实现过程中创造了一些有益进展或经验。这些经验突出表现在：在党的全面领导下，把生态文明建设与绿色发展相结合，探求人与自然和谐共生的中国式现代化道路；充分运用现代企业经营理念，把生态产品供给与经济效益实现相结合；把党和政府的调控、管理、引领作用和基层组织的自我管理相结合，坚持在创美绿水青山的同时促进实现共同富裕，为人民群众过上美好生活奠定基础。

当然，在浙江绿色价值实现探索实践中，我们也看到了一些值得关注的问题或挑战。比如，十分突出的现象是一般农林业产品或业态在促进农民走向富裕上的支撑力不足，可以说，除了部分农民以种植效益较好的茶叶致富、部分农民依靠养殖鱼虾致富外，对于大多数地区的浙江农村来说，仅靠农业实现富裕是极其罕见或极为困难的；包括在一些乡村振兴明星村，除了极少数民宿和农家乐能够实现较大规模盈利外，大多数农民还是需要到城市、县城寻找工作岗位，这也就使得浙江大部分的村庄平时都处于"空心村"的状况，缺乏应有的生机活力。目前，由于具有一定实力的村集体经济的广泛存在，而且富裕的各级政府都能够给予一定财政补贴，浙江广大农村的美丽乡村建设与维持是较为容易且易于保持的，但要想大多数农民主要在农村区域实现高质量致富发展就非常困难。如今，村庄的合并在一些地方成为一种趋势，因为这样可以积聚人口，有了一定数量的人口则工商业更容易开展，而那些人口稀少的自然村逐渐凋零乃至消失似乎成为一种必然。针对很多农民发展现代工商业缺乏技术和管理经验的实际，许多地方着力于引进外来工商资本，而在这种情形下，最为重要的是发挥村集体特别是村两委的作用，从而为村民争取到更多的生存与发展权益。从动态的角度看，在促进绿色价值实现的过程中，创新经营与管理的作用将会越来越重要，就此而言，绿色价值实现在本质上与绿色发展具有契合度或一致性。此外，浙江经济发展的嬗变经历了一个从用绿水青山去换取金山银山的资本原始积累过程（大致是从改革开放之初到习近平同志主政浙江之前的21世纪初），因而浙江促进绿色价值实现的进路与绿色发展经验究竟可以在多大程度上为国内其他省域地区运用并取得良好效果也值得深入研究。

（作者单位：湖州师范学院马克思主义学院）

第十二章

国家公园全民公益性：基于公有制实现理路解析

蔡华杰

内容提要：全球国家公园和自然保护地是以公共所有制为主的。我国推进以国家公园为主体的自然保护地体系建设，同样要坚持国家公园的公有属性。其理论逻辑在于，国家公园的创建是为了满足人民对优美生态环境的需要，是典型的公共物品，因而必须坚持和弘扬其"全民公益性"。着眼于这一目标，不仅要通过保护生产力的方式为人民有效供给国家公园及其相关生态产品，更要从改善生产关系的维度，以自然资源公有制为基础的制度设计为全体社会成员共享国家公园及其相关生态产品提供根本制度保障。在社会主义初级阶段的背景语境下，国家公园公有制需要不断丰富拓展其具体的实现形式。一方面，在提高土地公有程度上，需要以绝对数量意义和实际控制意义上的不同方式来处置国家公园内的集体土地；另一方面，需要发挥党和政府统揽全局、协调各方的全面领导作用，采取适当的"命令控制型"手段让国有企业、集体企业和社会资本在自然资源公有制规约下，更好地服务于"全民公益性"的核心目标。

关键词：国家公园，公有制，全民公益性，自然保护地体系，生态文明经济

2021年10月12日，在《生物多样性公约》第十五次缔约方大会上，我国正式宣布设立三江源、大熊猫、东北虎豹、海南热带雨林、武夷山等第一批国家公园。我国国家公园体制自试点以来，一直坚持国家公园建设的三大理念：坚持生态保护第一，坚持国家代表性，坚持全民公益性。"生态保护第一"体现了保护国家公园自然生态系统原真性和完整性的根本目的，"国家代表性"彰显了国家公园体现国家形象、具备国家象征意义的文化功能，最终，国家公园须在全民享有自然生态系统服务功能和文化教育功能中体现出"全民公益性"。就此而言，在这"三位一体"的三大理念中，"全民公益性"乃国家公园体制构建中具有旨归意义的理念，需要引起我们特别的重视。基于此，笔者将在概述全球国家公园和自然保护地现状的基础上，通过国家公园体制构建中的所有制考量，探究以公有制为基础的制度设计实现"全民公益性"的道路，包括自然资源公有制如何彰显了"全民公益性"，以及在中国特色社会主义制度的具体背景下国家公园公有制的具体实现形式。

一、以公有制为主体的全球国家公园和自然保护地建设

根据丹尼尔·布罗姆利（Daniel Bromley）的分类，产权可以分为四种：国家财产权、共有财产权、私人财产权和无财产权。[1] 鉴于无财产权的国家公园是一种无意义的表述，相应地，在全球国家公园的所有权方面，大致包括了国家所有、集体所有和私人所有三种类型。那么，全球范围内的国家公园在所有权方面的大致情况如何呢？有学者总结指出，"除美国国家公园土地基本实现了国有化，其他大部分国家的土地权属呈现多样化特征。其中，英国、日本很大一部分国家公园都是私有土地，德国大部分国家公园是州政府土地和私有土地"[2]。由此可见，国家公园的所有权在全球范围内的确呈现出多样化特征。

但总体而言，全球范围内的自然保护地仍是以政府治理、国家所有为主。

---

[1] Daniel Bromley, *Environment and Economy: Property Rights and Public Policy* (Oxford: Basil Blackwell Press, 1991), p. 31.

[2] 杨锐等：《中国国家公园体制建设指南研究》，中国建筑工业出版社，2019年版，第17页。

第十二章 国家公园全民公益性：基于公有制实现理路解析

世界自然保护联盟根据治理类型，将自然保护地划分为政府治理、共同治理、私人治理、原住民和地方社区治理等四种类型。迄今为止，大部分自然保护地是在国有土地和水域上建立的。在已知的保护地治理类型中，政府治理类型占主导地位，数量达到207 105个，占据所有治理类型中的80%以上；私人治理类型只有13 103个(图12-1)。从世界不同地区的分布情况看，欧洲的政府治理类型甚至高达91.8%(表12-1)。①

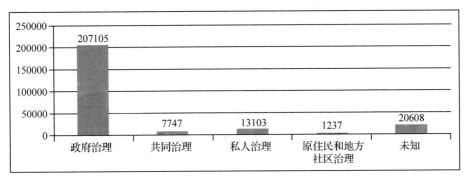

图12-1　全球自然保护地治理类型数量(单位：个)

资料来源：IUCN,"Protected planet report 2020",2021年5月19日。

表12-1　全球不同地区治理类型分布比例

地区	政府治理	共同治理	私人治理	原住民和地方社区治理	未知
拉美和加勒比海	50.2%	2.1%	11.1%	7.1%	29.6%
欧洲	91.8%	0.5%	0.4%	0	7.3%
非洲	50.7%	2.7%	11.8%	2.6%	32.1%
亚太地区	79.1%	8.2%	4.6%	1.3%	6.7%
北美	65.5%	9%	21.2%	0	4.3%
两极地区	30.5%	0	0	0	69.5%
西非	47.8%	9.5%	0	1.2%	41.5%

资料来源：IUCN,"Protected planet report 2020",2021年5月19日。

全球大部分地区之所以在国家公园所有制的制度设计上坚持公有制，是因为防范私人开发和保障全民公益是创立国家公园的初心使命和现实选择。

---

① IUCN,"Protected planet report 2020",2021-5-19,https://livereport.protectedplanet.net/chapter-6(2021年8月6日)。

从初心使命维度看,防范私人对国家公园范围内珍稀独特的自然资源的开发,倡导国家公园成为整个国家全体民众的共有财产是国家公园创建时的初心使命。1870年,到黄石地区进行探险的科尼利厄斯·赫奇斯(Cornelius Hedges)在一个关于黄石未来的篝火讨论中,提出要阻止私人获取和开发黄石地区的间歇泉、温泉、瀑布以及类似的奇观,不要在私人投机者中间进行分配,而应被单设为一个大型的国家公园。① 最早提出国家公园一词的乔治·卡特琳(George Catlin),提倡建立的国家公园就是一个属于国家的公园。他说:"对美国来说,她将为其文雅的公民和世界保留和展示一个多么美丽而激动人心的样本! 一个国家的公园,包括人和野兽,全都处在他们野性和清新的自然美之中!"②国家公园之父约翰·缪尔(John Muir)十分推崇普鲁士、法国、日本对森林进行国有化和政府管控的保护与管理措施,指出普鲁士已经不再允许将森林转为私人所有从而挽救了森林,法国私人所有的林地主人在砍伐森林前四个月需通知政府,而森林主管部门可以保持山地的土壤、防止土壤风化及水土流失、保存泉眼与水道、保护海边沙丘及海岸为理由禁止私人林地主砍伐,日本明治政府宣布昔日封建主所有的森林将成为国有财产,而在谈到自己国家的森林保护时,缪尔不仅痛斥了与全民族利益进行抗争的、代表极少数人经济利益的国会议员,而且呼吁为了公众利益,只有对属于每一个人的森林予以保护,并把剩下的每一英亩林地合并在一起由政府管理,以此作为统一管理政策的基础。③ 除此之外,将国家公园视为公有财产还直接体现在各国对国家公园的定义中。这些定义都明确国家公园是为"公众"或"每个人"提供服务。例如,英国关于国家公园的定义中指出,"国家公园欢迎游客,并为每个人提供体验、欣赏和了解国家公园的特别气质的机会",澳大利亚昆士兰州对国家公园的界定强调,它将"长期致力于让公众游憩、教育和激发灵感,并保护其自然属性不被干扰",还有的国家在界定国家公园时则明确是公

---

① 罗德里克·纳什:《荒野与美国思想》,侯文蕙、侯钧译,中国环境科学出版社,2012年版,第102-103页。
② 罗德里克·纳什:《荒野与美国思想》,侯文蕙、侯钧译,中国环境科学出版社,2012年版,第94页。
③ 约翰·缪尔:《我们的国家公园》,郭名倞译,吉林人民出版社,1999年版,第231-248页。

有土地，比如新西兰。①

世界各国不仅在初心使命上确立了国家公园的公有属性，而且在现实选择的维度上，也从各方面去实现国家公园的公有属性。一方面，这突出体现在尽可能让公众享有自然景观、文化审美、科普教育等方面的体验，以政府拨款为主、实行低门票或免门票的策略成为公众"有效"亲近国家公园的政策保障；另一方面，公众享有体验国家公园的权利，同时也意味着参与国家公园建设的义务，只是这种义务是通过政府主动吸纳地方社区原住民参与的方式来实现的，尽管各国原住民参与的程度略有不同（见表 12-2）。

表 12-2 美国、加拿大、英国、瑞典四国国家公园门票和公众参与政策

国家	门票政策	公众参与政策
美国	大多数国家公园门票控制在 30 美元左右，仅为美国中产阶级年收入的千分之一。另外，还针对不同类型的游客推出各种优惠措施	国家公园的决策必须向公众征询意见乃至进行一定范围的全民公决
加拿大	国家公园一般不收门票或按游客所乘车辆车型收取少量门票，对老年人、残疾人和中小学生实行特别优惠	为原住民参与国家公园的巡视工作提供机会；国家公园行动计划为原住民提供参与公园政策、管理规划的机会，公众的意见在系统计划、计划目标、交替方案、经营管理计划拟订等过程中被列为重要参考资料，且公众对自然文化景观和环境保护的意愿也被充分考虑
英国	国家公园免费进入、开放式管理	国家公园管理局中 1/4 的席位由地区代表组成，来自地方当局任命和教区提名的成员必须超过国家派出的成员
瑞典	国家公园免费为国民开放	国家公园管理者会充分尊重当地居民的专业知识和经验

资料来源：根据原国家林业局森林公园管理办公室、中南林业科技大学旅游学院编著的《国家公园体制比较研究》（中国林业出版社 2015 年版）整理。

二、中国国家公园体制构建中自然资源公有制"全民公益性"效应的理论逻辑

所有权问题既是全球国家公园建设中普遍关注的问题，也是我国国家公园体制构建中的重要考量。推进国家公园范围内自然资源资产确权登记，是

---

① 杨锐等：《中国国家公园体制建设指南研究》，中国建筑工业出版社，2019 年版，第 4—5 页。

我国国家公园体制改革的重要任务，是国家公园自然资源资产产权方面的重大改革。通过改革，它将"进一步完善自然资源统一确权登记办法，每个自然保护地作为独立的登记单元，清晰界定区域内各类自然资源资产的产权主体，划清各类自然资源资产所有权、使用权的边界，明确各类自然资源资产的种类、面积和权属性质，逐步落实自然保护地内全民所有自然资源资产代行主体与权利内容，非全民所有自然资源资产实行协议管理"[①]。基于此，各个国家公园自体制改革试点以来积极地推进自然资源确权登记工作，以使国家公园范围内的自然资源资产实现归属清晰、权责明确的目标。然而，在产权改革方面，除了做好自然资源确权登记工作之外，还有一个重要议题，即在确定国家公园空间布局中，要"确保全民所有的自然资源资产占主体地位"[②]。这是我国《建立国家公园体制总体方案》在界定国家公园内涵时的明确立场，与自然资源确权登记工作不同，它是对自然资源在所有制层面上的规定，是更具根本性的一项要求。也就是说，无论怎样确权登记，都必须坚持自然资源的公有制不动摇。

其实，我国在宪法、法律层面上已经规定了自然资源的国家所有和集体所有性质。我国《宪法》第九条明文规定："矿藏、水流、森林、山岭、草原、荒地、滩涂等自然资源，都属于国家所有，即全民所有；由法律规定属于集体所有的森林和山岭、草原、荒地、滩涂除外。"2020年5月通过的《中华人民共和国民法典》第二百四十七条规定："矿藏、水流、海域属于国家所有。"第二百五十条规定："森林、山岭、草原、荒地、滩涂等自然资源，属于国家所有，但是法律规定属于集体所有的除外。"第二百五十一条规定："法律规定属于国家所有的野生动植物资源，属于国家所有。"第二百六十条规定："集体所有的不动产和动产包括：（一）法律规定属于集体所有的土地和森林、山岭、草原、荒地、滩涂。"可见，我国《宪法》《中华人民共和国民法典》对自然资源所有权的规定，一以贯之地坚持了自然资源的公有属性，这理所当然也涵盖

---

① 《中共中央办公厅、国务院办公厅印发〈关于建立以国家公园为主体的自然保护地体系的指导意见〉》，2019年6月26日，http://www.gov.cn/zhengce/2019-06/26/content_5403497.htm（2021年8月14日）。

② 《中共中央办公厅、国务院办公厅印发〈建立国家公园体制总体方案〉》，2017年9月26日，http://www.gov.cn/zhengce/2017-09/26/content_5227713.htm（2018年6月9日）。

国家公园范围内的自然资源。那么,在国家公园的自然资源所有权问题上对这一基本制度的坚持,具有什么样的效应呢?对此,必须将其与国家公园的理念之一"全民公益性"结合起来加以探究,从中厘清二者之间的理论逻辑关系。笔者尝试从社会主义生态文明经济的视角加以说明。

社会主义生态文明经济是社会主义经济的重要组成部分或表现,因此,还得从此处说起。社会主义的最终目的是实现人的彻底解放和自由全面发展,社会主义经济必须围绕这一终极目的而运行,这就决定了社会主义经济中至关重要的生产目的的选择。资本主义条件下追求剩余价值最大化的生产目的,只会出现雇佣工人依附于资本家,资本家同样受困于"资本逻辑"的陷阱,无法从根本上实现人的彻底解放和自由全面发展,但与资本主义经济的生产目的不同,社会主义经济的生产目的是满足最广大人民群众的合理需要,这是社会主义制度优越性的体现。

人的需要具有自然性,有其自然生理和心理基础,人在生理和心理机制作用下便产生吃、穿、住、行的基本物质需要和艺术欣赏等方面的基本精神需要,满足这些需要是一个社会进行产品供给的动因和前提,也是生产产品的目的之所在,"没有需要,就没有生产"①。产品的供给就是为了满足人的需要,而人的需要并不是固定不变的,而是具有历史性、动态性。随着社会生产力的发展,人不仅对原有的基本物质需要和精神需要会有更高质量的要求,也会更加注重原本处于次要地位的需要,这其中就包括对优美生态环境的需要,人民群众的需要逐渐由"盼温饱、求生存"发展为"盼环保、求生态"。

人的需要的满足必须有人这一主体之外的客体的存在。一个良性社会的有效运转就是要为人提供这一客体,我们可以将这一客体称为"财富",具体表现为物质产品、精神产品和服务产品。同样地,人的优美生态环境需要的满足,也必须有人这一主体之外的客体的存在,相对于"财富"而言,我们可以将这一客体称为"生态财富",具体表现为"生态产品",包括有形的和无形的"生态产品",这些生态产品以其自身效用为人类提供各种服务。根据联合国《千年生态系统评估报告》,我们可以将生态产品提供的服务分为如下四类:

---

① 《马克思恩格斯文集》(第八卷),人民出版社,2009年版,第15页。

供给服务(比如食物和水)、调节服务(比如调节气候、防止水患和疾病)、文化服务(比如精神和美学)和支持服务(比如初级生产和土壤形成)。在新时代背景语境下，我们进行现代化建设，就是"要提供更多优质生态产品以满足人民日益增长的优美生态环境需要"①。生态环境是公共产品，要满足人民的优美生态环境需要，必须将其按照公共产品的属性来建设或供给，也就是确保其"全民公益性"。正如习近平同志所指出的，"良好生态环境是最公平的公共产品，是最普惠的民生福祉"②，它既是习近平生态文明思想的基本民生观，同时也体现了习近平生态文明思想的人民性特征。

国家公园的创建就是要满足人民群众对优美生态环境的需要。它是人类宝贵的生态财富，在如下两个层面上为人类提供广义上的生态产品：一是具备原真性和完整性的国家公园自然生态系统本身这一生态产品，其整体效用的发挥将为当代人民及其子孙后代提供生存所需的生态环境基础，比如水源供给、调节气候等生态功能；二是在不损害国家公园自然生态系统本身的前提下，人们可以利用国家公园范围内的自然生态条件开发出相应的生态产品，主要包括如下三类产品：国家公园生态旅游观光服务产品，载有国家公园标识的自然资源产品，以及生态科普、自然教育服务产品等。第一种意义上的生态产品无疑是首要的，也就是说，我们要通过国家公园自然生态系统的原真性、完整性保护(展示)去满足人民群众对优美生态环境的需要，保障实现人民的生态权益，但与此同时，也要适当兼顾后一种意义上的生态产品的供给。因为，我国国家公园的试点区是生态基础较好的地区，但也是经济相对落后的地区，国家公园建设同时肩负着生态保护、经济发展、改善民生等重任，特别是要考虑拟建区域原住民的生产生活需求和生态经济发展，而且通过不损害自然生态系统的旅游观光、获取载有国家公园标识的自然资源产品以及接受生态科普和自然教育服务，使得民众能够亲近自然、体验自然、了解自然，从而满足其对优美生态环境的需要。

国家公园这两类生态产品的供给要体现其"全民公益性"，意味着国家公

---

① 《习近平谈治国理政》(第三卷)，外文出版社，2020年版，第362页。
② 中共中央文献研究室(编)：《习近平关于社会主义生态文明建设论述摘编》，中央文献出版社，2017年版，第4页。

园的全民共享性，即让广大民众，不分年龄、民族、种族、性别、职业、家庭出身、宗教信仰、教育程度、收入水平，都享有生态系统服务功能，获得自然环境教育和亲近自然、体验自然、了解自然以及作为国民福利的游憩机会。那么，我们应如何实现国家公园这两类生态产品的有效供给，并体现其"全民公益性"呢？不同学科的探究路径各不相同，笔者试图从生产力和生产关系两个维度加以分析。

如上所述，要满足人的需要，就要生产财富。所谓财富，就是人类通过自身劳动创造满足人类需要的客体，这一客体通过自身的属性或效用，即使用价值来满足人类的需要。从生产力的维度来看，一般是通过"发展生产力"的办法来实现，即通过提升改造生态环境的能力来为人类供给更多更好的财富，包括物质财富和精神财富。但满足人的优美生态环境需要则有所不同，生态财富的供给不是通过传统意义上的发展生产力，即增强对生态环境的改造力度来实现的，反而是通过保护生态环境来实现的，保护生态环境又内在地要求改善生态环境，只有做到保护生态环境和改善生态环境，才能为人们提供"生态财富"以及"生态产品"。"保护生态环境就是保护生产力，改善生态环境就是发展生产力"[①]，所以，与通过开发改造生态环境意义上的发展生产力，提供财富满足人们的需要不同，这里是要通过保护生态环境和改善生态环境意义上的"保护生产力"，提供生态财富满足人民的优美生态环境需要。因此，也是这里意义上的"保护生产力"，才能实现国家公园两类生态产品的有效供给。就此而言，《关于建立以国家公园为主体的自然保护地体系的指导意见》中提出的"以自然恢复为主，辅以必要的人工措施，分区分类开展受损自然生态系统修复。建设生态廊道、开展重要栖息地恢复和废弃地修复。加强野外保护站点、巡护路网、监测监控、应急救灾、森林草原防火、有害生物防治和疫源疫病防控等保护管理设施建设，利用高科技手段和现代化设备促进自然保育、巡护和监测的信息化、智能化。配置管理队伍的技术装备，

[①] 中共中央文献研究室(编)：《习近平关于社会主义生态文明建设论述摘编》，中央文献出版社，2017年版，第4页。

逐步实现规范化和标准化"等"加强自然保护地建设"方面的意见要求①，均属于"保护生产力"范畴的具体举措。

通过保护生产力为人类提供生态财富来满足优美生态环境的需要，还只是最终满足这一需要的前提，因为"使用价值只是在使用或消费中得到实现"②。像国家公园这样的生态财富及其所提供的各类生态产品，构成其物质内容的使用价值仅仅是"可能的使用价值"，在未被人使用或消费的情况下就没有转变成"现实的和起作用的使用价值"。财富不仅有构成其物质内容的、体现人与物之间关系的使用价值，还有体现人与人之间关系的价值形式，财富就是一个二重物。要获取生态财富，就必须考虑其价值形式所体现的人与人之间的关系，其中最根本的就是生产关系。一个社会的生产关系结构由生产资料所有制、产品分配方式以及由此形成的人与人之间的关系三个部分所构成。在这其中，起决定性作用的是生产资料所有制，因而，自然资源的所有制问题就凸显出来。

从生产关系的视角考虑财富的获取，涉及生产资料所有制与分配之间的关系，即人与人之间在财富的分配、消费方面的关系，取决于人与人之间在占有生产资料方面的关系。马克思指出，在生产与分配之间的关系上，似乎分配先于生产、决定生产，但实则相反，"分配的结构完全决定于生产的结构。分配本身是生产的产物，不仅就对象说是如此，而且就形式说也是如此。就对象说，能分配的只是生产的成果，就形式说，参与生产的一定方式决定分配的特殊形式，决定参与分配的形式"③。同样地，在生产与消费的关系上，马克思也指出，"消费资料的任何一种分配，都不过是生产条件本身分配的结果；而生产条件的分配，则表现生产方式本身的性质"④。这里的"生产条件的分配"，指的就是生产资料所有制。

那么，从生产关系的视角思考生态财富的获取，同样关涉生产资料所有

---

① 《中共中央办公厅、国务院办公厅印发〈关于建立以国家公园为主体的自然保护地体系的指导意见〉》，2019年6月26日，http://www.gov.cn/zhengce/2019-06/26/content_5403497.htm（2021年8月14日）。
② 《马克思恩格斯文集》(第五卷)，人民出版社，2009年版，第49页。
③ 《马克思恩格斯全集》(第三十卷)，人民出版社，1995年版，第36页。
④ 《马克思恩格斯全集》(第二十五卷)，人民出版社，2001年版，第20页。

第十二章 国家公园全民公益性：基于公有制实现理路解析

制与分配之间的关系，即生产生态财富所需的自然资源归谁所有与生态财富的分配、消费之间的关系。而生态财富在人与人之间的分配关系，是由一定社会的自然资源所有制基础所决定的。人与人之间在占有自然资源方面所形成的关系，决定了生态财富的分配关系、交换关系和消费关系，反之，生态财富的分配关系、交换关系和消费关系又体现着人与人之间在占有自然资源上的关系。

当我们在谈论作为生态财富的国家公园的"全民公益性"时，实际上谈论的就是如何让公众"分配"和"消费"到国家公园的两类生态产品。因此，这就涉及国家公园的所有制与分配、消费之间的关系。那么，从生产关系的维度来看，以私有制为基础的制度设计还是以公有制为基础的制度设计，能够更好实现国家公园这两类生态产品的有效供给，并体现其"全民公益性"呢？

新自由主义从私有企业经营效率优于公有企业、市场调节优于政府干预的信条出发，在创建国家公园及其与之相关的生态产品方面，力主让私营组织和市场机制负责供给和调节。比如，哈耶克认为，"天然公园、自然保护等与市政当局小规模提供的消遣机会是同一种类的东西，要说明的是，它们应尽可能由自愿组织（例如英国的国家信托基金会）提供，而不是通过政府的强制性力量"[①]。哈耶克在这里提到的英国国家信托基金会，是由欧克塔维亚·希尔（Octavia Hill）、罗伯特·亨特（Robert Hunter）和哈德威克·拉恩斯雷（Hardwicke Rawnsley）三人于1895年创办的英国的最大公益信托组织。它拥有350多处遗产，包括许多历史悠久的房屋与花园、工业古迹和社会历史遗址。该组织也是英国最大的土地所有者之一，拥有超过247000公顷的土地，包括许多自然美景。但是，并不是所有的新自由主义者都认为，这样的公园必须由行业性组织来提供。比如，米尔顿·弗里德曼（Milton Friedman）以"严格地自愿交换是非常昂贵的"为理由，认为识别从市立公园中获得好处的人们和向那些获得好处的人们收费是非常困难的事情，因此，市立公园无法由私营组织进行供给，可以由政府来提供。但国家公园则另当别论，"黄石公园的入口是很少的，大多数人来到公园，都得停留一定的时间，所以完全可以建立收

[①] 弗里德里希·奥古斯特·冯·哈耶克：《自由宪章》，杨玉生等译，中国社会科学出版社，2012年版，第553页。

费棚和收门票。现在的确是这样做了，虽然收费不足以维持整个的开支。假使公众对这种活动具有足够的为之而付钱的需要，那么，私营企业肯定会有积极性来提供这些公园。当然，许多这种性质的私营企业目前是存在的。我自己看不出有任何能为这个领域中的政府活动提供理由的邻近影响或重要的垄断影响"①。所以，在新自由主义的影响下，国家公园的私有模式，以及私营组织以特许经营的方式供给国家公园相关生态产品的方式得以不断扩展。不仅如此，新自由主义的"涓滴"理论还被应用到国家公园及其生态财富的生产中，认为市场所引发的不平等和要素禀赋结构的变化将产生更强的激励结构，穷人也可以从生态财富的增长中获益，也就是自动实现生态财富从富人到穷人的"涓滴"效应。这样一来，问题就仅仅是增加生态财富的供给，国家公园的私有模式和市场机制的运行发展也由此获得了合法性。

不可否认，从全球范围来看，也不乏私有国家公园得到很好创建和管理的例子。世界自然保护联盟也认为，仅有公有的自然保护地还不足以实现《生物多样性公约》的"爱知生物多样性目标"的第 11 个目标，而"私有自然保护地"是实现这个目标的重要组成部分。尽管如此，将国家公园建立在私有制基础上，其"全民公益性"效应的发挥依然会存在一定的困难。一方面，私有国家公园的成功有赖于私人主体的生态中心主义道德价值观，私人主体信奉自然的内在价值，秉承对国家公园的热爱和社会责任感，从而做出创建和保护国家公园的承诺，而这种从抽象的道德层面出发论证私有国家公园的必要性只能将国家公园的创建和保护建立在抽象道德原则的幻影之上，国家公园自然生态系统的原真性和完整性会存在由于私人主体道德价值观动态变化而遭受破坏的风险。相应地，其"全民公益性"也就无从谈起。另一方面，新自由主义只是从"效率"入手，从生产力的视角考虑私有模式和市场机制能够带来作为使用价值的生态财富的增长及其涓滴效应，而不质疑私有制和市场失灵将会造成生态财富分配不平等的后果，分配不平等就意味着国家公园作为生态财富，其"全民公益性"无法得到实现。国家公园的性质是一种公共产品，理应具有非排他性和非竞争性的属性，而一旦将国家公园建立在私有制的基础上，这两个方面的属性将遭到侵蚀。我们可以从国家公园提供的两类生态

---

① 米尔顿·弗里德曼：《资本主义与自由》，张瑞玉译，商务印书馆，2004 年版，第 37 页。

产品中探查到这种侵蚀：一是具备原真性和完整性的国家公园自然生态系统如果归属私人所有，就意味着私人主体完全有权排斥其他主体及其子孙后代"分配"和"消费"国家公园的生态环境基础，从而违反"非排他性"原则；二是国家公园如果归属私人所有，由私人主体利用国家公园的自然生态系统而开发出相应的生态旅游观光服务产品，载有国家公园标识的自然资源产品，以及生态科普、自然教育服务产品，就意味着私人主体完全拥有这些产品的所有权，而其他主体，特别是参与生产这些生态产品的劳动者（如受雇于私营旅游公司的原住民群体）只能获得相当于自己劳动力价值的必要劳动所创造的价值，即工资，而由其剩余劳动所创造的剩余价值将全部为私人主体无偿占有，这就可能导致生态产品的价值实现中分配的不平等性，以及在市场利润最大化的操控下由于高收入群体有能力多消费此类产品而影响了低收入群体的消费，从而违反"非竞争性"原则。这样一来，在国家公园体制构建中，如果以私有制为基础，势必会偏离其"全民公益性"的初衷。

因此，我们必须毫不动摇地坚持以自然资源公有制为基础的制度设计来创建和保护国家公园。自然资源公有制从根本上改变了社会的生产关系，重构和调整了社会成员的分配、交换和消费关系，国家公园整体及其范围内的所有自然资源，一律属于全体社会成员共同享有。这一基本制度体现的"全民公益性"表现在如下三个方面。

一是从"共有"的意义上看，全体社会成员是国家公园的最高所有者。在社会主义生态文明经济的条件下，自然资源公有制意味着全体社会成员是享有经济、政治、社会和生态权利的最高主体，国家公园理所当然也归全体社会成员所拥有，是最高的占有主体，这是其最根本的特征。

二是从"共建"的意义上看，全体社会成员在创建和保护国家公园过程中具有主体性。在社会主义生态文明经济的条件下，自然资源归属全体社会成员共同所有，他们在利用开发自然资源的过程中充分表达自己的意愿，发挥主人翁精神，行使当家作主的权利，一部分人不再只是为了少数人的利益而从事异化劳动。因此，当获取优美生态环境、优质生态产品的需要成为全体社会成员的需要时，创建和保护国家公园本身就成为全体社会成员主体性的一种表达。在这种情况下，正如马克思所指出的，"社会化的人，联合起来的生产者，将合理地调节他们和自然之间的物质变换，把它置于他们的共同控制之下"①，全体社会成员将在优美生态环境、优质生态产品需要的激发之下，以主人翁的精神，以高度的自觉性、主动性和创造性，加强合作共同创建和保护国家公园。

三是从"共享"的意义上看，全体社会成员在全社会范围内享有国家公园相关生态产品。在社会主义生态文明经济的条件下，全体社会成员联合起来组成共同体共同占有自然资源，从而也成为自然资源产品的占有者和支配者。这意味着，全体社会成员在使用自然资源与享有其产品方面，实现了权利上的平等关系，避免了一部分人由于掌握了自然资源的所有权而排斥别人享用自然资源，或者在生产生态产品的过程中为了自己的私人利益而占有别人的剩余劳动。因此，这也就意味着国家公园的两类生态产品，包括其提供的自然生态系统本身，以及依托国家公园范围内的自然资源而开发出的休闲游憩、文化服务、自然教育等生态产品，应由全体社会成员占有和享用。

三、中国国家公园体制构建中自然资源公有制的实现形式

自然资源公有制是社会主义生态文明经济的基本特征，而处于社会主义初级阶段的中国特色社会主义，现阶段的自然资源公有制不可能采取纯粹的、完全的形式，即不可能采取全体社会成员共同所有的形式。也就是说，其公有化的程度会因为社会生产力发展水平而相应呈现出高低的差别，从而体现为自然资源公有制的多种实现形式。所以，如果说自然资源公有制是社会主义生态文明经济的所有制基础，那么，可以说，自然资源公有制的多种实现形式是处于社会主义初级阶段的中国特色社会主义生态文明经济的所有制特征。从目前的情况来看，自然资源公有制主要体现为自然资源的全民所有制和集体所有制，而全民所有制又由国家作为全民代表采取国家所有制的形式。很显然，全民所有制在公有化的程度上要高于集体所有制。国家公园范围内的自然资源同样也是以这两种形式存在，即国家所有和集体所有并存，而国家公园范围内以自然资源为依托的企业，也同样包括国有企业和集体企业，它们共同从事生态产品的生产。

---

① 《马克思恩格斯文集》(第七卷)，人民出版社，2009年版，第928页。

1. 我国国家公园体制中自然资源公有制的多样性及其成因

在社会主义初级阶段，我国的自然资源公有制在国家公园中的不成熟性，具体体现为两个方面：一是由于历史原因，除了三江源国家公园所有土地都属于国家所有外，其余国家公园内都分布有不少的集体土地和林地。在土地方面，钱江源国家公园、武夷山国家公园和南山国家公园体制试点区的集体土地面积均超过了50%，其他国家公园也或多或少存在着一定比例的集体土地，即使全部土地为国有土地的三江源国家公园，试点区范围内的土地也几乎全部长期承包给牧民或农民（见表12-3）。在林地方面，钱江源国家公园体制试点区35万亩山林中有27.5万亩集体林地，涉及2.6万余名村民的利益①；南山国家公园共有林地82.57万亩，其中集体林地54.36万亩，占比65.84%②。

表12-3 国家公园体制试点区所有权结构

国家公园名称	国有土地 面积（km²）	国有土地 比例（%）	集体土地 面积（km²）	集体土地 比例（%）
钱江源国家公园	51.41	20.40	200.59	79.60
武夷山国家公园	334.51	33.40	666.90	66.60
南山国家公园	263.99	41.50	371.95	58.50
大熊猫国家公园	19378.00	71.41	7756.00	28.59
普达措国家公园	234.30	78.10	65.70	21.90
海南热带雨林国家公园	3554.00	80.70	849.00	19.30
神农架国家公园	1006.00	86.00	164.09	14.00
东北虎豹国家公园	13644.00	91.41	1282.00	8.59
祁连山国家公园	49819.00	99.17	418.00	0.83
三江源国家公园	190700.00	100.00	0	0

资料来源：作者根据各国家公园总体规划和试点方案等公开资料整理。

---

① 人民论坛专题调研组：《钱江源国家公园体制试点的创新与实践》，《人民论坛》2020年第29期，第102-105页；钱关键、汪宇露：《钱江源国家公园探索体制试点创新》，2020年10月15日，http://www.forestry.gov.cn/main/5497/20201015/085035592885068.html，2021年8月6日。

② 国家发展和改革委员会社会司：《国家公园体制试点进展情况之十——南山国家公园》，2021年4月26日，https://www.ndrc.gov.cn/fzggw/jgsj/shs/sjdt/202104/t20210426_1277474.html（2021年8月6日）。

二是由于社会主义初级阶段劳动的性质以及为适应市场经济一般规律的要求，国有企业和集体企业以自主经营、自负盈亏的方式生产上述国家公园第二类意义上的生态产品，还存在生态产品由局部劳动者或个体劳动者占有、体现为局部利益和个体利益，以及采取特许经营的方式引入非公有制企业参与经营的情形。在社会主义初级阶段，在劳动的性质方面，还存在着脑力劳动与体力劳动的差别，劳动还是人的谋生手段，尚未能达到共产主义社会条件下人的需要的程度。正如列宁所指出的，在此情形下，必然存在"冷酷地斤斤计较，不愿比别人多做半小时工作，不愿比别人少得一点报酬的狭隘眼界"①。为此，劳动产品还得实行按劳分配的原则，以直接的物质利益分配鼓励劳动者劳动的积极性。因此，国有企业就存在劳动产品由局部劳动者占有、体现局部利益的情形，集体企业就存在劳动产品由个体劳动者占有、体现个体利益的情形。与此同时，也是为了鼓励劳动者劳动的积极性，国有企业和集体企业还须遵循市场经济的一般规律，按照现代产权制度的要求做好产权清晰、权责明确的改革，成为市场主体，实现自主经营、自负盈亏，以此在国家所有或集体所有的前提下，引导企业在市场竞争中提高经营效率，获取更多的合法利益。同样地，在坚持自然资源国家所有和集体所有的前提下，以特许经营的方式将某些生态产品的供给交由非公有制企业进行经营管理，并将其经营管理的收入以一定比例留在这些企业，也是刺激劳动者劳动积极性的方式之一。

2. 不断丰富拓展自然资源公有制的实现形式

为了体现自然资源公有制的"全民公益性"，还需要继续探索优化自然资源公有制的实现形式。针对上述第一种情形，《建立国家公园体制总体方案》明确要求，"确保全民所有的自然资源资产占主体地位"，而"主体地位"实现的最直接体现，就是逐步提高与全民所有最为接近的国有自然资源资产的比重，提高国家公园内国有土地的占比，这是从数量意义上的主体地位的实现。但如上所述，我国国家公园内还存在着大量的集体土地，如果不顾一切后果地将集体土地变更为国有土地，势必会影响集体土地上原住民的生产生活等各方面利益，造成生态保护与经济发展、社会民生之间的冲突。相应地，除

---

① 《列宁专题文集：论社会主义》，人民出版社，2009年版，第36页。

了从数量意义上促进全民所有自然资源资产的主体地位,还要进一步探索在不变更集体所有制的前提下如何体现"主体地位"。就此而论,这种"主体地位"的实现可以理解为对集体土地的"控制权",即确保集体土地按照国家公园建设的要求进行总体规划,实现国家对集体土地的控制。从目前各个国家公园体制试点区的情况(表12-4)来看,可以大致分为绝对数量意义和实际控制意义上两种处置方式。

表12-4 国家公园体制试点区集体土地处置方式

国家公园体制试点区名称	处置方式
钱江源国家公园	地役权保护
武夷山国家公园	商品林赎买、资源有偿使用、地役权保护
南山国家公园	租赁
大熊猫国家公园	租赁、管护协议
普达措国家公园	征收、合作协议
海南热带雨林国家公园	置换
神农架国家公园	共管协议
东北虎豹国家公园	未知
祁连山国家公园	地役权、托管、租用、补偿
三江源国家公园	—

资料来源:作者根据各国家公园总体规划和试点方案等公开资料整理。

其一,采取绝对数量意义上的处置方式,将位于核心保护区的集体土地和自然资源,在征求其所有权人同意的基础上,通过转让、出租、入股、抵押或其他方式流转土地和自然资源,由国家公园管理机构统一管理;如果协商不成,则依法对土地和自然资源进行征收并给予生态补偿。这主要适用于核心保护区内的集体土地。比如,为加强集体林地管护,南山国家公园体制试点区采取了两项举措:第一,实施公益林区划调整。将试点区内25万余亩符合补充区划的集体林地,整体纳入生态公益林、天然林保护工程范围;第二,实施集体林"租赁+补偿"的流转机制。推行集体林"三权分置"改革,出台《集体林经营权流转及生态补偿实施方案》等规定,在不改变林地和林木所有权及其用途的前提下,以每亩每年20元的标准租赁,将经营权统一流转至南山国家公园管理局。与此同时,将集体公益林、天然林补偿标准分别由每亩每年 15.5 元、13.5 元提高至每亩每年 30 元。现已申请流转登记集体林 3000 余户、23 万亩，试点区集体林地统一管理比例达 60% 以上，流转农户年均增收 3500 元。其中，单户流转面积最多的达 1500 余亩，年增收 7.5 万元。① 海南的白沙县则探索形成了生态搬迁土地处置的新模式，以生态搬迁村庄高峰村的 7600 亩集体土地与海南农垦控股白沙农场的 5480 亩国有土地进行等价置换；置换之后，国有土地登记变更为集体土地，集体土地登记变更为国有土地，原土地的使用性质不变。②

其二，采取实际控制意义上的处置方式，将核心保护区外的集体土地和自然资源，由国家公园管理机构和集体组织通过合作协议的方式进行统一管理。这主要适用于核心保护区之外的集体土地。比如，大熊猫国家公园从如下三个方面入手，已取得了阶段性进展。第一，与集体组织合作，大力推进合作保护，充分利用生态公益岗位和特许经营优先权，鼓励集体经济组织与公园管理机构签订管护协议，合作保护面积已超过 50%。第二，与原住民合作，鼓励原住民利用自有生产生活设施发展餐饮、住宿、生态采摘等特许经营活动，免收特许经营费，调动其保护资源和生态的积极性。第三，与集体经济组织合作，通过集体资产入股，探索集体资产参与公园建设并分享利益的模式。③ 再比如，钱江源国家公园体制试点区创新了保护地役权改革，实现资源统管。试点区在不改变森林、林木、林地权属的基础上，先由农户或村民小组自行委托村民委员会管理、再由村民代表大会集体表决形成决议，将使用权和管理权统一授权给钱江源国家公园管理局，明确约定权利义务，通过一定的经济补偿限制权属所有者的行为，实现试点区内的集体林地统一由钱江源国家公园管理局管理。目前，已全面完成体制试点区集体林权地役权改革，区内集体林地地役权补偿标准提高到每亩 48.2 元。这其中，包括公共

---

① 国家发展和改革委员会社会司：《国家公园体制试点进展情况之十——南山国家公园》，2021 年 4 月 23 日，https://www.ndrc.gov.cn/fzggw/jgsj/shs/sjdt/202104/t20210426_1277474.html（2021 年 8 月 6 日）。

② 国家发展和改革委员会社会司：《国家公园体制试点进展情况之五——海南热带雨林国家公园》，https://www.ndrc.gov.cn/fzggw/jgsj/shs/sjdt/202104/t20210423_1277174.html（2021 年 8 月 6 日）。

③ 国家发展和改革委员会社会司：《国家公园体制试点进展情况之三——大熊猫国家公园》，https://www.ndrc.gov.cn/fzggw/jgsj/shs/sjdt/202104/t20210422_1276985.html（2021 年 8 月 6 日）。

管护和管理费用每亩5元、地役权补偿资金每亩43.2元，地役权补偿资金由省财政从省森林生态效益专项资金中列支，将随着省公益林补偿资金的增长同步增长，而所涉及的3757户农户已全部签订了集体林地地役权合同。通过地役权管理，实现了试点区内重要自然资源的统一管理，让属地农民真正从生态保护中获得红利。①

当然，各个国家公园体制试点区并不是单一地采取上述的某一种处置方式。比如，在武夷山国家公园体制试点区，一方面，它采取了绝对数量意义上的处置方式，通过创新重点区域商品林赎买机制，对重点区域的商品林，在林农自愿的前提下，对禁伐林木的所有权进行赎买，按照国有生态公益林进行保护管理，目前已完成商品林赎买2249亩。另一方面，它也采取实际控制意义上的处置方式，既通过完善已有的资源有偿使用机制，对7万余亩集体山林实行"两权分离"管理，即山林所有权归村民，使用管理权归国家公园管理机构，有偿使用费以景点门票收入及双方商定的基数，每年按景点门票收入增长比例递增，又通过建立地役权保护管理机制，在林农自愿的前提下，与建阳区黄坑镇坳头村签订毛竹林地役权管理协议，国家公园管理局对1.02万亩毛竹林行使统一经营管理权，按照协商的标准予以补助，对9242亩人工商品林签订停伐补助协议，参照天然林停伐补助的标准进行补助。②

针对第二种情形，应充分认识到，这是在现阶段我国自然资源公有制实现与市场经济相适应的形式，即国家或集体所有企业进行自主经营、自负盈亏，并适当引入社会资本以补充国有、集体资本的不足。但在中国特色社会主义生态文明经济的视野下，需要我们探讨的不仅是企业如何进一步更好地有效运作以提供更多生态产品的问题，还应该关注国有企业、集体企业和社会资本如何在当前的运行环境中更好地行走在"社会主义康庄大道"上，让三者在国家公园范围的自然资源公有制下，更好地服务于国家公园"全民公益性"的基本目标。为此，笔者认为，要努力做好如下两点。

---

① 国家发展和改革委员会社会司：《国家公园体制试点进展情况之八——钱江源国家公园》，2021年4月25日，https://www.ndrc.gov.cn/fzggw/jgsj/shs/sjdt/202104/t20210425_1277250.html（2021年8月6日）。

② 何思源、苏杨：《武夷山试点经验及改进建议：南方集体林区国家公园保护的困难和改革的出路》，《生物多样性》2021年第3期，第321-324页。

其一，坚持自然资源的公有制，意味着承认并发挥党和政府在推进国家公园建设中的主体地位和主导作用，并将其作为国家公园"全民公益性"的根本保障。因而，坚持自然资源的公有制，就是要坚持、加强和完善中国共产党对国家公园体制改革工作的全面领导，继续做好顶层设计和过程统领。

自然资源公有制是国家公园"全民公益性"的基础制度和根本保障，但仅有这一制度并不能自动实现国家公园"全民公益性"的基本目标。自然资源公有制的设置，虽然已经确立了全体社会成员的主体性，对优美生态环境的主体需要会引导全体社会成员展开环境友好型的实践活动，但我国大多数拟建国家公园都位于经济不发达地区，对更好物质生活的需要还是地方原住民需要结构中的重要组成部分，特别是在生态旅游开发等特许经营项目的影响下，"迅速（无限）致富"的念头会逐渐渗入到原住民的需要结构之中。且如上所述，在自然资源公有制不成熟、不纯粹的境况下，其具体实现形式还存在着受短期利益和局部利益冲击的现象，而这势必会与国家公园的长远大计存在一定的矛盾和冲突，进而影响其基本目标的实现。

对此，尤其要把坚持自然资源的公有制与坚持党对国家公园体制改革的全面领导紧密结合起来。党对国家公园体制改革的全面领导，可以在正确认识与把握自然规律和生态文明建设规律的基础上发挥上层建筑的能动作用，将党不断绿色化的政治意识形态，即满足人民对优美生态环境需要的治国理政宗旨，贯穿到国家公园体制改革的进程中，发挥党中央的权威和总揽全局、协调各方的作用，充分调动社会各方面的积极性，实施战略规划和科学决策，将国家公园体制改革中面临的短期利益和长远利益、局部利益和整体利益有效统一起来，从而确保改革的正确方向和目的性。比如，青海省探索建立"村两委+"为基础的社区参与共建共管共享机制，以试点区内的行政村两委为支撑，选取17个行政村为试点，从"党建、保护、宣传、教育"等方面入手，设立生态学校和生态课堂、建立生态宣传队和管护队伍、建设宣传橱窗和宣传牌，提升社区党员干部群众对国家公园政策理念、制度要求以及试点工作的了解和支持；尤其是对已经存在和未来可能出现的如下两种情况，党的全面领导可以发挥重要的规制作用：第一，国家公园试点区部分群众对国家公园理念还存在着将其与一般公园相提并论的误解，或者由于触及其自身经济利益而产生消极抵触的情况下，需要发挥基层党组织的作用进行积极教育和引导；第二，对于未来可能出现的从自然资源所有权中剥离出为生态友好型组织或私人持有的承包权或经营权时，它们以承包权行使者或经营权行使者的身份在对国家公园进行"公益治理"的过程中，为了避免可能出现为了争取社会资金援助而放宽国家公园建设标准的情形，党和政府也需要以自然资源的所有权行使者的身份对其进行规制。

当然，同样不可忽视的是，还要注意把党的领导和尊重群众的首创精神结合起来，特别是尊重发挥国家公园范围内原住民在生产生活实践中形成的生计型传统生态智慧，把自上而下的顶层设计与自下而上的探索实践有机结合。比如，普达措国家公园体制试点区制定了《普达措国家公园周边社区以传统保护知识为基础的保护行动规划》，逐步形成了内生型国家公园生态管理方式。一方面，它将藏族传统生态智慧以文化符号的形式呈现给访客，潜移默化地影响访客行为，使访客在参与藏族传统活动的过程中体验到古朴生态智慧中蕴含着的文化内涵；另一方面，试点区管理机构会同规划设计团队，充分挖掘藏族传统生态智慧的民间传说作为解说素材，将藏族传统生态智慧提炼升华为藏文化生态文明，并将其与自然环境教育充分融合，为构建具有中国特色的国家公园生态教育功能体系做出了有益探索。①

其二，坚持自然资源的公有制，意味着所有权人的到位和归位，即将自然资源的所有权与管理权合一，由国家公园管理局严格管理各个国家公园中的地方政府和各种类型企业，不使国家公园成为地方政府的摇钱树，不仅仅让各种类型的企业承担起符合市场经济一般规律要求的自主经营、自负盈亏的个人责任，还应当采取必要的、合适的"命令控制型"措施，让各类企业承担起社会规定与集体规定的保护治理责任。

特别是，那些参与特许经营的企业应清醒地认识到，自己只是获得了自然资源的使用权、承包权或经营权，而不是所有权，其生产的目的应当从属于全体社会成员这一"所有者"的利益，即公共利益；国家公园管理局必须明确，企业生产的目的是为全体社会成员提供优良生态产品而不是利润至上，为此，必须将企业的生产经营活动置于国家公园管理局预先设计好的"生态保

---

① 《央视报道国家公园体制试点建设基本结束 云南普达措国家公园也在其中》，https://new.qq.com/rain/a/20210511A08G0D00（2021年8月6日）。

护优先""全民公益性"等总体目标之下,不能完全让其根据市场经济的价值规律进行自发调节,而应对生产、交换、分配、消费等方面进行统一计划,以指令性计划来限制企业的自发性经营活动。在"生产什么、怎样生产、生产多少"方面,应有计划地加以制定,科学确定什么样的生态产品和服务由企业来提供(即编制合理的特许经营目录,制定国家公园内建设项目负面清单),雇佣多少比例的原住民来参与生产经营,生产多少的生态产品使其生产行为不超过国家公园的生态承载能力;在交换比例上,应根据社会整体收入水平,以"亲民"的价格让更多公众获取游憩、体验自然的机会,同时还要根据不同国家公园的生态承载能力,以命令控制手段管控客流;在分配领域中,应当确定好收益在国家、企业、个人三者之间的恰当分配关系,合理提高个人收益,特别是要注意保障原住民的合法收益。上述领域中的合理计划,同时也意味着对全体社会成员的消费对象进行统一配置,使国家得以作为生态产品的责任主体,通过政府和企业的共同作用,让全体社会成员的生态权益得以充分保证。

鉴于生产在这四个领域和环节中的决定性作用,笔者认为,要着重做好国家公园内"生产什么、怎样生产、生产多少"的规约工作,从源头上预防、遏制生态环境破坏的行为。这一方面要求对生态环境造成较大破坏的产品的有序退出,另一方面要求对允许生产的特许经营企业主体的主动规制。就前者而言,国家公园内不能生产任何对生态环境造成较大影响的产品。为此,南山国家公园推进实施了5处小水电工程的退出,完成了省市县三级采(探)矿权的退出、十里平坦风电项目的退出和生态修复,以及玉女溪、奇山寨和十万古田3个旅游项目的退出[①];大熊猫国家公园体制试点以来,共清理整顿了矿业权、小水电、旅游设施等生态环境突出问题315个,关闭矿业权229宗,退出矿业权113宗[②];祁连山国家公园甘肃片区的生态环境问题整改涉及的所有矿业权,都已采取注销式、扣除式、补偿式等三种方式全部退出,并采取封堵探洞、回填矿坑、拆除建筑物以及种草植树等综合措施恢复生态环

---

① 张慧:《南山国家公园体制试点进展与对策研究》,《现代农业研究》2020年第11期,第121-122页。

② 孙继琼、王建英、封宇琴:《大熊猫国家公园体制试点:成效、困境及对策建议》,《四川行政学院学报》2021年第2期,第88-95页。

境①；截至2020年8月，在钱江源国家公园，已有开化县林场齐溪电站、平坑电站、茅山电站和东山电站等4个水电站退出试点区②。

就后者而言，应严格规范公园内的企业特许经营活动，使其服从和服务于满足人民对优美生态环境需要的目的。为此，大多数国家公园都对特许经营企业的生产经营活动做了相应规制。比如，《武夷山国家公园特许经营管理暂行办法》明确指出，特许经营活动不得违反国家公园规划以及世界文化和自然遗产保护的要求，不得过度商业化开发，不得进行影响生态环境的建设，不得有危及国家公园资源环境的行为。③《海南热带雨林国家公园特许经营管理办法》第十九条则详细规定："特许经营者应当按照海南热带雨林国家公园有关管理要求从事特许经营活动，不得有下列行为：（一）破坏自然资源、环境、景观；（二）超出约定范围从事经营服务活动；（三）违反国家、行业标准提供产品和服务，损害公众利益；（四）以转让、出租、质押等方式处置特许经营权或者国家公园管理机构提供给特许经营者使用的资源资产、设施设备；（五）擅自停业、歇业；（六）其他违反法律、法规及特许经营协议约定的行为。"④

作为生态产品的国家公园，当然要致力于做到全民共享，但如上所述，在仍存在局部占有者和局部利益的现实情形下，还应该在"全民共享"之前加上"地方受益"，即"地方受益，全民共享"，而这样的"地方受益"更多是指通过国家公园所在地周边原住民的共建共管达到改善其生活水平的目的。为此，《关于建立以国家公园为主体的自然保护地体系的指导意见》在"探索全民共享机制"部分中，除了强调"全体社会成员"意义上的共享，还指出了"地方原住民"意义上的共享："扶持和规范原住民从事环境友好型经营活动，践行公民生态环境行为规范，支持和传承传统文化及人地和谐的生态产业模式。推行参与式社区管理，按照生态保护需求设立生态管护岗位并优先安排原住民。"⑤

---

① 金崟：《祁连山国家公园体制试点经验》，《生物多样性》2021年第3期，第298-300页。
② 《钱江源国家公园：长三角的生态明珠》，《中国绿色时报》2020年8月14日。
③ 参见《福建省人民政府办公厅关于印发武夷山国家公园特许经营管理暂行办法的通知》（闽政办〔2020〕28号）。
④ 《海南热带雨林国家公园特许经营管理办法》，《海南日报》2020年12月14日。
⑤ 《中共中央办公厅、国务院办公厅印发〈关于建立以国家公园为主体的自然保护地体系的指导意见〉》，http://www.gov.cn/zhengce/2019-06/26/content_5403497.htm（2021年8月6日）。

在体制试点过程中，各个国家公园也都十分注重原住民的共建共享，并借此在一定程度上促进了其生活状况的改善。比如，自试点以来，大熊猫国家公园积极推动当地居民转产就业，优先授予原住民特许经营权，整合设置了生态护林员、巡山护林员等公益岗位3万余个，优先解决原住民就业问题[①]；三江源国家公园设立了"一户一岗"生态管护公益岗位，园区内17211名牧民持证上岗，每人月工资1800元，带动户均年收入增加2万多元，促进了当地减贫和就业，牧民从生态利用者转变成为守护者，形成"一人被聘为生态管护员，全家参与生态保护"的新风尚[②]。

结 论

最后需要说明的是，本文探讨了我国国家公园范围内自然资源公有制对于实现国家公园"全民公益性"的理论逻辑，但这绝不意味着，只要建立起公有制的所有制形式，就能够一劳永逸地实现其"全民公益性"的目标追求。毕竟，国家公园所体现的不只是当代人类社会或文明所能达到的自觉保护自然生态环境的极限高度，还代表着人类社会或文明对于一种全新的生产生活方式的愿景想象与实践探索。毫无疑问，仅仅所有制层面的创新肯定是远远不够的，还需要其他必不可少的制度条件和战略举措的通力配合。比如，我国正在推进制定的《国家公园法》，就应对国家公园向社会公众提供服务的基本方式、主要内容、运营要求，以及禁止准入活动的标准等议题做出明确规定，从而使国家公园的"全民公益性"获得必要的法律保障。但无论如何，必须始终明确，自然资源的公有制所有形式是实现其"全民公益性"的根本保障和重要进路。

（作者单位：福建师范大学马克思主义学院）

[①] 孙继琼、王建英、封宇琴：《大熊猫国家公园体制试点：成效、困境及对策建议》，《四川行政学院学报》2021年第2期，第88-95页。

[②] 赵新全：《三江源国家公园创建"五个一"管理模式》，《生物多样性》2021年第3期，第301-303页。

参考文献

A·施密特,1988. 马克思的自然概念[M]. 欧力同,吴仲昉,译. 北京:商务印书馆.

阿尔贝托·阿科斯塔,2018. 榨取主义与新榨取主义:同一诅咒的两面[M]//米里亚姆·兰,杜尼亚·莫克拉尼. 超越发展:拉丁美洲的替代发展视角. 郇庆治,孙巍,译. 北京:中国环境出版集团.

阿克塞尔·霍耐特,2005. 为承认而斗争[M]. 胡继华,译. 上海:上海世纪出版社.

阿图罗·埃斯科瓦尔,2011. 遭遇发展:第三世界的形成与发展[M]. 王淳玉,吴慧芳,潘璐,译. 北京:社会科学文献出版社.

爱德华多·古迪纳斯,2018. 拉美关于发展及其替代的论争[M]//米里亚姆·兰,杜尼亚·莫克拉尼. 超越发展:拉丁美洲的替代发展视角. 郇庆治,孙巍,译. 北京:中国环境出版集团.

爱德华多·古迪纳斯,2018. 向后榨取主义过渡:方向、选择和行动领域[M]//米里亚姆·兰,杜尼亚·莫克拉尼. 超越发展:拉丁美洲的替代发展视角. 郇庆治,孙巍,译. 北京:中国环境出版集团.

爱德华多·古迪纳斯,2020. 拉美新榨取主义及其批评:十个核心论点[J]. 鄱阳湖学刊(2).

爱德华·戈德史密斯,1978. 一个稳定社会的宗教[J]. 人与自然系统(8).

安德列·高兹,2016. 资本主义、社会主义、生态:迷失与方向[M]. 彭姝祎,译. 北京:商务印书馆.

安德鲁·多布森,2005. 绿色政治思想[M]. 郇庆治,译. 济南:山东大学出版社.

安吉新闻网,2023. 2015年,安吉美丽乡村建设成国标[EB/OL]. (2023-01-30)[2023-07-23]. http://ajnews.zjol.com.cn/ajnews/system/2020/07/03/032594650.shtml.

白刚,2014. 作为"正义论"的资本论[J]. 文史哲(6).

本·阿格尔,1991. 西方马克思主义概论[M]. 慎之等,译. 北京:中国人民大学出版社.

比约恩·安德森,2000. 环境资本运营[M]. 北京:清华大学出版社.

蔡华杰,2014. 另一个世界可能吗——当代生态社会主义研究[M]. 北京:社会科学文献出版社.

蔡华杰,2014. 社会主义生态文明的"社会主义"意涵[J]. 教学与研究(1).

蔡华杰,2018. 社会主义生态文明的制度构架及其过渡[J]. 中国生态文明(5).

蔡华杰,2018. 资本生态化的市场机制审视[J]. 鄱阳湖学刊(5).

曹顺仙,张劲松,2020. 生态文明视域下社会主义生态政治经济学的创建[J]. 理论与评论(1).

陈岱孙, 1996. 从古典经济学派到马克思[M]. 北京: 北京大学出版社.

陈海嵩, 2020. 中国生态文明法治转型中的政策与法律关系[J]. 吉林大学社会科学学报(2).

陈清, 张文明, 2020. 生态产品价值实现路径与对策研究[J]. 宏观经济研究(12).

陈学明, 2008. 生态文明论[M]. 重庆: 重庆出版社.

陈学明, 2012. 资本逻辑与生态危机[J]. 中国社会科学(11).

崔莉, 2019. 生态银行研究与实践: 以福建南平市为例[M]. 北京: 中国林业出版社.

大卫·哈维, 2009. 新帝国主义[M]. 初立忠, 沈晓雷, 译. 北京: 社会科学文献出版社.

大卫·施韦卡特, 2015. 超越资本主义[M]. 黄瑾, 译. 北京: 社会科学文献出版社.

戴维·佩珀, 2005. 生态社会主义: 从深生态学到社会正义[M]. 刘颖, 译. 济南: 山东大学出版社.

丹尼尔·H·科尔, 2009. 污染与财产权: 环境保护的所有权制度比较研究[M]. 严厚福, 王社坤, 译. 北京: 北京大学出版社.

邓欢, 2019. 消费社会境遇中绿色发展观对资本逻辑的超越[J]. 理论月刊(8).

迪特尔·赫尔姆, 2017. 自然资本: 为地球估值[M]. 蔡晓璐, 黄建华, 译. 北京: 中国发展出版社.

蒂姆·杰克逊, 2022. 后增长: 人类社会未来发展的新模式[M]. 张美霞, 陆远, 李煦平, 译. 北京: 中国出版集团.

丁晓钦, 郭艳青, 2014. 马克思主义视域(阈)下的劳动修复及其当代意义[J]. 马克思主义研究(10).

丁瑶瑶, 2021. 专访国务院发展研究中心研究员、中国发展研究基金会副秘书长程会强: 以线串点、以面汇点, 激活生态产品机制实现新动能[J]. 环境经济(1).

恩格斯, 1984. 自然辩证法[M]. 北京: 人民出版社.

范丹, 孙晓婷, 2020. 环境规制、绿色技术创新与绿色经济增长[J]. 中国人口·资源与环境(6).

方世南, 2022. 绿色慈善助力共同富裕研究[J]. 学术探索(2).

方旭飞, 2019. 拉美左翼对新自由主义替代发展模式的探索、实践与成效[J]. 拉丁美洲研究(4).

方印, 李杰, 2021. 生态产品价格形成机制及其法律规则探思: 基于生态产品市场化改革背景[J]. 价格月刊(6).

弗雷德·马格多夫, 约翰·B·福斯特, 2015. 资本主义与环境[M]//徐焕. 当代资本主义生态理论与绿色发展战略. 北京: 中央编译出版社.

弗里德里希·奥古斯特·冯·哈耶克, 2012. 自由宪章[M]. 杨玉生等, 译. 北京: 中国社会科学出版社.

高鸣, 芦千文, 2019. 中国农村集体经济: 70年发展历程与启示[J]. 中国农村经济(10).

高晓龙, 林亦晴, 徐卫华, 等, 2020. 生态产品价值实现研究进展[J]. 生态学报(1).

苟民欣, 周建华, 2017. 基于生态文明理念的美丽乡村建设"安吉模式"探究[J]. 林业规划(3).

参考文献

顾海良,2017. 新时代中国特色社会主义政治经济学发展研究[J]. 求索(12).
顾海良,2022. 中国特色"系统化的经济学说"的新时代开创[J]. 中国经济评论(1).
郭冠清,陈健,2016. 社会主义能够解决"核算难题"吗?——"苏联模式"问题和"中国方案"[J]. 学习与探索(12).
国家发展和改革委员会社会司,2021. 国家公园体制试点进展情况之八——钱江源国家公园[EB/OL]. (2021-04-25)[2023-07-13]. https://www.ndrc.gov.cn/fzggw/jgsj/shs/sjdt/202104/t20210425_1277250.html.
国家发展和改革委员会社会司,2021. 国家公园体制试点进展情况之三——大熊猫国家公园[EB/OL]. (2021-04-22)[2023-07-13]. https://www.ndrc.gov.cn/fzggw/jgsj/shs/sjdt/202104/t20210422_1276985.html.
国家发展和改革委员会社会司,2021. 国家公园体制试点进展情况之十——南山国家公园[EB/OL]. (2021-04-26)[2023-07-13]. https://www.ndrc.gov.cn/fzggw/jgsj/shs/sjdt/202104/t20210426_1277474.html.
国家发展和改革委员会社会司,2021. 国家公园体制试点进展情况之五——海南热带雨林国家公园[EB/OL]. (2021-04-23)[2023-07-13]. https://www.ndrc.gov.cn/fzggw/jgsj/shs/sjdt/202104/t20210423_1277174.html.
国务院,2011. 国务院印发全国主体功能区规划[J]. 资源与环境(7).
海明月,郇庆治,2022. 马克思主义生态学视域下的生态产品及其价值实现[J]. 马克思主义与现实(3).
海南省第六届人民代表大会常务委员会,2020. 海南热带雨林国家公园特许经营管理办法[N]. 海南日报,2020-12-14.
韩立新,2021. 马克思主义生态学与马克思的劳动过程理论[M]//郇庆治. 马克思主义生态学论丛(第二卷). 中国环境出版集团.
韩永进,2010. 马克思对人与生态的阐释[J]. 哲学研究(11).
郝栋,2016. 基于自然资本的"技术—经济"范式的演化研究[J]. 科学技术哲学研究(4).
何思源,苏杨,2021. 武夷山试点经验及改进建议:南方集体林区国家公园保护的困难和改革的出路[J]. 生物多样性(3).
洪银兴,刘伟,高培勇,等,2018. "习近平新时代中国特色社会主义经济思想"笔谈[J]. 中国社会科学(9).
侯惠勤,2022. 论人类文明新形态[J]. 陕西师范大学学报(哲社版)(2).
胡彩娟,2020. 打开"两山"转化通道的浙江实践、现实困境与破解策略[J]. 农村经济(5).
胡家勇,简新华,2019. 新时代中国特色社会主义政治经济学[J]. 经济学动态(6).
胡锦涛,2012. 坚定不移沿着中国特色社会主义道路前进为全面建成小康社会而奋斗[M]. 北京:人民出版社.
郇庆治,2000. 欧洲绿党研究[M]. 北京:人民出版社.
郇庆治,2014. 绿色变革视角下的生态文化理论研究[J]. 鄱阳湖学刊(1).
郇庆治,2015. 布兰德批判性政治生态理论述评[J]. 国外社会科学(4).

郇庆治, 2016. 生态文明建设的区域模式:以浙江安吉县为例[J]. 贵州省党校学报(4).
郇庆治, 2016. 生态文明示范省建设的生态现代化路径[J]. 阅江学刊(6).
郇庆治, 2017. 生态文明创建的绿色发展路径:以江西为例[J]. 鄱阳湖学刊(1).
郇庆治, 2018. 社会生态转型视野下的超越发展理论[M]//米里亚姆·兰, 杜尼亚·莫克拉尼. 超越发展:拉丁美洲的替代发展视角. 郇庆治, 孙巍, 译. 北京:中国环境出版集团.
郇庆治, 2018. 生态文明建设视野下的生态资本、绿色技术和公众参与[J]. 理论与评论(4).
郇庆治, 2019. 生态民主[J]. 绿色中国(7).
郇庆治, 2019. 生态文明建设区域模式的学理性阐释[M]//李韧. 向新文明进发:人文·生态·发展研讨会论文集. 北京:人民出版社.
郇庆治, 2019. 作为一种转型政治的社会主义生态文明[J]. 马克思主义与现实(2).
郇庆治, 2020. 重思社会主义生态文明建设的"经济愿景"[J]. 福建师范大学学报(哲社版)(2).
郇庆治, 2021. 论社会主义生态文明经济[J]. 北京大学学报(哲社版)(3).
郇庆治, 2021. 马克思主义生态学导论[J]. 鄱阳湖学刊(4).
郇庆治, 2021. 欧美生态社会主义学派视域下的生态经济:学术文献史的视角[J]. 山东大学学报(哲社版)(4).
郇庆治, 2021. 习近平生态文明思想的体系样态、核心概念和基本命题[J]. 学术月刊(9).
郇庆治, 2022. 论习近平生态文明思想的马克思主义生态学基础[J]. 武汉大学学报(哲社版)(4).
郇庆治, 2022. 论习近平生态文明思想的世界意义与贡献[J]. 国外社会科学(2).
郇庆治, 2022. 生态文明建设中的绿色行动主体[J]. 南京林业大学学报(人文社科版)(3).
郇庆治, 2022. 生态主义及其对现实世界政治的影响[J]. 世界政治研究(1).
郇庆治, 刘琦, 2021. 大疫情之后社会主义生态文明建设的愿景、进路难题及其挑战[J]. 中国地质大学学报(社科版)(3).
郇庆治, 王聪聪, 2022. 社会主义生态文明:理论与实践[M]. 北京:中国林业出版社.
郇庆治, 余欢欢, 2022. 习近平生态文明思想及其对全球环境治理的中国贡献[J]. 学习论坛(1).
郇庆治, 张沥元, 2020. 习近平生态文明思想与生态文明建设的"西北模式"[J]. 马克思主义哲学研究(1).
黄渊基, 熊曦, 郑毅, 2020. 生态文明建设背景下的湖南省绿色经济发展战略[J]. 湖南大学学报(社科版)(1).
江国华, 肖妮娜, 2019. "生态文明"入宪与环境法治新发展[J]. 南京工业大学学报(社科版)(2).
江泽民. 在中国共产党第十四次全国代表大会上的报告[EB/OL]. 理论网(2021-10-29)[2023-07-13]. https://www.cntheory.com/tbzt/sjjlzqh/ljddhgb/202110/t20211029

_37376. html

蒋凡,秦涛,2022. "生态产品"概念的界定、价值形成的机制与价值实现的逻辑研究[J]. 环境科学与管理(1).

蒋金荷,马露露,张建红,2021. 我国生态产品价值实现路径的选择[J]. 价格理论与实践(7).

解科珍,2018. 中国特色社会主义生态文明体系的理论建构[J]. 鄱阳湖学刊(6).

金崑,2021. 祁连山国家公园体制试点经验[J]. 生物多样性(3).

靳乐山,朱凯宁,2020. 从生态环境损害赔偿到生态补偿再到生态产品价值实现[J]. 环境保护(17).

劳尔·普雷维什,2015. 外围资本主义[M]. 苏振兴、袁兴昌,译. 北京:商务印书馆.

黎祖交,2018. 生态文明关键词[M]. 北京:中国林业出版社.

黎祖交,2021. 关于探索生态产品价值实现路径的几点建议[J]. 绿色中国(1).

李干杰,2016. 加快推进生态补偿机制建设,共享发展成果和优质生态产品[J]. 环境保护(10).

李宏伟,薄凡,崔莉,2020. 生态产品价值实现机制的理论创新与实践探索[J]. 治理研究(4).

李建波,2021. 让生态产品价值尽快实现[N]. 学习时报,2021-01-06(7).

李剑平,2021. 浙江安吉发布全域旅游地方标准规范不能以民宿农家乐名义搞违章建筑[N]. 中国青年报,2021-01-14.

李锦峰,2018. 经济民主:文献述评及其理论重构[J]. 学术月刊(10).

李明,2018. 生态文明视域下的河南省绿色经济发展路径研究[J]. 当代经济(17).

李萍,王伟,2012. 生态价值:基于马克思劳动价值论的一个引申分析[J]. 学术月刊(4).

李雪姣,2022. 绿色政治视域下英国绿党适应性变革及其发展评价[J]. 当代世界与社会主义(1).

李雪姣,2022. 作为一种政治哲学的社会生态转型[J]. 中国地质大学学报(社科版)(1).

李雪姣,2023. 社会生态转型何以可能——当代英国绿色左翼政治考察[J]. 马克思主义与现实(1).

李颖,张蕊,等,2021. 浙江安吉:绿水青山就是金山银山[J]. 中国财政(2).

李昭华,傅伟,2013. 中国进出口贸易内涵自然资本的生态足迹分析[J]. 中国工业经济(9).

李忠,刘峥延,2021. 推动生态产品价值实现机制落地见效[EB/OL]. (2021-04-28)[2023-07-13]. https://www.ndrc.gov.cn/xwdt/ztzl/jljqstcpjzsxjz/zjjd

丽贝卡·霍伦德,2016. "后增长"在南半球:拉丁美洲发展替代运动的出现[J]. 南京林业大学学报(人文社科版)(1).

廖福霖,2011. 从方法论层面理解循环经济[N]. 福建日报,2011-04-26(11).

廖福霖,2011. 发展绿色经济是重要的民生工程[N]. 福建日报,2011-05-24(11).

廖福霖,2011. 发展生态文明经济破解"二律背反"[N]. 福建日报,2011-08-02(11).

廖福霖, 2011. 发展生态文明消费型经济[N]. 福建日报, 2011-06-14(11).
廖福霖, 2011. 体验经济是21世纪经济发展的重要趋势[N]. 福建日报, 2011-05-24(11).
廖福霖, 2011. 致力于发展生态文明的经济创新[N]. 福建日报, 2011-04-19(11).
廖福霖, 等, 2010. 生态文明经济研究[M]. 北京: 中国林业出版社.
廖福霖, 祁新华, 罗栋燊, 等, 2007. 生态生产力导论[M]. 北京: 中国林业出版社.
刘东国, 2002. 绿党政治[M]. 北京: 社会科学院出版社, 392.
刘高慧, 胡理乐, 高晓奇, 等, 2018. 自然资本的内涵及其核算研究[J]. 生态经济(4).
刘航, 温宗国, 2018. 环境权益交易制度体系构建研究[J]. 中国特色社会主义研究(2).
刘江宜, 牟德刚, 2020. 生态产品价值及实现机制研究进展[J]. 生态经济(10).
刘平养, 2009. 自然资本的替代性研究[D]. 上海: 复旦大学.
刘思华, 1987. 生态经济价值问题初探[J]. 学术月刊(11).
刘思华, 1997. 对可持续发展经济的理论思考[J]. 经济研究(3).
刘思华, 2014. 生态马克思主义经济学原理(修订版)[M]. 北京: 人民出版社.
刘思华, 2015. 关于生态文明制度与跨越工业文明"卡夫丁峡谷"理论的几个问题[J]. 毛泽东邓小平理论研究(1).
刘思华, 2016. 生态文明"价值中立"的神话应击碎[J]. 毛泽东邓小平理论研究(9).
卢克飞, 刘耕源, 2021. 生态资源资本化实践路径[M]. 北京: 中国环境出版集团.
卢克·马奇, 2014. 欧洲激进左翼政党[M]. 于海青, 王静, 译. 北京: 社会科学文献出版社.
罗德里克·纳什, 2012. 荒野与美国思想[M]. 侯文蕙, 侯钧, 译. 北京: 中国环境科学出版社.
马传栋, 1986. 生态经济学[M]. 北京: 人民出版社.
马里斯特拉·斯万帕, 2018. 资源榨取主义及其替代性选择: 拉美的发展观[M]//米里亚姆·兰, 杜尼亚·莫克拉尼. 超越发展: 拉丁美洲的替代发展视角. 郇庆治, 孙巍, 译. 北京: 中国环境出版集团.
马晓妍, 何仁伟, 洪军, 2020. 生态产品价值实现路径探析: 基于马克思主义价值论的新时代拓展[J]. 学习与实践(3).
玛格丽塔·阿吉纳加, 米里亚姆·兰, 杜尼娅·莫克拉尼, 等, 2018. 发展批评及其替代性观点: 女性主义视角[M]//米里亚姆·兰, 杜尼亚·莫克拉尼. 超越发展: 拉丁美洲的替代发展视角. 郇庆治, 孙巍, 译. 北京: 中国环境出版集团.
门淑莲, 程秋芬, 2003. 新自由主义与阿根廷经济危机[J]. 财经问题研究(12).
米尔顿·弗里德曼, 2004. 资本主义与自由[M]. 张瑞玉, 译. 北京: 商务印书馆.
米里亚姆·兰, 2018. 文明的危机及其对左翼的挑战[M]//米里亚姆·兰, 杜尼亚·莫克拉尼. 超越发展: 拉丁美洲的替代发展视角. 郇庆治, 孙巍, 译. 北京: 中国环境出版默里·布克金, 2008. 自由生态学: 等级制的出现与消解[M]. 郇庆治, 译. 济南: 山东大学出版社.
尼尔·史密斯, 2021. 不平衡发展: 自然、资本和空间的生产[M]. 刘怀玉, 付清松, 译.

北京：商务印书馆.

欧阳志云，2020. 建立生态产品价值核算制度，促进深圳人与自然和谐发展[N]. 中国环境报，2020-12-17（3）.

潘家华，2015. 生态文明：一种新的发展范式[J]. China Economist（4）.

潘家华，2020. 生态产品的属性及其价值溯源[J]. 环境与可持续发展（6）.

彭学农，2021. 伯克特论劳动和资本斗争的超工业主义视域及其环境生态向度[J]. 广西社会科学（6）.

钱关键，汪宇露，2020. 钱江源国家公园探索体制试点创新[EB/OL]. （2020-10-15）[2023-07-13]. http://www.forestry.gov.cn/main/5497/20201015/085035592885068.html

乔尔·科威尔，2015. 自然的敌人：资本主义的终结还是世界的毁灭？[M]. 杨燕飞，冯春涌，译. 北京：中国人民大学出版社.

乔尔·科威尔，2016. 资本主义与生态危机：生态社会主义的视野[C]//第二届武汉大学"马克思主义与21世纪社会主义"国际学术研讨会论文集.

乔纳森·休斯，2011. 生态与历史唯物主义[M]. 张晓琼、侯晓滨，译. 北京：人民出版社.

丘水林，2022. 持续推进完善生态产品价值实现机制[N]. 学习时报，2022-11-09.

屈志光，2015. 生态资本投资收益研究[M]. 北京：中国社会科学出版社.

人民论坛专题调研组，2020. 钱江源国家公园体制试点的创新与实践[J]. 人民论坛（29）.

任暲，2018. 关于建构当代中国马克思主义生态文明理论的思考[J]. 教学与研究（5）.

萨拉·萨卡，2008. 生态社会主义还是生态资本主义[M]. 张淑兰，译. 济南：山东大学出版社.

沈辉，李宁，2021. 生态产品的内涵阐释及其价值实现[J]. 改革（9）.

沈晶晶，彭驿涵，邱晔，2018. 山美水好业兴——安吉深化美丽乡村建设纪事[N]. 浙江日报，2021-06-08（1）.

沈茂英，许金华，2017. 生态产品概念、内涵与生态扶贫理论探究[J]. 四川林勘设计（1）.

世界环境与发展委员会，1989. 我们共同的未来[M]. 北京：世界知识出版社.

斯特凡诺·巴尔托利尼，彼得·梅尔，2017. 当代政党面临的挑战[M]//拉里·戴蒙德，查理德·冈瑟，等. 政党与民主. 徐琳，译. 北京：人民出版社.

宋猛，薛亚洲，2020. 生态产品价值实现机制创新探析：基于我国市场经济与生态空间的二元特性[J]. 改革与战略（5）.

孙博文，2022. 建立健全生态产品价值实现机制的瓶颈制约与策略选择[J]. 改革（5）.

孙继琼，王建英，封宇琴，2021. 大熊猫国家公园体制试点：成效、困境及对策建议[J]. 四川行政学院学报（2）.

孙佑海，2018. 新时代生态文明法治创新若干要点研究[J]. 中州学刊（2）.

谭荣，2021. 生态产品的价值实现与治理机制创新[J]. 中国土地（1）.

唐潜宁，2019. 生态产品的市场供给制度研究[J]. 学术前沿（19）.

田兆臣，2020. 戴维·佩珀生态经济思想的生成及其内涵[J]. 国外理论动态（2）.

图南 2019. 万物皆可卖！魔幻拉丁美洲的河流买卖史[EB/OL]. 新浪网地球知识局（2019-

09-28)[2023-07-13]. https：//k. sina. cn/article_5750600479_156c3331 f00100ne1i. html

王斌, 2019. 生态产品价值实现的理论基础与一般途径[J]. 太平洋学报(10).

王华, 2020. 国家环境治理现代化制度建设的三个目标[J]. 环境与可持续发展(1).

王继创, 刘海霞, 2022. 社会主义生态文明建设的"西北模式"[M]//郇庆治, 王聪聪. 社会主义生态文明：理论与实践. 中国林业出版社.

王立和, 2016. 当前国内外生态文明建设区域实践模式比较及政府主要推动对策研究[J]. 理论月刊(1).

王美红, 孙根, 康国栋, 2009. 我国自然资本、人力资本与经济资本的空间错位分析[J]. 科学学研究(1).

王前进, 等, 2019. 生态补偿的经济学理论基础及中国的实践[J]. 林业经济(1).

王倩, 2012. 生态文明建设的区域路径与模式研究：以汶川地震灾区为例[J]. 四川师范大学学报(社科版)(4).

威廉·莱斯, 2016. 满足的限度[M]. 李永学, 译. 北京：商务印书馆.

维克托·布尔默—托马斯, 2020. 独立以来拉丁美洲经济史[M]. 张根森, 王萍, 译. 杭州：浙江大学出版社.

乌尔里希·布兰德, 2016. 超越绿色资本主义——社会生态转型理论和全球绿色左翼视点[J]. 探索(1).

乌尔里希·布兰德, 克里斯蒂娜·迪茨、米里亚姆·兰, 2018. 拉丁美洲的新榨取主义：全球资本主义动力机制的新表现[J]. 国外理论动态(1).

乌尔里希·布兰德, 马尔库斯·威森, 2019. 资本主义自然的限度：帝国式生活方式的理论阐释及其超越[M]. 郇庆治, 等译. 北京：中国环境出版集团.

吴冕, 2011. 让绿色经济成为未来经济新引擎[J]. 生态经济(2).

吴易风, 2013. 毛泽东论中国社会主义政治经济学[J]. 政治经济学评论(4).

吴兆喆, 朱建平, 姜伟东, 2020. 钱江源国家公园：长三角的生态明珠[N]. 中国绿色时报, 2020-08-14(11).

武夷山国家公园. 2020. 福建省人民政府办公厅关于印发武夷山国家公园特许经营管理暂行办法的通知(闽政办[2020]28号)[EB/OL]. (2020-07-03)[2023-07-23]. http：//wysgjgy. fujian. gov. cn/zwgk/zxwj/202007/t20200703_5512630. htm.

习近平, 2014. 在中国科学院第十七次院士大会、中国工程院第十二次院士大会上的讲话[M]. 北京：人民出版社.

习近平, 2017. 决胜全面建成小康社会, 夺取新时代中国特色社会主义伟大胜利[M]. 北京：人民出版社.

习近平, 2018. 论坚持构建人类命运共同体[M]. 北京：中央文献出版社.

习近平, 2019. 推动我国生态文明建设迈上新台阶[J]. 求是(3).

习近平, 2020. 习近平谈治国理政(第三卷)[M]. 北京：外文出版社.

习近平, 2022. 高举中国特色社会主义伟大旗帜为全面建设社会主义现代化国家而团结奋斗[M].北京:人民出版社.

习近平,2022.论坚持人与自然和谐共生[M].北京:中央文献出版社.

习近平,2022.正确认识和把握我国发展重大理论和实践问题[J].求是(6).

徐海红,2021.生态劳动的困境、逻辑及实现路径——基于马克思主义政治经济学视角的分析[J].上海师范大学学报(哲社版)(1).

薛雅伟,2016.自然资本与经济增长关系研究——基于资本积累和制度约束视域[J].苏州大学学报(哲社版)(5).

扬·图罗夫斯基,2021.转型话语与作为话语的转型[M]//郇庆治.马克思主义生态学论丛(第五卷).北京:中国环境出版集团.

杨方,2018.国内生态批判理论研究述评:以生态学马克思主义理论为研究视角[J].学术探索(8).

杨锐,等,2019.中国国家公园体制建设指南研究[M].北京:中国建筑工业出版社.

杨英姿,2018.社会主义生态文明话语体系的构成[J].中国生态文明(5).

杨英姿,2021.唯物史观与社会主义生态文明[J].理论与评论(5).

姚晓红,郑吉伟,2020.资本主义社会再生产的生态批判:基于西方生态学马克思主义的阐释[J].当代经济研究(3).

余谋昌,2010.生态文明论[M].北京:中央编译出版社.

苑鹏,刘同山,2016.发展农村新型集体经济的路径和政策建议——基于我国部分村庄的调查[J].毛泽东邓小平理论研究(10).

约翰·贝拉米·福斯特,2006.马克思的生态学:唯物主义与自然[M].刘仁胜,肖峰,译.北京:高等教育出版社.

约翰·贝拉米·福斯特,2006.生态危机与资本主义[M].耿建新,宋兴无,译.上海:上海译文出版社.

约翰·贝拉米·福斯特,2015.星球危机[M]//徐焕.当代资本主义生态理论与绿色发展战略.北京:中央编译出版社.

约翰·贝拉米·福斯特,2018.漫长的生态革命[J].国外理论动态(8).

约翰·贝米拉·福斯特,布莱特·克拉克,2011.财富的悖论:资本主义与生态破坏[J].马克思主义与现实(2).

约翰·缪尔,1999.我们的国家公园[M].郭名倞,译.北京:人民出版社.

曾贤刚,2020.生态产品价值实现机制[J].环境与可持续发展(6).

曾贤刚,虞慧怡,谢芳,2014.生态产品的概念、分类及其市场化供给机制[J].中国人口·资源与环境(7).

詹姆斯·奥康纳,2003.自然的理由:生态学马克思主义研究[M].唐正东,臧佩洪,译.南京:南京大学出版社.

张卉,2017.生态文明视角下的自然资源管理制度改革研究[M].北京:中国经济出版社.

张慧,2020.南山国家公园体制试点进展与对策研究[J].现代农业研究(11).

张莉,2011.西欧民主制度的幽灵——右翼民粹主义政党研究[M].北京:中央编译出版社.

张丽佳,周妍,2021.建立健全生态产品价值实现机制的路径探索[J].生态学报(19).

张林波,等,2021.生态产品概念再定义及内涵辨析[J].环境科学研究(3).

张林波,虞惠怡,郝超至,等,2021.生态产品概念再定义及其内涵辨析[J].环境科学研究(3).

张牧遥,2017.国有自然资源使用权分类新论[J].内蒙古社会科学(汉文版)(1).

张文明,张孝德,2019.生态资源资本化:一个框架性阐述[J].改革(1).

张雪溪,董玮,秦国伟,2020.生态资本、生态产品的形态转换与价值实现:基于马克思资本循环理论的扩展分析[J].生态经济(10).

张颖,杨桂红,2021.生态价值评价和生态产品价值实现的经济理论、方法探析[J].生态经济(12).

张云飞,2019.生命共同体:社会主义生态文明的本体论奠基[J].马克思主义与现实(2).

张云飞,2020.试论习近平生态文明思想的原创性贡献[J].思想理论教育导刊(2).

赵新全,2021.三江源国家公园创建"五个一"管理模式[J].生物多样性(3).

珍妮弗·柯林斯,2017.厄瓜多尔:从危机到左转[M]//霍华德·威亚尔达,哈维·克莱恩.拉丁美洲的政治与发展.刘捷,李宇娴,译.上海:上海译文出版社.

郑国诜,廖福霖,2012.生态文明经济的发展特征[J].内蒙古社会科学(汉文版)(3).

郑新立,2011.促进生态产品价值实现的四个路径[N].经济日报,2020-12-22(11).

中共湖州市委党史研究室,2021.中国电池产业之都:长兴县电池产业从"瘦身"到"优强"[N].湖州日报,2021-08-30(5).

中共浙江省委宣传部,2015."绿水青山就是金山银山"理论探索与实践探索[M].北京:人民出版社.

中共中央马克思恩格斯列宁斯大林著作编译局,1962.斯大林选集(下卷)[M].北京:人民出版社.

中共中央马克思恩格斯列宁斯大林著作编译局,1995.马克思恩格斯全集(第三十卷)[M].北京:人民出版社.

中共中央马克思恩格斯列宁斯大林著作编译局,2000.1844年经济学哲学手稿[M].北京:人民出版社.

中共中央马克思恩格斯列宁斯大林著作编译局,2001.马克思恩格斯全集(第二十五卷)[M].北京:人民出版社.

中共中央马克思恩格斯列宁斯大林著作编译局,2004.资本论(第一~三卷)[M].北京:人民出版社.

中共中央马克思恩格斯列宁斯大林著作编译局,2009.列宁专题文集:论社会主义[M].北京:人民出版社.

中共中央马克思恩格斯列宁斯大林著作编译局,2009.马克思恩格斯文集(第一~三、五、七~九卷)[M].北京:人民出版社.

中共中央马克思恩格斯列宁斯大林著作编译局,2021.马克思恩格斯全集(第二十三卷)

[M]. 北京：人民出版社.
中共中央文献编辑委员会, 1993. 邓小平文选(第三卷)[M]. 北京：人民出版社.
中共中央文献编辑委员会, 2006. 江泽民文选(第三卷)[M]. 北京：人民出版社.
中共中央文献研究室, 2017. 习近平关于社会主义生态文明建设论述摘编[M]. 北京：中央文献出版社.
中共中央宣传部, 中华人民共和国生态环境部, 2022. 习近平生态文明思想学习纲要[M]. 北京：人民出版社.
钟贞山, 2017. 中国特色社会主义政治经济学的生态文明观：产生、演进与时代内涵[J]. 江西财经大学学报(1).
周宏春, 姚震, 2020. 构建现代环境治理体系努力建设美丽中国[J]. 环境保护(9).
周静, 2021. 生态补偿推进生态产品价值实现的几点思考[J]. 中国国土资源经济(5).
周文, 2021. 新时代中国特色社会主义政治经济学理论研究[J]. 政治经济学评论(3).
周玉婉, 2020. 激进左翼政党的执政经验探析——以希腊激进左翼联盟为例[J]. 国外社会科学前沿(2).
ACOSTA A, 2016. Post-extractivismo: entre el discurso y la praxis. Algunas reflexiones gruesas para la acción[J]. Ciencia Política(21).
ACOSTA A, 2020. Buen Vivir: A perspective for rethinking the world[A]// N. Treu, M. Schmelzer, C. Burkhart. Degrowth in Movement(s): Exploring pathways for Transformation. Winchester & Washingto: John Hunt Publishing.
ACOSTA A, 2022. A los Derechos de la Naturaleza, por la Senda de la Sustentabilidad[J]. Teoria Jurídica Contemporanea(7).
ACOSTA A, 2022. Chile recognizes the Rights of Nature[EB/OL]. (2022-03-01)[2023-07-13]. https://latinoamerica21.com/en/chile-recognizes-the-rights-of-nature/.
ACOSTA A, ABARCA M, 2018. Buen Vivir: Analternative perspective from the peoples of the Global South to the crisis of capitalist modernity[A]// V. Satgar. The Climate Crisis: South African and Global Democratic Eco-Socialist Alternatives. Johannesburg: Wits University Press.
ACOSTA A, BRAND U, 2018. Salidas del laberinto capitalista. Decrecimiento y postextractivismo[M]. Quito: Artes Gráficas SILVA.
ACOSTA A, CAJAS J, 2015. Instituciones Transforma doras para la Economía global[A]// Grupo Permanente de Trabajo sobre Alternativas al Desarrollo, La Osadía de lo Nuevo: Alternativas de Política Económica. Quito: Abya-Yala, Fundación Rosa Luxemburg.
ACOSTA A, et al., 2022. Resistiendo a la pandemia minera: reflexiones para construir alternativaspos extractivistas[A]// P. C. Benalcázar. Resistencia: minería, impactos y luchas. Cuenca: Ucuenca Press.
AKBULUT B, ADAMAN F, 2020. The ecological economics of economic democracy[J]. Ecological Economics(3).

ALA-KURIKKA S, 2015. Life span of consumer electronics is getting shorter[M]. Study Finds.

ALI S H, 2014. Social and environmental impact of the rare earth industries[J]. Resources(3).

ARÁOZ H M, 2013. Crisis ecológica, conflictos socioambientales y orden neocolonial: Las paradojas de NuestrAmérica en las fronteras del extractivismo[J]. Revista Brasileirade Estudos Latino-americanos(3).

ARTER D, 2000. Communists we no longer are, Social Democrats we can never be : The evolution of the left ist parties in Finland and Sweden[J]. Journal of Communist Studies and Transition Politics(3).

BAER W, 2002. Neo-liberalism in Latin America: Are turn to the past[J]. Financial Markets and Portfolio Management(3).

BARCLAY E, 2016. Scientists are building a case for how food ads make us overeat[J]. NPR(1).

BARROS M V, SALVADOR R, PRADO G F, et al., 2020. Circular economy as a driver to sustainable businesses [J]. Clean. Environ. Syst (2). https://doi.org/10.1016/j.cesys.2020.100006.

BAUMGRTNER S, BECKER C, FRANK K, et al., 2008. Relating the philosophy and practice of ecological economics: The role of concepts, models, and case studies in inter- and transdisciplinary sustainability research[J]. Ecological Economics(3).

BAWDEN T, 2022. The Green Party: A short history[EB/OL]. [2023-07-13]. https://www.independent.co.uk/news/uk/politics/the-green-party-a-short-history-9878649.html.

BEAULÉ J, 2018. The durability of electronics[EB/OL]. (2018)[2023-07-13]. https://www.uottawa.ca/environment/blog/durability-electronics.

BECKER E, 2012. Soziale ökologie: Konturen und Konzepte einer neuen Wissenschaf[A]// MATSCHONAT G, GERBER A. Wissenschafts the oretische Perspektiven fürdie Umwelt wissenschaften. Weikersheim: Margraf Publishers.

BEYME K, OFFE C, 1996. Politische Theorien in der Ara der Transformation[M]. PVS.

BICK R, HALSEY E, EKENGA C C, 2018. The global environmental in justice of fast fashion [J]. Environ. Health(17).

BIRCH S, 2009. Real progress: Prospects for Green Party support in Britain[J]. Parliamentary Affairs(1).

BIZZARRO F, GERRING J, KNUTSEN C H, et al., 2018. Party strength and economic growth [J]. World Politics(2).

BOCKSTAEL N E, FREEMAN A M, KOPP R J, et al., 2020. On measuring economic values for nature[J]. Environ. Sci. Tech(1).

BOLTANSKI L, 2011. On Critique: A Sociology of Emancipation[M]. Oxford: Oxford University Press.

BROMLEY D, 1991. Environment and Economy: Property Rights and Public Policy[M]. Oxford: Basil Blackwell Press.

BROWN R, 2021. The environmental crisis caused by textile waste [EB/OL]. https://www.roadrunnerwm.com/blog/textile-waste-environmental-crisis.

BURKETT P, 1999. Marx and Nature: A Red and Green Perspective [M]. New York: St. Martin's Press.

BURKETT P, 2006. Marxism and Ecological Economics: Toward a Red and Green Political Economy[M]. Leiden: Brill.

CAMPANINI O, GANDARILLAS M, GUDYNAS E. Derechos y vilencias en los extractivismos. Extrahecciones en Bolivia y en Latinoamérica[M]. Cochabamba: CEDIB, ODDNN, CLAES.

CAVALCANTI C. Conceptions of ecological economics: Its relationship with mainstream and environmental economics[EB/OL]. (2010) [2023-07-13]. https://www.hsbc.com/insight/topics/consumers-carry-the-global-economy.

CHIOCCHETTI P, 2017. The Radical Left Party Family in Western Europe. 1989-2015 [M]. Abingdon & NewYork: Routledge.

COMMON M, STAGL S, 2005. Ecological Economics: An Introduction[M]. Cambridge: Cambridge University Press.

CORR P, PLAGNOL A, 2018. Behavioral Economics: The Basics[M]. Oxon: Routledge.

COSTANZA R, 2010. What is ecological economics[EB/OL]. [2023-07-13]. https://insights.som.yale.edu/insights/what-is-ecological-economics.

COSTANZA R, CUMBERLAND J, DALY H, et al., 2007. An introduction to ecological economics[Z]//Encyclopedia of Earth, chapter 2.

COSTANZA R, D'ARGE R, DE GROOT R, et al., 1997. The value of the world's ecosystem services and natural capital[J]. Nature(387).

CROSBY A, STEIN J A, 2020. Repair[J]. Environ. Humanit(1).

DAILY G, 1997. Nature's Services: Societal Dependence on Natural Ecosystems[M]. Washington, D.C.: Island Press

DALY H E, 1996. Beyond Growth: The Economics of Sustainable Development[M]. Boston: Beacon Press.

DALY H E, 2015. Economics for a Full World[EB/OL]. [2023-07-13]. https://greattransition.org/.

DALY H, FARLEY J, 2011. Ecological Economics: Principles and Applications[M]. Washington D.C.: Island Press.

DEGROOT R, VANDERPERK J, CHIESURA A, et al., 2000. Ecological functions and socio-economic values of critical natural capital as measure for ecological integrity and environmental health[M]// P Crabbé, A Holland, L. Ryszkowski, et al. Implementing Ecological Integrity Restoring Region a land Global Environmental and Human Health. New York: Springer.

DIAZ L F, 2017. Waste management in developing countries and the circular economy[J]. Waste

Manag. Res(1).

DIE-LINKE, 2021. Partei Dielinke zur Bunde stagswahl 2021[EB/OL]. (2021-06-19)[2023-07-13]. https://btw2021.die-linke.de/wahlprogramm-2021/.

DOBBERSTEIN L, 2022. Indian government starts work on right to repair rules[EB/OL]. (2022-07-18)[2023-07-13]. https://www.theregister.com/2022/07/18/india_right_to_repair_framework

EASTERLIN R A, MCVEY L A, SWITEK M, et al., 2020. The happiness-income paradox revisited[J]. Proc. Natl. Acad. Sci. USA(57).

ECOLOGY PARTY MANIFESTO, 1975. For Sustainable Society[M]. Leeds: The Ecology Party.

ECOLOGY PARTY MANIFESTO, 1979. The Real Alternative[M]. Birmingham: The Ecology Party.

ECOLOGY PARTY MANIFESTO, 1983. Politics for Life[M]. London: TheEcologyParty.

ECUADOR G, 2007. Plan Nacional de Desarrollo[EB/OL]. [2023-07-13]. https://www.planificacion.gob.ec/wp-content/uploads/downloads/2013/09/Plan-Nacional-Desarrollo-2007-2010.pdf.

EMF, 2017. A New Textiles Economy: Redesigning Fashion's Future[M]. Ellen Mac Arthur Foundation.

ESCOBAR A, 1996. Constructing nature: Elements for a post structural political ecology[A]// Richard Peet, Michael Watts. Liberation Ecologies: Environment, Development, Social Movements. London: Routledge.

EUROPEAN ELECTION MANIFESTO, 1994. The Green Vision for Europe[M]. London: The Green Party.

EUROPEAN ELECTION MANIFESTO, 2004. Green Alternatives to Globalisation[M]. London: Pluto Press.

FAGERHOLM A, 2017. What is left for the radical left? A comparative examination of the policies of radical left parties in Western Europe before and after 1989[J]. Journal of Contemporary European Studies(1).

FANNING A L, O'NEILL D W, HICKEL J, et al., 2022. The social short fall and ecological over shoot of nations[J]. Nat. Sustain(5).

FERRARO V, 2008. Dependency theory: An introduction[J]. The Development Economics Reader(2).

FITCH-ROY O, BENSON D, MONCIARDINI D, 2021. All around the world: Assessing optimality in comparative circular economy policy packages[J]. J. Clean. Prod(286).

FRIANT M C, VERMEULEN W J V, SALOMONE R, 2020. Atypology of circular economy discourses: Navigating the diverse visions of a contested paradigm[J]. Resour. Conserv. Recycl (161).

GAZZOLA P, PAVIONE E, PEZZETTI R, et al., 2020. Trends in the fashion industry: The perception of sustainability and circular economy—Agender / generation quantitative approach[J]. Sustainability(7).

GEYER R, JAMBECK J R, LAW K L, 2017. Production, use and fate of all plastics ever made[J]. Sci. Adv(3). https://www.science.org/doi/epdf/10.1126/sciadv.1700782.

GIBBENS S, 2019. Plastic bag found at the bottom of world's deepest ocean trench[J]. National Geographic(7).

GIRARD A, THORPE C, DURIF F, et al., 2018. Obsolescence of home appliances and electronics[EB/OL]. (2018)[2023-07-13]. http://www.ic.gc.ca/app/oca/crd/dcmnt.do·Open=1&id=5061&lang=eng&wbdisable=true.

GOLDSMITH E, HILDYARDM N, 1986. Green Britainor Industrial Wasteland[M]. Oxford: Basil Blackwell.

GRANT M J, BOOTH A, 2009. Atypology of reviews: An analysis of 14 review types and associated methodologies[J]. Health Inf. Libr (26).

GREEN ALLIANCE, 2009. Common Cause: The Green Standard Manifesto on Climate Change and the Natural Environment[M]. London: Park Lane Press.

GREENHALGH T, THORNE S, MALTERUD K, 2018. Time to challenge the spurious hierarchy of systematic over narrative reviews[J]. Eur. Clin. Invest(48).

GREEN PARTY MANIFESTO, 1987. Green Polices[M]. Edinburgh: The Green Party.

GREEN PARTY MANIFESTO, 1997. The Green Alternative for a Better Quality Life[M]. London: The Green Party.

GREEN PARTY MANIFESTO, 1998. Politics for Green Future[M]. London: The Green Party.

GREEN PARTY MANIFESTO, 2001. Reach for the Future[M]. London: The Green Party.

GREEN PARTY MANIFESTO, 2004. Real Progress[M]. London: The Green Party.

GREEN PARTY MANIFESTO, 2005. Manifesto for Sustainable Society[M]. London: The Green Party.

GREEN PARTY MANIFESTO, 2019. If Not, When[M]. London: The Green Party.

GREEN WORLD, 2015. Elisabeth White bread on how 2013 is a celebratory year for the Green Party[EB/OL]. (2015-04-17)[2023-07-13]. https://web.archive.org/web/20150417010542/.

GUDYNAS E, 2011. Buen Vivir: Today's tomorrow[J]. Development(4).

GUDYNAS E, 2011. Caminos para las transiciones post extractivistas[A]// A. Alayza, E. Gudynas. Transiciones Post extractivismo y alternativas al extractivismo en Perú. Lima: CEPES.

GUDYNAS E, 2011. Los derechos de la Naturaleza en serio[A]// ACOSTA A, MARTÍNEZ E. Natural ezacon Derechos. de la Filos of faala Política. Quito: EdicionesAbya-Yala.

GUDYNAS E, 2015. Extractivismos: Ecología, economía y política de un modo entender el desarrollo y la Naturaleza[M]. Cochabamba: CEDIB.

GUDYNAS E, 2016. Extractivismos en América del Sury sus efectos derrame[J]. Boltín(76).

GUDYNAS E, 2021. Extractivismos sudamericanos hoy: estallido social y pandemia[M]//ALISTER C, CUADRA X, JULIÁN-VEJARETAL D. Cuestionamientos al modelo extractivista neoliberal desde el Sur: Capitalismo, Territoriosy Resistencias. Santiago: Gestióneditorial.

GUDYNAS E, 2021. Jusitica hídrica: explorando las variedades de justicia y los derechos de la Naturaleza[A]// LEÓN A G. Justicia Hídirica: una Miradades de AméricaLatina. Cusco: CBC.

GUDYNAS E, 2021. Necropolítica: la política del dejar morir en tiempos de pandemia[J]. Reflexión Salvaje(2).

GUDYNAS E, 2022. Postextractivismo y alternativas a la megaminería[A]// BENALCÁZAR P C. Resistencia: minería, impactos y luchas. Cuenca: Ucuenca Press.

GUE, NGL, 2019. Towards A Green & Social New Deal for Europe[EB/OL]. [2023-07-13]. http://www.guengl.eu.

GUENTZEL R P, 2012. Modernity socialism versus or thodox Marxism: ideological strife in the party of democratic socialism(PDS), 1993-1999[J]. The Historian(4).

GUIJARRO F, TSINASLANIDIS P, 2020. Analysis of the academic literature on environmental valuation[J]. Int J Environ Res Public Health(7).

HADHAZY A, 2016. Here's the truth about the 'planned obsolescence' of tech[EB/OL]. (2016-6-12)[2023-07-13]. https://www.bbc.com/future/article/2160612-heres-the-truth-about-the-planned-obsolescence-of-tech.

HAN X, LIU D, 2017. Detection of the toxic substance Dibutyl phthalate in Antarctic Krill[J].

HARVESTON K, 2018. Can the rising trend of minimalism help the environment? Maybe less really is more[J]. The Environmental Magazine(2).

HEILIG D, 2012. The Portuguese Left: The story of a separation[A]//Birgit Daiber, Cornelia Hildebrandt, Anna Striethorst. From Revolution to Coalition—Radical Left Parties in Europe. Berlin: Rosa Luxemburg Foundation.

HENRY J, 2020. Consumers carry the globaleconomy[EB/OL]. (2020)[2023-07-13]. https://www.hsbc.com/insight/topics/consumers-carry-the-global-economy.

HIDALGO-CAPITáN A L, ARIAS A, et al., 2016. El pensamiento indigenista ecuatoriano sobre el Sumak Kawsay[A]// HIDALGO - CAPITÁN A L, GARCÍA A G, GUAZHA N D. Antología del Pensamiento Indigenista Ecuatoriano sobre Sumak Kawsay. Huelva & Cuenca: FIUCUHU.

HILDEBRANDT C, 2012. The Left Partyin Germany[A]// Birgit Daiber, Cornelia Hildebrandt, Anna Striethorst. From Revolution to Coalition—Radical Left Parties in Europe. Berlin: Rosa Luxemburg Foundation.

HILDEBRANDT C, 2019. After the defeat: New challenges for the radical left after the European Elections[A]// JI·ÍMÁLEK, BAIER W, HILDEBRANDT C, et al. In the Aftermath of the European Elections: The European Left Facing New Challenges. Transform and RLS.

HOLLEMAN H, 2018. Dust Bowls of Empire: Imperialism, Environmental Politics and the Injustice of "Green" Capitalism[M]. New York: Yale University Press.

HUAN Qingzhi, 2020. China's environmental protection in the new era from the perspective of eco-civilization construction[J]. Problems of Sustainable Development(1).

HUAN Qingzhi, 2021. Socialist eco-civilization as a transformative politics[J]. Capitalism Nature Socialism(3).

HUDSON K, 2000. European Communism since 1989: Towards a New European Left[M]. Basingstoke: Palgrave.

IRVINE S, PONTON A, 1988. A Green Manifesto[M]. London: the Guernsey Press.

IUCN, 2021. Protected planet report 2020[R/OL]. (2021-05-19)[2023-07-13]. https://livereport.protectedplanet.net/chapter-6.

JOHANSEN I V, 2012. The Left and Radical Left in Denmark[A]//DAIBER B, HILDEBRANDT C, STRIETHORST A. Revolution to Coalition—Radical Left Parties in Europe. Berlin: Rosa Luxemburg Foundation.

KALLIS G, KOSTAKIS V, LANGE S, MURACA B, et al., 2018. Research on degrowth[J]. Annu. Rev. Environ. Resour(43).

KALLIS G, PAULSON S, GIACOMO D, 2020. Alisa and Federico Demaria, The Case for Degrowth[M]. Cambridge: Polity.

KOCH M, BUCH-HANSEN H, FRITZ M, 2017. Shifting priorities in degrowth research: An argument for the centrality of human needs[J]. Ecol. Econ(138).

KOLLMORGEN R, 2015. Modernisierungstheoretische Ansätze [A]// Raj Kollmorgen, Wolfgang Merkel, Hans-JürgenWagener. Handbuch Transformations for schung. Wiesbaden: Springer.

KOLTSIDA D, 2019. The Greek Left between (European) victory and (national) defeat[A]// JI·ÍMÁLEK, BAIER W, HILDEBRANDT C, et al. In the Aftermath of the European Elections: The European Left Facing New Challenges. Transform and RLS.

KONDO M, 2014. The Life - Changing Magic of Tidying up: The Japanese Art of Decluttering and Organizing[M]. Potter/TenSpeed/Harmony/Rodale.

KORHONEN J, HONKASALOA A, SEPPL J, 2012. Circular economy: The concept and its limitations[J]. Ecol. Econ(143).

KOTHARI A, DEMARIA F, ACOSTA A, 2014. Buen vivir, degrowth and ecological swaraj: Alternatives to sustainable development and green economy[J]. Development(4).

KRUTILLA J, 1998. Conservation reconsidered, environmental resources and applied welfare economics: Essays in honour of John V. Krutilla[M]. Washington D. C.: Resources for the Future.

LANDER E, 2019. The Bolivarian experience: A struggle to transcend capitalism[M]// LANG M, KNIG C D, REGELMANN A C. Alternatives in a World of Crisis. Bruselas: Universidad Andina Simón Bolívar; Rosa Luxemburg Stiftung.

LARREA C, GREENE N, 2015. Inequid ad Socialy Redistribución del Ingreso[A]// Grupo Permanentede Trabajosobre Alternativasal Desarrollo. La Osadíadelo Nuevo: Alternativas de Política Económica. Quito: Abya-Yala, Fundación Rosa Luxemburg.

LAZAREVIC D, VALVE H, 2017. Narrating expectations for the circular economy: Towards a common and contested European transition[J]. Energy Research & Social Science(9).

LEFT BLOC (Portugal), 2018. A stronger Bloco to change the country, approved by the 11th Congress of Left Blocon [EB/OL]. (2018-11-10) [2023-07-13]. https://www.bloco.org/media/mocao_XIConv_english.pdf.

LEFT PARTY (Sweden), 2016. Left Party Program[EB/OL]. (2016-05-08) [2023-07-13]. https://www.vansterpartiet.se/resursbank/partiprogram/

LENOIR A, BOULAY R, DEJEAN A, et al., 2016. Phthalate pollution in an Amazonian rain forest[J]. Environ. Sci. Pollut. Res. Int(16).

LEVITSKY S, ROBERTS K M, 2011. Latin America's 'leftturn': A frame work for analysis, in The Resurgence of the Latin American Left[M]. Baltimore: JHU Press.

LI B, DANON-SCHAFFER M N, LI L Y, et al., 2016. Occurrence of PFCs and PBDEs in land fill leachates from across Canada[J]. Water Air Soil Pollut(6).

LISI M, BORGHETTO E, 2018. Populism, blame shifting and the crisis: Discourse strategies in Portuguese political parties[J]. South European Society and Politics(4).

LOURENCO P, 2022. Programmatic change in Southern European radical left parties: The impact of a decade of crises (2010-2019) [J]. Mediterranean Politics. DOI: 10.1080/3629395.12022.2129191.

LÖWY M, 2018. Why ecosocialism: For a red-green future[EB/OL]. [2023-07-13]. https://greattransition.org/publication/why-ecosocialism-red-green-future.

MAGNIN C, HEDRICH S, 2019. Refashioning clothing's environmental Impact [EB/OL]. (2019) [2023-07-13]. https://www.mekinsey.com/business-functions/sustainability/our-insights/sustainability-blog; EMF, A New Textiles Economy: Redesigning Fashion's Future(Ellen MacArthur Foundation: 2017).

MAHESHWARI A, 2020. Why Is There an Urgent Need for a New Textile Economy? [EB/OL]. (2020-08-20) [2023-07-13]. https://aif.org/Why-is-there-an-urgent-need-for-a-new-textile-economy-part-1.

MARLIERE P, 2013. The radical left in Europe: An outline[J]. Transform (13).

MCFALL-JOHNSEN M, 2019. The fashion industry emits more carbon than international flights and maritime shipping combined: Here are the biggest ways it impacts the planet[EB/OL]. [2023-07-13]. https://www.businessinsider.com/fast-fashion-environmental-impact-pollution-emissions-waste-water-2019-10.

MCFALL-JOHNSEN M, 2020. These Facts Show How Unsustainable the Fashion Industry Is[EB/OL]. (2020-01) [2023-07-13]. https://www.weforum.org/agenda/2020/01/fashion-industry-carbon-unsustainable-environment-pollution/.

NADEAU R, 2008. Environmental and ecological economics[M]. Melbourne: Oxford University Press.

NEUMAYER E, 1999. Weak Versus Strong Sustainability[M]. Northampton: Edward Elgar.

OKAFOR-YARWOOD I, ADEWUMI I J, 2011. Toxic waste dumping in the Gulf of Guinea amounts to environmental racism[J]. The Conversation(11).

O'NEILL D W, FANNING A L, LAMB W F, et al., 2018. A good life for all within planetary boundaries[J]. Nature Sustainability(1).

OSWALD F, 2002. The Party that Came out of the Cold War: The Party of Democratic Socialism in United Germany[M]. Westport & Connecticut: Praeger.

PANZONE L, TALMI D, 2016. The influence of costs, benefits and their interaction on the economic behaviour of consumers[A]// REUTER M, MONTAG C. Neuro economics-Series: Studies in Neuro science, Psychology and Behavioral Economics. Verlag Berlin Heidelberg: Springer.

PARKES D T. Metals in reactive dyes for cellulose[EB/OL]. (2008)[2023-07-13]. https://www.fibre2fashion.com/industry-article/3539/metals-in-reactive-dyes-for-cellulose.

PARKIN S, 1989. Green Parties: An International Guide[M]. London: Heretic.

PEARCE D W, TURNER R K, 1990. Economics of Natural Resources and the Environment[M]. Baltimore: Johns Hopkins University Press.

PETRAS J, VELTMEYER H, 2005. Social Movements and State Power[M]. London: Pluto Press.

PHILLIPS A, 2018. How minimalism can help the environment[J]. The Environmental Magazine (11). https://emagazine.com/minimalism/.

PIERSON D, SU A, HENNESSY-FISKE M, 2021. Summer of disaster: Extreme weather wreaks havoc world wide as climate change bears down[J]. LA Times(7).

PIRGMAIER E, STEINBERGER J, 2019. Roots, riots and radical change—A roadless travelled for ecological economics[J]. Sustainability(7).

PORRITT J, 1984. Seeing Green[M]. London: Blackwell.

ROPKE I, 2005. Trends in the development of ecological economics from the late 1980s to the early 2000s[J]. Ecol. Econ(55).

RUDENKO O, 2018. The 2018 apparel industry over production report and infographic[EB/OL]. [2023-07-13]. https://sharecloth.com/blog/reports/apparel-overproduction; A. Assoune.

SADEGHI M, 2021. Fact check: Denmark is among world's happiest countries, but it's not No. 1 [J]. USA Today(1).

SAUNDERS M N K, ROJON C, 2011. On the attributes of a critical literature review[EB/OL]. [2023-07-13]. https://coaching4clergy.com/.

SCHNEIDER F, KALLIS G, MARTINEZ-ALIER J, 2010. Crisis or opportunity? Economic degrowth for social equity and ecological sustainability—Introduction to this special issue[J]. Clean. Prod(6).

SCOTTISH GREEN PARTY MANIFESTO, 2012. For the Scottish[M]. Edinburgh: The Scottish Green Party.

SINAI M, 2017. How many times can recyclables be recycled[J]. Recycle Nation(6).

SPASH C, GUISAN A, 2021. A future social-ecological economics[J]. Real World Economics Review(6).

SPASH C L, 1999. The development of environmental thinking in economics[J]. Environ(8).

STATISTA, 2021. Capita electronic waste generation world wide from 2010 to 2019 (In kilograms per capita)[EB/OL]. (2021-06-26) [2023-07-13]. https://www.statista.com/statistics/499904/projection-ewaste-generation-per-capita-worldwide.

STEINBERGER J K, KRAUSMANN F, GETZNER M, et al., 2013. Development and dematerialization: An international study[J]. P Lo S One(10).

STEINER B, 2012. Communists we are no longer, Social Democrats we can never be: The Swedish Left Party[A]//DAIBER B, HILDEBRANDT C, STRIETHORST A. From Revolutionto Coalition—Radical Left Parties in Europe. Berlin: Rosa-Luxemburg-Foundation

SVAMPA M, SLIPAK A M, 2015. China en América Latina: del consensode los commodities al consenso de Beijing[J]. Revista Ensambles(3).

THE EUROPEAN LEFT, 2004. European Left Manifesto[EB/OL]. (2004-05-08)[2023-07-13]. https://www.european-left.org/manifesto/.

THE EUROPEAN LEFT, 2005. Yes, We Can Change Europe [EB/OL]. (2005)[2023-07-13]. https://www.european-left.org/congress/1st-congress/.

THE EUROPEAN LEFT, 2007. Building Alternatives [EB/OL]. (2007-11-23)[2023-07-13]. https://www.european-left.org/wp-content/uploads/2018/12/political_theses_final_version_04.12.07_0-12.pdf.

THE EUROPEAN LEFT, 2010. Continuing Mobilisations to Stop Austerity, to Change Economic Policies, and to Impose an Action Plan against Poverty in Europe, [EB/OL]. (2010-12-03)[2023-07-13]. https://www.european-left.org/congress/3rd-congress-2010-in-paris/f.

THE EUROPEAN LEFT, 2013. Change Europe: For A Europe of Work[EB/OL]. (2013-12-03)[2023-07-13]. https://www.european-left.org/wp-content/uploads/2018/11/political_doc_en.pdf.

THE EUROPEAN LEFT, 2018. Building Alternatives[EB/OL]. (2022-11-23)[2023-07-13]. https://www.european-left.org/wp-content/uploads/2018/12/political_theses_final_version_04.12.07_0-12.pdf.

THE EUROPEAN LEFT, 2018. Refound Europe, Create New Progressive Convergence[EB/OL]. (2018-10-01)[2023-07-13]. https://www.european-left.org/wp-content/uploads/

2018/10/1_-_en_-_political_document_el_-_congress_final.pdf.

THE EUROPEAN LEFT, 2018. United for a Left Alternative in Europe[EB/OL]. (2013-12-23)[2023-07-13]. https://www.european-left.org/wp-content/uploads/2018/11/political_doc_en.pdf.

THE EUROPEAN LEFT, 2019. Reset Europe, Go Left! Overcoming Capitalism to Builda Europe of Peoples, Save the Planet and Guarantee Peace[EB/OL]. (2019-12-23)[2023-07-13]. https://www.european-left.org/wp-content/uploads/2019/12/Political-Document-Final-version-EL-Congress-2019.pdf.

THE EUROPEAN LEFT, 2022. There is a Left Alternative[EB/OL]. (2022-12-09)[2023-07-13]. https://www.european-left.org/wp-content/uploads/2022/12/Adopted-Documents-EL-Congress-2022.pdf.

THE LEFT (Germany), 10 Punkte: Somachenwir Europasociazl. Europawahl 2019 Wahlprogram [EB/OL]. (2019)[2023-07-13]. https://ep2019.die-linke.de/positionen/.

THE LEFT (Germany), Programmeof the Die Linke Party, Resolution of the Party Congress[EB/OL]. (2011-010-21)[2023-07-13]. https://www.dielinke.de/fileadmin/download/grundsatzdokumente/programm_englisch/englisch_die_linke_programm_erfurt.pdf.

THE LEFT (Germany), Wahlprogramm der Partei DIELINKE zur Bundestagswahl 2017[EB/OL]. (2017-06-11)[2023-07-13]. https://btw2017.die-linke.de/wahlprogramm/i-gute-arbeit-fuer-alle-statt-niedriglohn-dauerstress-und-abstiegsangst-1/.

THE LEFT (Germany), Wahlprogramm der Partei DIELINKE zur Bundestagswahl 2021[EB/OL]. (2021)[2023-07-13]. https://btw2021.die-linke.de/wahlprogramm-2021/.

THE SCOTTISH GREEN PARTY MANIFESTO, 2012. For the Scottish[M]. Edinburgh: The Scottish Green Party.

THE TRUE COST, 2022. Environmental Impact[EB/OL]. [2023-07-13]. https://truecostmovie.com/learn-more/environmental-impact.

UNITED NATIONS, 2005. Millennium Ecosystem Assessment: Ecosystem and HumanWell-being-Synthesis[M]. Washington D.C.: Island Press.

UNITED NATIONS, 2019. UN Report: Nature's Dangerous Decline 'Unprecedented'; Species Extinction Rates 'Accelerating'[R]. United Nations.

UNITED NATIONS, 2022. Sustainable Development Goals: 17 Goals to Transform Our World [R]. United Nations.

UNU, 2020. Global e-waste surging: up 21% in 5 years[R]. UNU.

USDC, 1995. Engines of Growth: Manufacturing Industries in the US Economy[R]. U.S. Department of Commerce, Economics and Statistics Administration, Office of Business and Industrial Analysis.

VELENTURF A P M, PURNELL P, 2021. Principles for a sustainable circular economy[J]. Sustainable Production and Consumption(27).

VILLEGAS P, ARÁOZ H M, GONZÁLES M G, et al. , 2014. Extractivismo: nuevos contextos de dominación y resistencias[M]. Cochabamba: Centrode Documentacióne Información Bolivia.
VOGT W, 1948. Road to Survival[M]. New York: William Sloan.
WAGNER D L, GRAMES E M, M. L. Forister, et al. , 2021. Insect decline in the Anthropocene: Death by a thousand cuts[J]. PNAS(2).
WALLIS V, 2018. Red-green Revolution: The Politics and Technology of Ecosocialism[M]. Toronto: Political Animal Press.
WEBB P, 2014. Britain's greenwave[EB/OL]. [2023-07-13]. https: //www. britishelectionstudy. com/bes-resources/britains-green-wave-by-paul-webb/#. XfY2hC2taT8.
WEYLER R, 2018. Minimalism, Greenpeace[EB/OL]. (2018-10-19)[2023-07-13]. https: //www. greenpeace. org/international/story/18987/minimalism/.
WITTMANN M, PAULUS M P, 2016. How the experience of time shapes decision-making[A]// M. Reuter, C. Montag. Neuro economics-Series: Studies in Neuro science, Psychology and Behavioral Economics. Verlag Berlin Heidelberg: Springer.
WITYNSKI M, BEHAVIORAL, 2022. Economics Explained[D]. University of Chicago.
WWF, 2022. Overfishing[M]. World Wildlife Fund Inc.
ZINK T, GEYER R, 2017. Circular economy rebound[J]. J. Ind. Ecol(21).

著作者简介

蔡华杰,男,汉族,福建省泉州市人,法学博士,现为福建师范大学马克思主义学院教授、博士生导师,国家"万人计划"哲学社会科学青年拔尖人才,教育部高等学校思想政治理论课教学指导委员会委员。2015—2016 年美国雪城大学访问学者,荣获福建师范大学"我最喜爱的好老师"荣誉称号,首届福建师范大学青年五四奖章获得者,福建师范大学优秀研究生指导教师。中国社会主义生态文明研究小组成员和福建省辩证唯物主义研究会秘书长。主要学术专长为马克思主义生态理论与当代中国生态文明建设研究。主持国家社科基金 2 项,出版专著 4 部,在《马克思主义研究》、*Capitalism Nature Socialism* 等国内外期刊上发表 60 余篇论文,并被求是网、光明网、新华网等媒体报刊转载,获得教育部第八届高等学校科学研究优秀成果奖(人文社会科学)青年成果奖 1 项,福建省政府社会科学优秀成果奖多项。

丁晓钦,男,汉族,江苏省泰兴市人,经济学博士,中国社会科学院马克思主义理论博士后,现为上海财经大学讲席教授、博士生导师,中央马克思主义理论研究和建设工程专家,中国政治经济学学会副会长,世界政治经济学学会秘书长,《海派经济学》(CSSCI)和《政治经济学研究》常务副主编,*World Review of Political Economy*(ESCI)编辑部主任。研究领域包括中外马克思主义经济理论、社会主义市场经济理论与实践、当代资本主义等,先后在《人民日报》《光明日报》《经济日报》《世界经济》《经济学动态》《马克思主义研究》《马克思主义与现实》《红旗文稿》《国外社会科学》《当代世界与社会主义》《学术月刊》《财经研究》《经济学家》、*Science & Society*、*Monthly Review*、*International Critical Thought* 等国内外权威刊物发表论文、译文 200 多篇。

海明月,女,蒙古族,内蒙古自治区巴彦淖尔市人,法学博士,现为华南师范大学马克思主义学院讲师。主要研究方向为生态马克思主义、生态政治经济学。目前已在《马克思主义与现实》等期刊发表学术论文多篇。

侯子峰,男,河北省邯郸市人,哲学博士。现为湖州师范学院马克思主义学院副教授。"中国社会主义生态文明研究小组"成员。主要研究方向为生态哲学、中国生态文明建设理论与实践。主持国家社科基金项目1项、省部级项目1项、市厅级项目4项;参与国家社科基金重大项目、重点项目、特别委托项目、青年项目等6项。出版学术专著2部,发表专题学术论文30余篇。专著《自然的解放》获湖州市第十九届社会科学优秀成果一等奖。

郇庆治,男,汉族,山东省青州市人,法学博士,现为北京大学马克思主义学院教授、博士研究生导师,北京大学习近平生态文明思想研究中心主任,教育部长江学者特聘教授。2002—2003年美国哈佛—燕京学社访问学者、2005—2006/2009年德国洪堡研究基金访问学者、2008年荣获国务院政府特殊津贴;2015年6月组建"中国社会主义生态文明研究小组"(CRGSE)并担任总协调人。主要学术专长为马克思主义生态学、环境政治和比较政治。现已出版专著《生态文明建设试点示范区实践的哲学研究》《文明转型视野下的环境政治》《环境政治国际比较》《当代欧洲政党政治》《多重管治视角下的欧洲联盟政治》《欧洲绿党研究》《绿色乌托邦:生态主义的社会哲学》和《自然环境价值的发现》等8部,主编《马克思主义生态学论丛》(五卷本)《绿色变革视角下的当代生态文化理论研究》等8部,并在 Capitalism Nature Socialism、Environmental Politics、Sustainability、Sustainability: Science, Practice and Policy、Problems of Sustainable Development、Journal of Current Chinese Affairs、American Journal of Economics and Sociology、《中国社会科学》《政治学研究》《欧洲研究》《现代国际关系》《马克思主义研究》《马克思主义与现实》《世界社会科学》《当代世界与社会主义》《学术月刊》和《北京大学学报(哲社版)》等国内外知名杂志发表论文430多篇。

李强,男,汉族,辽宁省鞍山市人,经济学博士,现为中央财经大学财经研究院副研究员、硕士生导师。2008—2009年加州大学伯克利分校访问学者。主要学术专长为区域经济韧性、生态文明建设与环境治理。现已出版《协商民主环境决策机制研究》《北京市经济恢复力分析框架与操作机制研究——基于世界城市的视角》等专著，并在 Capitalism Nature Socialism、《财经科学》《云南社会科学》《自然辩证法研究》等杂志发表论文数十篇。

李雪姣，女，汉族，河北省廊坊市人，法学博士，现为北京航空航天大学副教授、硕士生导师，2018—2019 年牛津大学访问学者，"中国社会主义生态文明研究小组"（CRGSE）成员，牛津大学中国研究中心成员。主要学术专长为环境政治、生态马克思主义、生态哲学。主持国家社科基金、省部级课题各 1 项，并在《马克思主义与现实》《当代世界与社会主义》《国外理论动态》等杂志发表论文 10 余篇。

廖福霖，男，汉族，福建师范大学马克思主义学院教授、博导，兼任福建师范大学生态文明研究所所长，主要研究方向为生态文明理论与实践、人口、资源与环境经济，出版专著《生态文明建设理论与实践》《生态文明观与全面发展教育》《闽江流域森林生态与经济社会协调发展研究》《生态生产力导论——21 世纪人类财富的源泉和文明的希望》《海峡西岸经济区生物质工程产业研究》《生态文明经济研究》等 6 部，并在《教育研究》《生产力研究》《生态经济》《林业经济》等国内知名期刊发表论文 80 余篇。其中，对于生态文明经济的研究经历了如下三个阶段：一是从 2003 年在《生产力研究》上发表论文《生态生产力是先进的生产力》到 2007 年出版专著《生态生产力导论》，主要研究生态生产力的结构、功能和意义，生态生产力发展的基本原理和充分必要条件，生态生产力发展的基本规律和基本特征，生态生产力发展的战略选择、评价指标和对策，生态化技术体系等议题；二是从 2007 年到 2010 年撰写出版专著《生态文明经济研究》，主要研究生态文明经济的内涵，作为生态文明经济主要表现形态的创新经济、体验经济、绿色经济、低碳经济、循环经济、生态文明消费型经济等的功能、它们之间的联系与区别，生态文明经济发展的基本特征和规律，运用规律指导生态恢复与建设、环境治理与保护、改造提升传统产业等；三是提高与普及工作，主要体现在 2012 年专著《生态文明学》出版、2019 年再版并收入中国林业出版社"生态文明建设文库"。《生态文明学》分上篇、中篇、下篇，而中篇系统阐述了生态文明经济的基本概念、基础理论、结构与功能、发展过程、发展机制、核心形态、方法论形态、高级形态、基本形态和传统经济的改造提升。

刘琦，女，土家族，湖北省恩施土家族苗族自治州人，法学博士，现为北京师范大学马克思主义学院讲师。"中国社会主义生态文明研究小组"（CRGSE）成员。2019—2020年墨西哥国立自治大学中墨研究中心联合培养博士生。2021年毕业于北京大学马克思主义学院并获法学博士学位。主要研究领域为拉美环境政治、社会生态转型理论与马克思主义生态学。在《国外理论动态》《国外社会科学》《中国地质大学学报》（社科版）等刊物上发表论文、译文多篇，并参与编译《资本主义自然的限度：帝国式生活方式的理论阐释及其超越》《马克思主义生态学论丛》（五卷本）等著作。

罗智红，男，汉族，江西省吉安市人，上海财经大学马克思主义学院博士研究生，主要研究方向为马克思主义政治经济学、中国特色社会主义政治经济学和国外马克思主义，尤其是马克思主义经济学经典问题研究、中国经济的马克思主义政治经济学分析和中外经济制度与经济思想比较研究。参与多项国家级课题和省部级课题，论文发表于《教学与研究》《政治经济学评论》《海派经济学》等权威和核心期刊。

阿塔努·萨卡（Atanu Sarkar）博士是加拿大纽芬兰纪念大学医学院社区健康与人文科学系副教授。曾在印度接受医学和公共卫生教育，并在加拿大皇后大学学习环境专业。主要研究专长为环境污染及其对健康的不利影响、气候变化对健康和粮食安全的影响及适应、土著居民健康、可持续发展理论与实践等。

孙巍，女，回族，陕西省榆林市人，英国梅德萨斯大学全奖硕士，现任联邦德国罗莎·卢森堡基金会北京代表处研究员兼高级项目经理，维也纳大学访问学者，从事社会主义理论、马克思主义生态学、社会生态转型等议题的研究。已在国内外期刊发表《探究生态产品价值实现中"政府"与"市场"的张力——以县域"国有生态资源运营管理平台"为例》《中国地方探索以生态银行建设社会主义生态文明》(合著)、《国家生态文明试验区与当代中国经济绿色转型》(合著)、*Socialism at Primary Stage—China between planning and market(s)* 等论文;编译《超越发展》(中国环境出版社 2018 年版)和 *Social Ecological Transformation in Our Eyes*(中国法律出版社 2017 年版)等著作。

王聪聪,女,汉族,山东省日照市人,法学博士,现为北京大学马克思主义学院预聘副教授、研究员、博士生导师,"中国社会主义生态文明研究小组"成员兼秘书,曾于 2012—2014 年在德国柏林自由大学政治系访学。主要从事国外左翼政党、比较政党政治、环境政治等议题领域研究,在 *Journal of Contemporary European Studies*、《马克思主义研究》《欧洲研究》等国内外知名期刊发表学术论文 30 余篇,主持国家社科基金 2 项、北京市社科基金 2 项,已出版专著《世界政党与国家治理丛书(德国卷)》、主编《社会主义生态文明:理论与实践》。

徐海红,女,汉族,江苏省如皋市人,哲学博士,现为南京信息工程大学马克思主义学院教授、副院长、南京信息工程大学生态文明研究中心主任、"中国社会主义生态文明研究小组"成员,主要从事生态伦理、生态哲学研究。兼任中国环境哲学研究会副秘书长、江苏省自然辩证法研究会常务理事。主持国家社科基金项目 1 项,主持国家社科基金重大招标项目子课题 2 项,主持完成教育部人文社会科学规划项目 1 项、江苏省社科基金项目 2 项。出版专著 2 部,在《马克思主义与现实》《道德与文明》《当代世界与社会主义》等期刊发表论文 40 余篇,部分成果被《新华文摘》《中国社会科学文摘》《高等学校文科学术文摘》《人大复印资料》等转载。获江苏省第十三届哲学社会科学优秀成果奖三等奖、市厅级社会科学优秀成果奖多项。

郑国诜,男,经济学博士,现为福建龙岩学院经济与管理学院教授,研究方向为区域经济与可持续发展、文旅经济、物流经济,已出版《百姓富与生态美有机统一在闽西的发展实践研究》《生态文明视野下的区域物流发展研究》等专著 2 部,并在《福建论坛》《内蒙古社会科学(汉文版)》《中国林业经济》等国内知名期刊发表学术论文 40 多篇,主持或作为主要参与者从事福建省社科基地重大项目、省社科一般项目、省软科学项目等多项课题,成果获福建省第七届高等教育科学研究成果优秀奖。